Patzak/Bohnen
Betäubungsmittelrecht

Betäubungsmittelrecht

von

Dr. Jörn Patzak

Leitender Regierungsdirektor, Leiter der Justizvollzugsanstalt Wittlich,
Lehrbeauftragter an der Universität Trier, Fach Strafrecht

und

Dr. Wolfgang Bohnen

Oberstaatsanwalt in Trier

5. Auflage 2022

C.H.BECK

Zitiervorschlag: Patzak/Bohnen BtMR Kap. Rn.

www.beck.de

ISBN 978 3 406 78903 8

Druck, Bindung und Umschlaggestaltung:
Druckerei C.H. Beck Nördlingen,
(Adresse wie Verlag)

Satz: Textservice Zink, 74869 Schwarzach

CO_2 neutral
chbeck.de/nachhaltig

Gedruckt auf säurefreiem, alterungsbeständigem Papier
(hergestellt aus chlorfrei gebleichtem Zellstoff)

Vorwort

Wir freuen uns sehr darüber, dass unser Buch weiterhin so gut angenommen wird und wir nun bereits die 5. Auflage veröffentlichen dürfen. Die Neuauflage haben wir wieder genutzt, Gesetzesänderungen (zB Gesetz zur Änderung des StGB mit Einführung einer Strafbarkeit des Betreibens krimineller Handelsplattformene im Internet, Gesetz zur Verbesserung der Strafverfolgung hinsichtlich des Handels mit inkriminierten Gütern unter Nutzung von Postdienstleistern und mehrere BtMÄndVO sowie NpSGÄndVO) und neueste Rechtsprechung/Literatur einzuarbeiten (zB zu der Entwicklung der Wirkstoffgehalte bei Cannabisprodukten, zu Nutzhanf oder zu den Konkurrenzen beim Handeltreiben mit Betäubungsmitteln). Vielfältige Gesetzesänderungen hat es auch wieder im Bereich der StPO gegeben. Sie wirken sich insbesondere auf die tägliche Arbeit der Ermittlungspersonen aus. Genannt sei nur der Pflichtverteidiger der ersten Stunde. Wir haben uns bei der Überarbeitung von den Erfahrungen aus der Vorlesung „Betäubungsmittelrecht" im Schwerpunktfach Strafrecht an der Universität Trier im Wintersemester 2021/2022 (Dozent Dr. Jörn Patzak) sowie den Austausch mit den Studierenden inspirieren lassen. So haben wir an vielen Stellen kleine Ergänzungen vorgenommen, inbes. weitere Fallbeispiele hinzugefügt, um die Rechtsprobleme und die Zusammenhänge rund um das Betäubungsmittelrecht noch anschaulicher darzustellen. Im Anhang, Abschnitt F, haben wir ein neues Unterkapitel „Lernkontrollfragen" aufgenommen, mit dem eine übersichtliche Selbstkontrolle über erlernte Inhalte ermöglicht werden soll. Damit wollen wir den Lehrbuchcharakter des Werkes unterstreichen.

Wir bedanken und herzlich bei unserer Lektorin, Frau Loder, für die gute Zusammenarbeit.

Auch bei dieser Auflage sind wir wieder für Kritik und Anregungen dankbar und hoffen, dass Ihnen unser Buch eine Hilfe beim Umgang mit dem Betäubungsmittelrecht ist, sei es als Rechtsanwender/in oder Studierende/r.

Trier, im April 2022

Dr. Jörn Patzak
Dr. Wolfgang Bohnen

Aus dem Vorwort zur ersten Auflage

Seit vielen Jahren sind wir als Staatsanwälte im Betäubungsmitteldezernat tätig. Es sind regelmäßig dieselben Probleme, die auf diesem eigentümlichen Gebiet des Nebenstrafrechts dem „Nichtfachmann" besondere Schwierigkeiten bereiten. Dies haben wir zum Anlass genommen, in diesem Buch die wichtigsten Rechtsprobleme vorzustellen und die Lösungen anhand einer Vielzahl von Fallbeispielen zu erläutern. Unser Ziel ist es, das Betäubungsmittelrecht möglichst einfach und überschaubar darzustellen.

Den eigentlichen Rechtsfragen haben wir in Kapitel 1 eine Beschreibung der gängigsten Drogen vorangestellt. Ohne grundlegende Kenntnisse der wichtigsten Betäubungsmittel, insbesondere ihres Aussehens, ihrer Herkunft und ihrer Wirkungen, lassen sich auch zahlreiche Rechtsfragen nicht richtig verstehen. In Kapitel 2 beschäftigen wir uns mit dem materiellen Betäubungsmittelrecht, wobei wir nicht nur auf die Strafvorschriften des BtMG eingehen, sondern auch das in der Praxis bedeutsame Thema Drogen im Straßenverkehr behandeln. Ein Überblick über die Rechtsfolgen, insbesondere die Strafzumessung, und über die Regelungen zu „Therapie statt Strafvollstreckung" rundet die materiell-rechtlichen Fragen ab. Im letzten Kapitel wollen wir die wichtigsten strafprozessualen Maßnahmen ansprechen. Gerade in diesem Bereich hat sich durch die Änderung der StPO zum 1.1.2008 vieles geändert. Das Buch wird durch die wichtigsten Gesetzestexte in den Anlage A bis C sowie ein „ABC des Drogen-Jargons" in Anlage D vervollständigt.

Wir wollen uns mit diesem Buch an alle richten, die erstmals mit dem Betäubungsmittelrecht befasst sind, etwa Referendare, Berufsanfänger und Neueinsteiger in diesem Gebiet, sei es als Verteidiger, als Staatsanwalt oder als Strafrichter. Darüber hinaus soll dem dort tätigen Nichtjuristen, insbesondere Polizeibeamten und Suchtberatern, ein Überblick über diese besondere Materie einschließlich strafprozessualer Fragen gegeben werden. Letztlich ist es unser Ziel, auch dem „Drogenfachmann" ein übersichtliches Nachschlagewerk an die Hand zu geben, in dem er die wichtigsten Entscheidungen zu den einzelnen Rechtsproblemen auf einen Blick finden kann, ohne lange in den einschlägigen Kommentierungen suchen zu müssen. Unsere Erfahrungen aus der täglichen Arbeit haben wir in Form der grau unterlegten Tipps und Hinweise einfließen lassen.

Wittlich und Trier, im August 2008

Jörn Patzak
Dr. Wolfgang Bohnen

Inhaltsverzeichnis

Kapitel 5. Rechtsfolgen der Tat

Kapitel 7. Prozessuale Fragen

Abkürzungsverzeichnis

aA	andere Ansicht
ABl.	Amtsblatt
ABl. EU	Amtsblatt der Europäischen Union
aF	alte Fassung
AG	Amtsgericht
Anh.	Anhang
Anm.	Anmerkung
BA	Blutalkohol
Banz	Bundesanzeiger
BayObLG	Bayerisches Oberstes Landesgericht
Bd.	Band
BeckRS	Beck-Rechtsprechung
bes.	besonders
Beschl.	Beschluss
BfArM	Bundesamt für Arzneimittel und Medizinprodukte mit Sitz in Bonn
BGB	Bürgerliches Gesetzbuch
BGBl.	Bundesgesetzblatt
BGH	Bundesgerichtshof
BGHR	Rechtsprechung des BGH in Strafsachen
BGHSt	Entscheidungssammlung des BGH in Strafsachen
BT-Drs.	Bundestagsdrucksache
BtM	Betäubungsmittel
BtMÄndVO	Betäubungsmitteländerungsverordnung
BtMG	Betäubungsmittelgesetz
BtMVV	Betäubungsmittel-Verschreibungsverordnung
Buchst.	Buchstabe
BVerfG	Bundesverfassungsgericht
BVerfGE	Entscheidungen des Bundesverfassungsgerichts
BVerwG	Bundesverwaltungsgericht
BZRG	Bundeszentralregistergesetz
bzw.	beziehungsweise
DAR	Deutsches Autorecht
DAZ	Deutsche Apotheker Zeitung
DBDD	Deutsche Beobachtungsstelle für Drogen und Drogensucht
ders.	derselbe
dh	das heißt
Dtsch Ärztebl	Deutsches Ärzteblatt
EGMR	Europäischer Gerichtshof für Menschenrechte
EMCDDA	Europäische Beobachtungsstelle für Drogen und Drogensucht
EUR	Euro
f.	folgende Seite
FeV	Fahrerlaubnisverordnung

ff.	folgenden Seiten
Fn.	Fußnote
g	Gramm
GG	Grundgesetz
griech.	griechisch
insbes.	insbesondere
iSd	im Sinne des/der
iVm	in Verbindung mit
JBl.	Justizblatt
JMBl.	Justizministerialblatt
Kap.	Kapitel
KG	Kammergericht
KriPoZ	Kriminalpolitische Zeitschrift
LG	Landgericht
MDR	Monatsschrift für Deutsches Recht
mg	Milligramm
MiStra	Anordnung über Mitteilungen in Strafsachen vom 19.5.2008
ml	Milliliter
mwN	mit weiteren Nachweisen
nC	nach Christus
ng	Nanogramm
NJW	Neue juristische Wochenschrift
NPS	Neue Psychoaktive Stoffe
NRW	Nordrhein-Westfalen
NStZ	Neue Zeitschrift für Strafrecht
NStZ-RR	Neue Zeitschrift für Strafrecht – Rechtsprechungsreport
NZV	Neue Zeitschrift für Verkehrsrecht
OLG	Oberlandesgericht
OrgKG	Gesetz zur Bekämpfung des illegalen Rauschgifthandels und anderer Erscheinungsformen der Organisierten Kriminalität
PharmR	Pharmarecht
RiStBV	Richtlinien in Straf- und Bußgeldsachen
Rn.	Randnummer
RP	Rheinland-Pfalz
Rpfl. Nds.	Niedersächsischer Rechtspfleger
s.	siehe
SDÜ	Schengener Durchführungsübereinkommen
SGB	Sozialgesetzbuch
sog.	so genannte

StGB	Strafgesetzbuch
stRspr	ständige Rechtsprechung
StV	Strafverteidiger
StVG	Straßenverkehrsgesetz
StVollstrO	Strafvollstreckungsordnung
SVR	Straßenverkehrsrecht
THC	Tetrahydrocannabinol
Urt.	Urteil
v.	vom
vC	vor Christus
VGH	Verwaltungsgerichtshof
vgl.	vergleiche
Vorb.	Vorbemerkung
zB	zum Beispiel
ZIS	Zeitschrift für Internationale Strafrechtswissenschaft
zit.	zitiert

Verzeichnis der abgekürzt zitierten Literatur

BeckOK BtMG/Bearbeiter ..	*Bohnen, Wolfgang/Schmidt Detlev* (Hrsg.), Beck'scher Onlinekommentar zum BtMG, Edition 13, Stand 15.12.2021
BeckOK StPO/Bearbeiter ...	*Graf (Hrsg.),* Beck'scher Onlinekommentar zur StPO, Edition 32, Stand 1.1.2019
Berr/Krause/Sachs Drogen ..	*Berr/Krause/Sachs,* Drogen im Straßenverkehrsrecht, 2007
BHHJ/Bearbeiter	*Burmann/Heß/Hühnermann/Jahnke,* Straßenverkehrsgesetz, 25. Auflage, 2018
Fischer StGB	*Fischer,* Strafgesetzbuch und Nebengesetze, 69. Auflage 2022
Franke/Wienroeder BtMG ..	*Franke/Wienroder,* Betäubungsmittelgesetz, 3. Auflage 2008
Geschwinde Rauschdrogen .	*Geschwinde,* Rauschdrogen, 8. Auflage 2018
Harfst/Katzung/Sahihi Rauschgift-Szene-Jargon	*Harfst/Katzung/Sahihi*, Rauschgift-Szene-Jargon von A–Z, 1991
HJW BtMG	*Hügel/Junge/Winkler,* Deutsches Betäubungsmittelrecht, 8. Auflage, 20. Ergänzungslieferung, Stand März 2021.
Hoch/Friemel/Schneider Cannabis	*Hoch/Friemel/Schneider,* Cannabis: Potential und Risiko: Eine wissenschaftliche Bestandsaufnahme, 2018
KK-StPO/Bearbeiter	*Hannich (Hrsg.),* Karlsruher Kommentar zur StPO, 8. Auflage, 2019
Körner BtMG	*Körner,* Betäubungsmittelgesetz, 6. Auflage 2007
Patzak/Volkmer/Fabricius/ Bearbeiter	*Patzak/Volkmer/Fabricius,* Betäubungsmittelrecht, 10. Auflage 2022
Kotz/Rahlf/Bearbeiter	*Kotz/Rahlf*, Praxis des Betäubungsmittelstrafrechts, 2013
Lizermann Cannabis-Anbau .	*Lizermann*, Der Cannabis-Anbau, Der einfache Weg zum eigenen Homegrow, 4. Auflage 2010
Malek BtMStrafR	*Malek,* Betäubungsmittelstrafrecht, 4. Auflage 2014
Meyer-Goßner/Schmitt/ Bearbeiter	*Meyer-Goßner/Schmitt,* Strafprozessordnung, 64. Auflage 2021
MüKoStGB/Bearbeiter	*Joecks/Miebach (Hrsg.),* Münchener Kommentar zum StGB, Bd. 2 – §§ 38–79b StGB, 4. Aufl. 2020 und Bd. 7 – Nebenstrafrecht I, 4. Auflage, 2022
MüKoStPO/Bearbeiter	*Kudlich (Hrsg.),* Münchener Kommentar zur StPO, Bd. 1 – §§ 1–150 StPO, 2014
Schütz Screening	*Schütz*, Screening von Drogen und Arzneimitteln mit Immunoassays, 3. Auflage 1999

van Treeck Cannabis-Lexikon *Van Treeck*, Das große Cannabis-Lexikon: Alles über Hanf als Kulturpflanze und Droge, 2000

Weber/Kornprobst/Maier/ Bearbeiter BtMG .... *Weber/Kornprobst/Maier,* Betäubungsmittelgesetz, 6. Auflage 2021

Schrifttumsverzeichnis

Allgayer, Peter	Die Verwendung von Zufallserkenntnissen aus Überwachungen der Telekommunikation gem. §§ 100a f. StPO (und anderen Ermittlungsmaßnahmen), NStZ 2006, 603
Anger, Clemens/Wesemann, Horst	Verteidigung gegen den Vorwurf des Betriebs einer Cannabisplantage, StV 2013, 178
Auwärter, V./Daldrup, T./ Graw, M./u.a.	Empfehlung der Grenzwertkommission für die Konzentration von Tetrahydrocannabinol (THC) im Blutserum zur Feststellung des Trennungsvermögens von Cannabiskonsum und Fahren, BA 2015, 322
Bär, Wolfgang	Die Neuregelung des § 100j StPO zur Bestandsdatenauskunft – Auswirkungen auf die Praxis der Strafverfolgung, MMR 2012, 700
Bönke, D.O.	Anmerkung zu BVerfG, Beschl. v. 21.12.2004 – 1 BvR 2652/03 –, NZV 2005, 273
Bohnen, Wolfgang	Anmerkung zu BGH, Beschl. v. 27.4.2004 – 1 StR 466/03 –, NStZ 2004, 695
Bohnen, Wolfgang	Benachrichtigung über Telekommunikationsüberwachungsmaßnahmen, Die Kriminalpolizei 2009, 26
Daldrup, Thomas	Naturwissenschaftliche Grundlagen der Fahrlässigkeit – Zeitspanne der Nachweisbarkeit – Zuverlässigkeit von Drogenvortests, BA 2011, 72 ff.
Diehm, Julia/Pütz, Michael . .	„Spice" und vergleichbare Produkte, Kriminalistik 2009, 131 ff.
Ebert, A.	Anmerkung zu BGH, Urt. v. 11.4.1985 – 1 StR 507/84 –, NStZ 1986, 33
Eisele, Jörg/Bechtel, Alexander	Zum Schadensbegriff bei den Vermögensdelikten, JuS 2018, 97
Ewald, A./Jacobsen-Bauer, A./ Klein, B./Uhl, M.	Gemeinsamer Vorschlag des Arbeitskreises Analytik der Suchtstoffe der GTFCh zur besseren analytischen Bewältigung der großen Anzahl und Vielfalt von „Kräutermischungen", NStZ 2013, 265 ff.
Fritschi, G./Klein, B./ Szilluweit, W.	Verteilung der Wirkstoffgehalte in Marihuanapflanzen, Toxichem und Krimtech 2006, 54
Götz, Hansjörg	Anmerkung zu OLG Stuttgart, Beschl. v. 26.11.2007 – 1 Ss 532/07 –, NStZ 2008, 239
Greco, Luis	Strafbarkeit des Unterhaltens einer Handels- und Diskussionsplattform insbesondere im sog. Darknet, ZIS 2019, 435
Laub, Ludwig	Cannabismedikation und Medikamentenprivileg des § 24a StVG, Polizeispiegel 2017, 18
Haase, Wolfgang/Sachs, Hans	Beurteilung einer Drogenfahrt unter Wirkung von Haschisch (THC) als Straftat nach § 316 StGB oder

	als Ordnungswidrigkeit nach § 24a StVG – Lotteriespiel oder Rechtssicherheit?, DAR 2006, 61
Haase, Wolfgang/Sachs, Hans	Drogenfahrt mit Blutspiegeln unterhalb der Grenzwerte der Grenzwertkommission, NZV 2008, 221
Haase, Wolfgang/Sachs, Hans	Strafrechtliche und ordnungswidrigkeitsrechtliche Einordnung von Drogenfahrten nach Konsum von Haschisch, Amphetaminen, Kokain oder Heroin (= Drogen nach der Anlage zu § 24a StVG), NZV 2011, 584
Hillig, Karl. W.	Genetic evidence for speciation in Cannabis, Genetic resources and Crop Evidence, 2005, 161 ff.
Hohmann, Nicolas/Mikus, Gerd/Czock, David	Wirkungen und Risiken neuartiger psychoaktiver Substanz, Deutsches Ärzteblatt 2014, 139 ff.
Katholnigg, Oskar	Die Neuregelungen beim Verfall, JR 1994, 353
Krumdiek, Nicole	Cannabis sativa L. und das Aufleben alter Vorurteile, NStZ 2008, 437
Krumm, Carsten	Andere berauschende Mittel im Verkehrsstrafrecht, NJ 2019, 110.
Koehl, Felix	Cannabiskonsum und Fahreignung aus verwaltungsrechtlicher Sicht, NZV 2018, 14
Koehl, Felix	Cannabis im Straßenverkehr, DAR 2022, 6
Körner, Hans Harald	Die Vorschaltbeschwerde gegen die Verweigerung der Zurückstellung der Strafvollstreckung 2. Teil, NStZ 1995, 63
Mahler, Hellmut	Moderne Methoden zur Anzucht von Cannabispflanzen – Berechnung des Ertrags von Indoor-Plantagen, abrufbar unter http://www.gtfch.org/cms/images/stories/media/tb/tb2007/s451–464.pdf
Meinecke/Florian/ von Harten, Marc	Neues psychoaktive Substanzen und Arzneimittelrecht – Hilfsstrafbarkeit oder konsequente Rechtsanwendung?, StraFo 2014, 9.
Meyer-Mews, Hans	Anmerkung zu OLG Karlsruhe, Beschl. vom 29.5.2012 – 2 Ws 146/12, NJW 2012, 2742.
Milin, Sascha/Lotzin, Annet/ Degkwitz, Peter/Verthein, Uwe/Schäfer, Ingo	Amphetamin und Methamphetamin – Personengruppen mit missbräuchlichem Konsum und Ansatzpunkte für präventive Maßnahmen, 2014, abrufbar unter www.drogenbeauftragte.de
Möller, M./Kauert, G./ Mosbacher, Andreas	Aktuelles Strafprozessrecht, JuS 2017, 127 ff.
Müller, Wolfgang/ Römer, Sebastian	Legendierte Kontrollen – Die gezielte Suche nach dem Zufallsfund, NStZ 2012, 543
Thönnes, S.u.a.	Leistungsverhalten und Toxikokinetik der Cannabinoide nach inhalativer Marihuanaaufnahme, BA 2006, 361 ff.
Müller-Vahl, Kirstin/ Grotenhermen, Franjo ...	Medizinisches Cannabis: Die wichtigsten Änderungen, Dtsch Ärztbl. 2017, 342 ff.

Patzak, Jörn .... Neue Psychoaktive Stoffe (NPS) im Justizvollzug – Konzept der JVA Wittlich gegen die Ausbreitung von sog. Legal Highs, Forum Strafvollzug 2018, 127

Patzak, Jörn .... Erfahrungen mit dem Gesetz zu Neuen Psychoaktiven Stoffen, DRiZ 2021, 26

Patzak, Jörn .... Konkurrenzverhältnisse beim unerlaubten Handeltreiben mit Betäubungsmitteln, 2021 (Dissertation)

Patzak, Jörn/Dahlenburg, Rainer .... Praxiskommentar zu BGH, Beschl. v. 15.6.2016, 1 StR 72/16, NStZ 2016, 615 ff.

Patzak, Jörn/Dahlenburg, Rainer .... Die aktuellen Wirkstoffgehalte von Cannabis, NStZ 2022, 146.

Patzak, Jörn/Damm, Angela/Letzas, Kilian .... Update zum IONSCAN 600, Forum Strafvollzug 2021, 44

Patzak, Jörn/Goldhausen, Sabine .... Die aktuellen Wirkstoffgehalte von Cannabis, NStZ 2011, 76 ff.

Patzak, Jörn/Goldhausen, Sabine .... Der Täter mit dem grünen Daumen – aktuelle Rechtsprechung im Zusammenhang mit Cannabis-Plantagen, NStZ 2014, 384 ff.

Patzak, Jörn/Marcus, Alexander/Goldhausen, Sabine ..... Cannabis – wirklich eine harmlose Droge?, NStZ 2006, 259 ff.

Patzak, Jörn/Metternich, Sonja Der neue IONSCAN 600, Forum Strafvollzug 2019, 211

Safferling, Christoph J.M. .. Verdeckte Ermittler im Strafverfahren – deutsche und europäische Rechtsprechung im Konflikt?, NStZ 2006, 75

Pfeiffer, Joachim .... Die unbeschränkte Auskunft aus dem Bundeszentralregister und das Führungszeugnis, NStZ 2000, 402 ff.

Schäper, Jan/Kreuzer, Bernhard .... „Legal Highs“ – Wenn vermeintliche „Badesalze“, „Pflanzendünger“ oder „Kräutermischungen“ berauschend wirken, DAZ 2012, 48 ff.

Schimmel, I./Drobnik, S./Röhrich, J. u.a. .... Passive Cannabisexposition unter realistischen Bedingungen, BA 2010, 269 ff.

Schmidt, Detlev .... Die Entwicklung des Betäubungsmittelstrafrechts bis Mitte 2017, NJW 2017, 2876 ff.

Schöch, Heinz .... Zur Auslegung und Anwendung des neuen § 44 StGB, NStZ 2018, 15 ff.

Schütz, Harald .... Screening von Drogen und Arzneimitteln mit Immunoassays, 3. Auflage, 1999

Schöfberger, Florian .... Zurückstellung nach § 35 BtMG und Vollstreckungsreihenfolge, NStZ 2005, 441

Thane, Katja/Wickert, Christian/Verthein, Uwe .. Konsummuster, Risikoverhalten und Hilfebedarfe von KonsumentInnen in den offenen Drogenszenen Deutschlands, Sucht 2011, 141 f.

Theune, Werner	Die Beurteilung der Schuldfähigkeit in der Rechtsprechung des BGH NStZ-RR 2003, 225
Thomas, Sven	Der Zeugenbeistand im Strafprozess, NStZ 1982, 489
Weisser, Niclas-Frederic ...	Zum Betretungsrecht von Wohnungen bzw. Hotelzimmern durch einen nicht offen ermittelnden Polizeibeamten (noeP), NZWiSt 2018, 59
Wettley, Susann/Nöding Toralf	Akteneinsicht in Telekommunikationsdaten, NStZ 2016, 633.
Winkler, Walter	Nicht geringe Menge bei Amfetamin nach wie vor bei 10 g Amfetaminbase, NStZ 2005, 493
Winkler, Walter	Verbrechen und Vergehen gegen das Betäubungsmittelgesetz, NStZ 2003, 247
Zöller, Mark	Strafbarkeit des Betreibens krimineller Handelsplattformen im Internet – Kritische Bemerkungen zum Regierungsentwurf vom 10.2.2021, KriPoZ 2021, 79

Kapitel 1. Die gängigsten Betäubungsmittel und Neue Psychoaktive Stoffe

A. Cannabis

I. Herkunft

„Cannabis“ ist die botanische Bezeichnung für die Hanfpflanze, welche 1
zusammen mit dem Hopfen zur Familie der Hanfgewächse (Cannabaceae) gehört. Es ist zwischen dem in der Industrie zur Herstellung von Textilien oder Schnüren verwendeten Nutzhanf und dem Drogenhanf zu unterscheiden. Die als Drogenhanf verwendeten weiblichen Cannabispflanzen besitzen eine berauschende Wirkung, die auf das enthaltene psychoaktiv wirkende Cannabinoid delta-9-Tetrahydrocannabinol (THC) zurückzuführen ist. Dieses kommt im Nutzhanf in äußerst geringer Konzentration vor. THC entsteht in den Harzdrüsen, die in allen Pflanzenteilen vorhanden sind. Während sich an den Ästen und Stängeln nur wenige Harzdrüsen befinden, ist an den Blütenständen, zu denen die Blüten der Cannabispflanze zusammengefasst sind, eine hohe Drüsendichte festzustellen.

Cannabispflanze

Beim Drogenhanf unterscheidet man drei Sorten mit unterschiedlich hohen Pflanzen und verschieden großen Blättern: das Cannabis sativa L. (für *Linneaus*),[1] das Cannabis indica[2] und das Cannabis ruderalis,[3] wobei umstritten ist, ob es sich hierbei um selbstständige Arten handelt oder ob das Cannabis sativa die einzige Art ist, aus der das Cannabis indica und das Cannabis ruderalis durch Kreuzungen als Unterarten hervorgegangen sind.[4]

II. Cannabisprodukte

Im allgemeinen Sprachgebrauch wird „Cannabis“ als Sammelbegriff für die 2
aus den weiblichen Cannabispflanzen gewonnenen Betäubungsmittel **Ha-**

---

[1] Die Bezeichnung stammt von Carl Linneaus (nach seiner Adelung Carl von Linné) aus dem Jahr 1753.

[2] Erstbezeichner: Jean Baptiste Lamarck im Jahr 1783.

[3] Nach dem russischen Botaniker Janischewsky (1924).

[4] van Treeck Cannabis-Lexikon 81; Hillig Genetic resources and Crop Evidence 2005, 161 ff.

schisch und **Marihuana**, die seit Jahren am weitest verbreiteten Drogen in der Rauschgiftszene, verwendet.

3 **Haschisch** (Szenenamen: „Shit", „Peace", „Dope") besteht aus dem Harz, das die weiblichen Hanfpflanzen zur Blütezeit vor allem in den Drüsenköpfchen der Blütenstände produzieren. Die harzhaltigen Drüsenköpfchen werden durch Zerreiben der Blütenstände abgesondert und getrocknet. Das Harz wird schließlich zum Zwecke des Verkaufs zu Haschischplatten, die Schokoladen-Tafeln ähnlich sehen, gepresst. Üblicherweise wird Haschisch mit Tabak vermischt (sog. „Joint") oder in Wasserpfeifen (sog. „Bong") geraucht. Relativ selten wird das THC mit Lösungsmitteln, zB Butan, oder mit Hilfe von Hitze und Druck (sog. Rosin-Technik) zum sog. **Cannabisöl** mit besonders hohen THC-Gehalten (zum Teil über 70%) extrahiert (sog. „Dab" oder „BHO"). Dieses wird ebenfalls geraucht, nachdem es mit Tabak vermischt oder auf Papier geträufelt worden ist, oder es findet Verwendung bei der Zubereitung THC-haltiger Getränke und Speisen. Teilweise wird es auch auf einem Träger erhitzt und die Dämpfe eingeatmet (sog. „Dabbing"). Im Februar 2017 erzielte ein Täter durch die Verarbeitung von Cannabispflanzen 1,7 Kilogramm Cannabisöl mit einem Wirkstoffgehalt von 51,1%.[5] Zum **Cannabiskonzentrat** zählt auch das sog. Pollinat, bei dem die Harzdrüsen durch Siebtechnik von den Blüten getrennt und zu besonders wirkstoffreichen Haschischplatten gepresst werden (sog. „Skuff" oder „Kief"[6]).[7]

Ein Stück Haschisch

4 Beim **Marihuana** (Szenenamen: „Gras", „Pott", „Weed") handelt es sich um getrocknete Pflanzenteile. Die einzelnen Pflanzenteile unterscheiden sich entsprechend der Anzahl der Harzdrüsen durch unterschiedlich hohe THC-Wirkstoffkonzentrationen. Die Blütenstände, auch „Pollen" genannt, enthalten mit Abstand den höchsten Wirkstoffgehalt. Dann folgen die Blätter,

Pflanze mit besonders dichten Blütenständen

[5] BGH NStZ 2016, 414.

[6] EMCDDA, Developments in the European cannabis market, EMCDDA Papers, 2019, 9.

[7] Patzak/Dahlenburg NStZ 2022, 146 (149): Im Jahr 2019 wurde in 109 Fällen Cannabiskonzentrat mit Wirkstoffgehalten zwischen 9,5% und 77,0% sichergestellt.

die zwar einen geringen, aber noch merklichen THC-Gehalt aufweisen, während bei den Stängeln und Wurzeln so gut wie kein THC enthalten ist.[8] Das daraus resultierende Bestreben, Pflanzen mit einer großen Anzahl an Blütenständen zu züchten, führte in den letzten Jahren zu einer Veränderung der Anbaumethoden. Während Cannabis in der Vergangenheit der klimatischen Bedingungen wegen vornehmlich in Nordafrika (Marokko) und Vorder- und Mittelasien (Afghanistan, Pakistan, Thailand) angebaut wurde, wird es mittlerweile häufig in Mitteleuropa, vor allem in den Niederlanden, in Indoorplantagen angepflanzt. Auch in Deutschland nimmt der Indooranbau zu, wie die hohen Sicherstellungszahlen belegen.

III. Anbaumethoden

Der Anbau in Indoorplantagen hat im Vergleich zum Outdooranbau den Vorteil, dass er unabhängig von der Jahreszeit betrieben werden kann und dass die Zeit zwischen Anpflanzung und Ernte durch den Einsatz von Speziallampen, Schaffung optimaler Anbaubedingungen (Temperatur, Luftfeuchtigkeit, pH-Wert) und Düngung deutlich kürzer gehalten werden kann. Hierdurch ist es möglich, Cannabispflanzen innerhalb von etwa 3 bis 4 Monaten zur Erntereife zu bringen,[9] teilweise wird sogar von nur 45 bis 80 Tagen berichtet.[10] Zum Anbau verwendet werden weibliche Pflanzen, die nicht bestäubt werden. Da die Pflanzen hierdurch keine Samen ausbilden können, verstärken sie die Blütenbildung, um eine ausreichende Befruchtung zu erreichen (sog. „Sinsemilla"-Züchtung). Geerntet wird die gesamte Pflanze, die zum Trocknen 5 bis 10 Tage in einem gut gelüfteten Raum mit einer Luftfeuchtigkeit zwischen 40 und 50 Prozent und einer Temperatur von 24 Grad Celsius aufgehängt wird.[11] Verwertet werden in der Regel aber nur die besonders dichten Blütenstände, die sich durch hohe Wirkstoffgehalte auszeichnen, während die minderwertigen Blätter, Stängel sowie Wurzeln vernichtet werden.[12] In einem letzten Produktionsschritt folgt durch die sog. Fermentierung eine Geschmacksverbesserung, indem den Blüten durch Lagerung in einem luftdicht verschlossenen Behälter das Chlorophyll entzogen wird.[13] 5

Cannabisblüten

[8] Fritschi/Klein/Szilluweit, Toxichem und Krimtech 2006, 54.

[9] Lizermann Cannabis-Anbau 16.

[10] Mahler, Moderne Methoden zur Anzucht von Cannabispflanzen – Berechnung des Ertrags von Indoor-Plantagen, 2008, mwN.

[11] Patzak/Goldhausen NStZ 2014, 384 f.

[12] Anger/Wesemann StV 2013, 178 ff.

[13] Lizermann Cannabis-Anbau 114 f.

6 Eine Folge der Züchtung dieser „Hochleistungscannabissorten“ ist, dass seit Anfang der 1990er Jahre die Wirkstoffgehalte der Cannabisprodukte gestiegen sind.[14] Während im Jahr 1993 der durchschnittliche THC-Gehalt des auf Bundesebene sichergestellten Haschischs bei 6,5% und des Marihuanas (Blätter und Blütengemische) bei 3,6% lagen, waren es im Jahr 2004 bereits 9,1% bei Haschisch und 9,9% bei Marihuana (Blätter und Blütengemische).[15] Die Wirkstoffgehalte der seit dem Jahr 2005 erstmals statistisch gesondert erfassten besonders potenten Cannabisblüten lagen zwischen 2005 und 2019 bei 10,3% bis 13,7%; seit 2010 nimmt aber auch der durchschnittliche Wirkstoffgehalt von Haschisch merklich zu, nämlich von 6,8% im Jahr 2010 auf 22,5% im Jahr 2019.[16]

7 Die Cannabisblüten (reine Blütenstände) sind mittlerweile Marktführer.[17] Das altbekannte Marihuana, ein Gemisch aus Blüten, Blättern, Stängeln und Wurzeln, findet in der Drogenszene wegen seiner verhältnismäßig schlechten Qualität kaum noch Beachtung. Aber auch das in den 1990er Jahre noch beliebte Haschisch spielte längere Zeit eine untergeordnete Rolle. So gingen bei Haschisch die Anzahl der Sicherstellungen stetig zurück (von 17.694 Fällen im Jahr 1999 auf 6059 Fälle im Jahr 2015), während sie bei Marihuana immer weiter stiegen (von 11.472 im Jahr 1999 auf 32.353 im Jahr 2015).[18] Mit dem starken Anstieg der Wirkstoffgehalte bei Haschisch dürfte der Marktanteil von Haschisch gegenüber Marihuana wieder zunehmen.

Marihuanagemisch

IV. Wirkungen

8 Neben dem THC finden sich im Cannabis mehr als 100 weitere Cannabinoide, die ihrerseits teilweise zwar nur geringe oder keine psychoaktive Wirkung haben, aber abhängig von ihrem Verhältnis in den verschiedenen Cannabissorten zu unterschiedlichen Rauschwirkungen führen.[19] So hat beispielsweise das

[14] So auch Kotz/Rahlf/Uhl BtMStrafR Kap. 1 Rn. 456 ff.; Weber/Kornprobst/Maier/Weber BtMG Vor §§ 29 ff. Rn. 969; vgl. auch BGH NStZ-RR 2008, 319; Anger/Wesemann StV 2013, 178 ff., die von „THC-Werten jenseits aller Vorstellungen, wobei der Umgang damit gelernt sein wolle“ sprechen; Patzak/Dahlenburg NStZ 2022, 146 (147).

[15] Patzak/Goldhausen NStZ 2011, 76.

[16] Patzak/Dahlenburg NStZ 2022, 146 (147).

[17] Patzak/Volkmer/Fabricius/Patzak BtMG Stoffe Rn. 8; Anger/Wesemann, Verteidigung gegen den Vorwurf des Betriebs einer Cannabisplantage, StV 2013, 178.

[18] BKA Rauschgiftkriminalität, Bundeslagebild 2015 – Tabellenanhang, 11 und Bundeslagebild 2008 – Tabellenanhang, 11; seit 2015 liegen aufgrund geänderter Erfassungskriterien keine aussagekräftigen Daten zu den Sicherstellungsfällen mehr vor.

[19] Hoch/Friemel/Schneider Cannabis 26 f.

psychotrop unwirksame Cannabidiol (CBD) antagonisierende (abschwächende) Wirkungen am Cannabisrezeptor im Gehirn und kann daher die Wirkung des THC vermindern. Je nach Inhaltsstoffen und Höhe der Dosierung überwiegt entweder die sedierende Wirkung des Cannabis mit einem ausgeprägten Wohlbefinden, starkem Glücksgefühl und körperlicher Entspannung und/oder es treten Halluzinationen auf, die sich durch Wahrnehmungsstörungen mit einem gesteigerten Farbempfinden und teilweise Sinnestäuschungen äußern. Zu beobachten sind auch innere Unruhe, Gedächtnis- und Konzentrationsstörungen sowie eine erhöhte Risikobereitschaft; es kann zudem zu Angstzuständen bis hin zu Verfolgungswahn kommen. Ferner ist vor allem bei jugendlichen Cannabiskonsumenten ein Zusammenhang zwischen dem Konsum von Cannabis und dem Auftreten von Psychosen und weiterer psychischer Störungen festzustellen, wie zahlreiche medizinische Studien belegen.[20]

V. Rechtslage

Marihuana (Pflanzen und Pflanzenteile der zur Gattung Cannabis gehörenden Pflanze) ist in Anlage I des BtMG als „Cannabis" legaldefiniert, Haschisch (das abgesonderte Harz der zur Gattung Cannabis gehörenden Pflanzen) als „Cannabisharz". Sie sind als nicht verkehrsfähige Betäubungsmittel eingestuft. Für Marihuana sind insoweit jedoch einige Ausnahmen vorgesehen: 9

1. Cannabissamen

Die Samen der Cannabispflanze sind nach Buchst. a des auf die Position Cannabis folgenden Spiegelstrichs in Anlage I von den betäubungsmittelrechtlichen Bestimmungen ausgenommen, wenn sie nicht zum Anbau bestimmt sind.[21] 10

2. Umgang mit Nutzhanf und Marihuana mit Wirkstoffgehalten nicht über 0,2 Prozent

Der Umgang mit Nutzhanf aus zugelassenen Sorten sowie mit Marihuana mit Wirkstoffgehalten nicht über 0,2 Prozent sind in Buchst. b des auf die Position Cannabis folgenden Spiegelstrichs in Anlage I geregelt. Er ist mit Ausnahme des Anbaus straffrei, wenn er ausschließlich gewerblichen oder wissenschaftlichen Zwecken dient, die einen Missbrauch zu Rauschzwecken ausschließen.[22] 11

[20] Patzak/Marcus/Goldhausen NStZ 2006, 259 ff.; Hoch/Friemel/Schneider Cannabis 65 f.

[21] → Kap. 2 Rn. 21.

[22] → Kap. 2 Rn. 21a f.

3. Anbau von Cannabispflanzen im Rahmen der Rübenzüchtung

12 Cannabispflanzen unterfallen nicht dem BtMG, wenn sie als Schutzstreifen bei der Rübenzüchtung gepflanzt und vor der Blüte geerntet werden (Buchst. c des auf die Position Cannabis folgenden Spiegelstrichs in Anlage I).

4. Anbau von Nutzhanf durch bestimmte Unternehmen der Landwirtschaft

13 Buchst. d des auf die Position Cannabis folgenden Spiegelstrichs in Anlage I nimmt den Anbau von behördlich zugelassenen Nutzhanfsorten von den Bestimmungen des BtMG aus, wenn der Anbau durch die in der Vorschrift genannten Unternehmen der Landwirtschaft erfolgt.

5. Umgang mit Cannabismedizin

14 Mit der 25. BtMÄndVO vom 11.5.2011 wurden die Ausnahmen bei Cannabis in Anlage I um den Buchst. e ergänzt.[23] Hiernach kann Marihuana zu den in den Anlagen II und III bezeichneten Zwecken verwendet werden. Der pharmazeutischen Industrie steht damit Marihuana zur Herstellung von Zubereitungen zu medizinischen Zwecken zur Verfügung (Anlage II). Nach Anlage III kann Marihuana von einem Arzt unter den Voraussetzungen des § 13 Abs. 1 BtMG verschrieben werden,[24] allerdings war dies zunächst nur in Zubereitungen, die als Fertigarzneimittel zugelassen sind, möglich, zB in Form des Mundsprays *Sativex*®, das als Zusatzbehandlung zur Verbesserung von Symptomen bei Patienten mit mittelschwerer bis schwerer Spastik aufgrund einer Multiplen Sklerose angewendet wird. Es kann nach § 2 Abs. 1 S. 1 Buchst. a Nr. 2a BtMVV innerhalb von 30 Tagen bis zu einer Menge von 1000 mg, bezogen auf den THC-Gehalt, verschrieben werden.

15 Im März 2017 wurde die Verschreibung von Cannabis in Form von getrockneten Blüten und Extrakten zu medizinischen Zwecken zugelassen.[25]

Medizinalcannabis der Sorte Bedrocan

---

[23] BGBl. 2011 I 821.

[24] Zur Verschreibung von Betäubungsmitteln → Kap. 2 Rn. 33 ff.

[25] Gesetz zur Änderung betäubungsmittelrechtlicher und anderer Vorschriften vom 6.3.2017, BGBl. 2017 I 403.

Der Arzt darf seitdem innerhalb von 30 Tagen auch 100.000 mg Cannabis in Form von getrockneten Blüten verordnen (§ 2 Abs. 1 Buchst. a Nr. 2a BtMVV). Verschrieben werden können verschiedene Sorten mit Wirkstoffgehalten zwischen 1% (zB die Sorte Bedrolite granuliert) und 22% (zB die Sorten Bedrocan oder Pedanios 22/1).[26] Die Kosten hierfür kann die gesetzliche Krankenversicherung bei schwerwiegend Erkrankten übernehmen, wenn eine allgemein anerkannte, dem medizinischen Standard entsprechende Leistung nicht zur Verfügung steht oder im Einzelfall nach der begründeten Einschätzung des behandelnden Arztes nicht zur Anwendung kommen kann, und die Aussicht auf eine spürbare positive Einwirkung auf den Krankheitsverlauf oder auf schwerwiegende Symptome besteht ((§ 31 Abs. 6 S. 1 SGB V). Voraussetzung für die Kostenübernahme ist, dass der Arzt vor der ersten Verordnung die Genehmigung der Krankenkasse einholt.

VI. Geschichte

Die Geschichte des Cannabis reicht lange zurück. Erste Berichte über die 16
Anwendung von Cannabis in China bei Verstopfung oder Rheuma stammen aus dem Jahr 2737 vC. Um 800 vC wurde Cannabis in der indischen Literatur als Heilmittel behandelt. Etwa im 5. Jahrhundert nC gelangte Cannabis nach Europa, wurde dort allerdings hauptsächlich als Nutzhanf verwendet.[27] Als Rauschdroge wurde Cannabis in Europa im 19. Jahrhundert entdeckt. So erprobten die Wirkung des Cannabis die Mitglieder des 1844 in Paris gegründeten „Club des Haschischins", einer Vereinigung von Künstlern und Schriftstellern, in Selbstversuchen und verfassten begeisterte Schriften über ihre Erfahrungen. Danach spielte Cannabis in Europa als Rauschdroge über einhundert Jahre kaum eine Rolle, sondern kam erst mit der „Flower-Power-Bewegung" in den 60er Jahren wieder in Mode. Besondere Aufmerksamkeit in Deutschland erfuhr Cannabis im Jahr 1994 durch das sog. Haschisch-Urteil, in dem das *BVerfG* entschied, dass es kein Recht auf Rausch gebe; die Strafbarkeit des unerlaubten Umgangs mit Cannabisprodukten verstoße daher nicht gegen das Grundgesetz.[28] Da das Gericht aber auch die Bundesländer aufforderte, für eine einheitliche Einstellungspraxis beim Umgang mit geringen Mengen Cannabis zum Eigenkonsum ohne Fremdgefährdung zu sorgen (§ 31a BtMG),[29] wurde die Entscheidung jedoch vielfach als erster Schritt zur Legalisierung von Cannabis missverstanden. Der Spiegel etwa titelte in seiner auf die Entscheidung folgenden Ausgabe: „Wende in der Drogenpolitik – Hasch fürs Volk".[30] In letzter Zeit mehren sich weltweit Legalisierungsbewegungen, zB in Uruguay, Kanada sowie mehreren US-amerikanischen Bundesstaaten, die auch von Forderungen nach einer Freigabe von Cannabis in Deutschland

[26] Müller-Vahl/Grotenhermen Dtsch Ärztebl 2017, 114; s. auch → Kap. 2 Rn. 40a.
[27] Geschwinde Rauschdrogen Rn. 102 f.
[28] BVerfGE 90, 145 ff. = NJW 1994, 1577 ff.
[29] → Kap. 2 Rn. 187 ff.
[30] Der Spiegel, Ausgabe 18/1994.

begleitet werden.[31] Nach der Bundestagswahl 2021 vereinbarten die Regierungsparteien SPD, Grüne und FDP im Koalitionsvertrag die Einführung einer kontrollierten Abgabe von Cannabis an Erwachsene zu Genusszwecken in lizenzierten Geschäften.[32]

VII. Zusammenfassung

17 **Cannabis (Wirkstoff: THC)**

Cannabisprodukte:
- Haschisch: abgesondertes Harz der zur Gattung Cannabis gehörenden Pflanzen
- Marihuana: Pflanzen und Pflanzenteile der zur Gattung Cannabis gehörenden Pflanzen
- seltener: Cannabisöl

Konsumformen:
- Rauchen oder seltener Essen (eingebacken in Plätzchen)

Konsumeinheit:[33]
- durchschnittlich 15 bis 20 mg THC = 0,1 bis 0,4 g Haschisch oder Cannabisblüten bzw. 0,5 bis 1 g Marihuana minderer Qualität

Grammpreise:[34]
- Haschisch: 2,50 EUR bis 10,– EUR pro g (durchschnittlich ca. 9,60 EUR)
- Marihuana: 5,– EUR bis 15,– EUR pro g (durchschnittlich ca. 10,– EUR)

Psychoaktive Wirkung:
- ausgeprägtes Wohlbefinden
- körperliche Entspannung
- Antriebsminderung
- Denk- und Wahrnehmungsstörungen, teilw. mit Halluzinationen
- Störung der Konzentrationsfähigkeit

Körperliche Wirkung:
- Augenrötung und Pupillenerweiterung
- Mundtrockenheit
- Bewegungsunruhe
- Gangunsicherheit
- Verlangsamung der Sinnesabläufe, insbes. des Sprechens
- gesteigerte Hungerreize (sog. „Fress-Flash")

[31] BT-Drs. 19/819 (Vorlage des Entwurfs eines Cannabiskontrollgesetzes durch BÜNDNIS 90/DIE GRÜNEN, durch den der Verkauf von max. 30 g Cannabis in speziellen Cannabisfachgeschäften an Personen über 18 Jahren erlaubt werden soll); BT-Drs. 19/832 (Antrag von DIE LINKE auf Änderung des § 31a BtMG, wonach bei Volljährigen von einer Strafverfolgung abgesehen werden müsse, wenn sich die Tat auf bis zu 15 g getrocknete Teile der Cannabispflanze oder äquivalente Mengen anderer Cannabiserzeugnisse oder bis zu drei Cannabispflanzen, die ausschließlich dem Eigenkonsum dienen, bezieht); BT-Dr. 19/515 (Antrag der FDP auf Zulassung von Modellprojekten zur Erforschung der kontrollierten Abgabe von Cannabis als Genussmittel).

[32] Koalitionsvertrag zwischen SPD, Bündnis 90/Die Grünen und FDP 2021, 87.

[33] Geschwinde Rauschdrogen Rn. 235.

[34] DBDD Reitox-Bericht 2021, Drogenmärkte und Kriminalität, 9.

Nachweisbarkeit:[35]
- im Blut: THC 6 bis 8 Stunden bei einmaligem oder gelegentlichem Konsum, bis zu 48 Stunden bei Dauerkonsumenten[36]
- im Urin: THC bis 3 Tage bei einmaligem Konsum, bis zu 100 Tage bei chronischem Konsum

B. Heroin

I. Herkunft

Heroin (Szenenamen „H“ oder „Äitsch“) ist eine pulverige braune oder weiße Substanz mit der chemischen Bezeichnung **Diacetylmorphin.** Chemisch identisch mit dem Heroin ist das **Diamorphin**, das allerdings im Gegensatz zum Heroin pharmazeutisch hergestellt und in der Substiutionsbehandlung eingesetzt wird. Heroin wird durch Acetylierung aus Morphin hergestellt, welches wiederum aus dem Rohopium, dem getrockneten Milchsaft des Schlafmohns (Papaver somniferum), gewonnen wird. Heroin wird entweder geschnupft, indem es als feines Pulver mit einem gerollten Geldschein oder einem Strohhalm durch die Nase gezogen wird („Sniefen“), oder es wird auf einer Alufolie erhitzt und die Dämpfe werden inhaliert (sog. „Blech rauchen“). Die stärkste Wirkung entfaltet das Heroin jedoch durch intravenöse Injektion (umgangssprachlich „drücken“, „fixen“ oder „Schuss setzen“), wozu es mit Ascorbinsäure oder Zitronensaft und Wasser aufgekocht und durch eine Spritze in die Blutbahn verabreicht wird. 18

Zubereitung von Heroin zum Zwecke der Injektion

Heroin kommt in folgenden Formen vor, die sich nach Inhaltsstoff und Reinheitsgehalt unterscheiden:[37] 19
- **Heroin Nr. 1**: ein weißes oder braunes Pulver, das aus Morphin-Base besteht und in Europa als Rauschdroge selten vorkommt;
- **Heroin Nr. 2**: ein graues bis weißes Pulver, das aus dem Verkochen von Morphin-Base und Essigsäureanhydrid entsteht;

---

[35] Daldrup BA 2011, 72 ff.; Berr/Krause/Sachs Drogen Rn. 481 ff.; OLG Hamm BA 2013, 191.

[36] Ein positiver Urin- oder Bluttest auf Cannabis lässt sich unter relalistischen Bedingungen nicht durch einen Passivkonsum erklären, Schimmel/Drobnik/Röhrich ua BA 2010, 269 ff.

[37] Geschwinde Rauschdrogen Rn. 2196 ff.; Patzak/Volkmer/Fabricius/Patzak BtMG Stoffe Rn. 207.

- **Heroin Nr. 3** („Hong Kong Rocks"): eine grau-braune körnige und krümelige Substanz, die aus gereinigtem und wasserlöslichem Heroinhydrochlorid besteht und ungestreckt Wirkstoffgehalte von bis zu 60% aufweist;
- **Heroin Nr. 4** („Türkischer Honig"): Heroinhydrochlorid in Form eines braun-beigefarbenen oder weißen Pulvers, das nur geringe Verunreinigungen enthält und daher einen Reinheitsgehalt von bis zu 96% aufweist.

Heroin Nr. 4

II. Wirkungen

20 Unmittelbar nach der Einnahme von Heroin setzt beim Konsumenten ein überwältigendes, als orgasmusartig beschriebenes Glücksgefühl ein (sog. „Kick"). Anschließend folgt ein meist schläfriger, länger andauernder Zustand von erfüllter Zufriedenheit und vollständiger Sorglosigkeit. Das Heroin ist aus zwei Gründen als besonders gefährliches Rauschgift einzustufen: Zum einen entwickelt der Körper sehr schnell eine Toleranz, so dass eine Dosiserhöhung – meist verbunden mit dem Umstieg auf intravenöse Injektion – erforderlich ist, um den gewünschten Rauschzustand immer wieder zu erreichen. Zum anderen treten ausgeprägte körperliche Entzugserscheinungen auf, wie zB Schweißausbrüche, Schmerzen in den Gliedmaßen, Krampfanfälle und Schlafstörungen, die zu einer hohen physischen, aber auch psychischen Abhängigkeit führen (sog. „Suchtdruck"). Letztlich erreicht der Konsument durch die Toleranzentwicklung nach einer gewissen Zeit nicht mehr den „Kick", sondern mit der nächsten Einnahme von Heroin können nur noch die Entzugserscheinungen gelindert werden (in der Szenesprache: „gesund sein").

III. Rechtslage

21 **Heroin** (Diacethylmorphin) ist als nicht verkehrsfähiges Betäubungsmittel in Anlage I eingestuft. Das pharmazeutisch hergestellte **Diamorphin** kann als verkehrs- und verschreibungsfähiges Betäubungsmittel der Anlage III nach § 13 Abs. 1 BtMG von einem Arzt zur Substitutionsbehandlung von Schwerstabhängigen in staatlich zugelassenen Einrichtungen verschrieben werden (Verschreibungshöchstmenge innerhalb von 30 Tagen nach § 2 Abs. 1 S. 1 Buchst. a Nr. 3a BtMVV: 30.000 mg).[38] Die Schlafmohnpflanze **(Papa-**

---

[38] S. dazu im Einzelnen → Kap. 2 Rn. 53.

ver somniferum) findet sich ebenfalls in Anlage III, insoweit sind jedoch einige Ausnahmen zugelassen (zB bei Pflanzen mit sehr geringem Wirkstoffgehalt).

IV. Geschichte

Diacetylmorphin wurde erstmals 1874 hergestellt. Ziel war es, ein Schmerz- **22**
mittel ohne Suchtpotenzial zu entwickeln, nachdem die verletzten Soldaten im Deutsch-Französischen Krieg 1870/1871 mit Morphium behandelt und dadurch morphinabhängig geworden waren. Ab dem Jahr 1898 wurde Diacetylmorphin von der Vorgängerfirma von *Bayer* in Elberfeld unter dem Namen „Heroin" (von griech. heros = der Held) als Mittel gegen Husten und Bronchitis vertrieben.[39] Die Produktion wurde 1931 eingestellt. Noch bis 1958 war Heroin in Deutschland als Medikament erhältlich; mit Inkrafttretens des BtMG am 10.1.1972 ist auch der Bezug von Heroin aufgrund ärztlicher Verordnung verboten. Die Substitution mit Diamorphin wurde durch Gesetz zur diamorphingestützten Substitution vom 15.7.2009 eingeführt.

V. Zusammenfassung

Heroin (Diacetylmorphin) **23**

Konsumformen:
- intravenöse Injektion, Rauchen, Sniefen

Konsumeinheit:
- 50 bis 250 mg Straßenheroin (Wirkstoffgehalt im Durchschnitt 10–25%)[40]

Grammpreise:[41]
- 30,– EUR bis 70,– EUR je nach Qualität (durchschnittlich ca. 46,20 EUR)

Psychoaktive Wirkung:
- starke (kurzfristige) Euphorie (sog. „Kick")
- vollständige Sorglosigkeit
- intensives Wohlbefinden
- Antriebs- und Aktivitätsverlust
- anschließend länger andauernder, meist schläfriger Zustand von erfüllter Zufriedenheit

Körperliche Wirkung:
- Übelkeit
- Mundtrockenheit
- Kreislaufstörungen
- Verengung der Pupillen (bis auf Stecknadelgröße)
- Abnahme des sexuellen Verlangens
- erhebliche Entzugserscheinungen

---

[39] Geschwinde Rauschdrogen Rn. 1895 ff.; Patzak/Volkmer/Fabricius/Patzak BtMG Stoffe Rn. 223.
[40] Kotz/Rahlf/Graw/Roider BtMStrafR Kap. 1 Rn. 294.
[41] DBDD Reitox-Bericht 2021, Drogenmärkte und Kriminalität, 9.

Nachweisbarkeit:[42]
– im Urin: 2 bis 3 Tage
– im Blut: mehrere Stunden bis Tage

C. Kokain

I. Herkunft und Wirkungen

24 **Kokain** (auch „Koks“ oder „Schnee“ genannt) wird aus den Blättern der vornehmlich in Südamerika (Kolumbien, Bolivien, Peru) angebauten Kokapflanze **(Erythroxylum coca)** gewonnen. Es handelt sich um ein weißes, geruchs- und geschmackloses Pulver, das überwiegend durch die Nase eingenommen („gesnieft“) wird. Kokain wirkt antriebssteigernd, erhöht das Selbstwertgefühl und die Kontaktfähigkeit; außerdem führt seine Einnahme zu einer euphorischen Stimmung und steigert die sexuelle Leistungsfähigkeit, gleichzeitig nimmt das Hunger- und Müdigkeitsgefühl ab. Anschließend folgt eine depressive Phase (sog. „post coke blues“) mit Niedergeschlagenheit, Antriebsschwäche und einer ausgeprägten Erschöpfung, was bereits nach kurzzeitigem Konsum von Kokain zu einer starken psychischen Abhängigkeit führt. Seit einigen Jahren ist europaweit ein starker Anstieg an Sicherstellungen von Kokain festzustellen. Etwa 75% des sichergestellten Kokains stammt aus Kolumbien. Von dort wird es überwiegend über südamerikanische Seehäfen unter Nutzung der Modi Operandi „Rip-on/Rip-off“ und „Drop-off/Drop-on“ per Container nach Europa geschmuggelt. Bei „Rip-on/Rip-off“ wird das Kokain heimlich in Taschen in die Container dazugeladen und nach Erreichen des Zielorts dort wieder entnommen. Bei „Drop-off/Drop-on“–Fällen bringen die Täter Peilsender oder Bojen an wasserdichte, mit Kokain gefüllte Behälter an und werfen sie auf hoher See über Bord, damit sie von Schnellbooten unbemerkt aufgenommen und an Land verbracht werden können.[43] Auch kommen Körperschmuggler im Luftverkehr zum Einsatz.

Zum Konsum vorbereitete „Lines“

[42] Schütz Screening 80.
[43] BKA Rauschgiftkriminalität, Bundeslagebild 2017, 21 f.

II. Rechtslage

Kokain ist als verkehrs- und verschreibungsfähiges Betäubungsmittel in Anlage III eingestuft. Es darf indes nicht patientenbezogen, sondern nach § 2 Abs. 3 BtMVV vom Arzt nur für seinen Praxisbedarf bei Eingriffen am Kopf als Lösung bis zu einem Gehalt von 20% oder als Salbe bis zu einem Gehalt von 2% bis zu einer Menge seines durchschnittlichen Zweiwochenbedarfs verschrieben werden. Das **D-Kokain**, die rechtsdrehende, psychotrop unwirksame[44] Variante des Kokains, ist in Anlage II eingruppiert, ebenso wie die Pflanzen und Pflanzenteile der zur Art **Erythroxylum coca** – einschließlich der Varietäten bolivianum, spruceanum und novogranatense – gehörenden Pflanzen. 25

III. Geschichte

Die Koka-Pflanze wird seit mindestens 2500 vC in Peru angebaut. Dort und in anderen südamerikanischen Ländern werden die Blätter seither als Genussmittel gekaut (sog. Cocaismus), wodurch zwar eine leistungssteigernde, aber keine euphorisierende Wirkung erzielt wird. 1859 konnten die einzelnen Alkaloide aus der Pflanze isoliert werden, darunter das Kokain. Drei Jahre später wurde Kokain erstmals von der Firma *Merck* hergestellt und als „Cocainum hydrochloridicum" vertrieben. Ab 1887 war Kokain neben dem Koffein Hauptbestandteil der *Coca-Cola*®. Erst nach einer Gesetzesänderung in den USA im Jahr 1903 wurde die *Coca-Cola*® ohne Kokain hergestellt. Der stimulierenden Wirkung wegen wurde Kokain im Ersten Weltkrieg von deutschen und französischen Jagdfliegern eingenommen. 26

Die Koka-Pflanze

[44] Geschwinde Rauschdrogen Rn. 2576.

IV. Zusammenfassung

27 **Kokain**

Konsumformen:
– Einnahme durch die Nase; seltener durch intravenöse Injektion

Konsumeinheit:[45]
– je nach Toleranz 10 mg bis 200 mg

Grammpreise:
– 30,– EUR bis 100,– EUR (durchschnittlich ca. 72,90 EUR)[46]

Wirkungen:

1. Euphorisches Stadium
– Steigerung der Leistungsfähigkeit und des Selbstbewusstseins
– Verdrängung der Alltagsprobleme
– Beschleunigung des Denkvermögens bei gleichzeitiger Abnahme der Urteilsfähigkeit

2. Depressives Stadium (Post-Coke-Blues)
– Müdigkeit ohne eigentliches Schlafbedürfnis
– depressive Verstimmung mit Schuldgefühlen
– Selbstwertschwankungen mit erhöhter Suizidgefahr

Nachweisbarkeit (des Abbauproduktes Benzoylecgonin):[47]
– im Urin: 1 bis 4 Tage
– im Blut: 1 bis 4 Tage

D. Crack

I. Herstellung und Wirkungen

28 Bei **Crack** handelt es sich um kleine kristalline, weißlich-gelbe Steine („Rocks“), die durch Vermischung von Kokain mit Backpulver hergestellt und in kleinen Pfeifen geraucht werden. Aus 1 g Kokain guter Qualität können 6 bis 10 Konsumeinheiten Crack gewonnen werden. Der Name „Crack“ ist zurückzuführen auf das Knacken, das beim Erhitzen der Crack-Steine entsteht. Es wirkt trotz niedrigerem Substanzbedarf schneller als geschnupftes Kokain, weil die Lunge den Wirkstoff schneller als die Nasenschleimhäute aufnimmt. Die Wirkung tritt dadurch bereits nach wenigen Sekunden ein, hält allerdings auch nur 5 bis 15 Minuten an. Dies führt im Vergleich zum Kokain zu einer noch stärker ausgeprägten psychischen Abhängigkeit; darüber hinaus kommt es bei Crack auch zu heftigeren körperlichen Ent-

[45] HJW BtMG § 29a Rn. 4.3.6.
[46] DBDD Reitox-Bericht 2021, Drogenmärkte und Kriminalität, 9.
[47] Schütz Screening 80: Kokain ist im Körper äußerst instabil und wird rasch zu Benzoylecgonin verstoffwechselt.

zugserscheinungen, wie zB Depressionen, Muskelschmerzen, Hustenanfällen, Appetit- und Schlaflosigkeit.[48]

II. Rechtslage

Crack untersteht als Kokainprodukt der Anlage III. 29

III. Geschichte

Crack kam in den 1980er Jahren in den Slums von New York und Los Angeles auf und wurde schnell zur meistverbreitesten Droge in den USA. In Deutschland fiel es erstmals 1986 in nennenswertem Umfang auf. Seit Anfang der 1990er Jahre wurde Crack in Frankfurt am Main und in anderen Großstädten für 10,– bis 20,– DM und mehr pro Stein verkauft. Aktuell scheint das Phänomen auf Hamburg und Hessen begrenzt zu sein.[49] In Frankfurt am Main war Crack zwischenzeitlich sogar die meist konsumierte Droge in der Szene.[50] Im Jahr 2017 wurden in Deutschland nur 0,3 kg Crack sichergestellt, im Jahr 2008 noch 8,4 kg.[51] 30

Crack-Steine (Quelle: BKA)

IV. Zusammenfassung

31

Crack

Konsumformen:
- wird in pfeifenähnlichen Gefäßen geraucht.

Konsumeinheit:[52]
- 100 mg

Grammpreise:
- ab 5,– EUR pro Stein, durchschnittlich ca. 83,80 EUR pro Gramm[53]

Wirkung:
- wie bei Kokain, allerdings mit schnellerem Wirkungseintritt

---

[48] Geschwinde Rauschdrogen Rn. 2925.
[49] BKA Rauschgiftkriminalität, Bundeslagebild 2012, 12.
[50] Thane/Wickert/Verthein, Sucht 2011, 141 f.
[51] BKA Rauschgiftkriminalität, Bundeslagebild 2017 – Tabellenanhang, 11.
[52] HJW BtMG § 29a Rn. 4.3.6.
[53] DBDD Reitox-Bericht 2017, Drogenmärkte und Kriminalität, 9 f.

Nachweisbarkeit (des Abbauproduktes Benzoylecgonin):[54]
- im Urin: 1 bis 4 Tage
- im Blut: 1 bis 4 Tage

E. Amphetamin

I. Herstellung und Wirkungen

32 Bei **Amphetamin** („Speed" oder „Pep") handelt es sich um ein sog. Weckamin, das ähnlich wie das Kokain stimulierende Wirkung hat. Es ist verhältnismäßig einfach unter Verwendung von Benzylmethylketon (BMK) als Grundstoff synthetisch herzustellen und daher wesentlich billiger als Kokain. In Kleinlaboren erfolgt die Herstellung über die Zwischenstufe Phenyl-2-nitroprop-1-en (P2NP). Zumeist wird Amphetamin als Pulver durch die Nase konsumiert, selten auch in Tablettenform angeboten. Amphetamin führt zu einer Steigerung der körperlichen und intellektuellen Leistungsfähigkeit (sog. „run"); der Konsument fühlt sich gestärkt und sorgenfrei, gleichzeitig werden das Schlafbedürfnis und das Hungergefühl verdrängt. Nach dem Abklingen der stimulierenden Wirkung folgt der sog. „crash" oder „crash down", ein Zustand körperlicher Erschöpfung und Müdigkeit, allerdings teilweise verbunden mit erheblichen Schlafstörungen.[55]

II. Rechtslage

33 **Amphetamin** unterliegt als verkehrs- und verschreibungsfähiges Betäubungsmittel der Anlage III des BtMG. Es kann gem. § 2 BtMVV vom Arzt bzw. nach § 4 BtMVV vom Tierarzt innerhalb von 30 Tagen bis zu einer Höchstmenge von 600 mg verschrieben werden. Gleiches gilt für das Fertig-

Klumpenförmiges Amphetamin

Pulverförmiges Amphetamin in Minigrip-Tütchen

[54] Schütz Screening 80: Kokain ist im Körper äußerst instabil und wird rasch zu Benzoylecgonin verstoffwechselt.
[55] Geschwinde Rauschdrogen Rn. 3488 ff.

arzneimittel **Dexamphetamin** (ebenfalls Anlage III), das im Jahr 2011 zur Behandlung von ADHS zugelassen wurde.

III. Geschichte

Amphetamin wurde erstmals 1887 synthetisiert und ab 1930 als Arzneimittel gegen Schnupfen vertrieben. In den 1930er Jahren kam es bei amerikanischen Studenten in Mode, um das Schlafbedürfnis zu verdrängen und dadurch die Nächte durchlernen zu können (von pep up = aufmöbeln stammt auch der Ausdruck „pep“). **34**

IV. Zusammenfassung

35

Amphetamin

Konsumformen:
- Einnahme durch die Nase oder in Tablettenform

Konsumeinheit:
- 5–20 mg, bei gesteigerter Toleranz über 50 mg[56]

Grammpreise:
- 5,– EUR bis 20,– EUR (durchschnittlich ca. 9,80 EUR)[57]

Psychoaktive Wirkung:

1. Anfänglich sog. „run“ mit:
- Unterdrückung des Schlafbedürfnisses
- Verdrängung des Hungergefühls, Steigerung des Sexualtriebs
- Steigerung der körperlichen und intellektuellen Leistungsfähigkeit

2. Anschließend folgt der sog. „crash“ mit:
- körperlicher Erschöpfung und Müdigkeit
- Aggressivität

Körperliche Wirkung:
- permanente Unruhe, ausgeprägter Rededrang
- erweiterte Pupillen
- vermehrtes Schwitzen, Mundtrockenheit
- erhöhter Herzschlag, Gewichtsverlust, Kieferzittern

F. Methamphetamin

I. Herstellung und Wirkungen

Methamphetamin (*N*-Methylamphetamin) ist ein Derivat des Amphetamins, bei dem eine zusätzliche Methyl-Gruppe an die Amino-Gruppe angebunden wird. Methamphetamin wird in Pulver- oder Tablettenform (Szene- **36**

[56] Kotz/Rahlf/Graw/Roider BtMStrafR Kap. 1 Rn. 334.
[57] DBDD Reitox-Bericht 2021, Drogenmärkte und Kriminalität, 9.

namen: „Yaba", „Crank") oder als hochreines kristallines Salz angeboten („Crystal [Meth]" oder „Ice"). Es ist aus Ephedrin- oder Pseudoephedrinhaltigen Fertigarzneimitteln, zB dem Hustensaftpräpart *RhinoPront®*, selbst einfach herzustellen.[58] Methamphetamin wird oral oder nasal konsumiert oder in Form des „Crystal [Meth]" in Glasphiolen oder -pfeifen oder auf Aluminiumfolie geraucht. Teilweise wird es auch gespritzt. Beim Rauchen kommt es im Vergleich zum oralen und nasalen Konsum zu einem schnelleren Anfluten im Gehirn mit hohen Wirkstoffkonzentrationen im Blut und extremer Euphorie („Rush"), vergleichbar mit Crack; anschließend folgt ein länger anhaltender „High"-Zustand, während dessen der Konsument besonders aktiv und kontaktfreudig ist, sich als selbstbewusst und intelligent wahrnimmt und manchmal auch aggressive Züge zeigt.[59] Bei Abnehmen des „Highs" wird weiter konsumiert, wobei wegen der körperlichen Gewöhnung immer größere Mengen zugeführt werden müssen, um denselben Effekt zu erreichen. Hierbei bleiben die Konsumenten oft zwischen 3 und 15 Tagen wach. Wenn die gewünschte Wirkung infolge der zunehmenden Toleranzbildung ausbleibt, schlägt die Stimmung des Konsumenten um, es kommt zu extrem negativen Wahrnehmungen und paranoiden Vorstellungen (sog. „tweaking"); um endlich schlafen zu können, nehmen die Konsumenten häufig weitere, sedierende Substanzen. Es folgt der „Crash" mit bis zu 72 Stunden Schlaf ohne Unterbrechung.[60] Ein Großteil der europäischen Produktion des Methamphetamins findet in der Tschechischen Republik statt, wo die illegalen Kleinlabore Pseudoephedrin zunächst aus einem inländischen Chemieunternehmen abzweigen konnten. Seit Einstellung dieser Produktionslinie greifen die Laborbetreiber in Tschechien auf Pseudoephedrinhaltige Fertigarzneimittel als Ausgangsmaterial zurück.[61] Von dort breitet sich vor allem „Crystal [Meth]" seit dem Jahr 2009 zuneh-

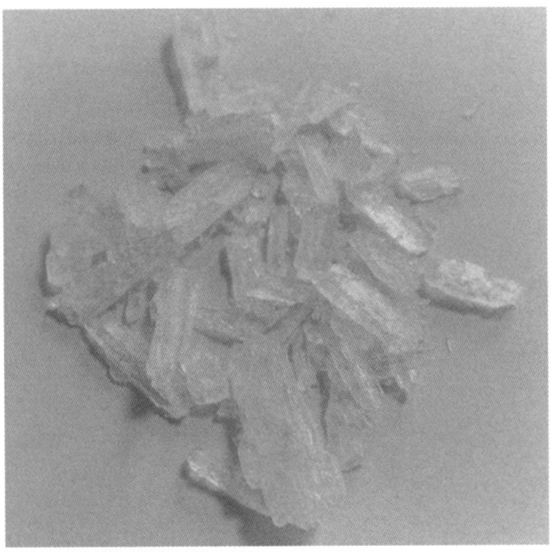

Kristallines Methamphetamin, sog. Crystal Meth

[58] Vgl. BGH Beschl. v. 5.12.2013, 1 StR 388/13 = BeckRS 2014, 00389.

[59] BGHSt 53, 89 = NStZ 2009, 393; Milin/Lotzin/Degkwitz/Verthein/Schäfer, Amphetamin und Methamphetamin – Personengruppen mit missbräuchlichem Konsum und Ansatzpunkte für präventive Maßnahmen, 2014, 12.

[60] Milin/Lotzin/Degkwitz/Verthein/Schäfer, Amphetamin und Methamphetamin – Personengruppen mit missbräuchlichem Konsum und Ansatzpunkte für präventive Maßnahmen, 2014, 12.

[61] Patzak/Dahlenburg NStZ 2016, 615.

mend in Deutschland aus, insbesondere in den Bundesländern Bayern, Sachsen, Sachsen-Anhalt und Thüringen.[62] Mittlerweile wird Methamphetamin zudem in den Niederlanden unter Nutzung des Grundstoffs BMK hergestellt. In den Niederlanden findet in sog. Kristallisationslaboren auch vermehrt die Umwandlung von pulverförmigem Methamphetamin, welches aus Mexiko importiert wird, in die kristalline Form statt.[63]

II. Rechtslage

Methamphetamin sowie Levmethamphetamin (linksdrehender Enantiomer) und Methamphetaminracemat ([RS]Methamphetamin = Gemisch aus gleichen Teilen der rechtsdrehenden und linksdrehenden Form) sind verkehrs-, aber nicht verschreibungsfähige Betäubungsmittel der Anlage II. **37**

III. Geschichte

Methamphetamin wurde erstmals 1919 in Japan hergestellt und 1938 in Deutschland unter dem Namen *Pervitin*® auf den Markt gebracht. Im Zweiten Weltkrieg wurde Methamphetamin von deutschen, alliierten und japanischen Streitkräften eingesetzt, um die Soldaten – vor allem Kampfpiloten – wach, motiviert und aggressiv zu halten. In der Nachkriegszeit entwickelte sich *Pervitin*® weltweit zur leistungssteigernden Wunderdroge in verschiedenen Berufsgruppen, zB Künstler, Sportler und Prostituierte. In Deutschland ist Methamphetamin im Jahr 1986 als verkehrs- und verschreibungsfähiges Betäubungsmittel in Anlage III des BtMG eingestuft worden. Das Arzneimittel *Pervitin*® wurde 1988 vom Markt genommen. Wegen der nicht mehr gegebenen therapeutischen Verwendung erfolgte im Jahr 2008 eine Umstufung des Methamphetamins aus Anlage III in Anlage II, so dass es weiterhin im Rahmen der Arzneimittelherstellung genutzt werden kann. In den USA nahm der Methamphetaminmissbrauch ab den 80er Jahren stark zu, nachdem sich herumgesprochen hatte, dass Methamphetamin ausgehend von frei verkäuflichen Pseudoephedrin-Tabletten leicht herzustellen ist. In Europa spielte es mit Ausnahme von Tschechien noch bis Ende der 90er Jahre nur eine untergeordnete Rolle. In Deutschlands Drogenszene ist Methamphetamin um die Jahrtausendwende zurückgekehrt.[64] **38**

---

[62] BKA Rauschgiftkriminalität, Bundeslagebild 2017, 25 f.
[63] BKA Rauschgiftkriminalität, Bundeslagebild 2019, 28.
[64] Patzak/Dahlenburg NStZ 2016, 615.

IV. Zusammenfassung

39

Methamphetamin

Konsumform:
- Nasaler oder oraler Konsum, Rauchen, teilweise auch intravenöse Aufnahme

Konsumeinheit:
- 0,1 g Zubereitung[65]

Grammpreisee:
- 60,– EUR bis 100,– EUR, durchschnittlich ca. 82,00 EUR[66]

Psychoaktive und körperliche Wirkung:
- grds. wie bei Amphetamin, aber vor allem beim Rauchen mit einem stärker ausgeprägten Rauschgefühl

Nachweisbarkeit:[67]
- im Urin: 1 bis 3 Tage
- im Blut: bis zu 6 Stunden

G. Ecstasy (MDMA/MDA/MDE)

I. Herstellung

40 Ecstasy, in der Szene ua „E“, „love-drug“ oder „Adam“ genannt, ist der Sammelbegriff für verschiedene Designer-Drogen auf Amphetaminbasis, wozu insbesondere das MDMA (3,4-Methylen-Dioxy-N-Methylamphetamin), das MDA (3,4-Methylen-Doxy-Amphetamin) und das MDE/MDEA (3,4-Methylen-Dioxy-N-Ethylamphetamin) zählen. Es wird überwiegend als Tablette („Pille“) mit unterschiedlichen Farben und Abbildungen (zB Symbole verschiedener Automarken) vertrieben. Hierin liegt auch die besondere Gefährlichkeit, da Art und Dosierung des Inhaltsstoffs der Ecstasy-Tabletten nicht erkennbar sind.

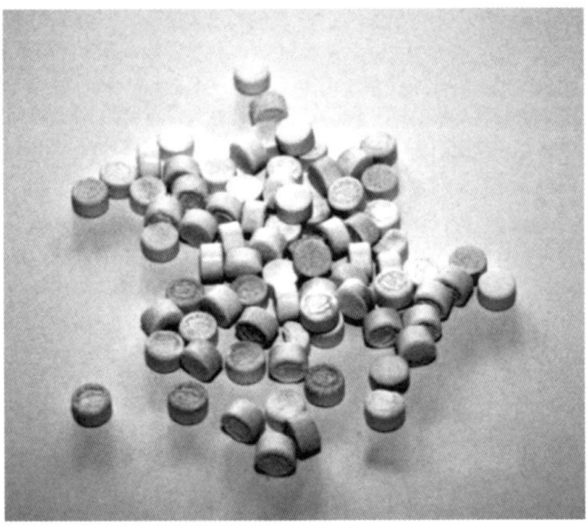

Ecstasy-Tabletten

[65] Geschwinde Rauschdrogen Rn. 3557.
[66] DBDD Reitox-Bericht 2021, Drogenmärkte und Kriminalität, 9.
[67] Schütz Screening 80.

II. Wirkungen

Ecstasy wirkt gefühlsstimulierend, dh die eigenen Emotionen werden intensiver wahrgenommen (entaktogene Wirkung); gleichzeitig werden die Hemmungen abgebaut, was zu einer erhöhten Kontaktfreudigkeit führt (emphatogene Wirkung).[68] Von eher untergeordneter Bedeutung ist die halluzinogene Wirkung des Ecstasy mit einer Verzerrung der Sinneseindrücke. Körperliche Anzeichen für einen Ecstasy-Konsum sind Kiefersperre, Pupillenerweiterung sowie Puls- und Blutdruckerhöhung. Zudem steigt die Körpertemperatur an, wodurch Austrocknung und Überhitzung des Konsumenten drohen, wenn er nicht genügend Flüssigkeit zu sich nimmt. Nach dem Abklingen des euphorischen Zustandes können depressive Stimmungslagen bis hin zu Suizidgedanken auftreten. Bei chronischem Konsum kann es zu Psychosen kommen. Auch liegen mittlerweile Erkenntnisse vor, dass Ecstasy Gehirnzellen schädigen bzw. vollständig zerstören kann. **41**

III. Rechtslage

MDMA, **MDA** und **MDE** unterliegen als nicht verkehrsfähige Betäubungsmittel der Anlage I. **42**

IV. Geschichte

Erstmals synthetisiert wurde das MDMA im Jahr 1912 von der Firma Merck. Im Jahr 1953 wurde der militärische Nutzen von Ecstasy als Psychokampfstoff erprobt. Seit den 1980er Jahren hat sich Ecstasy hauptsächlich in der Acid- und Techno-Szene etabliert. In Deutschland unterfallen MDA seit 1984, MDMA seit 1986 und MDE seit 1991 dem Betäubungsmittelgesetz. **43**

V. Zusammenfassung

Ecstasy (MDMA/MDA/MDE) **44**

Konsumform:
- Einnahme in Tablettenform

Konsumeinheit:
- 50 mg bis 150 mg[69]

Preis pro Tablette:
- 5,– EUR bis 10,– EUR, durchschnittlich ca. 7,50 EUR[70]

---

[68] Patzak/Volkmer/Fabricius/Patzak BtMG Stoffe Rn. 336 ff.
[69] HJW BtMG § 29a Rn. 4.3.6.; Kotz/Rahlf/Graw/Roider BtMStrafR Kap. 1 Rn. 335.
[70] DBDD Reitox-Bericht 2021, Drogenmärkte und Kriminalität, 9.

Psychoaktive Wirkung:
- Verdrängung von Egoismus und Feindseligkeit („love drug")
- Erhöhung der Kommunikations- und Kontaktfreudigkeit
- Verstärkung der Sinneseindrücke

Körperliche Wirkung:
- Kiefersperre, Pupillenerweiterung
- Erhöhung der Pulsrate, des Blutdrucks und der Körpertemperatur
- verminderte sexuelle Leistungsfähigkeit

Nachweisbarkeit:
- s. Amphetamin

H. LSD

I. Herstellung und Wirkungen

45 **LSD** (**L**yserg**s**äure**d**iäthylamid; Szenenname zB „Acid") ist ein Halluzinogen, das früher aus dem Mutterkornpilz gewonnen wurde, mittlerweile aber vollsynthetisch hergestellt wird. Es wird überwiegend auf bunte, briefmarkengroße Löschpapierstückchen (sog. „Trips" oder „Pappen") aufgetropft und dann vom Konsumenten geschluckt; teilweise kommt LSD auch in Pillenform vor (sog. „micro dots"). Die Einnahme führt beim Konsumenten für eine Dauer von 6 bis 12 Stunden zu optischen Sinnestäuschungen, vor allem Farbveränderungen, die sich auch in angstvollen Erlebnisveränderungen (sog. „Horrortrip") äußern können. Die Wahrnehmungsveränderungen treten teilweise auch längere Zeit nach dem Abklingen des Rauschzustandes plötzlich wieder auf (sog. „flash back").

II. Rechtslage

46 LSD ist ein nicht verkehrsfähiges Betäubungsmittel der Anlage I.

III. Geschichte

47 Entdeckt hat die psychoaktive Wirkung des LSD der Schweizer Chemiker Albert Hoffmann am 19. April 1943 in einem Selbstversuch im Rahmen von Arzneimittelforschungen. Da er anschließend im Zustand starker Halluzinationen mit dem Fahrrad nach Hause fuhr, wird dieser Tag von LSD-Anhän-

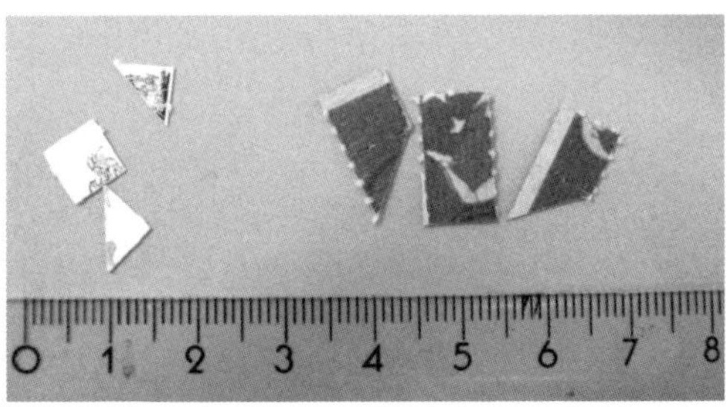

LSD-Papiertrips

gern als „Bicycle Day“ gefeiert. In den 1950er Jahren wurde die Nutzung des LSD in der Psychiatrie sowie beim Militär – als „Wahrheitsdroge“ – erprobt. Ende der 1960er Jahre entwickelte es sich zur Modedroge während der Hippieära; Ende der 1980er Jahre wurde es in der Technoszene als Partydroge konsumiert. Zwischenzeitlich hat LSD an Bedeutung verloren, seit 2011 steigen die Sicherstellungszahlen ab wieder an (2011: 25.978 Trips, 2017: 38.854 Trips).[71]

IV. Zusammenfassung

LSD 48

Konsumformen:
- Einnahme in Form von Papiertrips oder Tabletten

Konsumeinheit:
- 25 µg bis 250 µg

Preis pro Trip:
- 5,– EUR bis 20,– EUR, durchschnittlich 7,50 EUR[72]

Psychoaktive Wirkung:
- Hervorrufen optischer Halluzinationen, die teilweise als wundervoll, teilweise aber auch als beängstigend empfunden werden („Horrortrip“)

Körperliche Wirkung:
- Kältegefühl
- Pupillenerweiterung
- erhöhter Herzschlag

Nachweisbarkeit:
- im Urin: 1 bis 4 Tage
- im Blut: 1 bis 4 Tage

I. Psilocybin

I. Herkunft und Wirkungen

Psilocybin (Szenenamen: „Psilos“, „Magic Mushrooms„ oder „Zauberpilze“) ist ein in der Natur in einigen Pilzarten, insbesondere solchen der Gattung der Psilocybe (Kahlkopf) vorkommender Stoff, dessen Konsum Halluzinationen hervorruft, die denen des LSD ähneln, von den Konsumenten allerdings als sanfter, wärmer und weniger beängstigend empfunden werden. Der Rausch klingt früher als beim LSD – nach vier bis acht Stunden – abrupt ab, gefolgt von einem traumlosen Schlaf.[73] Die getrockneten Pilze werden entweder gegessen oder getrunken, nachdem sie in einem Tee aufgekocht worden 49

---

[71] BKA Rauschgiftkriminalität, Bundeslagebild 2017 – Tabellenanhang, 11.
[72] DBDD Reitox-Bericht 2021, Drogenmärkte und Kriminalität, 9.
[73] Geschwinde Rauschdrogen Rn. 1173.

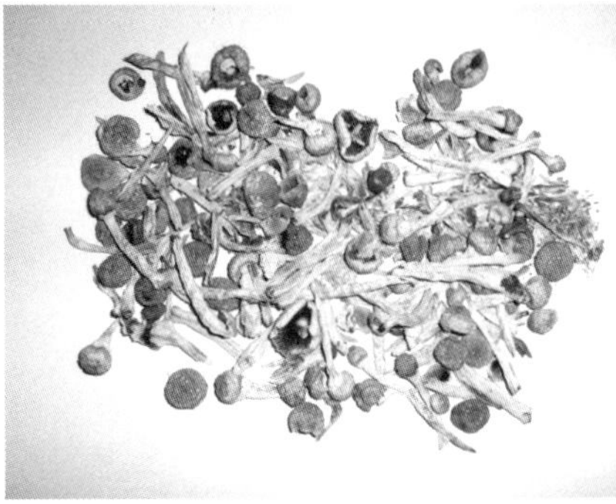

Psilocybinhaltige Pilze

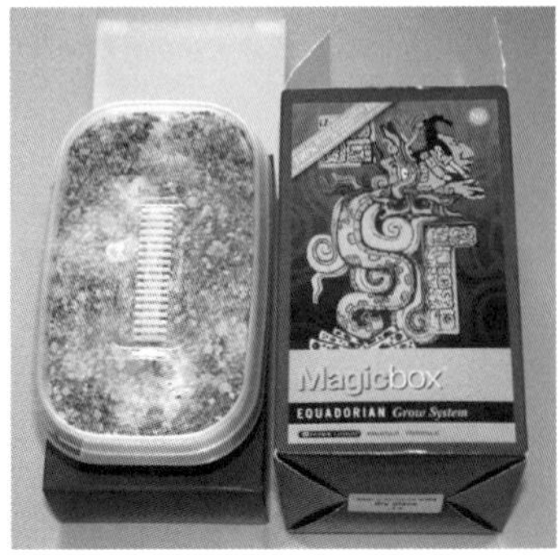

Pilzanbaubox

sind. Die Wirkung der psilocybinhaltigen Pilze wurde 1953 von einem Ehepaar in Mexiko entdeckt; seit den 90er Jahren sind sie in der Techno-Szene verbreitet.

II. Rechtslage

50 Psilocybin ist als nicht verkehrsfähiges Betäubungsmittel in Anlage I enthalten. Nach dem letzten Spiegelstrich in Anlage I iVm § 2 BtMG sind auch Pilze als Betäubungsmittel eingestuft, wenn sie Psilocybin enthalten und ein Missbrauch zu Rauschzwecken vorgesehen ist.[74] Dies gilt auch für Pilzanbauboxen, die zwar selbst noch kein Psilocybin enthalten, mit denen aber psilocybinhaltige Pilze herangezogen werden können.

III. Zusammenfassung

51 **Psilocybin**

Konsumformen:
- Essen oder Rauchen

Konsumeinheit:[75]
- 3 mg bis 20 mg

Grammpreis:
- 5,– EUR bis 10,– EUR

Psychoaktive Wirkung:
- vergleichbar mit der des LSD, wird vom Konsumenten jedoch als sanfter, wärmer und weniger beängstigend empfunden

Körperliche Wirkung:
- Schwindel
- Übelkeit mit Erbrechen

[74] → Kap. 2 Rn. 22.
[75] Geschwinde Rauschdrogen Rn. 1054 ff.

- Kältegefühl
- erweiterte Pupillen
- Mundtrockenheit

Nachweisbarkeit:
- im Urin: 1 bis 3 Tage

J. GHB/GBL („Liquid Ecstasy", „K.O.-Tropfen")

I. Herkunft und Wirkungen

Bei **GHB** handelt es sich um eine organische Säure mit der chemischen Bezeichnung 4-Hydroxybutansäure. Die Abkürzung GHB resultiert aus der früheren Bezeichnung **G**amma-**H**ydroxy-**B**uttersäure. Es kommt als klare, farblose und geruchlose Flüssigkeit mit leicht salzigem bzw. seifigem Geschmack oder als weißes bis sandfarbenes Pulver vor. Die Wirkung ist abhängig von der Dosierung. Niedrig dosiert wirkt es enthemmend und sexuell stimulierend. Bei mittlerer Dosierung ist es euphorisierend und führt zu Halluzinationen. In hoher Dosis konsumiert kommt es zu Benommenheit, Übelkeit oder Bewusstlosigkeit bis hin zu Koma und Atemstillstand.[76] Wegen der auftretenden Bewusstlosigkeit wird es Ahnungslosen in Getränke gemischt, um diese auszurauben oder sexuell zu missbrauchen. Daher wird GHB in den Medien häufig als „K.O.-Tropfen" oder „date-rape-drug" bezeichnet. Die Aufklärung dieser Taten ist besonders schwierig, weil GHB im Körper nur relativ kurze Zeit nachweisbar ist, nämlich im Urin etwa 12 bis 14 Stunden, im Blut nur 6 bis 7 Stunden. 52

GBL ist eine Chemikalie mit dem Namen Gamma-Butyrolacton, die hauptsächlich in der Industrie als Ausgangsstoff für chemische Synthesen oder als Wirkstoff in Reinigungs- und Lösungsmitteln eingesetzt wird. In Graffitientfernern kommt GBL beispielsweise in einer Konzentration von 5 bis 10% vor. In nahezu reiner Form mit einem Reinheitsgehalt von 99,9% wird GBL auch als Droge verwendet. Bei einer oralen Einnahme wandelt es sich nämlich im menschlichen Körper in weniger als einer Minute in GHB um und hat deshalb dieselbe berauschende Wirkung wie GHB.[77] 53

In Szenekreisen sind GHB/GBL als „Liquid Ecstasy" oder „Liquid E" bekannt, obwohl sie mit den als Ecstasy bezeichneten Amphetaminderivaten MDMA/MDE und MDA chemisch nicht vergleichbar sind. 54

II. Rechtslage

Während **GHB** seit dem Jahr 2002 dem BtMG unterstellt ist (Anlage III), handelt es sich bei **GBL** nicht um ein Betäubungsmittel iSd BtMG; der *BGH* hat aber insoweit die Anwendbarkeit des AMG bejaht.[78] Die chemische Indus- 55

[76] Geschwinde Rauschdrogen Rn. 1789.
[77] BGH NJW 2010, 2528.
[78] BGH NJW 2010, 2528; vgl. auch BGH NStZ-RR 2017, 16.

trie hat sich zu einer freiwilligen Selbstkontrolle verpflichtet (sog. Monitoring), um die Herstellung von GHB aus GBL zu Rauschzwecken zu verhindern.

III. Geschichte

56 GHB wurde erstmals 1960 in Frankreich im Auftrag der Marine synthetisiert und in den 1960er und 1970er Jahren als Narkosemittel sowie Antidepressivum eingesetzt. GBL wird seit vielen Jahren industriell genutzt. Erst in den letzten Jahren wurde es in der Drogenszene ein beliebtes Rauschmittel, nachdem sich die Erkenntnis verbreitete, dass GBL im Körper zu GHB umgewandelt wird.

IV. Zusammenfassung

57

GHB/GBL

Konsumformen:
- Einnahme in Tabletten-/Pulverform oder durch Trinken

Konsumeinheit:[79]
- 0,5 g/ml bis 2,5 g/ml

Grammpreis:
- ca. 15,– EUR

Psychoaktive/körperliche Wirkung:
→ Niedrige Dosierung: enthemmend, sexuell stimulierend
→ Mittlere Dosierung: euphorisierend, halluzinogen
→ Hohe Dosierung: Benommenheit, Übelkeit, Bewusstlosigkeit, Koma, Atemstillstand

Nachweisbarkeit:
- im Urin: 12 bis 14 Stunden
- im Blut: 6 bis 7 Stunden

K. Neue Psychoaktive Stoffe (sog. „Legal Highs“)

I. Herkunft und Wirkungen

58 Die Bezeichnung Neue Psychoaktive Stoffe (NPS), auch „Legal Highs“ genannt, steht als Sammelbegriff für noch nicht in das BtMG aufgenommene psychoaktiv wirkende Substanzen oder Produkte, die speziell dafür entwickelt wurden, die Wirkungen klassischer Drogen nachzuahmen. Solche Substanzen sind im Frühwarnsystem der Europäischen Union erstmals im Jahr 2005 aufgefallen. Seitdem sind über 800 neue NPS in der Europäischen Union nachgewiesen worden. In Deutschland fand das Phänomen erstmals im Jahr 2008 mit

---

[79] Geschwinde Rauschdrogen Rn. 1784 ff.

Verschiedene Produkte mit neuen psychoaktiven Substanzen

dem Auftreten des Produkts „Spice“ öffentliche Beachtung. „Spice“ wurde als vermeintlich harmlose, zum Räuchern bestimmte Kräutermischung angeboten, die aber tatsächlich rauchend konsumiert wurde, um Cannabisähnliche Rauschzustände zu erzielen. Diese Wirkungen beruhten auf den synthetischen Cannabinoiden JWH-018 und CP 47, 497, die den als Träger dienenden Kräutermischungen beigemischt waren. Bei JWH-018 und CP 47, 497 handelt es sich um Stoffe, die ursprünglich für den medizinischen Einsatz synthetisiert wurden, ua von dem US-amerikanischen Chemiker John W. Huffmann (daher JWH), die es letztlich aber nicht auf den legalen Arzneimittelmarkt geschafft haben.[80] In der Folge wurde „Spice“ durch andere Produkte mit interessant klingenden Namen wie zB „Blaze“, „Monkees go Banana“ oder „Bonzai Winter boost“ abgelöst, in denen immer wieder neue synthetische Cannabinoide nachgewiesen werden, zB JWH-019, JWH-073, AM-694, UR-144 oder 5-Fluor-UE-144. Diese Stoffe binden ebenso wie THC an den Cannabinoid-Rezeptoren im Körper (daher auch der Name: synthetische Cannabinoide), häufig aber mit einer deutlich höheren Affinität und damit teilweise mit erheblich stärkeren, oft unkalkulierbaren Wirkungen.[81]

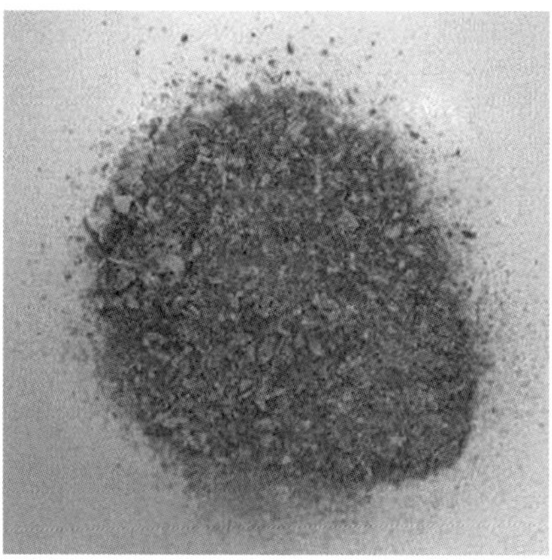

Kräutermischung

Die Entwicklung blieb nicht 59
nur auf Kräutermischungen mit Cannabinoid-Zusätzen beschränkt. Als vermeintlich legale Badesalze oder Research Chemicals (= Forschungschemikalien) deklariert kamen auch Stoffe hinzu, mit denen eine stimulierende Wirkung erzielt werden sollte. Im Gegensatz zu den Kräutermischungen und Badesalzen, bei denen sich

[80] Ewald/Jacobsen-Bauer/Klein/Uhl NStZ 2013, 265.

[81] Schäper/Kreuzer DAZ 2012, 48; Ewald/Jacobsen-Bauer/Klein/Uhl NStZ 2013, 265.

die NPS nicht näher bezeichnet auf einem Trägerstoff befinden, wird bei den Research Chemicals der enthaltene Reinstoff genau angegeben. Zu nennen sind hier beispielsweise die Cathinon-Derivate Mephedron, Methylon oder MDPV mit Amphetamin-ähnlichen Wirkungen, die Piperazin-Derivate m-CPP, BZP und TFMPP mit Ecstasy-ähnlichen Wirkungen und neuerdings auch synthetische Opioide wie zB U-47700, U-48800, U-49900, AH-7921. Eine Kombination von U-47700 und Fentanyl[82] wurde nach Medienberichten bei der toxikologischen Untersuchung im Blut des verstorbenen Musikers Prince nachgewiesen.

60 Vertrieben werden NPS in bunten Tütchen vornehmlich durch Internetshops im Clear- und Darknet. Die leichte Verfügbarkeit und der einfache Informationsaustausch zwischen den Konsumenten in Foren und Communities begünstigt die Verbreitung.[83] Im Justizvollzug ist zu beobachten, dass NPS mit Hilfe von Lösungsmitteln verflüssigt und auf Papier aufgetragen werden, um sie dann auf Briefpapier über die Gefangenenpost an Gefangene zu schicken.[84]

II. Rechtslage

61 Der deutsche Gesetzgeber ist dem Phänomen zunächst dadurch begegnet, dass er die neu auftretenden Inhaltsstoffe der NPS durch verschiedene Betäubungsmitteländerungsverordnungen dem BtMG unterstellt hat. So wurden mit der 22. BtMÄndVO vom 22.1.2009 zunächst JWH-018 und CP 47, 497 in Anlage II aufgenommen. Es folgten weitere Unterstellungen von über 150 NPS.

62 Um diese Entwicklung zu stoppen, wurde schließlich im November 2016 das Neue-psychoaktive-Stoffe-Gesetz (NpSG) erlassen, dem nicht Einzelstoffe, sondern mit den Cannabimimetika/synthetischen Cannabinoiden und den von 2-Phenethylamin abgeleiteten Verbindungen erstmals ganze Stoffgruppen unterstellt sind. Später wurden noch die folgenden Stoffgruppen in das NpSG aufgenommen: Benzodiazepine, von N-(2-Aminocyclohexyl)amid abgeleitete Verbindungen, von Tryptamin abgeleitete Verbindungen, von Arylcyclohexylamin abgeleitete Verbindungen und von Benzimidazol abgeleitete Verbindungen.[85]

63 Durch die 22. BtMAnlÄndVO v. 8.11.2021 wurden zuletzt das synthetische Cannabinoid 4F-MDMB-PICA, das Phencyclidin-Derivat Diphenidin und die Designer-Benzodiazepine Clonazolam und Flubromazolam in das BtMG aufgenommen.

---

[82] → Kap. 1 Rn. 65.

[83] Meinecke/von Harten StraFo 2014, 9.

[84] Patzak Forum Strafvollzug 2018, 127; zum Einsatz eines Drogenscanners zum Aufspüren von Neuen Psychoaktiven Stoffen (NPS) im Justizvollzug s. Patzak/Metternich Forum Strafvollzug 2019, 211 u. Patzak/Damm/Letzas Forum Strafvollzug 2021, 44.

[85] Zum NpSG s. → Kap. 3 Rn. 1 ff.

III. Zusammenfassung

Neue Psychoaktive Stoffe („Legal Highs“) 64

Konsumform:
- Kräutermischungen: Rauchen
- Badesalze: Schnupfen
- Research Chemicals: werden verflüssigt auf verschiedene Träger, wie zB Papier oder Tabak, aufgetragen

Psychoaktive Inhaltstoffe:
- Kräutermischungen: Synthetische Cannabinoide, zB JWH-018, JWH-019, JWH-073, CP 47, 497, UR-144
- Badesalze/Research Chemicals: ua Cathinon-Derivate, Piperazine und synthetische Opioide

Grammpreis:
- Kräutermischungen: ca. 10,– EUR
- Badesalze: 10,– EUR bis 30,– EUR
- Research Chemicals: 5,– EUR bis 20,– EUR

Psychoaktive/körperliche Wirkung:
- Kräutermischungen: ähnlich wie Cannabis, zum Teil jedoch deutlich stärker und mit erheblichen Nebenwirkungen
- Badesalze/Research Chemicals: je nach Inhaltsstoffe ähnlich wie Amphetamin, Kokain, Ecstasy oder Opiate, zum Teil jedoch deutlich stärker und mit erheblichen Nebenwirkungen

Nachweisbarkeit:
- Synthetische Cannabinoide: im Urin je nach Konsumhäufigkeit und -intensität wenige Tage bis ca. 2–3 Monate
- Amphetamin- und Cathinon-Derivate: im Urin einige Tage bis zu einer Woche
- Synthetische Opioide: im Urin 2 bis 4 Tage

L. Sonstige

I. Fentanyl/Carfentanyl

Fentanyl ist ein synthetisch hergestelltes Betäubungsmittel auf Morphinbasis.[86] Die pharmakologischen und toxikologischen Wirkungen ähneln denen von Morphin und Heroin, allerdings mit einer bis zu 100-mal stärkeren Wirkung als Morphin. Bereits die Aufnahme von 2–3 mg Fentanyl kann zu einer tödlichen Atemlähmung führen. Fentanyl wird häufig in Form von Pflastern in der Schmerzmedizin eingesetzt, aber auch in der Drogenszene missbraucht, indem der Wirkstoff aus den Pflastern ausgekocht und dann injiziert wird.[87] Auch kommt es in Pulver- oder Tablettenform vor. In den Jahren 2008 bis 2017 war ein starker Anstieg von Toten im Zusammenhang mit dem Konsum 65

[86] Zu synthetischen Opioiden s. auch → Kap. 1 Rn. 59.
[87] Vgl. dazu BGH Beschl. v. 16.1.2014 – 1 StR 389/13, BeckRS 2014, 3571.

von Fentanyl festzustellen, nämlich von 14 Drogentoten im Jahr 2008 auf 110 im Jahr 2017; 2019 wurden 59 Todesfälle im Zusammenhang mit Fentanyl registriert. Fentanyl unterfällt als verkehrs- und verschreibungsfähiges Betäubungsmittel der Anlage III. Nach § 2 Abs. 1 S. 1 Buchst. a Nr. 7 BtMVV kann Fentanyl innerhalb von 30 Tagen bis zu einer Höchstmenge von 500 mg verschrieben werden.

66 Carfentanyl/Carfentanil wirkt sogar bis zu 7500-mal stärker als Morphin. Da Carfentanyl über die Atmung und Hautkontakt aufgenommen werden kann, ist eine Überdosis auch ohne den direkten Konsum möglich. Carfentanyl ist als nicht verkehrsfähiges Betäubungsmittel der Anlage I unterstellt.

67 Daneben erfolgte zuletzt auch die Unterstellung folgender Fentanyl-Derivate, die als NPS auf dem Drogenmarkt vertrieben wurden, in Anl. II des BtMG: Acetylfentanyl (Desmethylfentanyl), Acryloylfentanyl (Acrylfenanyl, ACF), Butyrfentanyl (Butyrylfentanyl), Furanylfenatnyl (FU-F).

II. Buprenorphin (*Subutex*®)

68 Buprenorphin ist ein halbsynthetisches Thebain-Derivat, das als verkehrsfähiges und verschreibungsfähiges Betäubungsmittel der Anlage III untersteht. Es kann nach § 2 Abs. 1 S. 2 Buchst. a Nr. 2 BtMVV innerhalb von 30 Tagen bis zu einer Höchstmenge von 800 mg verschrieben werden. Unter den Markennamen *Subutex*® oder *Temgesic*® wird Buprenorphin als Substitutionsmittel eingesetzt.[88] Es wird in der Drogenszene häufig missbräuchlich konsumiert.

III. Methylphenidat (*Ritalin*®)

69 Methylphenidat ist ein Wirkstoff auf Amphetaminbasis, der zB in dem Arzneimittel *Ritalin*® zur Behandlung des Aufmerksamkeitsdefizit-/Hyperaktivitätssyndroms (ADHS) verwendet wird. Wegen der Amphetamin- und Kokainähnlichen Wirkung ist Methylphenidat auch in der Drogenszene sowie bei Schülern und Studenten zum Zwecke des sog. Hirndopings beliebt. Es unterliegt als verkehrs- und verschreibungsfähiges Betäubungsmittel der Anlage III und kann nach § 13 Abs. 1 BtMG iVm § 2 Abs. 1 S. 1 Buchst. a Nr. 13 BtMVV innerhalb von 30 Tagen bis zu einer Höchstmenge von 2400 mg verschrieben werden.

IV. Benzodiazepine (Diazepam und Co.)

70 Benzodiazepine gehören in Deutschland zu den bekanntesten und am meisten verschriebenen Arzneimitteln. Sie wirken angstlösend, beruhigend, erregungs- und spannungslösend und werden daher in der Medizin zur Behandlung von Angsterkrankungen, Schlafstörungen, Panikattacken, Epilepsie, Muskelspasmen, Alkoholentzug und zur Prämedikation operativer Eingriffe einge-

---

[88] Zur Verschreibung von Betäubungsmitteln zur Substitution → Kap. 2 Rn. 42 ff.

setzt.[89] Bekanntester Wirkstoff aus der Reihe der Benzodiazepine ist Diazepam. Laut Jahrbuch Sucht 2021 führt *Travor*® (Wirkstoff Lorazepam) mit etwa 1,8 Millionen verkauften Packungen die Liste der meist verkauften Tranquilizer vor *Diazepam ratiopharm*® (Wirkstoff Diazepam) mit 745.000 Packungen an.[90] Bei den Benzodiazepinen ist von einem hohen Abhängigkeitspotential auszugehen. Dem BtMG ist eine Vielzahl von Benzodiazepinen als verkehrs- und verschreibungsfähige Betäubungsmittel in Anlage III unterstellt. Zuletzt wurden die Designer-Benzodiazepine Clonazolam und Flubromazolam durch die 22. BtMAnlÄndVO v. 8.11.2021 in Anlage II aufgenommen. Zum Teil sieht Anlage III für die Benzodiazepine – zB für Diazepam[91] – bis zu einer bestimmten Menge Ausnahmen vor, die sogenannten ausgenommenen Zubereitungen. Diese sind grundsätzlich vom BtMG ausgenommen (§ 2 Abs. 1 Nr. 3 BtMG), so dass sich die Verschreibung allein nach den arzneimittelrechtlichen Vorschriften richtet. Bei der Ein-, Aus- und Durchfuhr der ausgenommenen Zubereitungen gelten allerdings wieder die betäubungsmittelrechtlichen Vorschriften (letzter Spiegelstrich der Anlage III).[92] Bei Flunitrazepam, welches ua unter dem Markennamen *Rohypnol*® vertrieben wird, ist der Zusatz „ausgenommene Zubereitung“ durch die 25. BtMÄndVO mit Wirkung vom 1.11.2011 gestrichen worden, um dem hohen Missbrauchs- und Abhängigkeitspotential und der Verwendung als K.O.-Tropfen Rechnung zu tragen.

---

[89] BGHSt 56, 52 ff. = NJW 2011, 1462.

[90] DHS Jahrbuch Sucht 2021, 101.

[91] Ausgenommen in Zubereitungen, die ohne einen weiteren Stoff der Anlagen I bis III bis zu 1 vom Hundert als Sirup oder Tropflösung, jedoch nicht mehr als 250 mg je Packungseinheit, oder je abgeteilte Form bis zu 10 mg Diazepam enthalten.

[92] → Kap. 2 Rn. 21c.

Kapitel 2. Materielles Betäubungsmittelstrafrecht

A. Die wichtigsten Vorschriften im Überblick

Auf den ersten Blick erscheint das materielle Betäubungsmittelstrafrecht sehr überschaubar, da das BtMG mit den §§ 29, 29a, 30 und 30a nur vier Strafvorschriften enthält. Dies erweist sich bei näherer Betrachtung jedoch als Trugschluss. Die einzelnen Strafnormen beinhalten nämlich eine Vielzahl unterschiedlicher Begehungsweisen, wie etwa § 29 Abs. 1 S. 1 BtMG, der 14 Unterpunkte in Form von Ziffern hat, die sich ihrerseits zum Teil wieder aus mehreren Tatbestandsalternativen zusammensetzen (zB § 29 Abs. 1 S. 1 Nr. 1 BtMG: 10 Einzeltatbestände). Hinzu kommt, dass für die Beurteilung der Strafbarkeit noch weitere Normen des allgemeinen Teils des BtMG eine Rolle spielen, etwa § 3 BtMG (Erlaubnispflicht zum Verkehr mit Betäubungsmitteln), § 4 (Ausnahmen von der Erlaubnispflicht) oder § 13 BtMG (Verabreichen, Überlassen und Verschreiben von Betäubungsmitteln durch Ärzte und Apotheker).[93] 1

Exkurs: Wer sich mit Betäubungsmittelstrafrecht befasst, muss zudem auch das Neue-psychoaktive-Stoffe-Gesetz (NpSG) in den Blick nehmen, welches am 26.11.2016 als Reaktion des Gesetzgebers auf die zunehmende Ausbreitung von Neuen Psychoaktiven Stoffen (NPS) in Kraft getretenen ist. Dort ist in § 4 NpSG der Umgang mit NPS, die einer Stoffgruppe iSd NpSG unterliegen, unter Strafe gestellt. Soweit ein Stoff sowohl dem BtMG als auch dem NpSG unterstellt ist, geht das BtMG vor. Im Unterschied zum BtMG sind nach dem NpSG nur Tathandlungen strafbar, die auf eine Weitergabe zielen. Erwerb und Besitz zum Zwecke des Eigenkonsums somit grundsätzlich straflos.[94] 2

Im BtMG ist **§ 29** ist der strafrechtliche **Grundtatbestand**, durch den annähernd jeder denkbare Umgang mit Betäubungsmitteln in **„einfacher Menge“**[95] als Vergehen mit einer Geldstrafe oder einer Freiheitsstrafe bis zu 5 Jahren bestraft wird. Bei besonders schweren Fällen – zB gewerbsmäßigem Handeltreiben in den Fällen des § 29 Abs. 1 S. 1 Nr. 1 BtMG – kann nach § 29 Abs. 3 BtMG[96] eine Freiheitsstrafe von mindestens einem Jahr verhängt werden. 3

Beachte: Straflos ist nur der Konsumakt als solcher, strafbar sind aber die Handlungen, die ihm vorausgehen.[97] 4

---

[93] S. hierzu im Einzelnen → Kap. 2 Rn. 24 ff.
[94] Zum NpSG → Kap. 4 Rn. 1 ff.
[95] Zum Mengenbegriff im Einzelnen → Kap. 2 Rn. 54 ff.
[96] Beachte: keine Qualifikation, sondern Strafzumessungsregel, vgl. → Kap. 2 Rn. 125.
[97] Näher dazu unten → Kap. 2 Rn. 102 ff.

5 Tathandlungen im Zusammenhang mit einer besonders großen Menge, der sog. **nicht geringen Menge**, hat der Gesetzgeber in den Qualifikationstatbeständen der §§ 29a ff. BtMG mit Mindestfreiheitsstrafen – je nach Begehungsweise – von 1 Jahr (§ 29a Abs. 1 Nr. 2 BtMG), 2 Jahren (§ 30 BtMG) und 5 Jahren (§ 30a BtMG) eingeordnet.

6 So sieht **§ 29a Abs. 1 Nr. 2 BtMG** für das Handeltreiben, die Abgabe oder den Besitz von Betäubungsmitteln in nicht geringer Menge einen Regelstrafrahmen mit Freiheitsstrafen von 1 Jahr bis zu 15 Jahren vor. Um dem Jugendschutz besonders Rechnung zu tragen, gilt dieser Strafrahmen auch, wenn eine Person über 21 Jahre Betäubungsmittel **unabhängig von der Größe der Menge** einer Person unter 18 Jahren abgibt, verabreicht oder zum unmittelbaren Verbrauch überlässt (**§ 29a Abs. 1 Nr. 1 BtMG**).

7 **§ 30 Abs. 1 BtMG** stellt folgende Delikte mit einer Freiheitsstrafe von nicht unter 2 Jahren unter Strafe:

- verschiedene bandenmäßige Begehungsweisen mit der „einfachen Menge“ (Nr. 1),
- die gewerbsmäßige Abgabe/Verbrauchsüberlassung (der „einfachen Menge“) an Minderjährige durch eine Person über 21 Jahren (Nr. 2),
- die leichtfertige Todesverursachung durch Abgabe von Betäubungsmitteln (Nr. 3),
- sowie die unerlaubte Einfuhr von Betäubungsmitteln in nicht geringer Menge (Nr. 4).

8 In **§ 30a BtMG** findet sich die höchste Strafandrohung mit einer Freiheitsstrafe von nicht unter 5 Jahren für bandenmäßige Begehungsweisen mit Betäubungsmitteln in nicht geringer Menge (Abs. 1), den Umgang mit Betäubungsmitteln in nicht geringer Menge unter Mitführen von Waffen (Abs. 2 Nr. 2) sowie das Bestimmen eines Minderjährigen zu bestimmten Tathandlungen durch eine Person über 21 Jahren (Abs. 2 Nr. 1).

9 Wichtig im Zusammenhang mit den Strafvorschriften des BtMG sind auch die §§ 31 und 31a BtMG. Bei **§ 31 BtMG** handelt es sich um eine **Kronzeugenregelung**, nach der dem Täter ein Strafrabatt bis hin zum Absehen von einer Bestrafung gewährt werden kann, wenn er bei der Aufklärung von Taten über seinen eigenen Tatbeitrag hinaus Hilfe leistet.[98] **§ 31a BtMG** eröffnet der Staatsanwaltschaft die Möglichkeit, von der Verfolgung einer Tat abzusehen, wenn der Täter mit Betäubungsmitteln **in geringer Menge** ausschließlich zum Eigenverbrauch, also ohne Fremdgefährdung, umgeht.[99]

10 Im Vollstreckungsverfahren, dh nach einer rechtskräftigen Aburteilung eines Täters, spielen die **§§ 35, 36 BtMG** eine große Rolle. Nach diesen Vorschriften kann bei betäubungsmittelabhängigen Tätern eine zu vollstreckende Freiheitsstrafe zurückgestellt werden, damit sie sich einer stationären Drogentherapie unterziehen können („Therapie statt Strafvollstreckung“).[100]

11 Wichtig sind auch die sonstigen Folgen bei einer Verurteilung nach dem BtMG. Auch hier bestehen praxisrelevante Besonderheiten. So erfolgt nach dem BZRG eine Eintragung von Jugend- oder Freiheitsstrafe bei betäubungs-

---

[98] Zu § 31 BtMG → Kap. 5 Rn. 37 ff.

[99] → Kap. 2 Rn. 187 ff.

[100] → Kap. 6 „Therapie statt Strafvollstreckung“.

mittelabhängigen Tätern in das Führungszeugnis erst bei einer Verurteilung von mehr als 2 Jahren.[101]

B. Anwendungsbereich des BtMG

I. Die Anlagen I bis III zu § 1 Abs. 1 BtMG

Das BtMG ist nur dann anwendbar, wenn der Täter mit Stoffen und Zubereitungen umgeht, die in den Anlagen I bis III zu § 1 Abs. 1 BtMG enthalten sind. Die Begriffe **Stoffe** und **Zubereitung** sind dabei nach § 2 Abs. 1 Nr. 1 und Nr. 2 BtMG legaldefiniert (→ Anhang A). Dieser Katalog ist abschließend, so dass – mit Ausnahme von **Betäubungsmittelimitaten** nach § 29 Abs. 6 BtMG[102] – eine Strafbarkeit nach dem BtMG ausscheidet, wenn eine Substanz nicht in einer der Anlagen enthalten ist. 12

Beachte: Der Umgang mit einem Stoff, der nicht den Anlagen zum BtMG unterstellt ist, aber einer Stoffgruppe des NpSG unterfällt, ist nicht nach dem BtMG strafbar, uU aber nach dem NpSG.[103] 13

Fall 1: A kauft sich auf dem Weihnachtsmarkt in Trier an einem Kerzenstand eine Duftkerze, die beim Abbrennen einen Cannabisgeruch verbreitet. 14

A macht sich nicht strafbar, weil die Duftkerze tatsächlich weder Cannabis (Marihuana) noch Cannabisharz (Haschisch) enthält (Anlage I).

Beachte: Ein chemischer Grundstoff zur Herstellung von Betäubungsmitteln (zB Essigsäureanhydrid zur Herstellung von Heroin oder Ephedrin zur Herstellung von Amphetamin), der nicht in den Anlagen I bis III zu § 1 Abs. 1 BtMG enthalten ist, unterfällt zwar nicht dem BtMG; es kommt allerdings eine Strafbarkeit nach § 19 des Grundstoffüberwachungsgesetzes (GÜG) in Betracht.

Fall 2: A wird an der deutsch-niederländischen Grenze von der Bundespolizei kontrolliert. In seinem Kofferraum wird ein Liter einer farblosen Flüssigkeit festgestellt, die sich später als Essigsäureanhydrid herausstellt.

Ein Verstoß gegen das BtMG scheidet aus, da Essigsäureanhydrid nicht in den Anlagen I bis III zu § 1 Abs. 1 BtMG enthalten ist; auch der Versuch des Herstellens von Betäubungsmitteln ist noch nicht gegeben, da ein solcher voraussetzt, dass bereits mit den Grundstoffen gearbeitet wird.[104]

A hat sich jedoch der unerlaubten Einfuhr eines Grundstoffes nach § 19 Abs. 1 Nr. 1 GÜG strafbar gemacht.

---

[101] → Kap. 5 Rn. 110.
[102] → Kap. 2 Rn. 23.
[103] Zum NpSG → Kap. 4 Rn. 1 ff.
[104] Patzak/Volkmer/Fabricius/Patzak BtMG § 29 Rn. 163 f.

15 In **Anlage I** sind die nicht verkehrsfähigen Betäubungsmittel enthalten, wozu gesundheitsschädliche Stoffe zählen, die für medizinische Zwecke ungeeignet sind oder deren therapeutischer Wert in keinem vernünftigen Verhältnis zu ihrer Schädlichkeit steht (zB Haschisch, Marihuana, Heroin, LSD, Psilocybin).

16 In **Anlage II** sind die Betäubungsmittel aufgeführt, die verkehrs-, aber nicht verschreibungsfähig sind; hierunter fallen vor allem Rohstoffe, Grundstoffe, Halbsynthetika und Zwischenprodukte, die in der Pharmaindustrie und zur Analytik Verwendung finden.

> **Fall 3:** A bestellt im Internet 1 g JWH-210, welches ihm per Post nach Hause geschickt wird. Ihm ist egal, welcher Stoffe das ist, Hauptsache es „dröhnt"! Anlässlich einer Durchsuchung durch die Polizei wird der Stoff am Tag nach der Lieferung bei ihm aufgefunden.
>
> JWH-210 ist seit 2012 als verkehrs-, aber nicht verschreibungsfähiges Betäubungsmittel der Anlage II unterstellt. A hat daher einen unerlaubten Erwerb von Betäubungsmitteln nach § 29 Abs. 1 S. 1 Nr. 1 BtMG begangen. Auch wenn er keine konkrete Vorstellung von der Drogenart hat, handelt A mit bedingtem Vorsatz, weil er sich mit dem erworbenen Produkt unbedingt berauschen will; er erkennt damit den Eintritt des tatbestandlichen Erfolges als möglich und nicht ganz fernliegend und nimmt ihn mithin billigend in Kauf.[105]

17 **Anlage III** enthält die verkehrs- und verschreibungsfähigen Betäubungsmittel, zB Amphetamin oder Kokain.

18 Die Anlagen sind dabei jeweils dreispaltig aufgebaut. Spalte 1 enthält die **International Nonproprietary Names** (INN) der Weltgesundheitsorganisation (zB „Amfetamin"), Spalte 2 andere nicht geschützte Stoffbezeichnungen wie **Kurzbezeichnungen** oder Trivialnamen (zB „Amphetamin"), und Spalte 3 die **chemische Stoffbezeichnung** (zB (RS)-1-Phenylopropan-2-ylazan).

19 Vorteil des Anlagensystems des BtMG ist, dass die Bundesregierung die Anlagen nach Anhörung von Sachverständigen durch Rechtsverordnung mit Zustimmung des Bundesrates ändern oder ergänzen kann (§ 1 Abs. 2 BtMG). Weil dadurch der langwierige Weg durch das Gesetzgebungsverfahren vermieden werden kann, besteht die Möglichkeit, schnell auf Änderungen in der Rauschgiftszene zu reagieren. In dringenden Fällen kann das Ministerium für Gesundheit Stoffe und Zubereitungen, die nicht Arzneimittel sind, auch ohne Zustimmung des Bundesrates den Anlagen I bis III unterstellen, wenn dies wegen des Ausmaßes der missbräuchlichen Verwendung und wegen der unmittelbaren oder mittelbaren Gefährdung der Gesundheit erforderlich ist (§ 1 Abs. 3 S. 1 BtMG). Die sog. Eilverordnung ist allerdings auf 1 Jahr begrenzt (§ 1 Abs. 1 3 S. 2 BtMG). Zuletzt nahm das Ministerium für Gesundheit im Zuge des vermehrten Aufkommens Neuer Psychoaktiver Stoffe im Wege einer solchen Eilverordnung JWH-018 und CP 47, 497 in das BtMG auf (22. BtMÄndVO vom 22.1.2009). Die Ermächtigungsgrundlage des § 1 Abs. 4 BtMG ermöglicht zudem – ohne Anhörung von Sachver-

---

[105] Patzak/Volkmer/Fabricius/Patzak BtMG § 29 Rn. 910 mwN.

ständigen und ohne Zustimmung des Bundesrates – notwendig Änderungen und Ergänzungen der Anlagen I bis III, die sich aus internationalen Suchtstoffübereinkommen ergeben.

1. Ausnahmen von der Betäubungsmitteleigenschaft

Neben den einzelnen Betäubungsmitteln enthalten die Anlagen auch einige grundlegende Regelungen, insbesondere **Ausnahmen** von der Strafbarkeit: **20**

a) Cannabissamen

So bestimmt Buchst. a des auf die Position Cannabis folgenden Spiegelstrichs in Anlage I, dass Cannabissamen, die nicht zum Anbau bestimmt sind, vom BtMG ausgenommen sind.[106] **21**

> **Fall 4:** A betreibt eine Pizzeria. Seine Pizza mit dem vielsagenden Namen „Stoned" belegt er ua mit Samen der Cannabispflanze. A macht sich nicht strafbar, da nach Buchst. a des auf die Position Cannabis folgenden Spiegelstrichs in Anlage I Cannabissamen von der strafrechtlichen Verfolgung ausgenommen sind, sofern diese nicht zum unerlaubten Anbau bestimmt sind; Hintergrund dieser Regelung ist, dass Cannabissamen kein THC enthalten.[107]
>
> **Fall 5:** A bestellt im Internet bei einer Cannabissamenbank in den Niederlanden 10 Cannabissamen der Sorte „Skunk #1"zu einem Preis von 32 EUR. Die Samen werden auf der Internetseite der Cannabissamenbank als hochwertige Sativa-/Indica-Hybride mit kurzer Blütezeit und großem Ertrag angepriesen. Sie werden nach dem Absenden an A vom Zoll im Postverteilzentrum bei einer Routinekontrolle sichergestellt. A gibt an, er wolle mit den Samen seinen Vogel „Tweety" füttern, den er über alles liebe. Er ist schon wegen unerlaubten Anbaus von Cannabispflanzen vorbestraft.
>
> Angesichts der Umstände erscheint die Einlassung des A als Schutzbehauptung. Es ist vielmehr davon auszugehen, dass er die Samen anbauen will. Er hat sich daher des versuchten Erwerbs in Tateinheit mit Einfuhr von Betäubungsmitteln gem. § 29 Abs. 1 S. 1 Nr. 1 BtMG strafbar gemacht.

b) Nutzhanf

Buchst. b des auf die Position Cannabis folgenden Spiegelstrichs in Anlage I nimmt Pflanzen oder Pflanzenteile aus zugelassenen EU-Nutzhanfsorten oder aus sonstigem Nutzhanf mit einem THC-Gehalt von nicht mehr als 0,2 % THC von den betäubungsmittelrechtlichen Bestimmungen aus, wenn der Verkehr mit ihnen (mit Ausnahme des Anbaus, für den wiederum Buchst. d gilt) ausschließlich gewerblichen oder wissenschaftlichen Zwecken dient, die einen Missbrauch zu Rauschzwecken ausschließen. Die Voraussetzungen der Ausnahmeregelung in Buchst. b des auf die Position Cannabis folgenden Spiegelstrichs in Anlage I, nämlich der gewerbliche oder wissenschaftliche Verwertungszweck, der einen Missbrauch zu Rauschzwecken ausschließt, müssen nach der Rspr. verschiedener Oberlandesgerichte nicht nur beim Ver- **21a**

---

[106] → Kap. 1 Rn. 11.
[107] HJW BtMG Anlage I Rn. 1.

käufer, sondern auch beim Endnutzer vorliegen. Am gewerblichen Zweck fehle es, wenn Nutzhanf zu Konsumzwecken an Endverbraucher verkauft werden, denn ein solcher Weiterverkauf sei erst zulässig, wenn durch die Verarbeitung ein unbedenkliches Cannabisprodukt entstanden sei, wie zB Seile, Papier oder Textilien, welche zu Rauschzwecken nicht (mehr) gebraucht werden könnten.[108] Der 6. Strafsenat des BGH vertritt in einer neueren Entscheidung jedoch die Auffassung, es sei ausreichend, wenn „lediglich einer der Teilnehmer am Verkehrsgeschäft im Rahmen einer grundsätzlich erlaubten eigenverantwortlichen wirtschaftlichen Betätigung ein Produkt an einen Endabnehmer abgibt".[109]

Fall 6: A verkauft in seinem Geschäft namens „Hanfbar" Nutzhanfsorten wie zB Fedora 17 oder Santhica 27 mit einem THC-Gehalt von nicht mehr als 0,2% als Hanfblüten-Tee an Kunden.

Nach Auffassung des LG Braunschweig stellt dies ein unerlaubtes Handeltreiben mit Betäubungsmitteln dar, weil die Ausnahmevorschrift des Buchst. b des auf die Position Cannabis folgenden Spiegelstrichs in Anlage I aus zwei Gründen nicht eingreife. Zum einen fehle es wegen des Weiterverkaufs an Endkunden an dem gewerblichen Zweck, zum anderen könne ein Missbrauch zu Rauschzwecken nicht ausgeschlossen werden, da der Hanfblüten-Tee dazu benutzt werden kann, cannabishaltige Backwaren (Brownies) herzustellen, die nach dem Verzehr einen Cannabisrausch hervorrufen (das Gericht hatte sachverständig beraten festgestellt, dass ein Rausch erzeugt werden kann, wenn ein Brownie gegessen wird, in dem 10–15g des Hanfblütentees eingebacken sind).[110] Der 6. Strafsenat des BGH hob das Urteil des LG Braunschweig auf. Zwar habe das LG Braunschweig die Ausnahmevorschrift zu eng ausgelegt, wenn es den gewerblichen Zweck wegen des Weiterverkaufs an Endverbraucher verneine. Es habe aber die Anwendung der Ausnahmevorschrift zutreffend abgelehnt, weil durch die Berauschungsmöglichkeit beim Konsum in Form von Brownies ein Missbrauch zu Rauschzwecken nicht ausgeschlossen sei. Das LG habe allerdings einen auf die Betäubungsmitteleigenschaft des Hanftees bezogenen Vorsatz des A in rechtsfehlerhafter Weise bejaht, daher die Urteilsaufhebung.[111]

c) Medizinalcannabis

21b Eine Ausnahmevorschrift in Anlage I findet sich auch für Medizinalcannabis. Mit Gesetz zur Änderung betäubungsmittelrechtlicher und anderer Vorschriften vom 6. 3. 2017 wurde die Verschreibung von Cannabis in Form von getrockneten Blüten und Extrakten zu medizinischen Zwecken ermöglicht. Hierzu wurde in Buchst. e des auf die Position Cannabis folgenden Spiegelstrichs in Anlage I der Passus „zu den in Anlage III bezeichneten Zwecken" aufgenommen. In Anlage III erfolgte die Ergänzung, dass Cannabis als ver-

[108] BayObLGSt 2002, 135 = NStZ 2003, 270; OLG Zweibrücken Urt. v. 25.5.2010 – 1 Ss 13/10, BeckRS 2010, 13810; OLG Hamm Urt. v. 21.6.2016 – 4 RVs 51/16, BeckRS 2016, 13673; so auch Patzak/Volkmer/Fabricius/Patzak BtMG § 2 Rn. 16c ff.

[109] BGH NStZ 2021, 549 (551) mkritAnm Patzak/Keuth.

[110] LG Braunschweig Urt. v. 28.1.2020 – 4 KLs 804 Js 26499/18, BeckRS 2020, 11999.

[111] BGH NStZ 2021, 549 (551) mkritAnm Patzak/Keuth.

schreibungsfähiges Betäubungsmittel eingestuft wird, wenn es aus einem Anbau stammt, der zu medizinischen Zwecken unter staatlicher Kontrolle gemäß den Artikeln 23 und 28 Absatz 1 des Einheits-Übereinkommens von 1961 über Suchtstoffe erfolgt.

d) Ausgenommene Zubereitungen

Sog. **ausgenommene Zubereitungen** unterfallen nicht dem BtMG (§ 2 **21c**
Abs. 1 Nr. 3 BtMG), sondern nur den arzneimittelrechtlichen Vorschriften, wobei ausgenommene Zubereitungen nach Anlage 1 zu § 1 Nr. 1 und § 5 AMVVO stets als verschreibungspflichtige Arzneimittel eingestuft sind.[112] Nach dem letzten Spiegelstrich, Buchst. b, der Anlage III gelten für ausgenommene Zubereitung (mit Ausnahme von Codei und Dihydrocodein) jedoch wieder die betäubungsmittelrechtlichen Vorschriften über die Einfuhr, Ausfuhr und Durchfuhr.

> **Fall 7:** Student S befindet sich im Examensstress, weshalb er kaum zu Ruhe kommt. Kommilitone K bietet ihm eine Tablette Diazepam 10 mg, die entspannende Wirkung hat. K weist S jedoch darauf hin, dass Diazepam in Anlage III des BtMG aufgeführt ist. Kann S die Tablette annehmen, ohne sich nach dem BtMG strafbar zu machen?
>
> S kann die Tablette annehmen, denn eine Tablette Diazepam 10 mg ist nach Anlage III als ausgenommene Zubereitung eingestuft und unterfällt damit nicht dem BtMG. Der Erwerb ist nach dem AMG nicht strafbar. Bei K kommt wegen des Verstoßes gegen die Apothekenpflicht aber eine Strafbarkeit nach § 95 Abs. 1 Nr. 5 AMG in Betracht.
>
> Wenn S die Tablette zu einem Besuch von Freunden nach Luxemburg mitnehmen will, lebt die Betäubungsmitteleigenschaft jedoch wieder auf.[113]

2. Erweiterung des Anwendungsbereichs

Der Anwendungsbereich wird jedoch durch die Anlage I, Spiegelstriche 2 **22**
bis 5 auch auf **Ester, Ether, Salze und Stereoisomere** ausgedehnt. Im letzten Spiegelstrich in Anlage I ist zudem bestimmt, dass auch Stoffe, die selbst nicht in den Anlage I bis III aufgeführt werden, aber Betäubungsmittel der Anlagen I bis III enthalten oder zur Reproduktion oder Gewinnung eines solchen Betäubungsmittel geeignet sind, als Betäubungsmittel eingestuft werden, wenn ein Missbrauch zu Rauschzwecken vorgesehen ist. Hierunter fallen zB die **psilocybinhaltigen Pilze oder die Pilzanbauboxen**, die zwar selbst noch kein Psilocybin enthalten, mit denen aber psilocybinhaltige Pilze herangezogen werden können.[114]

---

[112] Vgl. den Eintrag „Betäubungsmittel, soweit sie Zubereitungen nach § 2 Abs. 1 Nr. 3 des Betäubungsmittelgesetzes sind", zu den ausgenommenen Zubereitungen bei Benzodiazepinen s. → Kap. 1 Rn. 70.

[113] Zu Ausnahmen von der Erlaubnispflicht bei Ein- und Ausfuhr s. → Kap. 2 Rn. 29 f.

[114] → Kap. 1 Rn. 50.

II. Betäubungsmittelimitate („Linkfälle")

23 Ist ein Stoff nicht in den Anlagen I bis III zu § 1 Abs. 1 BtMG enthalten, entfällt grundsätzlich eine Strafbarkeit nach dem BtMG. Eine Besonderheit gilt jedoch dann, wenn der Täter mit einer Substanz Handel treibt, sie abgibt oder veräußert, bei der es sich zwar nicht um ein in den Anlagen aufgeführtes Betäubungsmittel handelt, dieses aber als solches ausgegeben wird (sog. **Pseudodrogen** oder **Betäubungsmittelimitate**). In diesem Fall bleibt der Täter nach **§ 29 Abs. 6 BtMG** strafbar. Sinn und Zweck dieser Vorschrift ist es, dass auch gegen diejenigen strafrechtlich vorgegangen wird, die mit Hilfe harmloser Substanzen Kundenwerbung für gefährliche Betäubungsmittel betreiben, um später echte Betäubungsmittel abgeben zu können.[115]

Fall 8: A verkauft dem im Drogenbereich noch unerfahrenen B 10 g getrocknete Gartenkräuter, die er als hochwertiges Marihuana anpreist.

A macht sich gemäß § 29 Abs. 6 BtMG des Handeltreibens mit Betäubungsmittelimitaten strafbar; zudem kommt ein Betrug gemäß § 263 StGB in Betracht.[116]

Die Tat des B stellt sich als (untauglicher) Versuch des Erwerbs von Betäubungsmitteln (§§ 29 Abs. 1 S. 1 Nr. 1, Abs. 2 BtMG, §§ 22, 23 StGB) dar.

C. Erlaubter Umgang mit Betäubungsmitteln

24 Der Umgang mit Betäubungsmitteln bedarf nach **§ 3 Abs. 1 BtMG** grundsätzlich der Erlaubnis. Für Betäubungsmittel der Anlage I kann nur ausnahmsweise eine Erlaubnis zu wissenschaftlichen oder anderen im öffentlichen Interesse liegenden Zwecken erteilt werden (§ 3 Abs. 2 BtMG). Ohne Erlaubnis sind Anbau, Herstellung, Handeltreiben, Einfuhr, Veräußerung, Abgabe, sonstiges Inverkehrbringen und Erwerb sowie die Herstellung von Zubereitungen nach §§ 29 ff. BtMG strafbewehrt. Dies gilt indes nicht, wenn jemand nach § 4 BtMG von der Erlaubnispflicht ausgenommen ist, zB Personen, die Betäubungsmittel der Anlage III aufgrund einer ärztlichen Verordnung in einer Apotheke erwerben. Für Ärzte wiederum ist in § 13 Abs. 1 BtMG geregelt, dass sie Betäubungsmittel der Anlage III unter bestimmten Umständen verschreiben, verabreichen und zum unmittelbaren Verbrauch überlassen dürfen. In all diesen Fällen des erlaubten Umgangs mit Betäubungsmitteln greifen die Strafvorschriften des BtMG nicht ein.

Beachte: Das Fehlen der Erlaubnis ist nach hM Tatbestandsmerkmal.[117] Bei Verstößen gegen §§ 29 ff. BtMG bedarf es der ausdrücklichen Bezeichnung als „uner-

---

[115] HJW BtMG § 29 Rn. 33.1; Malek BtMStrafR 2. Kap. Rn. 361.

[116] Zum Schadensbegriff bei den Vermögensdelikten s. Eisele/Bechtel JuS 2018, 97.

[117] BGH NStZ 1996, 338; Patzak/Volkmer/Fabricius/Patzak BtMG § 29 Rn. 9; Weber/Kornprobst/Maier/Weber BtMG § 29 Rn. 31; aA (Rechtfertigungsgrund) Malek BtMStrafR 2. Kap. Rn. 52; MüKoStGB/Oğlakcıoğlu BtMG § 3 Rn. 40.

laubt" im Urteilstenor nicht, da Straftaten nach dem BtMG ausschließlich den unerlaubten Umgang mit Betäubungsmitteln betreffen.[118] Die Tenorierung ist aber üblich und als solche unschädlich.[119]

I. Erlaubnis nach § 3 BtMG

Wer Betäubungsmittel anbauen, herstellen, mit ihnen Handel treiben, sie, 25
ohne mit ihnen Handel zu treiben, einführen, ausführen, abgeben, veräußern, sonst in den Verkehr bringen, erwerben oder ausgenommene Zubereitungen herstellen will, bedarf einer Erlaubnis nach § 3 Abs. 1 BtMG. Zuständig für die Erlaubniserteilung ist das *BfArM* mit Sitz in Bonn. Nach dem BVerwG soll auch der Erwerb eines Betäubungsmittels für eine Selbsttötung über § 3 Abs. 1 BtMG möglich sein, wenn sich der suizidwillige Erwerber wegen einer schweren und unheilbaren Erkrankung in einer extremen Notlage befindet.[120] Die Entscheidung ist indes sehr umstritten. So kommt *Di Fabio* in einem im Auftrag des *BfArM* erstellten Gutachten zum Ergebnis, dass das Urteil verfassungsrechtlich nicht haltbar sei, da es bei der verweigerten Befreiung vom gesetzlich angeordneten Erwerbsverbot durch das *BfArM* an einem zurechenbaren Eingriff in das allgemeine Persönlichkeitsrecht des Sterbewilligen fehle und keine verfassungsrechtliche Schutzpflicht, dem Sterbewilligen die für den Freitod notwendigen Mittel zu verschaffen oder ihm den Zugang zu ermöglichen, bestehe. Das *BfArM* könne sich daher in diesen Fällen weigern, eine Erwerbserlaubnis nach § 3 BtMG auszusprechen.[121] Das VG Köln wies verschiedene Klagen gegen ablehnende Entscheidungen des *BfArM* unter Verweis auf § 5 Abs. 1 Nr. 6 BtMG, wonach eine Erlaubnis zur Verwendung eines Betäubungsmittels zum Zwecke der Selbsttötung zu versagen ist, weil diese mit dem Zweck des BtMG nicht vereinbar sei, zurück.[122]. Berufungen hiergegen blieben beim OVG Münster erfolglos.[123]

Nach § 3 Abs. 2 BtMG kann das *BfArM* für den Umgang mit den in 25a
Anlage I des BtMG genannten nicht verkehrsfähigen Betäubungsmitteln zu wissenschaftlichen oder anderen im öffentlichen Interesse liegenden Zwecken ausnahmsweise eine Erlaubnis erteilen. Unter andere im öffentlichen Interesse liegende Zwecke fiel beispielweise die Erlaubnis zum Erwerb von Marihuana zur Anwendung im Rahmen einer medizinisch betreuten und begleiteten Selbsttherapie für Schwerkranke. Das Marihuana wurde in diesen Fällen von

---

[118] BGH Beschl. v. 8.4.2020 – 3 StR 55/20, BeckRS 2020, 7409; BGH Beschl. v. 9.2.2021 – 3 StR 449/20, BeckRS 2021, 4246.

[119] BGH Beschl. v. 5.8.2014 – 3 StR 340/14, BeckRS 2014, 20743.

[120] BVerwG NJW 2017, 2215.

[121] Di Fabio, Erwerbserlaubnis letal wirkender Mittel zur Selbsttötung in existenziellen Notlagen, 2017.

[122] VG Köln Beschl. v. 19.11.2019 – 7 L 14642/17, BeckRS 2019, 44536; Beschl. v. 19.11.2019 – 7 K 13803/17, BeckRS 2019, 34083; Beschl. v. 19.11.2019 – 7 K 8560/18, BeckRS 2019, 44538; vgl. im Einzelnen auch Patzak/Volkmer/Fabricius/Patzak BtMG § 3 Rn. 84b.

[123] OVG Münster Urt. v. 2.2.2022 – 9 A 146/21 ua, BeckRS 2022, 1147.

einer in der Erlaubnis genau bezeichneten Apotheke an den Erlaubnisinhaber abgegeben. Durch die Zulassung von Cannabis in Form von getrockneten Blüten und Extrakten zu medizinischen Zwecken im März 2017 bedarf es Ausnahmegenehmigungen nach § 3 Abs. 2 BtMG zum Erwerb von Cannabis zu medizinischen Zwecken nicht mehr.[124]

II. Ausnahmen von der Erlaubnispflicht (§ 4 BtMG)

26 Nach § 4 BtMG bedarf es ua in folgenden Fällen einer Erlaubnis nach § 3 BtMG nicht:

1. Ausnahmen für Apotheker

27 **Apotheker** dürfen nach § 4 Abs. 1 Nr. 1 BtMG im Rahmen des Betriebs einer öffentlichen Apotheke Betäubungsmittel der Anlage II und III herstellen, erwerben sowie Betäubungsmittel der Anlage III abgeben. Ferner können sie erlaubnisfrei Betäubungsmittel der Anlagen I, II oder III zur Untersuchung, zur Weiterleitung an eine zur Untersuchung von Betäubungsmitteln berechtigte Stelle oder zur Vernichtung entgegennehmen.

2. Ausnahmen für den Umgang mit ärztlich verschriebenen Betäubungsmitteln

28 Betäubungsmittel der Anlage III dürfen aufgrund ärztlicher, zahnärztlicher oder tierärztlicher Verschreibung **erworben** werden (§ 4 Abs. 1 Nr. 3 Buchst. a BtMG). Dies gilt zum einen für Ärzte, Zahnärzte und Tierärzte, soweit sie sich Betäubungsmittel für ihren Praxisbedarf verschreiben. § 4 Abs. 1 Nr. 3 Buchst. a BtMG gestattet zum anderen den Erwerb von ärztlich oder tierärztlich verschriebenen Betäubungsmitteln in einer Apotheke durch Patienten und Tierhalter.

29 Für die **Ein- und Ausfuhr** von ärztlich verschriebenen Betäubungsmitteln gilt § 4 Abs. 1 Nr. 4 Buchst. b BtMG, wonach solche Betäubungsmittel nur als Reisebedarf ins Ausland oder bei der Rückreise nach Deutschland mitgeführt werden dürfen. Der Reisebedarf richtet sich nach dem Bedarf während der voraussichtlichen Dauer der Reise.

30 **Beachte:** Bei der Ein- und Ausfuhr von Betäubungsmitteln ist neben der Erlaubnispflicht im Einzelfall **zusätzlich** eine Genehmigung des *BfArM* nach § 11 Abs. 1 BtMG einzuholen; der Verstoß hiergegen stellt allerdings nur eine Ordnungswidrigkeit nach § 32 Abs. 1 Nr. 5 BtMG dar. Nach § 15 Abs. 1 BtMAHV gilt die Genehmigungspflicht nicht im vereinfachten grenzüberschreitenden Verkehr für ärztlich verschriebene Betäubungsmittel der Anlage III in angemessener Menge für die Dauer der Reise.

---

[124] → Kap. 1 Rn. 49.

Fall 9: Der französische Staatsangehörige A bekommt von einem französischen Arzt für einen Monatsbedarf zweimal täglich 0,5 Gramm Medizinal-Cannabisblüten der Sorte *Bedrocan* verschrieben. A fährt in die Niederlande und bezieht dort in einer niederländischen Apotheke nach Vorlage der Verschreibung 30 Gramm der Medizinal-Cannabisblüten der Sorte *Bedrocan*. Auf dem unmittelbar anschließenden Rückweg nach Frankreich wird er in Deutschland vom Zoll kontrolliert.

A hat den Tatbestand der unerlaubten Einfuhr von Betäubungsmitteln erfüllt. Der Ausnahmetatbestand des § 4 Abs. 1 Nr. 4 Buchst. b BtMG kommt nicht zum Tragen, da A die Betäubungsmittel nicht zum Bedarf während der Reise (hier maximal 1 Tag) mit sich führt.

Abwandlung: Der deutsche Staatsangehörige A bekommt von seinem Arzt wegen seiner ADHS-Erkrankung regelmäßig *Ritalin*® verschrieben. Er fährt mit seinen Freunden für ein Wochenende (Freitag bis Sonntag) in die Niederlande und nimmt hierzu *Ritalin*® für 3 Tage mit.

A hat sich nach deutschem Recht nicht strafbar gemacht, da es sich bei dem *Ritalin*® um ein ärztlich verschriebenes Betäubungsmittel der Anlage III handelt, welches er als Reisebedarf ausführt (§ 4 Abs. 4 Buchst. b BtMG).

Tipp für Reisende im Schengen-Raum: Bei Reisen in oder aus Schengen-Staaten unter Mitnahme von Betäubungsmitteln kann die ordnungsgemäße Verschreibung durch eine Bescheinigung nach Art. 75 SDÜ nachgewiesen werden. In einer solchen Bescheinigung kann der Arzt die Verschreibung von Betäubungsmitteln für den Reisebedarf – maximal 30 Tage – zugunsten einer im eigenen Staat ansässigen Person bestätigen; die Bescheinigung ist durch die oberste Landesgesundheitsbehörde oder eine von dieser beauftragten Stelle, in Deutschland in der Regel die Gesundheitsämter bei den Stadt- oder Kreisverwaltungen, zu beglaubigen. 31

3. Ausnahmen für Strafverfolgungsbehörden

Nach **§ 4 Abs. 2 BtMG** bedürfen die Beamten der Polizeibehörden und des Zolls sowie Richter und Staatsanwälte für den Bereich ihrer dienstlichen Tätigkeit sowie die von ihnen mit der Untersuchung von Betäubungsmitteln beauftragten Behörden keiner Erlaubnis für den Umgang mit Betäubungsmitteln. Bei den Polizeibeamten spielt es dabei keine Rolle, ob sie berufsmäßig als Drogenfahnder[125] im Rauschgiftmilieu eingesetzt werden oder im Wege des ersten Zugriffs im Streifendienst mit Drogen konfrontiert werden. Die Erlaubnisfreiheit nach § 4 Abs. 2 BtMG gilt aber allein für dienstliche, nicht für private Tätigkeiten eines Beamten, so dass etwa die Entnahme von Betäubungsmitteln aus der Asservatenkammer durch einen Polizeibeamten zum Zweck des Eigenkonsums oder des Weiterverkaufs strafbar ist. 32

[125] Vgl. Patzak/Volkmer/Fabricius/Patzak BtMG § 4 Rn. 33 ff.; Weber/Kornprobst/Maier/Weber BtMG § 4 Rn. 139 ff. Das gilt auch für verdeckte Ermittler und NOEPS, dazu unten→ Kap. 7 Rn. 18 ff. und 24 ff. Bei Vertrauenspersonen (VP), → Kap. 7 Rn. 5 ff., ist das streitig.

III. Recht der Ärzte, Betäubungsmittel der Anlage III zu verschreiben, verabreichen und zum unmittelbaren Verbrauch zu überlassen

33 Nach § 13 Abs. 1 BtMG dürfen Ärzte Betäubungsmittel der Anlage III **verschreiben**, **verabreichen** (= unmittelbare Anwendung bei Patienten ohne dessen Mitwirkung) und **zum unmittelbaren Verbrauch überlassen** (= Aushändigen an den Patienten zur sofortigen Einnahme[126]). Unter Verschreiben eines Betäubungsmittels ist die schriftliche Anweisung auf einem Rezept an den Apotheker zu verstehen, ein bestimmtes Betäubungsmittel an eine bestimmte Person oder ärztliche Einrichtung zu bestimmten Bedingungen auszuhändigen.[127] Ärzten ist es grundsätzlich verwehrt, Betäubungsmittel an Patienten abzugeben, dh ihnen die tatsächliche Sachherrschaft an den Betäubungsmitteln zu übertragen (sog. **Dispensierverbot**); dies ist Apotheken vorbehalten. Ausgenommen hiervon sind seit dem 26.10.2012 mit Einführung des § 13 Abs. 1a BtMG betäubungsmittelhaltige Schmerzmittel zur Deckung eines nicht aufschiebbaren Bedarfs eines ambulant versorgten Palliativpatienten.[128]

Fall 10: Der niedergelassene Arzt A händigt das der Anlage III unterstellte Betäubungsmittel Levomethadon (Polamidon) an Patienten zur Mitnahme aus.

A hat sich der unerlaubten Abgabe von Betäubungsmitteln nach § 29 Abs. 1 S. 1 Nr. 1 BtMG strafbar gemacht; der Tatbestand der unerlaubten Verschreibung nach § 29 Abs. 1 S. 1 Nr. 6 Buchst. a BtMG greift in diesem Fall nicht ein.[129]

1. Voraussetzungen

34 Die Verschreibung/Verabreichung und Verbrauchsüberlassung durch Ärzte ist auf Betäubungsmittel der Anlage III beschränkt (§ 13 Abs. 1 S. 3 BtMG). Voraussetzung ist, dass die Anwendung am oder im menschlichen (oder tierischen) Körper begründet ist (§ 13 Abs. 1 S. 1 BtMG).[130] Das ist der Fall, wenn der Arzt, dem insoweit auch ein Beurteilungsspielraum zusteht,[131]

- aufgrund einer Untersuchung des Patienten die Überzeugung erlangt hat (Indikationsstellung),
- dass die Verschreibung/Verabreichung/Verbrauchsüberlassung nach den anerkannten Regeln der ärztlichen Wissenschaft zulässig und geboten ist (ärztliche Sorgfalt);
- ferner darf der beabsichtige Zweck nicht auf andere Weise erreicht werden (§ 13 Abs. 1 S. 2 BtMG: Ultima-Ratio-Regel).

[126] S. dazu auch → Kap. 2 Rn. 109 f.
[127] Patzak/Volkmer/Fabricius/Patzak BtMG § 29 Rn. 1124.
[128] BGBl. 2012 I 2192.
[129] BGH NStZ 2008, 574.
[130] Auf die Darstellung der Voraussetzungen einer Verschreibung durch Tierärzte soll hier verzichtet werden.
[131] Vgl. BGH NJW 2014, 1680.

Während die Verschreibung nur vom Arzt vorgenommen werden darf, können auch Hilfskräfte des behandelnden Arztes oder Pflegepersonen auf Weisung des Arztes Betäubungsmittel verabreichen oder zum unmittelbaren Verbrauch überlassen.[132] **35**

Fall 11: Der niedergelassene Arzt A verschreibt dem ihm bis dahin unbekannten B Fentanyl-Pflaster (Anlage III), nachdem dieser ihn am Telefon darum gebeten hatte. Eine Untersuchung und Diagnosestellung hält A aufgrund der überzeugenden Schilderung von erheblichen Rückenschmerzen durch B nicht für notwendig.

Die Verschreibung ohne Indikationsstellung und ohne Prüfung von Behandlungsalternativen ist unbegründet und nach § 29 Abs. 1 S. 1 Nr. 6 Buchst. a BtMG strafbar.[133]

2. Besonderheiten nach der BtMVV

Die Einzelheiten der Verschreibung von Betäubungsmitteln sind in der BtMVV geregelt. So dürfen die Betäubungsmittel der Anlage III – mit Ausnahme von Medizinalhanf in Form von Cannabisblüten – nur als **Zubereitungen** (§ 1 Abs. 1 S. 1 BtMVV) verschrieben werden, dh nur in Arzneiformen (zB als Lösungen in Ampullen oder Tropfflaschen) oder festen Darreichungsformen (zB als Tabletten, Kaspeln oder Dragees).[134] Einem Arzt ist **innerhalb von 30 Tagen** nur die Verschreibung eines Betäubungsmittels der Anlage III erlaubt (§ 2 Abs. 1 Buchst. b BtMVV), es sei denn es handelt sich um die in § 2 Abs. 1 Buchst. a BtMVV bezeichneten Betäubungsmittel, von denen zwei bis zu den genannten Höchstgrenzen verschrieben werden dürfen. Eine ähnliche Regelung für Zahnärzte enthält § 3 BtMVV, für Tierärzte gilt § 4 BtMVV. In begründeten Einzelfällen kann der Arzt für einen Patienten, der in seiner Dauerbehandlung steht, die Zahl der verschriebenen Betäubungsmittel und die festgesetzten Höchstmengen überschreiten (§ 2 Abs. 2 BtMVV). **36**

Beachte: Verstöße gegen § 2 Abs. 1 oder Abs. 2 BtMVV sind nach §§ 29 Abs. 1 S. 1 Nr. 14 BtMG iVm § 16 BtMVV strafbewehrt, allerdings nur bei Vorsatz. **37**

Fall 12: Der niedergelassene Arzt A wird von seinem Patienten P gefragt, ob er ihm Kokain verschreiben darf. Geht das?

Nein! Nach § 2 Abs. 1 Buchst. b BtMVV darf Kokain nicht patientenbezogen verschrieben werden. Die Verschreibung von Kokain ist dem der Arzt nur für seinen Praxisbedarf bei Eingriffen am Kopf als Lösung bis zu einem Gehalt von 20 vom Hundert oder als Salbe bis zu einem Gehalt von 2 vom Hundert gestattet.

Die Verschreibung von Betäubungsmitteln für Patienten und für den Praxisbedarf des Arztes muss auf einem **Betäubungsmittelrezept** erfolgen (§ 8 **38**

[132] Patzak/Volkmer/Fabricius/Patzak BtMG § 13 Rn. 3.
[133] Vgl. BGH NStZ 2012, 337.
[134] HJW BtMVV § 1 Rn. 2.1.

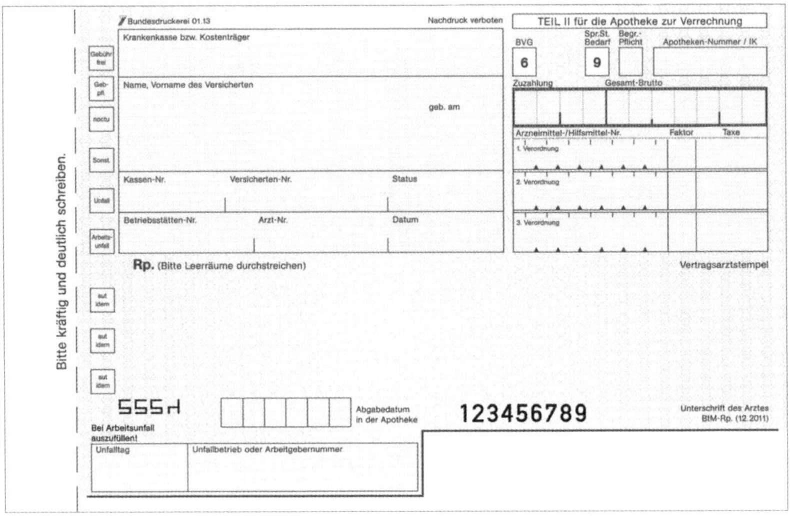
Bundesdruckerei 01.13
Nachdruck verboten
TEIL II für die Apotheke zur Verrechnung
Krankenkasse bzw. Kostenträger
BVG 6
Spr.St. Bedarf 9
Begr.-Pflicht
Apotheken-Nummer / IK
Gebühr frei
Geb.-pfl.
noctu
Name, Vorname des Versicherten
geb. am
Zuzahlung
Gesamt-Brutto
Arzneimittel-/Hilfsmittel-Nr.
Faktor
Taxe
1. Verordnung
Sonst.
2. Verordnung
Kassen-Nr.
Versicherten-Nr.
Status
Unfall
3. Verordnung
Betriebsstätten-Nr.
Arzt-Nr.
Datum
Arbeits-unfall
Bitte kräftig und deutlich schreiben.
Rp. (Bitte Leerräume durchstreichen)
Vertragsarztstempel
aut idem
aut idem
aut idem
555d
Abgabedatum in der Apotheke
123456789
Unterschrift des Arztes
BtM-Rp. (12.2011)
Bei Arbeitsunfall auszufüllen!
Unfalltag
Unfallbetrieb oder Arbeitgebernummer

Betäubungsmittelrezept

BtMVV). Nur im Ausnahmefall ist eine Verschreibung auf einem „Normalrezept" möglich, welches in diesem Fall mit dem Vermerk „Notfall-Verschreibung" zu kennzeichnen ist; das Betäubungsmittelrezept (mit der Kennzeichnung „N") ist der Apotheke unverzüglich nachzureichen (§ 8 Abs. 6 BtMVV).

39 Das Betäubungsmittelrezept besteht aus einem Deckblatt (Teil II) und zwei Durchschlägen (Teile I und III). Teil III verbleibt beim Arzt und muss drei Jahre lang ab Ausstellungsdatum aufbewahrt werden. Die Teile I und II werden in der Apotheke vorgelegt (Teil I verbleibt zu Prüfzwecken in der Apotheke, Teil II dient Abrechnungszwecken). Die Betäubungsmittelrezepte werden auf Anforderung des Arztes vom *BfArM* personenbezogen ausgegeben (§ 8 Abs. 2 BtMVV).

40 Nach § 9 BtMVV muss das Betäubungsmittelrezept folgende Angaben enthalten:
- Name, Vorname und Anschrift des Patienten,
- Ausstellungsdatum,
- eindeutige Arzneimittelbezeichnung,
- Menge des verschriebenen Arzneimittels in Gramm, Milliliter oder Stückzahl der abgeteilten Form,
- Gebrauchsanweisung mit Einzel- oder Tagesgabe oder der Vermerk „gemäß schriftlicher Anweisung", falls der Patient eine schriftliche Anleitung erhalten hat, bei Take-Home-Verschreibungen zusätzlich die Reichdauer des Substitutionsmittels in Tagen,
- Kennzeichnung von besonderen Verschreibungen, zB bei Überschreitung der Höchstverschreibungsmenge innerhalb von 30 Tagen (Kennzeichnung durch Buchstabe „A") oder der Verschreibung zur Substitution (Kennzeichnung durch Buchstabe „S"),
- Name und Anschrift einschließlich Telefonnummer sowie eigenhändige Unterschrift des verschreibenden Arztes.

Beispiele für Arzneimittelbezeichnung und Gebrauchsanweisung:
- Methylphenidat-musterpharm, 40 mg, 60 Kps., 2x täglich, 1 Kapsel einnehmen,
- Fentanyl-Pflaster 50 Mikrogramm/h, 5 St., enthält 8,25 mg Fentanyl, alle 3 Tage 1 Pflaster aufkleben.

Der Arzt kann dem Apotheker auf dem Rezept Anweisungen geben, wie er ein Arzneimittel herzustellen hat. Hierzu können auf dem Betäubungsmittelrezept auf die Arzneimittelbezeichnung folgend Rezepturformeln nach dem Deutschen Arzneimittel-Codex/Neues Rezeptur-Formularium (DAC/NRF) angegeben werden. Für die Verordnung von Cannabisblüten lauten die Rezepturformeln wie folgt: **40a**
- RF 22.12 Cannabisblüten zur Inhalation nach Verdampfung,
- RF 22.13. Cannabisblüten in Einzeldosen zur Inhalation nach Verdampfung,
- RF 22.14. Cannabisblüten zur Teezubereitung,
- RF 22.15. Cannabisblüten in Einzeldosen zur Teezubereitung.

In diesen Fällen müssen die Cannabisblüten in der Apotheke zerkleinert werden. Fehlt der Hinweis auf die NRF-Vorschrift, erfolgt in der Apotheke keine Zerkleinerung oder Siebung.

Fall 13: A wird von der Polizei mit 1 g einer Marihuana-Dolde erwischt. Er rechtfertigt sich damit, dass ihm das Marihuana ärztlich verordnet worden sei. Zum Beleg legt er ein ärztliches Attest vor, auf dem ihm Medizinalcannabis verordnet worden war. Auf dem Rezept ist die Rezepturformel RNF 22.12 verzeichnet. Ist die Angabe des A glaubhaft?

Nein! Die Marihuana-Dolde kann er nicht aufgrund der vorgelegten Verordnung erworben haben, denn die Verordnung lässt in der Apotheke nur einen Erwerb von Marihuana in zerkleinerter Form zu.

Beachte: Das Fallbeispiel zeigt das Problem auf, dass bei einer Kontrolle durch Polizei oder Zoll kaum zwischen legal verschriebenem Medizinalcannabis und Schwarzmarktcannabis unterschieden werden kann. Es gibt keinen verbindlichen „Betäubungsmittelausweis“, auf dem eine Verschreibung dokumentiert wird. Patienten, denen Medizinalcannabis verschreiben wird, kann daher nur geraten werden, sich eine ärztliche Bescheinigung ausstellen zu lassen oder eine Kopie des Rezepts der tatsächlich zugrundeliegenden Verschreibung mit sich zu führen, um gegenüber der Polizei die Rechtmäßigkeit des Beätubungsmittelbesitzes belegen zu können.[135]

Beachte: Unrichtige und unvollständige Angaben auf dem Betäubungsmittelrezept sowie solche in der nicht vorgeschriebenen Form sind für den Arzt nach § 32 Abs. 1 Nr. 6 BtMG iVm § 17 Nr. 1 BtMVV mit Bußgeld bedroht. **41**

[135] S. dazu auch die gleichlautende Problematik bei Drogen im Straßenverkehr → Kap. 4 Rn. 14.

3. Verschreibung von Betäubungsmitteln zur Substitution

42 Die Verschreibung von Betäubungsmitteln zur Substitution ist in §§ 5, 5a BtMVV geregelt.

a) Definition und Ziele

43 Unter Substitution ist die Anwendung eines Substitutionsmittels zu verstehen (§ 5 Abs. 1 S. 1 BtMVV). Substitutionsmittel sind nach § 5 Abs. 1 Satz 2 BtMVV ärztlich verschriebene Betäubungsmittel, die bei einem opioidabhängigen Patienten im Rahmen eines Therapiekonzeptes zur medizinischen Behandlung einer Abhängigkeit, die durch den Missbrauch von erlaubt erworbenen, unerlaubt erworbenen und unerlaubt erlangten Opioiden begründet ist, angewendet werden. Als leitendes Ziel der Substitutionsbehandlung soll eine Opioidabstinenz des Patienten angestrebt werden (§ 5 Abs. 2 S. 1 BtMVV).

44 Wesentliche Ziele der Substitution sind dabei gem. § 5 Abs. 2 S. 2 BtMVV insbesondere

- die Sicherstellung des Überlebens,
- die Besserung und Stabilisierung des Gesundheitszustandes,
- die Abstinenz von unerlaubt erworbenen oder erlangten Opioiden,
- die Unterstützung der Behandlung von Begleiterkrankungen oder
- die Verringerung der durch die Opioidabhängigkeit bedingten Risiken während einer Schwangerschaft sowie während und nach der Geburt.

b) Substitutionsmittel

45 Als Substitutionsmittel können nach § 5 Abs. 6 S. 1 BtMVV eingesetzt werden: Zur Substitution zugelassene Arzneimittel, Levomethadon, Methadon, Buprenorphin, Codein und Dihydrocodein. Die Verschreibung von Substitutionsmitteln ist auf dem Betäubungsmittelrezept mit einem „S" zu kennzeichnen (§ 5 Abs. 6 S. 3 BtMVV).

c) Voraussetzungen zur Verschreibung eines Substitutionsmittels

46 Neben den allgemeinen Voraussetzungen des § 13 Abs. 1 BtMG erfordert die Verschreibung von Substitutionsmitteln nach § 5 Abs. 2 BtMVV, dass

- der Arzt seinen Meldepflichten zum Substitutionsregister nach § 5b Abs. 2 BtMVV nachkommt,
- der Arzt Mindestanforderungen an eine suchttherapeutische Qualifikation erfüllt.[136]

47 Nach § 5 Abs. 12 BtMVV kann die Bundesärztekammer in Richtlinien den allgemein anerkannten Stand der medizinischen Wissenschaft zu den Zielen der Substitution, den allgemeinen Voraussetzungen für die Einleitung und Fortführung einer Substitution, der Auswahl des Substitutionsmittels, den Voraussetzungen für das Verschreiben des Substitutionsmittels zur eigenverantwortlichen Einnahme, der Entscheidung über die Erforderlichkeit einer Einbe-

[136] Die Fortbildung „Suchtmedizinische Grundversorgung" umfasst 50 Stunden. Ausnahmen für die Behandlung durch einen Arzt ohne suchttherapeutische Qualifikation sind in § 5 Abs. 4 BtMVV geregelt.

ziehung psychosozialer Betreuungsmaßnahmen, der Bewertung und Kontrolle des Therapieverlaufs sowie den Anforderungen an die Dokumentation festlegen. Dies ist mit den am 2.10.2017 im Bundesanzeiger veröffentlichen Richtlinien der Bundesärztekammer für die Substitution Opiatabhängiger umgesetzt worden.[137] Soweit sich der Arzt an den Vorgaben der BÄK-Richtlinie orientiert, wird gem. § 5 Abs. 12 BtMVV vermutet, dass der allgemein anerkannte Stand der Erkenntnisse der medizinischen Wissenschaft eingehalten wird.

d) Ablauf der Substitutionsbehandlung: Grundsätzlich Anwendung von Substitutionsmitteln unter Aufsicht

Substitutionsmittel dürfen den Patienten gem. § 5 Abs. 7 S. 1 BtMVV dem **48** Grundsatz nach nur unter Aufsicht angewendet werden (sog. Sichtvergabe), dh zum unmittelbaren Verbrauch überlassen, verabreicht oder gemäß dem in der arzneimittelrechtlichen Zulassung vorgesehenen Verfahren angewendet werden (Ausnahme: Codein und Dihydrocodein, s. § 5 Abs. 7 S. 2 BtMVV). Die Anwendung unter Aufsicht kann in der Apotheke, in der Praxis des Arztes, in einem Krankenhaus, in Gesundheitsämtern, Hospizen, Alten- oder Pflegeheimen oder durch ambulante Pflegedienste erfolgen (§ 5 Abs. 10 BtMVV).

e) Wochenendrezept, Take-Home-Verschreibung

Ausnahmen von dem Grundsatz, dass Substitutionsmittel dem Patienten nur **49** unter Aufsicht angewendet werden dürfen, sieht § 5 Abs. 8 BtMVV vor. So kann ein Substitutionsmittel nach § 5 Abs. 8 S. 1 BtMVV in Fällen, in denen die Kontinuität der Behandlung nicht anderweitig gewährleistet ist, in der **bis zu zwei Tagen benötigten Menge** oder für maximal 5 Tage, wenn auf ein Wochenende ein Feiertag und ggf. noch ein Brückentag folgt oder einem Wochenende vorangeht, verschrieben und dem Patienten die eigenverantwortliche Einnahme, sprich Mitnahme der Betäubungsmittel, gestattet werden (sog. **Wochenendrezept**). Voraussetzung ist,

- dass der Verlauf der Behandlung dies zulässt,
- Risiken der Selbst- oder Fremdgefährdung soweit wie möglich ausgeschlossen sind und
- die Sicherheit und Kontrolle des Betäubungsmittelverkehrs nicht beeinträchtigt werden.

Das Wochenendrezept ist zusätzlich mit einem „Z" zu kennzeichnen.

Eine eigenverantwortliche Einnahme ist zudem für bis zu 7 Tage möglich **50** (sog. **Take-Home-Verschreibung**), sobald und solange der substituierende Arzt zu dem Ergebnis kommt, dass eine Überlassung des Substitutionsmittels zum unmittelbaren Verbrauch nicht mehr erforderlich ist (§ 5 Abs. 9 S. 1 BtMVV). In begründeten Ausnahmefällen, zB bei immobilen Patienten oder Auslandsreisen, ist zudem eine Verschreibung und eigenverantwortliche Einnahme für bis zu 30 Tagen möglich (§ 5 Abs. 9 S. 1 BtMVV).

---

[137] Die BÄK-Richtlinien sind bei Patzak/Volkmer/Fabricius in Anlage C6 abgedruckt.

51 Auf **sog. Mischrezepten** kann der Arzt neuerdings das Substitutionsmittel zum Zwecke der patientenindividuellen Therapieführung auf demselben Rezept sowohl zur Sichtvergabe als auch für den Take-Home-Bedarf verordnen (§ 5 Abs. 10 S. 8 BtMVV).

52 In all diesen Fällen ist dem Patienten die Verschreibung im Rahmen einer persönlichen ärztlichen Konsultation auszuhändigen (§ 5 Abs. 8 S. 3 BtMVV).

f) Besonderheiten bei der Verschreibung von Diamorphin

53 Die Substitution mit Diamorphin wurde durch Gesetz zur diamorphingestützten Substitution vom 15.7.2009 eingeführt. Die Behandlung mit Diamorphin kann nur in einer durch die zuständige Landesbehörde anerkannten Einrichtung mit Anschluss an das örtliche Suchthilfesystem und ausreichender sachlicher und personeller Ausstattung erfolgen (§ 5a Abs. 2 BtMVV). Behandelt werden dürfen nur Personen mit einer seit mindestens 5 Jahren bestehenden Opiatabhängigkeit, verbunden mit schwerwiegenden somatischen und psychischen Störungen bei derzeit überwiegend intravenösem Konsum, die das 23. Lebensjahr vollendet haben und bei denen zwei erfolglos beendete Behandlungen der Opiatabhängigkeit, davon eine mindestens 6-monatige Behandlung, nachgewiesen sind (§ 5a Abs. 1 BtMVV).

D. Die verschiedenen Mengen des BtMG

54 Die Höhe der Strafandrohung der einzelnen Strafnormen des BtMG bestimmt sich im Wesentlichen nach der Menge des Betäubungsmittels, mit dem der Täter in strafbarer Weise umgegangen ist. Die Menge ist weiter für die Strafzumessung von essenzieller Bedeutung.[138] Das BtMG unterscheidet zwischen drei verschiedenen Mengen:

- die **nicht geringe Menge**: eine große Menge, für die das BtMG je nach Tatbestandsalternative Mindestfreiheitsstrafen von 1, 2 oder 5 Jahren vorsieht;[139]
- die **„einfache Menge"**: eine Menge unterhalb der nicht geringen Menge; der Umgang damit wird hauptsächlich durch § 29 Abs. 1 BtMG mit Geldstrafe oder Freiheitsstrafe von 1 Monat bis zu 5 Jahren unter Strafe gestellt;[140]
- die **geringe Menge**: eine kleine Menge, bei der die Staatsanwaltschaft oder das Gericht unter bestimmten Umständen von einer Strafverfolgung absehen können.[141] Der Mengenbegriff bezieht sich hier – anders als bei der nicht geringen Menge – nicht auf den Wirkstoffgehalt, sondern die gesamte Menge des Stoffes, also Wirkstoff und Beimischungen.[142]

---

[138] S. dazu → Kap. 5 Rn. 16 ff.
[139] Zur „nicht geringen Menge" → Kap. 2 Rn. 55.
[140] Zur „einfachen Menge" → Kap. 2 Rn. 61.
[141] Zur „geringen Menge" → Kap. 2 Rn. 62.
[142] S. weiter → Kap. 5 Rn. 20.

I. Nicht geringe Menge

Zur Erfüllung der Verbrechenstatbestände der §§ 29a, 30, 30a BtMG, die Mindestfreiheitsstrafen zwischen 1 und 5 Jahren und eine mögliche Höchststrafe von 15 Jahren vorsehen, ist überwiegend der Nachweis einer **nicht geringen Menge** erforderlich. Diese bestimmt sich nicht nach der Gesamtmenge des Rauschgifts (zB 1 kg Haschisch), sondern nur nach der hierin enthaltenen **Wirkstoffmenge** (zB bei 1 kg Haschisch bei einem Wirkstoffgehalt von 10 Prozent: 100 g THC). Der Wirkstoffgehalt wird regelmäßig durch Untersuchung der sichergestellten Betäubungsmittel in einem chemischen Labor (zB der entsprechenden Fachabteilung eines Landeskriminalamts) bestimmt. 55

Kann im Ermittlungsverfahren kein Betäubungsmittel sichergestellt und damit kriminaltechnisch untersucht werden, muss der Wirkstoffgehalt durch Schätzung festgelegt werden. Zur Schätzung werden verschiedene Kriterien herangezogen, zB die Beschreibungen der Qualität des Betäubungsmittels durch unmittelbare Tatbeteiligte oder der bezahlte oder vereinbarte Kaufpreis für die Betäubungsmittel. 56

Beachte zur Schätzung des Wirkstoffgehalts: Im Urteil muss der Richter die von ihm angenommenen Mindestwirkstoffgehalte konkret bezeichnen. Die Einstufung der Qualität als „in der Regel durchschnittlich" bzw. „in aller Regel gut durchschnittlich" ohne Angabe, von welchem Wirkstoffgehalt er ausgeht, genügt insoweit nicht.[143] Sie ist nur der Anknüpfungspunkt für die konkrete Festlegung des Wirkstoffgehalts. Der Richter kann hierbei auf statistische Erhebungen über die Entwicklung der Wirkstoffgehalte[144] zurückgreifen.[145] 57

Beachte zur Feststellung des Wirkstoffgehalts: Fehlende Feststellungen zum Wirkstoffgehalt der verkauften Betäubungsmittel gefährden den Bestand des **Schuldspruchs** nicht, wenn aufgrund der Größe der Gesamtmenge auch ohne Wirkstofffeststellung auf eine nicht geringe Menge geschlossen werden kann.[146] Hinsichtlich des **Strafausspruchs** führt das Fehlen von Feststellungen zum Wirkstoffgehalt aber in der Regel zur Aufhebung, denn nicht nur die Art und die Menge und die damit zusammenhängende Gefährlichkeit der Betäubungsmittel sind für 58

[143] BGH Beschl. v. 23.3.2021 – 3 StR 20/21, BeckRS 2021, 10585; BGH Beschl. v. 23.3.2021 – 3 StR 53/21, BeckRS 2021, 10787; OLG Hamm Beschl. v. 5.1.2016 – 1 RVs 96/15, BeckRS 2016, 06452.

[144] zB in Patzak/Goldhausen NStZ 2011, 76 oder Patzak/Dahlenburg NStZ 2022, 146.

[145] BGH NStZ-RR 2015, 77.

[146] BGH Beschl. v. 12.5.2016 – 1 StR 43/16, BeckRS 2016, 11400 (1 bis 4 kg Amphetamin, 1 kg Heroin); BGH Beschl. v. 31.5.2016 – 3 StR 138/16, BeckRS 2016, 12155 (700 g Marihuana oder 3 kg Amphetamin); OLG Hamm Beschl. v. 5.1.2016 – 1 RVs 96/15, BeckRS 2016, 06452 (mindestens zwei kg Marihuana, selbst bei Annahme minderwertiger Qualität); BGH Beschl. v. 18.3.2020 – 1 StR 600/19, BeckRS 2020, 9417 (500 g bis 12,5 kg Marihuana, 200 bis 600 g Kokain).

den Unrechts- und Schuldgehalt der Tat im Rahmen der Strafzumessung von besonderer Bedeutung, sondern insbes. der Wirkstoffgehalt der Betäubungsmittel.[147]

1. Die nicht geringe Menge der gängigsten Betäubungsmittel

59 Die Grenzwerte für die „nicht geringe" Menge haben die Gerichte in den vergangenen Jahren für die gängigsten Betäubungsmittel anhand der äußerst gefährlichen Dosis des Betäubungsmittels und der durchschnittlichen Konsumeinheit wie folgt bestimmt:

Betäubungsmittel	**Nicht geringe Menge**	**Konsumeinheiten**
Amphetamin	10 g Amphetamin-Base[148]	200 Dosen à 50 mg[149]
Haschisch/Marihuana	7,5 g THC[150]	500 Dosen à 15 mg
Heroin	1,5 g Heroinhydrochlorid[151]	30 Dosen à 50 mg
Kokain	5 g Kokainhydrochlorid[152]	
LSD	6 mg Wirkstoff,[153] jedenfalls bei 300 Trips	120 LSD-Trips à 50 µg,
MDA/MDE/MDMA	jeweils 30 g MDA-, MDE- bzw. MDMA-Base[154]	250 Dosen à 120 mg
Methamphetamin	5 g Methamphetamin-Base[155]	
Methamphetamin-racemat	10 g der wirkungsbestimmenden Base[156]	
GHB	200 g Natrium-γ-Hydroxy-Buterat[157]	200 Dosen à 1 g

[147] BGH NStZ-RR 2017, 377; BGH Beschl. v. 18.3.2020 – 1 StR 600/19, BeckRS 2020, 9417 = NStZ-RR 2020, 251 (Ls.); BGH Beschl. v. 15.9.2020 – 3 StR 205/20, BeckRS 2020, 27779.
[148] BGHSt 33, 169 = NStZ 1986, 33.
[149] BGHSt 35, 43 = NStZ 1988, 28.
[150] BGHSt 33, 8 = NStZ 1984, 556; BGHSt 42, 1 = NStZ 1996, 139.
[151] BGHSt 32, 162 = NStZ 1984, 221.
[152] BGHSt 33, 133 = NJW 1985, 2771.
[153] BGHSt 35, 43 = NStZ 1988, 28.
[154] BGH NJW 2001, 3641; BGHSt 42, 255 = NJW 1997, 810; BGH NJW 2001, 1805.
[155] BGH NJW 2009, 863.
[156] BGHSt 57, 60 = NStZ 2012, 340.
[157] LG Würzburg Urt. v. 13.1.2004 – 5 KLs 232 Js 1185/03; vgl. auch KG Berlin Beschl. v. 29.9.2011 – (3) 1 Ss 374/11, BeckRS 2012, 02947.

2. Die nicht geringe Menge bei mehreren unterschiedlichen Betäubungsmitteln

Bei der Bestimmung der nicht geringen Menge von verschiedenen Betäubungsmitteln kommt es auf die Summe der Wirkstoffmengen an; dazu muss zunächst der prozentuale Anteil jedes Betäubungsmittels bezüglich der jeweiligen nicht geringen Menge festgestellt werden und in der Summe mehr als 100 Prozent ergeben.[158] 60

Fall 14: A schmuggelt 100 g Haschisch mit einem THC-Gehalt von 5 Prozent (= 5 g THC) und 10 g Heroin mit einem Wirkstoffgehalt von 10 Prozent (= 1 g Heroinhydrochlorid) aus den Niederlanden nach Deutschland, um diese dort gewinnbringend weiterzuverkaufen. Beim Grenzübertritt wird er von der Kontrolleinheit Verkehrswege in Bitburg (KEV) einer Kontrolle unterzogen, wobei die Betäubungsmittel aufgefunden und sichergestellt werden.

A hat sich der unerlaubten Einfuhr in Tateinheit mit unerlaubtem Handeltreiben mit Betäubungsmitteln jeweils in nicht geringer Menge (§§ 29a Abs. 1 Nr. 2, 30 Abs. 1 Nr. 4 BtMG) strafbar gemacht. Die nicht geringe Menge ist erreicht, da die prozentualen Anteile jedes Betäubungsmittels an der nicht geringen Menge zusammen eine Summe von über 100 Prozent erreichen. Die nicht geringe Menge von THC liegt bei 7,5 g, so dass die eingeschmuggelten 5 g THC 66,6 Prozent der nicht geringen Menge ergeben; beim Heroin entspricht 1 g Heroinhydrochlorid ebenfalls 66,6 Prozent der nicht geringen Menge, die bei 1,5 g Heroinhydrochlorid liegt. Zusammen sind daher über 100 Prozent erreicht.

II. Die „einfache Menge"

Die „einfache Menge" (auch **„normale Menge"** genannt) bewegt sich unterhalb der nicht geringen Menge und erfasst die geringe Menge. Für den Umgang hiermit sieht § 29 BtMG eine Geldstrafe oder Freiheitsstrafe bis maximal 5 Jahre vor; besonders qualifizierte Taten unterfallen den Verbrechenstatbeständen nach § 29a Abs. 1 Nr. 1, § 30 Abs. 1 Nr. 1 bis Nr. 3 und § 30a Abs. 2 Nr. 1 BtMG. 61

III. Geringe Menge

Unter geringer Menge ist grundsätzlich eine kleine Verbrauchsmenge zu verstehen, die für den Gelegenheitsverbrauch benötigt und hierzu vom Konsumenten regelmäßig in der Tasche mitgeführt wird.[159] Es handelt sich damit um eine Menge, die im unteren Bereich der „einfachen Menge" liegt. Folglich fällt auch der Verkehr mit einer geringen Menge grundsätzlich unter die Strafvorschrift des § 29 Abs. 1 BtMG; die Staatsanwaltschaft kann jedoch insoweit 62

[158] BGH NStZ 2003, 434; BGH StV 2004, 602 (603); Patzak/Volkmer/Fabricius/Patzak BtMG § 29a Rn. 106; Malek BtMStrafR 2. Kap. Rn. 389.
[159] Patzak/Volkmer/Fabricius/Patzak BtMG § 31a Rn. 22.

nach § 31a BtMG unter bestimmten Voraussetzungen von der Strafverfolgung absehen.[160] Erachtet die Staatsanwaltschaft in diesen Fällen eine Anklage für erforderlich, kann das Gericht das Verfahren vor Beginn der Hauptverhandlung nach § 29 Abs. 5 BtMG iVm § 153b Abs. 2 StPO (mit Zustimmung der Staatsanwaltschaft) einstellen oder in der Hauptverhandlung zwar die Schuld feststellen, aber nach § 29 Abs. 5 von einer Bestrafung absehen, ohne dass eine Zustimmung der Staatsanwaltschaft erforderlich ist.[161]

63 **Beachte:** Auch der Besitz/Erwerb einer geringen Menge Haschisch oder Marihuana, selbst wenn diese noch so klein ist (zB 0,1 g), ist nach § 29 Abs. 1 BtMG strafbar. Dies gilt allerdings nicht mehr bei nicht mehr konsumfähigen Anhaftungen oder bloßen, nicht wiegbaren Rückständen eines Betäubungsmittels.[162]

Fall 15: A bewahrt in seiner Wohnung vier Zipp-Tütchen, zwei Glasspiegel und zwei Nürburgring-Karten mit Anhaftungen von 70 mg Amphetamin auf, die anlässlich einer Durchsuchungsmaßnahme durch die Polizei sichergestellt werden. Das abgekratzte Betäubungsmittel hat einen Amphetaminbasegehalt von 21,6% (= ca. 15 mg).

A hat sich des unerlaubten Besitzes von Betäubungsmitteln strafbar gemacht. Für eine Eignung zum Konsum genügt die Feststellung der noch wiegbaren Betäubungsmittelmenge mit nachweisbarem Wirkstoffgehalt, die in konsumierbarer oder zumindest dahin übertragbarer Form vorliegt.[163]

E. Die wichtigsten Tatbestandsalternativen des § 29 BtMG

64 Die Verstöße gegen das BtMG im Bereich der „einfachen Menge“ sind hauptsächlich nach § 29 Abs. 1 S. 1 BtMG strafbewehrt. Da der Gesetzgeber bestrebt ist, den gesamten Verkehr mit Betäubungsmitteln unter Strafe zu stellen, enthält die Vorschrift eine Vielzahl von Tatbestandsalternativen. Gerade hier liegt für den Anfänger im Betäubungsmittelbereich eine besondere Schwierigkeit, da er nicht nur die Unterschiede zwischen den diversen Betäubungsmitteln zu kennen hat, sondern auch den Überblick über die verschiedenen Tatbestandsalternativen und ihre Abgrenzung behalten muss. In der Praxis beschränkt sich die tägliche Arbeit allerdings regelmäßig auf wenige der Varianten des § 29 Abs. 1 S. 1 BtMG, nämlich das Handeltreiben, die Einfuhr, die Abgabe und den Erwerb in § 29 Abs. 1 S. 1 Nr. 1 BtMG, den Besitz in § 29 Abs. 1 S. 1 Nr. 3 BtMG sowie die Verbrauchsüberlassung in § 29 Abs. 1 S. 1 Nr. 6 Buchst. b BtMG.

---

[160] Wie die geringe Menge bei Cannabis und den anderen Betäubungsmitteln definiert wird, dazu → Kap. 2 Rn. 188 ff.

[161] Zu § 29 Abs. 5 BtMG: → Kap. 2 Rn. 195 ff.

[162] → Kap. 2 Rn. 108.

[163] OLG Koblenz NStZ-RR 2015, 114.

I. § 29 Abs. 1 S. 1 Nr. 1 BtMG

§ 29 Abs. 1 S. 1 Nr. 1 BtMG enthält zehn Tatbestandsalternativen, die teilweise schwer voneinander abzugrenzen sind (zB Abgeben, Veräußern oder Handeltreiben). Im Einzelnen stellt die Vorschrift folgende Begehungsweisen beim Umgang mit Betäubungsmitteln unter Strafe: **65**

1. Anbau

Unter **Anbauen** versteht man das Aussäen von Samen sowie die vom menschlichen Willen getragene Aufzucht von Pflanzen, die dem BtMG unterliegen.[164] **66**

Beispiel: A zieht auf seiner Fensterbank eine Cannabispflanze groß, um hieraus rauchfähiges Marihuana zu erhalten.

Beachte: Nach dem 1. auf die Position Cannabis folgenden Spiegelstrich der Anlage I, Buchst. b, c und d, ist der Anbau von Cannabispflanzen von der strafrechtlichen Verfolgung ausgenommen, wenn der Anbau von speziellen Unternehmen der Landwirtschaft vorgenommen wird, bestimmtes Saatgut zum Anbau von Nutzhanf Verwendung findet oder die Pflanzen als Schutzstreifen bei der Rübenzüchtung gepflanzt und vor der Blüte vernichtet werden. Der Besitz von Samen der Cannabispflanzen ist nur straflos, wenn die Samen nicht zum Anbau bestimmt sind (Buchst. a der Ausnahmeregelung).[165] **67**

2. Herstellen

Das Herstellen enthält in § 2 Abs. 1 Nr. 4 BtMG eine Legaldefinition. Zum Herstellen zählen daher folgende Handlungen: **68**

- **Gewinnen** = die mechanische und/oder chemische Trennung von Betäubungsmittelpflanzen und deren Produkten.[166]

  Beispiel: Ernte von Teilen der Cannabispflanzen.[167]

- **Anfertigen** = die chemische Entwicklung halb- oder vollsynthetischer Betäubungsmittel in Laboren.[168]

  Beispiel: Synthese von Amphetamin in einem Labor (sog. „Küche“).

---

[164] Weber/Kornprobst/Maier/Weber BtMG § 29 Rn. 54; Patzak/Volkmer/Fabricius/Patzak BtMG § 29 Rn. 43.
[165] → Kap. 2 Rn. 21.
[166] OLG Karlsruhe NStZ-RR 2002, 85.
[167] BGH NStZ-RR 2015, 14.
[168] Patzak/Volkmer/Fabricius/Patzak BtMG § 29 Rn. 123.

- **Zubereiten** = alle Mischungs-, Streckungs- und Lösungsvorgänge.[169]

Beispiel: Beimischen von Streckmitteln unter Heroin, um eine größere Menge zu erreichen.

- **Be- und Verarbeiten** = die mechanische oder chemische Veränderung von Betäubungsmitteln, ohne dass deren stoffliche Zusammensetzung verändert wird.[170]

Beispiel: Pressen des Cannabisharzes zu Haschischplatten.

- **Reinigen** = das Befreien von Fremdstoffen.
- **Umwandeln** = das chemische oder mechanische Verändern von Stoffen in neue Betäubungsmittel.[171]

Beispiel: Gewinnung von Heroin durch chemische Vorgänge aus Morphinbase.

3. Erwerben/sich auf sonstige Weise verschaffen

69 **Erwerben** liegt vor, wenn der Täter die tatsächliche Sachherrschaft[172] über ein Betäubungsmittel auf abgeleitetem Weg erlangt, dh im einverständlichen Zusammenwirken mit dem Vorbesitzer.[173] Zivilrechtlich ist das Übereignungsgeschäft aber nichtig (§ 134 BGB), so dass der Erwerber nicht Eigentümer wird. Das hat für die Frage der Einziehung von Tatprodukten, Tatmitteln und Tatobjekten Bedeutung.[174]

Beispiel: Übernahme von Betäubungsmitteln vom Dealer.

70 Erwerben mehrere Personen im bewussten und gewollten Zusammenwirken Rauschgift, um sich hierdurch günstigere Einkaufsbedingungen (geringerer Kaufpreis und Reduzierung von Fahrtkosten) zu verschaffen (sog. Einkaufsgemeinschaften), liegt für jeden Mittäter ein **gemeinschaftlicher Erwerb**[175] in Bezug auf die Gesamtmenge vor, wenn alle Beteiligten Mitbesitzer an der gesamten Einkaufsmenge geworden, zB weil sie die Betäubungsmittel auch zusammen transportieren.[176] Unternimmt hingegen nur eine Person die Beschaffungsfahrt und teilt die Drogen erst nach der Rückkehr mit den anderen auf,

---

[169] Weber/Kornprobst/Maier/Weber BtMG § 2 Rn. 58.
[170] HJW BtMG § 2 Rn. 17.
[171] Patzak/Volkmer/Fabricius/Patzak BtMG § 29 Rn. 128.
[172] Zur tatsächlichen Sachherrschaft → Kap. 2 Rn. 101.
[173] Weber/Kornprobst/Maier/Weber BtMG § 29 Rn. 1197.
[174] → Kap. 3 Rn. 91.
[175] Zur Zurechnung bei der Einfuhr → Kap. 2 Rn. 75 und beim Handeltreiben → Kap. 2 Rn. 93.
[176] BGH NStZ-RR 2003, 57; BGH NStZ 2003, 90; Weber/Kornprobst/Maier/Weber BtMG § 29 Rn. 1379; aA Stuttgart NStZ 2001, 603.

kann dem bloßen „Geldgeber“ im Hinblick auf den Erwerb nur die für ihn bestimmte Menge zugerechnet werden, da er zu keinem Zeitpunkt Mitbesitzer an der Gesamtmenge geworden ist.[177]

Wird die tatsächliche Sachherrschaft über das Betäubungsmittel erlangt, ohne dass ein abgeleiteter Erwerb vom Vorbesitzer vorliegt, handelt es sich um ein **Verschaffen in sonstiger Weise**.[178] **71**

Beispiel: A stiehlt seinem Kumpel B aus dem Drogenvorrat 10 g Marihuana. Da die Verfügungsgewalt nicht von B auf A übertragen wurde, hat sich A die Betäubungsmittel in sonstiger Weise verschafft.

Die Grenze von der Vorbereitungshandlung zum Versuch wird beim Erwerb überschritten, wenn nach dem Tatplan der Abschluss des Geschäftes im engeren räumlichen und zeitlichen Zusammenhang zu den Verhandlungen unmittelbar in die Übertragung der Verfügungsmacht an den Betäubungsmitteln einmünden soll.[179] **71a**

Beispiel: A bestellt bei B 10 g Marihuana für 100 EUR. Die Lieferung ist für den Folgetag geplant. Wegen der Verhaftung des B kommt es jedoch nicht mehr dazu. Es liegt noch kein versuchter Erwerb vor, der Abschluss des Verpflichtungsgeschäfts ohne Erfüllungsgeschäft ist bloße straflose Vorbereitung des Erwerbs und noch kein Versuch.[180]

Werden Drogen bestellt, die per Post ausgeliefert werden sollen, ist das Vorbereitungsstadium überschritten und der Versuch erreicht, wenn nach mündlicher, schriftlicher oder telefonischer Bestellung der Lieferant vereinbarungsgemäß die Rauschgiftsendung bei der Post im In- oder Ausland zur Weiterleitung an den Käufer aufgegeben hat.[181] **71b**

Fall 16: A wird vorgeworfen, 1 g Amphetamin bei einem Online-Händler gekauft zu haben. Dies ergibt sich aus sichergestellten Bestelllisten des Händlers. Ob es zur Auslieferung gekommen ist, bleibt unklar. Hier ist die Grenze der straflosen Vorbereitungshandlung noch nicht überschritten, da der Versuch erst mit dem Tätigwerden des Verkäufers und dessen Versand der Betäubungsmittel beginnt, weil erst damit – auch nach der Vorstellung des Täters – das deliktische Geschehen so weit fortgeschritten ist, dass es bei ungestörtem Fortgang unmittelbar in die Tatbestandsverwirklichung einmündet und eine unmittelbare Gefährdung des Rechtsguts des Erwerbers eintritt.[182]

---

[177] BGH Beschl. v. 17.4.2012 – 3 StR 131/12, BeckRS 2012, 11531 = StV 2012, 154; vgl. auch BGH NStZ 2019, 93.

[178] BGHR BtMG § 29 Abs. 1 Nr. 1 Sichverschaffen 1.

[179] BGHSt 40, 208 = NStZ 1995, 140 mAnm Körner StV 1995, 25; BGH Beschl. v. 30.10.2013 – 2 StR 182/13, BeckRS 2013, 22214.

[180] BayObLG NStZ 1984, 320.

[181] BayObLG NJW 1994, 2164.

[182] Patzak/Volkmer/Fabricius/Patzak BtMG § 29 Rn. 921.

71c **Exkurs – Verpflichtung zur Aushändigung von verdächtigen Postsendungen durch Postdienstleister:** Der zum 13.3.2021 neu eingeführt § 39 Abs. 4a PostG verpflichtet die Beschäftigten der Postdienstleister zur Vorlage von Postsendung an die Strafverfolgungsbehörden, wenn zureichende tatsächliche Anhaltspunkte für das Vorliegen einer Straftat ua nach dem BtMG, dem NpSG, dem AMG oder dem AntiDopG vorliegt.

4. Einfuhr/Ausfuhr/Durchfuhr

72 **Einfuhr** ist gegeben, wenn der Täter Betäubungsmittel über eine Grenze in das Gebiet der Bundesrepublik Deutschland einschmuggelt; handelt es sich hierbei um eine nicht geringe Menge, greift der Qualifikationstatbestand des § 30 Abs. 1 Nr. 4 StGB ein.[183] Einfuhr ist kein eigenhändiges Delikt. Auch derjenige, der als Hintermann einen Kurier beauftragt, Drogen aus dem Ausland in das Inland zu schmuggeln, ist Täter einer (gemeinschaftlichen) Einfuhr, wenn er einen Einfluss auf den konkreten Transportweg, Zeit und Ort der Übergabe sowie die mit dem Transport beauftragten Hilfspersonen nimmt.[184] Eine mittäterschaftliche Einfuhr liegt daher auch vor, wenn der Abnehmer die Ware durch einen eigenen Kurier, dem er das Schmuggelfahrzeug zur Verfügung stellt, im Ausland abholen lässt.[185] Mittäterschaft bei der Einfuhr ist ferner zu bejahen, wenn ein Täter maßgeblich in die vorangegangene Organisation der Einfuhrfahrt eingebunden ist, zB wenn er die Abholung des mit einem Versteck präparierten Kurierfahrzeuges vor Antritt der Schmuggelfahrt initiiert, den Abstellort des Schmuggelfahrzeuges nach Durchführung des Transports kennt und einen Schlüssel besitzt, um das Fahrzeug selbständig und allein öffnen zu können.[186] Mittäterschaftliche Einfuhr und Beihilfe zur Einfuhr scheiden dagegen aus, wenn der Täter auf den Einfuhrvorgang keinen Einfluss hat und nur darauf wartet, dass andere ihm eingeschmuggeltes Rauschgift bringen, selbst wenn er Geld für den Erwerb im Ausland zur Verfügung stellt.[187] Es kommt aber Anstiftung zur Einfuhr, ggf. sogar eine Kettenanstiftung, in Betracht.[188]

73 Beim Transport per Fahrzeug liegt eine vollendete Einfuhr vor, wenn der Täter tatsächlich die Grenze in das Gebiet der Bundesrepublik Deutschland überschritten hat. Problematisch ist allerdings die Abgrenzung zwischen versuchter Einfuhr (der Versuch ist nach Abs. 2 strafbar) und strafloser Vorbereitungshandlung, wenn es noch nicht zum Grenzübertritt gekommen ist. Eine versuchte Einfuhr von Betäubungsmitteln liegt nämlich nur dann vor, wenn der Täter in

[183] S. dazu → Kap. 2 Rn. 139.

[184] StRspr; BGH NStZ 1990, 130 mwN; BGH Beschl. v. 25.9.2012 – 4 StR 137/12, BeckRS 2012, 22524; BGH NStZ-RR 2016, 209.

[185] Vgl. BGH NStZ-RR 2004, 25.

[186] BGH NStZ 2017, 713.

[187] BGH NStZ 2017, 713; BGH NStZ 2019, 416; BGH Beschl. v. 23.11.2020 – 3 StR 380/20, BeckRS 2020, 37581.

[188] BGH Beschl. v. 11.10.2017 – 5 StR 332/17, BeckRS 2017, 129178; BGH Beschl. v. 23.11.2020 – 3 StR 380/20, BeckRS 2020, 37581; BGH NStZ-RR 2022, 49.

Grenznähe zum Überschreiten der Grenze ansetzt. Das ist noch nicht der Fall, wenn das Fahrzeug noch einige Kilometer von der Grenze entfernt ist.[189] Eine versuchte Einfuhr liegt aber dann vor, wenn der Täter bei einer Einfuhrfahrt über die Autobahn die letzte Ausfahrt vor dem Grenzübergang passiert hat, so dass er unter normalen Umständen zum Grenzübergang gelangen muss.[190]

Fall 17: Der deutsche Staatsangehörige A kauft in Maastricht/Niederlande 100 g Marihuana, welches er nach Deutschland verbringen möchte. Bereits am Ortsausgang von Maastricht wird er von der Polizei kontrolliert und das Marihuana sichergestellt.

Es liegt kein Versuch der unerlaubten Einfuhr von Betäubungsmitteln – je nach Wirkstoffgehalt in Form der Qualifikation des § 30 Abs. 1 Nr. 4 BtMG, §§ 22, 23 StGB – vor, da noch kein unmittelbarer zeitlicher und räumlicher Zusammenhang mit dem späteren Grenzübertritt anzunehmen ist; allerdings hat sich A des unerlaubten Erwerbs/Besitzes (eventuell auch des Handeltreibens) von Betäubungsmitteln strafbar gemacht. Nach § 7 Abs. 2 Nr. 1 StGB muss sich A als Deutscher auch für Straftaten im Ausland verantworten, wenn die Tat am Tatort mit Strafe bedroht ist. Der Umgang mit Cannabisprodukten ist auch in den Niederlanden strafbar, selbst wenn es sich um geringe Mengen handelt, zB 5 g zum Zwecke des Eigenkonsums.[191]

Beim Transport von Betäubungsmitteln per Flugzeug ist ein vollendetes Einfuhrdelikt gegeben, wenn der Täter mit dem Rauschgift über die Grenze in deutsches Hoheitsgebiet gelangt; es ist nicht erforderlich, dass der Täter im Inland tatsächlich unkontrollierte Verfügungsmacht über die Betäubungsmittel erlangt.[192] **74**

Fall 18: A reist per Flugzeug von Südamerika kommend nach Frankfurt am Main. In seinem aufgegebenen Koffer transportiert er 5 kg Kokain, welches nach der Landung auf dem Landweg in die Niederlande verbracht werden soll. Bevor A wieder Zugriff auf seinen Koffer hat, wird das Kokain vom Zoll entdeckt.

A hat eine vollendete Einfuhr von Betäubungsmitteln (in nicht geringer Menge) in Tateinheit mit unerlaubtem Handeltreiben begangen.

Problematisch ist die Zurechnung der Betäubungsmittel, wenn sich mehrere zu einer **Einkaufsgemeinschaft** zusammengeschlossen haben, um die jeweils benötigten Mengen zum Zwecke günstigerer Einkaufspreise gemeinsam in den Niederlanden zu erwerben. Sie sind als Mittäter der Einfuhr[193] hinsichtlich **75**

[189] BGH Beschl. v. 30.6.2016 – 1 StR 241/16, BeckRS 2016, 16158.

[190] OLG Düsseldorf NStZ 1994, 548.

[191] Dort wird der Umgang mit Cannabis im Kleinmengenbereich bis 5 g jedoch geduldet, sofern es von einer Person über 18 Jahren in einem konzessionierten Coffeeshop gekauft wurde. Seit dem 1.1.2013 ist Personen, die nicht in den Niederlanden wohnhaft sind, der Zugang zu den Coffeeshops verwehrt. Zur Rechtslage in den Niederlanden im Einzelnen s. Patzak/Volkmer/Fabricius/Patzak BtMG Vor §§ 29 ff. Rn. 521 ff.

[192] BGHSt 34, 180 = NJW 1987, 721; BGH NStZ 2008, 286.

[193] Anders verhält es sich mit der Zurechnung beim Erwerb und beim Handeltreiben, → Kap. 2 Rn. 70 und → Kap. 2 Rn. 93.

der Gesamtmenge anzusehen, unabhängig davon, ob sie selbst mitgefahren sind oder einen aus ihrem Kreis mit der Abwicklung beauftragt haben, wenn sie handeln, um einen günstigeren Preis durch den Kauf einer größeren Menge zu erzielen.[194] Es macht dabei auch keinen Unterschied, ob die Gesamtmenge nach dem Ankauf geteilt im Fahrzeug transportiert wird oder nicht.[195] Kauft jeder Teilnehmer einer Beschaffungsfahrt aber nur einen Anteil für sich, begründet dies selbst dann nicht den Vorwurf der Mittäterschaft der Einfuhr bezüglich der Gesamtmenge, wenn die Betäubungsmittel gemeinsam in dem benutzten Tatfahrzeug versteckt werden.[196] Übernimmt nur eine Person die Schmuggelfahrt, um die gekauften Drogen nach der Rückkehr mit einer anderen Person, die ihren Anteil im Vorfeld bezahlt hat, aufzuteilen, ist dem „Abnehmer" nur sein Anteil und nicht die Gesamtmenge zuzurechnen.[197]

76 Unter **Ausfuhr** ist das Verbringen von Betäubungsmitteln über die deutsche Grenze ins Ausland zu verstehen; das BtMG sieht keinen Qualifikationstatbestand vor, wenn es um die Ausfuhr von Betäubungsmitteln in nicht geringer Menge geht.

77 Die **Durchfuhr** ist in § 29 Abs. 1 S. 1 Nr. 5 BtMG geregelt. Auch hier werden die Betäubungsmittel in den Geltungsbereich des BtMG befördert, allerdings – das ist der Unterschied zur Einfuhr – ohne dass diese zu irgendeinem Zeitpunkt während des Verbringens dem Durchführenden oder einer dritten Person tatsächlich zur Verfügung stehen.[198] Hauptanwendungsfall sind Transporte im Flugverkehr, bei denen der Reisende bei Transitaufenthalten keinen Zugriff auf das aufgegebene Gepäckstück mit den Betäubungsmitteln hat.

Beispiel: A gibt auf dem Flughafen in Montego Bay/Jamaika einen mit 30 kg Marihuana gefüllten Koffer auf, der nach London transportiert werden soll. Für den notwendigen Zwischenstoff in Düsseldorf ist der Koffer bereits bis zum Zielflughafen „durchgecheckt", so dass er von A in Düsseldorf nicht in Empfang genommen werden kann. Während einer Zollkontrolle im Düsseldorfer Flughafen wird das zur Weiterverladung nach London bereitgestellte Gepäck durchsucht und die Betäubungsmittel sichergestellt. A hat eine (versuchte) Durchfuhr begangen, da er während der Flugunterbrechung in Deutschland keine Zugriffsmöglichkeit auf die Drogen hat.[199]

Abwandlung: A schluckt 20 Bubbles Kokain, um diese als sog. Body-Packer von Montego Bay über Düsseldorf nach London zu schmuggeln. Bei einer Kontrolle in Düsseldorf wird das Kokain entdeckt. Hier liegt keine versuchte Durchfuhr, sondern

---

[194] BGH NStZ 2003, 90 = StV 2003, 279; Weber/Kornprobst/Maier/Weber BtMG § 29 Rn. 978; vgl. auch BGH NStZ-RR 2003, 57; BGH Beschl. v. 13.3.2013 – 4 StR 547/12, BeckRS 2013, 6496.

[195] Patzak/Volkmer/Fabricius/Patzak BtMG § 29 Rn. 708; aA BGH NStZ 2003, 90 = StV 2003, 279.

[196] BGHR BtMG § 29 Abs. 1 Nr. 1 Einfuhr 24 = StV 1992, 376; BGH NStZ 2003, 90 = StV 2003, 279; Weber/Kornprobst/Maier/Weber BtMG § 29 Rn. 980.

[197] BGH Beschl. v. 17.4.2012 – 3 StR 131/12, BeckRS 2012, 11531.

[198] BGHSt 31, 374 = NJW 1983, 1985; Patzak/Volkmer/Fabricius/Patzak BtMG § 29 1104.

[199] BGH NStZ-RR 2010, 119.

dern eine vollendete Einfuhr vor, da A die inkorporierten Betäubungsmittel jederzeit zur Verfügung stehen.[200]

5. Veräußern/Abgeben/auf sonstige Weise in den Verkehr bringen

Von einem **Abgeben** ist auszugehen, wenn die tatsächliche Sachherrschaft[201] **78** an einem Betäubungsmittel ohne ein auf ein Entgelt gerichtetes Rechtsgeschäft auf eine andere Person zu deren eigener freier Verfügung übertragen wird.[202]

Beispiel: A schenkt seinem Kumpel B 1 g seines Marihuanas.

Veräußern ist anzunehmen, wenn der Täter Betäubungsmittel durch ein auf **79** ein Entgelt gerichtetes Rechtsgeschäft ohne eigennützige Motive, also **ohne Gewinn**, auf einen anderen überträgt; es handelt sich also um eine qualifizierte Abgabe.[203]

Beispiel: A gibt einen Teil seines Marihuanas zum Selbstkostenpreis an seinen Kumpel B weiter. A hat ein unerlaubtes Veräußern von Betäubungsmitteln begangen, B einen unerlaubten Erwerb.

Beachte: Abgabe und Veräußern haben jeweils die *Weitergabe* (= Übertragung **80** der tatsächlichen Sachherrschaft[204]) eines Betäubungsmittels aufgrund eines Rechtsgeschäfts gemeinsam; hierin liegt auch der Unterschied zum Verabreichen und der Verbrauchsüberlassung.[205] Erfolgt die Weitergabe ohne Bezahlung, liegt eine *Abgabe* vor, andernfalls ein *Veräußern*. Da jedoch bei entgeltlicher Weitergabe eines Betäubungsmittels auch ein *Handeltreiben* vorliegen kann,[206] ist ebenso folgende Abgrenzung wichtig: Die Weitergabe gegen Bezahlung ohne Gewinn stellt ein Veräußern dar, während eine solche in Gewinnerzielungsabsicht als Handeltreiben zu werten ist.

Ein **sonstiges Inverkehrbringen** ist jedes, gleichwie geartetes Eröffnen der **81** Möglichkeit, dass ein anderer die tatsächliche Verfügungsmacht über ein Betäubungsmittel erlangt; im Gegensatz zum Veräußern/Abgaben/Handeltreiben ist also eine einvernehmliche Übertragung nicht erforderlich.[207]

---

[200] BGH NStZ 2015, 588 mAnm Patzak; BGH NStZ 2010, 522; aA MüKoStGB/Oğlakcıoğlu § 29 Rn. 706.
[201] Zur tatsächlichen Sachherrschaft → Kap. 2 Rn. 101.
[202] BGH NStZ-RR 1999, 89; MüKoStGB/Oğlakcıoğlu BtMG § 29 Rn. 837.
[203] MüKoStGB/Oğlakcıoğlu BtMG § 29 Rn. 788.
[204] Zur tatsächlichen Sachherrschaft → Kap. 2 Rn. 101.
[205] Zur Verbrauchsüberlassung → Kap. 2 Rn. 109 ff.
[206] Zum Handeltreiben → Kap. 2 Rn. 82 ff.
[207] Patzak/Volkmer/Fabricius/Patzak BtMG § 29 Rn. 867; Weber/Kornprobst/Maier/Weber BtMG § 29 Rn. 1157.

Beispiel: Im Bereich der offenen Drogenszene wirft A aus Angst vor der Polizei von dieser unbemerkt ein gefülltes Heroin-Pack weg; B findet das Pack und nimmt es dankbar an sich. A hat ein sonstiges Inverkehrbringen begangen, B ein Verschaffen in sonstiger Weise.

6. Handeltreiben

a) Begriffsbestimmung

82 Unter Handeltreiben mit Betäubungsmitteln wird jede eigennützige, auf Umsatz gerichtete Tätigkeit verstanden, auch wenn diese sich nur als gelegentlich, einmalig oder ausschließlich vermittelnd darstellt.[208] Trotz der erheblichen Kritik in der Literatur und auch der Rechtsprechung[209] an dieser **weiten Auslegung** des Begriffs des Handeltreibens hat der Große Senat des *BGH* für Strafsachen in seiner Entscheidung vom 26.10.2005[210] hieran festgehalten. Der Schritt von der straflosen Vorbereitung zum versuchten/vollendeten Handeltreiben ist daher sehr klein. Insoweit sind folgende Fallgruppen besonders praxisrelevant:

b) Erfolgreicher Verkauf von Betäubungsmitteln

83 Unproblematisch zu bejahen ist das Handeltreiben, wenn Betäubungsmittel gewinnbringend vom Täter an seinen Abnehmer weiterverkauft worden sind. Der Unterschied zwischen Handeltreiben und Veräußern, welches in diesen Fällen jeweils auf einer rechtsgeschäftlichen Vereinbarung zwischen Verkäufer und Abnehmer beruht, liegt in der Gewinnerzielungsabsicht beim Handeltreiben.[211]

c) Ankauf von Betäubungsmitteln zum Zwecke des Weiterverkaufs

84 (Vollendetes) Handeltreiben liegt aber auch vor, wenn der Täter seinerseits Rauschgift bezieht, das er gewinnbringend weiterverkaufen möchte, es hierzu aber – zum Beispiel wegen einer zwischenzeitlichen Beschlagnahme der Betäubungsmittel durch die Polizei – nicht mehr kommt.[212] Als sog. **Unternehmensdelikt** setzt das Handeltreiben nämlich weder eigene Umsatzgeschäfte mit Betäubungsmitteln noch deren Absatz voraus.[213] Auch wenn dem Täter in diesen Fällen konkrete Verkaufshandlungen nicht nachgewiesen werden können, ist dann von einem (zumindest teilweisen) Handeltreiben auszugehen, wenn der Täter eine derart große Menge bezieht, die er nach kriminalistischer

---

[208] BGHSt 6, 246 ff.; 50, 252 (256); BGH Beschl. v. 10.1.2019 – 1 StR 640/18, BeckRS 2019, 1261; BGH NStZ 2021, 53; Patzak/Volkmer/Fabricius//Patzak BtMG § 29 Rn. 225; Weber/Kornprobst/Maier/Weber BtMG § 29 Rn. 169; HJW BtMG § 29 Rn. 4.1.1; BeckOK BtMG/Becker BtMG § 29 Rn. 56.

[209] Vgl. Vorlagebeschluss des 3. Strafsenats des BGH Beschl. v. 10.7.2003, NStZ 2004, 105 (107 ff.) mwN.

[210] BGHSt 50, 252 ff. = NStZ 2006, 171.

[211] Zur Abgrenzung Handeltreiben/Veräußern/Abgeben → Kap. 2 Rn. 80.

[212] BGHSt 25, 290 (292); HJW BtMG § 29 Rn. 4.1.1.

[213] BGHSt 29, 239 = NJW 1980, 2204.

Erfahrung nicht mehr selbst verbrauchen kann; zur Bestimmung des Schuldumfanges und für die Strafzumessung muss das Verhältnis von Eigenkonsum und Handeltreiben gegebenenfalls durch Schätzung ermittelt werden.[214]

d) Strafbarkeit bloßer An- und Verkaufsverhandlungen

Schwieriger zu beurteilen sind die Fälle, in denen das Geschäft über bloße An- und Verkaufsverhandlungen nicht hinausgegangen ist, also Rauschgift noch nicht – an oder vom Täter – geliefert wurde. Hier stellt sich die Frage, wann lediglich eine straflose Vorbereitungshandlung vorliegt und wann das Vorbereitungsstadium bereits verlassen wird. Wegen seines Charakters als unechtes Unternehmensdelikt tritt beim Handeltreiben das Vollendungsstadium bereits mit dem unmittelbaren Ansetzen ein, so dass ein versuchtes Handeltreiben nicht vorkommen kann.[215]. Auch hier sind wieder verschiedene Konstellationen zu unterscheiden: **85**

aa) Anbieten von Betäubungsmitteln

Vollendetes Handeltreiben liegt immer dann vor, wenn der Täter Betäubungsmittel ernstlich und **verbindlich anbietet.**[216] **86**

> **Beispiel:** A sagt zu einem möglichen Abnehmer: „Du kannst von mir 5 g Haschisch für 50,– EUR haben."

Anders zu beurteilten sind dagegen bloße **unkonkrete** Vorgespräche; hier liegt nur eine straflose Vorbereitungshandlung vor.[217] **87**

> **Beispiel:** A fragt seinen Abnehmer: „Brauchst Du wieder Stoff?"

bb) Anfragen des Täters an seinen Betäubungsmittellieferanten

Noch schwieriger wird es, wenn der Täter lediglich bei seinem Lieferanten anfragt, ob er Betäubungsmittel beziehen kann. **88**

Ein **vollendetes Handeltreiben** ist nach der richtungsweisenden Entscheidung des Großen Senats vom 26.10.2005 bereits dann gegeben, wenn der Täter bei einem beabsichtigten Ankauf von zum gewinnbringenden Weiterverkauf bestimmten Betäubungsmitteln in ernsthafte Verhandlungen mit dem **89**

---

[214] BGH NStZ-RR 2018, 113; OLG Bamberg Beschl. v. 25.6.2015 – 3 OLG 6 Ss 44/15, BeckRS 2015, 12780.

[215] Soweit der BGH in der in StV 2006, 136 veröffentlichen Entscheidung ein versuchtes Handeltreiben angenommen hat, weil der potentielle Lieferant von vorneherein keine Drogen verkaufen kann oder will, beruhte dies offensichtlich auf dem Missverständnis seitens des entscheidenden Senats, dass der Große Senat neben einem ernsthaften Anbieten auf Käuferseite (→ Kap. 2 Rn. 89) auch ein ernsthaftes Mitverhandeln auf Verkäuferseite voraussetzt, s. Patzak/Volkmer/Fabricius/Patzak BtMG § 29 Rn. 380 mwN.

[216] BGH NStZ 2020, 226.

[217] Patzak/Volkmer/Fabricius/Patzak BtMG § 29 Rn. 253.

potenziellen Lieferanten eintritt;[218] die tatsächliche Bestellung oder gar Lieferung der Drogen ist nicht erforderlich.

> **Fall 19:** A bestellt bei seinem Lieferanten D telefonisch 1 kg Marihuana, um dieses nach der Lieferung gewinnbringend weiterzuverkaufen. D sagt ihm eine Lieferung für kommende Woche zu. Das Gespräch wurde von den Ermittlungsbehörden abgehört und A daraufhin festgenommen.
>
> Es liegt bereits ein vollendetes Handeltreiben (hier sogar in nicht geringer Menge) vor.

cc) Anbieten von Betäubungsmitteln im Online-Handel

90 Konkrete und verbindliche Angebote zum Ankauf von Betäubungsmitteln auf Online-Marktplätzen stellen bereits vollendetes Handeltreiben dar, wenn dort genaue Betäubungsmittelmengen und Preise genannt werden und der Käufer nur noch mit einem „Klick", also ohne wesentliche Zwischenschritte, den Kauf abwickeln kann.[219]

90a **Exkurs – Strafbarkeit von Forenbetreibern:** Das Bereitstellen einer ausschließlich dem Zweck des Handels mit Betäubungsmitteln und anderer inkriminierter Güter dienenden virtuellen Verkaufs- und Kommunikationsplattform sowie die zur Aufrechterhaltung der technischen und inhaltlichen Forenstruktur geleisteten Beiträge können ein täterschaftliches Handeltreiben mit Betäubungsmitteln darstellen, wenn Betreiber von Handelsplattformen nicht aus uneigennützigen Motiven heraus handeln, sondern – wie dies regelmäßig der Fall ist – Gebühren und Umsatzbeteiligungen erhalten.[220] Handelt der Forenbetreiber ohne eigenes Interesse an den unter Nutzung der Forenstruktur abgewickelten Rauschgiftgeschäften, kommt eine Beihilfe zum Handeltreiben mit Betäubungsmitteln in Betracht.[221] Das LG Karlsruhe verurteilte den Betreiber des Online-Forums „Deutschland im Deep Web (DiDW)" dagegen wegen der über das Forum durch Dritte veröffentlichten Betäubungsmittelangebote „nur" wegen Beihilfe zum unerlaubten Werben mit Betäubungsmitteln, weil die Erstellung, Inbetriebnahme und Aufrechterhaltung des Forums in der konkreten Ausgestaltung als neutrale Handlung zu werten sei und für sich genommen keine strafbare Beihilfehandlung zu den über das Forum verwirklichten Betäubungsmittelgeschäften begründe.[222]

Um etwaigen Beweisschwierigkeiten bei der Anwendung des BtMG, insb. im subjektiven Tatbestand hinsichtlich der Haupttat vorzubeugen[223], wurde zum 1.10.2021 in § 127 StGB eine eigene Strafbarkeit des Betreibens krimineller Handelsplattformen im Internet eingeführt.

---

[218] BGHSt 50, 252 ff. = NStZ 2006, 171; vgl auch BGH Urt. v. 1.8.2018 – 3 StR 651/17, BeckRS 2018, 33425.

[219] Patzak/Volkmer/Fabricius/Patzak BtMG § 29 Rn. 275.

[220] Greco ZIS 2019, 435 (440); Zöller KriPoZ 2021, 79 (83 f.).

[221] LG Duisburg Urt. v. 6.4.2017 – 33 KLs-111 Js 32/16–8/16, BeckRS 2017, 128618, Rn. 531 ff.; Patzak/Volkmer/Fabricius/Patzak BtMG § 29 Rn. 292 f.

[222] LG Karlsruhe Urt. v. 19.12.2018 – 4 KLs 608 Js 19580/17, BeckRS 2018, 40013, Rn. 290 ff. bestätigt durch BGH Beschl. v. 6.8.2019 – 1 StR 188/19 (o.B.); krit. dazu Patzak/Volkmer/Fabricius/Patzak BtMG § 29 Rn. 294.

[223] BT-Drs. 19/28175, 1.

dd) Bloße Vorbereitungshandlungen

Bewegt sich der Täter allerdings mit seinen Bemühungen weit im Vorfeld eines beabsichtigten Rauschgiftgeschäftes, handelt es sich um straflose Vorbereitungshandlungen. **91**

Beispiele:
- Präparierung eines Fahrzeugs für unbestimmte künftige Schmuggelfahrten,[224]
- Transport von Streckmitteln für noch nicht konkretisierte Betäubungsmittelgeschäfte,[225]
- Bemühungen um ein Visum zur Ermöglichung künftiger Kuriertätigkeit,[226]
- allgemeine, ergebnislose Anfragen nach Betäubungsmitteln und entsprechende Erkundungsfahrten,[227]
- Erkundigungsfahrten zur allgemeinen Suche nach Lieferanten, Kaufinteressenten, Transportunternehmen oder Absatzmärkten, ohne konkrete Geschäfte anzubahnen,[228]
- das Bereithalten eines Zahlungsmittels für noch völlig ungewisse Betäubungsmittelgeschäfte,[229]
- die Herbeischaffung und die Installation von Gerätschaften zum Aufbau einer professionellen Cannabisplantage,[230]
- die Absprache, unter welchen Bedingungen eine Fortsetzung der Betäubungsmittellieferungen grundsätzlich möglich ist, ohne dass der Lieferant ein Verkaufsangebot unterbreitet.[231]

ee) Nachweis des Handeltreibens im Verfahren

Der Nachweis, dass der Täter die von ihm bezogenen oder besessenen Betäubungsmittel zur gewinnbringenden Weiterveräußerung einsetzen wollte, ist unter Umständen schwierig, wenn der Täter zum Tatvorwurf schweigt. Das gilt insbesondere dann, wenn keine Personen, die Kaufgeschäfte mit dem Täter getätigt haben, ermittelt werden konnten. Das schließt gleichwohl die richterliche Überzeugung, dass der Täter Handeltreiben wollte, nicht aus. Die richterliche Überzeugung muss aber an eine nachvollziehbare Tatsachengrundlage anknüpfen. Folgende Indizien können eine Grundlage für eine solche Überzeugungsbildung sein: **92**
- größere Mengen, insbesondere, die nicht mehr zum Eigenkonsum bestimmt sein können,
- typische Verkaufsutensilien (Digitalwaage, ungebrauchte Gripptütchen, die als Verpackungsmaterial dienen könnten),
- erheblicher Finanzbedarf zur Finanzierung der eigenen Drogensucht bei nicht nennenswerten legalen Einkünften,[232]

---

[224] BGH NStZ 2001, 323.
[225] BGH NJW 1993, 2389; BGH StV 1994, 429.
[226] BGH NJW 1991, 305.
[227] BGH NStZ-RR 1996, 48; BGH NStZ 1996, 507 (508).
[228] BGH NStZ 1996, 507; BGH NStZ-RR 2019, 22.
[229] BGH Urt. v. 19.12.2013, 4 StR 302/13 = BeckRS 2014, 01024.
[230] BGH NStZ 2012, 43.
[231] BGH NStZ 2016, 419.
[232] BGH StV 2010, 470.

– keine Erklärung für Vermögenswerte bei fehlenden legalen Einkünften.

e) Eigennützigkeit

93 Der subjektive Tatbestand beim Handeltreiben setzt neben dem Vorsatz das ungeschriebene Tatbestandsmerkmal der Eigennützigkeit voraus. Eigennützig ist eine Tätigkeit nur, wenn das Handeln des Täters vom Streben nach Gewinn geleitet wird oder sich irgendeinen anderen materiellen oder objektiv messbaren immateriellen persönlichen Vorteil verspricht, durch den er materiell oder immateriell besser gestellt wird.[233] Folglich scheidet Handeltreiben aus, wenn Tätigkeiten entfaltet werden, die zwar auf den Umsatz von Betäubungsmitteln gerichtet werden, der Täter aber uneigennützig handelt, zB beim Verschenken von Betäubungsmitteln oder beim Weiterverkauf zum Selbstkostenpreis. Fehlt es beim Gehilfen am Eigennutz, zB beim Handeln als Freundschaftsdienst ohne erkennbares finanzielles Interesse, so kommt bei umsatzfördernden Handlungen nur Beihilfe in Betracht.[234]

94 Bei einer **sog. Einkaufsgemeinschaft**, bei der mehrere Personen gemeinsam Betäubungsmittel beziehen, die aber jeder für sich selbst verkaufen will, liegt daher hinsichtlich der Anteile der anderen jeweils nur **Beihilfe zum Handeltreiben**[235] vor. Zwar haben alle Beteiligten einen Vorteil durch die Erzielung günstigerer Konditionen aufgrund des Kaufs einer größeren Menge. Der erstrebte Vorteil erschöpft sich aber für den Einzelnen in Umständen, die den eigenen Erwerb betreffen und sich auch nur auf den Umfang des durch das eigene Geschäft beabsichtigten Gewinns auswirken; nicht umsatzbezogen ist ein Vorteil, der dem Täter aus einem anderen Vorgang, namentlich dem Erwerb, erwächst.[236] Folglich fehlt es an der notwendigen Eigennützigkeit in Bezug auf die Handelsmenge des Tatbeteiligten.

f) Fahrlässiges Handeltreiben beim Weiterverkauf von Betäubungsmitteln in Unkenntnis der Betäubungsmitteleigenschaft

94a Auch das fahrlässige Handeltreiben ist – wie auch alle anderen Tathandlungen des § 29 Abs. 1 S. 1 Nr. 1 BtMG – gem. § 29 Abs. 4 BtMG unter Strafe gestellt. Bei einem Täter, der mit einem Stoff Handel treibt, ohne die Betäubungsmitteleigenschaft zu kennen, ist ein fahrlässiges Handeltreiben dann anzunehmen, wenn der Täter nach den konkreten Umständen des Einzelfalls bei sorgfältigem Verhalten die Betäubungsmitteleigenschaft hätte erkennen können. Da sich grundsätzlich jeder, der am Handel teilnimmt, vergewissern muss, ob seine Stoffe Betäubungsmittel sind[237], liegt nach der Rechtsprechung

[233] BGHSt. 34, 124 = NJW 1986, 2584; BGH NStZ-RR 2016, 212; BGH NStZ 2021, 51.

[234] BGH NStZ 2005, 228; BGH NStZ-RR 2010, 254; BGH NStZ 2021, 51.

[235] Zur Zurechnung der Gesamtmenge bei der Einfuhr → Kap. 2 Rn. 75 und beim Erwerb → Kap. 2 Rn. 70.

[236] BGH Beschl. v. 17.4.2012 – 3 StR 131/12, BeckRS 2012, 11531; BGH Beschl. v. 24.3.2020 – 4 StR 29/20, BeckRS 2020, 8075; ebenso Patzak/Volkmer/Fabricius/Patzak BtMG § 29 Rn. 414; MüKoStGB/Oğlakcıoğlu BtMG § 29 Rn. 297; Weber/Kornprobst/Maier/Weber BtMG § 29 Rn. 346; aA BGH NStZ-RR 2003, 57; BGH Beschl. v. 13.3.2013 – 4 StR 547/12, BeckRS 2013, 6496.

[237] Weber/Kornprobst/Maier/Weber BtMG § 29 Rn. 2088.

des BGH ein sorgfaltswidriges Handeln vor, wenn sich der Verkäufer von Kräutermischungen alleine auf die Auskunft seines Lieferanten verlässt, die Mischungen enthielten weder synthetische noch pflanzliche Cannabinoide, obwohl dem Verkäufer bekannt war, dass die von seinen Abnehmern bezweckte Verwendung gerade in der Verwendung als Ersatzrauschmittel für Cannabis liegen soll; selbst der Verweis auf Laborbefunde seines Lieferanten als Beleg für seine Annahme schützen ihn nicht vor einer strafrechtlichen Verfolgung wegen fahrlässigen Handeltreibens mit Betäubungsmitteln, vielmehr unterliegt der Verkäufer weitergehenden Sorgfaltspflichten durch eigene Kontrolluntersuchungen.[238] Anders verhält es sich aber, wenn der Händler keine erkennbaren Anhaltspunkte dafür hat, dass ihm sein Lieferant illegale, dem BtMG unterstellten Stoffe liefert. Dann ist der Verkäufer nicht verpflichtet, eigene Kontrolluntersuchungen durchzuführen, wie der BGH in einem Verfahren gegen einen in Deutschland ansässigen Händler, der für seinen als Gewerbe angemeldeten und mit einer Umsatzsteuer-Identifikationsnummer ausgestatteten Versandhandel im Internet mit selbst hergestellten Kräutermischungen bei einem ausländischen Online-Händler synthetische Cannabinoide bestellte und wöchentlich recherchierte, ob die von ihm bestellten Cannabinoide weiterhin legal waren, und der sein Sortiment sofort anpasste und zwischenzeitlich verbotene Stoffe nicht mehr verwendete, sobald sie dem BtMG unterstellt wurden, angenommen hat. Da der ausländische Lieferant der synthetischen Cannabinoide lediglich jeweils nicht als Betäubungsmittel gelistete synthetische Cannabinoide auf seiner Webseite angeboten und nach Aufnahme bisher vertriebener Stoffe in Anlage II diese stets aus seinem Angebot herausgenommen hat sowie aus den angebotenen Vertriebs- und Lieferwegen (Lieferung über DHL und Bestellungen per Nachname), sah der BGH keinen Grund für den Angeklagten, an der Zuverlässigkeit des Lieferanten zu zweifeln.[239]

g) Abgrenzung Täterschaft/Teilnahme bei Kurierfahrern

Die weite Auslegung des Begriffs des Handeltreibens macht auch die Einordnung des Verhaltens von **Rauschgiftkurieren** schwierig. Deren Tätigkeit beschränkt sich nämlich in der Regel darauf, im Auftrag des Betäubungsmittelhändlers an einem bestimmten Ort Rauschgift abzuholen und zu diesem zu bringen. Damit stellt sich die Frage, ob dies eine mittäterschaftliche Begehungsweise darstellt oder nur eine Beihilfe. Diese Unterscheidung ist für die Strafrahmenbestimmung von wesentlicher Bedeutung, da die Mittäter gemäß § 25 Abs. 2 StGB gleich gestraft werden, während dem Teilnehmer nach § 27 StGB eine zwingende Strafmilderung nach § 49 Abs. 1 StGB zu Gute kommt.[240] **95**

aa) Ältere Rechtsprechung

In der Vergangenheit hat die Rechtsprechung bei Kurierfahrern, die wussten, dass die von ihnen transportierten Betäubungsmittel für den gewinnbringenden Absatz durch den Auftraggeber bestimmt sind, in der Regel ein mittä- **96**

[238] BGH Urt. v. 5.11.2015 – 4 StR 124/14, BeckRS 2015, 19909.
[239] BGH NJW 2018, 961.
[240] S. dazu → Kap. 5 Rn. 5.

terschaftliches Handeltreiben mit Betäubungsmitteln angenommen, wenn die Rolle des Kuriers nicht nur von ganz untergeordneter Bedeutung war.[241] Dies war etwa dann der Fall, wenn der Täter eine Entlohnung für seine Kuriertätigkeit erhalten sollte oder während des Transports faktische Zugriffsmöglichkeiten auf die Betäubungsmittel hatte.

bb) Neuere Rechtsprechung

97 Mittlerweile ist die Rechtsprechung dazu übergegangen, bei untergeordneten Hilfstätigkeiten im Rahmen des Handeltreibens deutlicher zwischen Mittäterschaft und Beihilfe abzugrenzen. So ist die Tätigkeit eines Kuriers, die sich in dem Transport des Rauschgifts erschöpft, in der Regel als **Beihilfe zum unerlaubten Handeltreiben** mit Betäubungsmitteln zu werten.[242] Für ein mittäterschaftliches Handeltreiben sind dagegen erhebliche, über den Transport hinausgehende Tätigkeiten notwendig. Dies kommt in folgenden Fällen in Betracht:[243]

- bei Beteiligung des Kuriers am An- und Verkauf des Rauschgifts,
- bei einem eigenen Interesse des Kuriers am weiteren Schicksal des Gesamtgeschäfts, weil er eine Beteiligung am Umsatz oder dem zu erzielenden Gewinn erhalten soll,
- oder bei einer weitgehenden Einflussmöglichkeit des Transporteurs auf Art und Menge der zu transportierenden Drogen sowie auf die Gestaltung des Transports.

98 **Beachte:** Diese Rechtsprechung betrifft nur die Frage Täterschaft oder Teilnahme am Handeltreiben. Bringt der Kurier die Drogen in einem vom ihm geführten Fahrzeug über die Grenze, liegt jedenfalls ein täterschaftlich begangenes Einfuhrdelikt (zB § 30 Abs. 1 Nr. 4 BtMG) vor.

h) Abgrenzung Täterschaft/Teilnahme bei Betäubungsmitteltransporten durch sog. Läufer

98a Die vorgenannten Grundsätze sind auch auf sog. Läufer, die in der Regel kleinere Betäubungsmittelmengen für den Verkäufer von Ort A zum Abnehmer an Ort B überbringen, zu übertragen. Beschränkt sich die Tätigkeit des Läufers auf den bloßen Transport der Betäubungsmittel, ohne erhebliche, über den Transport hinausgehende Tätigkeiten zu entfalten, ist lediglich von Beihilfe zum Handeltreiben auszugehen.[244]

---

[241] Vgl. BGH NStZ 1983, 124; BGH NStZ-RR 1999, 2.

[242] BGH NStZ 2007, 338; BGH NStZ 2008, 285; BGH Beschl. v. 15.10.2020 – 1 StR 331/20, BeckRS 2020, 31974.

[243] BGH NStZ 2007, 338; vgl. auch BGH Beschl. v. 10.1.2019 – 1 StR 640/18, BeckRS 2019, 1261.

[244] BGH NStZ 2013, 549; BGH Beschl. v. 29.1.2019 – 4 StR 589/18, BeckRS 2019, 1836; BGH Beschl. v. 13.2.2019 – 4 StR 22/19, BeckRS 2019, 3861.

i) Beihilfe zum Handeltreiben trotz vorheriger Sicherstellung der Betäubungsmittel

Beihilfe zum Handeltreiben mit Betäubungsmitteln ist nach teilweiser Ansicht in der Rspr. auch strafbar, wenn die fraglichen Betäubungsmittel – was dem Gehilfen unbekannt ist – bereits sichergestellt sind. Es kommt danach nicht darauf an, ob eine Inbesitznahme noch möglich ist, so dass zu der trotz Sicherstellung noch nicht beendeten Tat noch Beihilfe geleistet werden kann.[245] 99

II. § 29 Abs. 1 S. 1 Nr. 3 BtMG (unerlaubter Besitz)

1. Begriffsbestimmung

§ 29 Abs. 1 S. 1 Nr. 3 BtMG ist ein Auffangtatbestand. Damit sollen auch solche Fälle erfasst werden, in denen dem Täter zwar die Verfügungsmacht über das Betäubungsmittel nachgewiesen werden kann, nicht aber, auf welchem Weg er es erlangt hat.[246] Daher tritt die Vorschrift zurück, wenn eine Tat nach § 29 Abs. 1 S. 1 Nr. 1 BtMG oder nach § 29 Abs. 1 S. 1 Nr. 6b BtMG nachzuweisen ist. 100

Fall 20: Bei einer Polizeikontrolle am 14. Juli 2018 werden bei A 5 g Haschisch aufgefunden. A gibt in seiner Vernehmung an, er habe das Betäubungsmittel zwei Tage vorher bei einem ihm namentlich unbekannten Dealer gekauft.

Für die Strafverfolgung maßgeblich ist hier der Erwerb von Betäubungsmitteln nach § 29 Abs. 1 S. 1 Nr. 1 BtMG am 12. Juli 2018, der den unerlaubten Besitz nach § 29 Abs. 1 S. 1 Nr. 3 BtMG verdrängt.[247]

Ein unerlaubter **Besitz** von Betäubungsmitteln liegt vor, wenn der Täter bewusst die **tatsächliche Sachherrschaft** über ein Betäubungsmittel ausübt und er über keine schriftliche Erlaubnis für den Erwerb verfügt. Die Beantwortung der Frage, wann von einer tatsächlichen Sachherrschaft oder Verfügungsmacht auszugehen ist, bereitet gerade dem juristischen Laien einige Schwierigkeiten, da es nicht darauf ankommt, wem die Drogen gehören.[248] Für die Annahme einer tatsächlichen Sachherrschaft ist auch nicht ausreichend, dass der Täter Betäubungsmittel in der Hand hält. Eine tatsächliche Sachherrschaft ist vielmehr erst anzunehmen, wenn der Täter über das Betäubungsmittel ohne Schwierigkeit **ungehindert verfügen** kann.[249] So führt die bloße Übergabe von Betäubungsmitteln von einer Person an eine andere noch nicht zur Übertragung der tatsächlichen Sachherrschaft, solange der „Übergebende" in unmittelbarer 101

[245] BGH NStZ 2010, 522; BGH NJW 2008, 2276; aA BGH NJW 2008, 1460; vgl. auch BGH Beschl. v. 27.6.2017 – 3 StR 218/17, BeckRS 2017, 117640; differenzierend: Patzak/Volkmer/Fabricius/Patzak BtMG § 29 Rn. 434.

[246] BGHSt 25, 385; 27, 380 = NJW 1978, 1696.

[247] → Kap. 2 Rn. 178.

[248] Malek BtMStrafR 2. Kap. Rn. 214.

[249] BGHSt 27, 380 = NJW 1978, 1696; Patzak/Volkmer/Fabricius/Patzak BtMG § 29 Rn. 1005.

Nähe zu „seinem“ Rauschgift bleibt und damit die weitere Zugriffsmöglichkeit behält. Die Auswirkungen dieser – teilweise schwer zu verstehenden – Betrachtungsweise versuchen wir durch folgende Einzelfälle zu verdeutlichen:

2. Abgrenzung strafbarer Besitz/strafloser Konsum

102 Lediglich ein **strafloser Konsum** liegt vor, wenn ein Konsument Betäubungsmittel in verbrauchsgerechter Menge zum sofortigen Konsum an Ort und Stelle zur Verfügung gestellt bekommt; hier hat der Konsument noch keine tatsächliche Sachherrschaft erhalten, da die Zugriffsmöglichkeit nach juristischer Betrachtung noch bei der Person verbleibt, die die Betäubungsmittel bereitstellt, während der Konsument nur zwischen Konsum oder Nichtkonsum entscheiden kann.[250] Dies führt dazu, dass ein Besitz von Betäubungsmitteln nicht zu belegen ist, selbst wenn man dem Täter eindeutig nachweisen kann, dass er Betäubungsmittel konsumiert hat. Zugunsten des Täters muss nämlich davon ausgegangen werden, dass ihm das konsumierte Rauschgift bloß zum unmittelbaren Verbrauch zur Verfügung gestellt worden ist oder von einem Dritten verabreicht wurde; beides wäre für den Konsumenten straflos. Das hat für den Staatsanwalt und den Strafrichter zur Folge, dass diese dem Täter für die Annahme des unerlaubten Besitzes (gleiches gilt natürlich auch für den Erwerb) immer die tatsächliche Sachherrschaft nachweisen müssen.

103 **Beachte:** Eine positive Urinprobe belegt daher nur den (straflosen) Konsum des Betäubungsmittels. Fehlen weitere Beweismittel, kann nach dem Grundsatz in dubio pro reo ein strafbarer Besitz nicht bejaht werden.

Fall 21: A trifft sich mit seinem Freund B, der ihm einen mit Marihuana gefüllten Joint zum sofortigen gemeinsamen Konsum anbietet. A nimmt das Angebot gerne an und raucht mit B den Joint, wobei dieser einige Male zwischen beiden hin und her gereicht wird.

A macht sich nicht strafbar, da B die tatsächliche Sachherrschaft an dem Joint behält. Das Verhalten des B dagegen erfüllt den Tatbestand der unerlaubten Verbrauchsüberlassung.[251]

104 Anders ist die Sachlage jedoch, wenn der Täter ein Betäubungsmittel erhält, das er einsteckt (zB in seine Hosentasche) oder sich damit vom Übergabeort entfernt, um es später zu konsumieren. Hier kann der Erwerber nun ungehindert über das Betäubungsmittel verfügen, womit auch die tatsächliche Sachherrschaft auf ihn übergeht.

Beispiel: A erhält in der Diskothek von seinem Freund eine Ecstasy-Pille, die er nicht sofort konsumiert, sondern in seine Jacke steckt, um sie später in Ruhe „einzuwerfen“.

---

[250] OLG Hamburg NStZ 2008, 288 (289).
[251] Zur Verbrauchsüberlassung → Kap. 2 Rn. 109.

3. Wegnahme von Drogen durch Eltern/Lehrer/Sozialarbeiter aus Fürsorgegründen

Zur tatsächlichen Verfügungsmacht muss auch der Wille treten, die Drogen zu besitzen. Deswegen scheidet ein strafbares Verhalten jedenfalls dann aus, wenn Eltern, Lehrer oder Sozialarbeiter Drogen finden und anschließend sofort vernichten.[252] Im Ergebnis gilt dies auch, wenn Eltern oder Lehrer Betäubungsmittel ihrer Kinder bzw. Schüler aus Fürsorgegründen an sich nehmen, um sie sofort zur Polizei zu bringen. Umstritten ist in der juristischen Literatur allerdings die Begründung: Nach einer Auffassung soll es den Eltern am Besitzwillen fehlen.[253] Eine andere Ansicht verneint eine Strafbarkeit, da der Besitz nicht auf eine gewisse Dauer ausgerichtet sei.[254] Beide Ansichten sind nicht überzeugend. Das Verbringen der Betäubungsmittel durch Eltern, Lehrer und Sozialarbeiter zur Polizei nimmt nämlich in der Praxis regelmäßig einen längeren Zeitraum in Anspruch, so dass sowohl von einem auf eine gewisse Dauer angelegten Besitz als auch einem Besitzwillen für diesen Zeitraum auszugehen ist. Eine Strafbarkeit entfällt aber, weil der Rechtfertigungsgrund des Notstandes gem. § 34 StGB eingreift.[255] **105**

Eine Strafbarkeit wegen unerlaubten Besitzes von Betäubungsmitteln ist aber immer dann gegeben, wenn Eltern, Lehrer und Sozialarbeiter die an sich genommenen Betäubungsmittel aufbewahren, ohne sich Gedanken über den Verbleib zu machen.[256] **106**

4. Botentätigkeiten

Eine Person, die Betäubungsmittel lediglich mit dem Auftrag übernimmt, diese als Bote an den eigentlichen Empfänger zu überbringen, erlangt keine eigene Verfügungsgewalt; sie übt die Verfügungsgewalt vielmehr für den Empfänger aus, solange sie im Rahmen des Auftrags handelt.[257] **106a**

5. Strafbarer Mitbesitz

Unproblematisch sind Fälle, in denen mehrere Personen Geld zusammenlegen, um Betäubungsmittel für den späteren gemeinsamen Konsum zu kaufen. **107**

---

[252] OLG Stuttgart MDR 1978, 595; Patzak/Volkmer/Fabricius/Patzak BtMG § 29 Rn. 1044; Weber BtMG § 4 Rn. 57.

[253] OLG Hamm NStZ 2000, 600; Körner BtMG § 29 Rn. 1421.

[254] Weber/Kornprobst/Maier/Weber BtMG § 4 Rn. 57.

[255] So auch MüKoStGB/Oğlakcıoğlu BtMG § 29 Rn. 1094; Malek BtMStrafR Kap. 2 Rn. 227; zur Rechtfertigung eines Strafverteidigers, der Kokain für 48 Stunden für einen Mandanten aufbewahrt, um es dann zur Polizei zu bringen, wegen rechtfertigender Pflichtenkollision, s. OLG Jena Beschl. v. 18.5.2010 – 1 Ss 36/10, BeckRS 2012, 24537.

[256] Weber/Kornprobst/Maier/Weber BtMG § 4 Rn. 54; HJW BtMG § 29 Rn. 13.3.2; Franke/Wienroeder BtMG § 29 Rn. 133; zur Strafbarkeit von Eltern/Lehrer, wenn sie den Konsum ihrer Kinder/Schüler zulassen → Kap. 2 Rn. 119.

[257] BGH Urt. v. 18.11.2020 – 2 StR 317/19, BeckRS 2020, 41115; OLG München Beschl. v. 8.10.2014 – 4 OLG 13 Ss 452/14, BeckRS 2015, 15173; OLG Bamberg Beschl. v. 25.6.2015 – 3 OLG 6 Ss 44/15, BeckRS 2015, 12780.

Kann die Erwerbshandlung nicht hinreichend konkretisiert werden, liegt jedenfalls ein unerlaubter Besitz aller Teilnehmer der Konsumgemeinschaft iSd § 29 Abs. 1 S. 1 Nr. 3 BtMG in Form von **Mitbesitz** vor.[258]

6. Betäubungsmittelrückstände in Konsumutensilien

108 § 29 Abs. 1 S. 1 Nr. 3 BtMG ist nicht erfüllt, wenn kleinste Mengen an Betäubungsmitteln als Rückstände in Betäubungsmittelutensilien vorhanden sind (sog. **Anhaftungen**). Erforderlich ist vielmehr eine derart große Menge, dass diese für sich allein zum Konsum geeignet ist;[259] es kommt dabei nur auf die Gebrauchsfähigkeit an, nicht aber darauf, ob die Menge auch geeignet ist, einen Rauschzustand herbeizuführen.[260]

Fall 22: Bei einer Wohnungsdurchsuchung werden auf dem Tisch des A ein Messer und ein Holzbrettchen mit geringsten, nicht wiegbaren Haschischanhaftungen gefunden; diese Gegenstände wurden offensichtlich dazu benutzt, Haschisch zu portionieren.

Ein strafbarer Besitz von Betäubungsmitteln ist dem A mangels einer gebrauchsfähigen Menge nicht nachzuweisen. Gleichwohl unterliegen diese Sachen der Einziehung nach § 74 StGB.[261]

III. § 29 Abs. 1 S. 1 Nr. 6b BtMG (Verabreichen/ Verbrauchsüberlassung)

1. Begriffsbestimmung

109 Überlassen zum unmittelbaren Verbrauch ist gegeben, wenn eine Person einer anderen eine Betäubungsmitteldosis zum sofortigen Verbrauch an Ort und Stelle aushändigt, ohne dass der andere die tatsächliche Sachherrschaft[262] an dem Stoff erlangt.[263] Unerlaubt ist die Verbrauchsüberlassung, wenn der Überlassende keine Berechtigung hierfür nach § 13 Abs. 1 BtMG hat, die nur Ärzte und sein medizinisches oder pharmazeutisches Hilfspersonal haben können.[264]

110 Von der Verbrauchsüberlassung ist das Verabreichen von Betäubungsmitteln zu unterscheiden. Darunter versteht man die unmittelbare Anwendung von Betäubungsmitteln am Körper eines anderen ohne dessen aktive Mitwirkung, etwa das Injizieren von Heroin in die Vene eines anderen oder das Einflößen betäubungsmittelhaltiger Getränke.[265] Auch das Verabreichen erfordert eine Berechtigung nach § 13 Abs. 1 BtMG.

---

[258] Malek BtMStrafR 2. Kap. Rn. 220.
[259] OLG Düsseldorf NStZ 1992, 443; aA HJW BtMG § 29 Rn. 13.2.4.
[260] OLG Koblenz NStZ-RR 2015, 114; Patzak/Volkmer/Fabricius/Patzak BtMG § 29 Rn. 1001 f.
[261] Zur Einziehung → Kap. 5 Rn. 94 ff.
[262] → Kap. 2 Rn. 101.
[263] Weber/Kornprobst/Maier/Weber BtMG § 29 Rn. 1542; Patzak/Volkmer/Fabricius/Patzak BtMG § 29 Rn. 1205.
[264] S. dazu → Kap. 2 Rn. 33 ff.
[265] Patzak/Volkmer/Fabricius/Patzak BtMG § 29 Rn. 1198.

2. Strafbarkeit bei der Teilnahme an Cannabisraucherrunden

Probleme bereitet immer wieder die rechtliche Einordnung von Fällen, in **111**
denen ein mit Haschisch oder Marihuana gefüllter Joint von einer Person zur Verfügung gestellt und dann mit einer oder mehreren Personen gemeinsam geraucht wird (sog. **Raucherrunden**). Dabei macht es einen großen Unterschied, ob die Raucherrunde aus zwei oder mehreren Personen besteht:

a) Zwei Teilnehmer

Besteht eine Raucherrunde aus zwei Personen, also der Person, die den **112**
Joint zur Verfügung stellt, und einem Mitkonsumenten, macht sich nur einer strafbar, nämlich der „Zurverfügungstellende" des Joints.

Fall 23: A stellt seinem Freund B einen mit Haschisch gefüllten Joint zum gemeinsamen Konsum zur Verfügung.

A macht sich der Verbrauchsüberlassung strafbar, da er die Verfügungsgewalt über den Joint behält, B bleibt straffrei.

Würde sich B in Kenntnis des A mit dem Joint entfernen, lägen dagegen eine unerlaubte Abgabe durch A und ein unerlaubter Erwerb durch B vor.

b) Drei oder mehr Teilnehmer

Nehmen an der Raucherrunde dagegen mehr als zwei Personen teil, muss **113**
sich jeder strafrechtlich verantworten. Dies gilt zunächst für die Konstellation, dass der Joint in der Raucherrunde von einem Konsumenten an den nächsten Mitkonsumenten weitergegeben wird, also nicht jedes Mal unter Einschaltung des „Zurverfügungstellenden".[266]

Fall 24: A bringt Marihuana mit, das er mit seinen Freunden B und C rauchen will. Der Joint geht mehrfach reihum von A an B, von B an C und von C zurück an A.

A hat sich der Verbrauchsüberlassung von Betäubungsmitteln strafbar gemacht.

Zwar haben B und C keinen Besitz an dem Joint erlangt, da die tatsächliche Sachherrschaft bei A verbleibt. Sie haben ihrerseits jedoch eine unerlaubte Verbrauchsüberlassung nach § 29 Abs. 1 S. 1 Nr. 6b 2. Alt. BtMG begangen, da eine solche keinen Besitz voraussetzt. Bei B ist dies unproblematisch, da er eine eigenhändige Verbrauchsüberlassung begeht. Schwieriger ist es bei C, da dieser den Joint an den „Besitzer" A zurückgibt. Dennoch macht auch er sich strafbar, allerdings in mittäterschaftlicher Begehungsweise, da er weiß, dass der Joint später von A an B weitergegeben wird (dazu → Fall 25).

Für die strafrechtliche Bewertung macht es im Ergebnis auch keinen Unter- **114**
schied, dass der Joint jeweils unter Einschaltung dessen an den nächsten Mitkonsumenten weitergeben wird, der das Rauschgift zu diesem Zweck zur Verfügung stellt.[267]

---

[266] BayObLG NStZ-RR 1998, 149.

[267] BayObLG NStZ-RR 1998, 149; Patzak/Volkmer/Fabricius/Patzak BtMG § 29 Rn. 1212; wohl aA Malek BtMStrafR 2. Kap. Rn. 220; MüKoStGB/Oğlakcıoğlu BtMG § 29 Rn. 1228.

Fall 25: A stellt Marihuana für eine Raucherrunde mit seinen Freunden B und C zur Verfügung. Der Joint geht von A an B, der ihn wieder an A zurückgibt. A reicht ihn an C weiter, der wieder dem A. Diese Vorgehensweise war allen Beteiligten zuvor bewusst.

A hat sich – unproblematisch – der unerlaubten Verbrauchsüberlassung strafbar gemacht.

B und C haben mangels tatsächlicher Sachherrschaft selbst keinen Besitz erlangt. Da sie das Marihuana auch nicht unmittelbar an einen anderen, sondern an den Besitzer übergeben haben, scheidet eine **eigenhändige** Verbrauchsüberlassung aus. Da die Vorgehensweise allen Beteiligten bekannt war, liegt aber eine **gemeinschaftliche** Verbrauchsüberlassung vor (§ 25 Abs. 2 StGB), bei der auch B und C einen eigenen Tatbeitrag leisten, nämlich die Rückgabe des Joints an A zum Zwecke der Weitergabe an den Nächsten.

3. Gemeinsame Benutzung von Betäubungsmittelspritzen

115 Die vorgenannten Grundsätze zum Konsum von Cannabis in Raucherrunden gelten auch für die gemeinsame Einnahme von Betäubungsmitteln, die gespritzt werden. Auch insoweit ist eine aktive Weitergabe der Spritze in der Konsumrunde erforderlich, so dass sich die Mitkonsumenten entweder der eigenhändigen oder der mittäterschaftlichen Verbrauchsüberlassung strafbar machen.

4. Gemeinsamer Konsum eines Betäubungsmittels in Pulverform

116 Im Gegensatz zu Cannabisjoints und Betäubungsmittelspritzen, die in der Konsumrunde weitergereicht werden müssen, werden Betäubungsmittel in Pulverform (zB Kokain oder Amphetamin) in der Regel auf einem Tisch ausgelegt, damit jeder hierauf zugreifen kann (sog. „Line“). Wird das bereitgelegte Pulver dabei mit **einem** Konsumutensil eingenommen (Röhrchen oder Geldschein), das in der Runde von Konsument zu Konsument weitergegeben wird, gilt nichts anderes als das zuvor Gesagte. Verwendet hingegen jeder Teilnehmer der Konsumrunde ein eigenes Konsumutensil, das nicht herumgereicht wird, fehlt es an der aktiven Mitwirkung des Einzelnen beim Konsum der anderen. Hier scheidet eine Strafbarkeit der Mitkonsumenten wegen eigenhändiger oder gemeinschaftlicher Verbrauchsüberlassung aus. Davon unbenommen bleibt selbstverständlich die unerlaubte Verbrauchsüberlassung von der Person, die die Betäubungsmittel zur Verfügung gestellt hat.

IV. § 29 Abs. 1 S. 1 Nr. 11 BtMG (Verschaffen/Gewähren einer Gelegenheit zum unbefugten Verbrauch)

1. Begriffsbestimmung

117 Nach § 29 Abs. 1 S. 1 Nr. 11 BtMG macht sich strafbar, wer einem anderen eine Gelegenheit zum unbefugten Verbrauch von Betäubungsmitteln verschafft oder gewährt. Unter **unbefugtem Verbrauch** ist jeder Konsum zu verstehen, der nicht auf einer ordnungsgemäßen Verschreibung beruht.[268] **Ver-**

schaffen wird definiert als Schaffen günstiger äußerer Bedingungen, durch die der Konsum erheblich erleichtert wird.[269] Beim **Gewähren** ist die günstige Gelegenheit bereits vorhanden.[270] Erforderlich ist aber, dass dem Konsumenten eine **besondere Konsummöglichkeit** eröffnet wird; daran fehlt es beispielsweise bei einem Bewohner einer Wohngemeinschaft, der den Konsum seines Mitbewohners im Gemeinschaftsraum duldet.

Beispiele: Ein Verschaffen/Gewähren einer Gelegenheit zum unbefugten Verbrauch liegt zB vor, wenn
- Fremden ein Raum zum ungestörten Verbrauch von Betäubungsmitteln zur Verfügung gestellt wird,[271]
- einem zum Konsum entschlossenen Passanten ein PKW überlassen wird, damit sich dieser in Ruhe einen „Schuss" setzen kann.[272]

2. Strafbarkeit von Eltern und Lehrern

Bei Eltern und Lehrern, die den Konsum ihrer Kinder/Schüler dulden, fehlt **118**
es typischerweise am Verschaffen/Gewähren einer **besonderen** Gelegenheit, da die gemeinsam genutzte Wohnung bzw. der Schulhof oder Klassenraum von den Kindern/Schülern ständig benutzt werden.[273] Bei Eltern und Lehrern tritt aber die Besonderheit hinzu, dass sie eine Garantenpflicht gegenüber ihren Kindern/Schülern haben, so dass sie nach § 13 StGB auch für ihr Untätigbleiben strafrechtlich verantwortlich gemacht werden können.[274] § 13 Abs. 1 StGB lautet wie folgt:

„Wer es unterlässt, einen Erfolg abzuwenden, der zum Tatbestand eines Strafgesetzes gehört, ist nach diesem Gesetz nur dann strafbar, wenn er rechtlich dafür einzustehen hat, dass der Erfolg nicht eintritt, und wenn das Unterlassen der Verwirklichung des gesetzlichen Tatbestandes durch ein Tun entspricht."

Dulden Eltern/Lehrer den Konsum ihrer Kinder/Schüler in der gemeinsa- **119**
men Wohnung oder Schule, machen sie sich daher des Verschaffens/Gewährens einer Gelegenheit zum unbefugten Verbrauch von Betäubungsmittel durch Unterlassen strafbar. Häufig wird in diesen Fällen aber eine Einstellung nach Opportunitätsgrundsätzen (§§ 153 ff. StPO) in Betracht kommen.

[268] HJW BtMG § 29 Rn. 19.6.
[269] Weber/Kornprobst/Maier/Weber BtMG § 29 Rn. 1841.
[270] Weber/Kornprobst/Maier/Weber BtMG § 29 Rn. 1764.
[271] Vgl. BayObLG NStZ-RR 2003, 310.
[272] OLG Frankfurt StV 1989, 20.
[273] Zur Strafbarkeit von Eltern und Lehrern bei der Wegnahme von Betäubungsmitteln aus Fürsorgegründen → Kap. 2 Rn. 105.
[274] Fischer StGB § 13 Rn. 14.

V. Sonstige Tatbestandsalternativen

120 Die übrigen Tatbestandsalternativen des § 29 Abs. 1 BtMG werden angesichts ihrer fehlenden Praxisrelevanz nur stichwortartig aufgeführt. Dazu zählen:
- missbräuchliches Verschreiben durch Ärzte (§ 29 Abs. 1 S. 1 Nr. 6 Buchst. a BtMG),[275]
- Überlassen an Palliativpatienten entgegen § 13 Abs. 1a BtMG (§ 29 Abs. 1 S. 1 Nr. 6a BtMG),
- missbräuchliche Abgabe in Apotheken (§ 29 Abs. 1 S. 1 Nr. 7 BtMG),
- unerlaubtes Werben (§ 29 Abs. 1 S. 1 Nr. 8 BtMG),
- Erschleichen von Betäubungsmittel-Verschreibungen (§ 29 Abs. 1 S. 1 Nr. 9 BtMG),
- Verschaffen oder Gewähren einer Gelegenheit zur unbefugten Abgabe (§ 29 Abs. 1 S. 1 Nr. 10 BtMG),
- öffentliche Aufforderung zum Verbrauch (§ 29 Abs. 1 S. 1 Nr. 12 BtMG),
- Bereitstellen von Geldmitteln und anderer Vermögensgegenstände (§ 29 Abs. 1 S. 1 Nr. 13 BtMG),
- Verstöße gegen Sicherheits- und Kontrollpflichten (§ 29 Abs. 1 S. 1 Nr. 14 BtMG).

VI. Besonders schwerer Fall (§ 29 Abs. 3 BtMG)

121 Für besonders schwere Fälle des § 29 Abs. 1 BtMG sieht das Gesetz in Abs. 3 einen erhöhten Strafrahmen von 1 Jahr bis 15 Jahren Freiheitsstrafe vor. Es wird dabei zwischen benannten Fällen (sog. **Regelbeispiele**) und den unbenannten Fällen unterschieden. Ein benannter schwerer Fall ist das **gewerbsmäßige** Vorgehen in den Fällen des § 29 Abs. 1 S. 1 Nr. 1, Nr. 5, Nr. 6, Nr. 10, Nr. 11 oder Nr. 13 (Abs. 3 S. 2 Nr. 1). Gewerbsmäßig handelt der Täter, wenn er sich durch wiederholte Tatbegehung eine fortlaufende Einnahmequelle von einiger Dauer und einigem Umfang verschaffen will; dafür reicht bereits die Abgabe einer kostenlosen Probe zum Zwecke der Kundenwerbung sowie ein einmaliger Verkauf aus, wenn dieser auf einem auf Wiederholung gerichteten Willen beruht.[276]

122 **Beachte:** Nur der Gelegenheitsverkäufer verwirklicht den Grundtatbestand. Der Dealer, der nichts anderes tut, als Rauschgift zu veräußern, handelt stets gewerbsmäßig.

123 Ein weiterer benannter schwerer Fall des § 29 Abs. 3 S. 1 Nr. 2 BtMG ist die **Gefährdung der Gesundheit mehrerer Menschen** in den Fällen des § 29 Abs. 1 S. 1 Nr. 1, Nr. 6 und Nr. 7 BtMG.

---

[275] S. dazu auch → Kap. 2 Rn. 33 ff.
[276] BGHSt 19, 63 (79); HJW BtMG § 29 Rn. 26.1.

Ein **unbenannter Fall** des § 29 Abs. 3 S. 1 BtMG kann in Betracht kommen, wenn Umstände die Tat aus dem Durchschnitt der gewöhnlichen Fälle so weit herausheben, dass die Anwendung des erhöhten Ausnahmestrafrahmens des § 29 Abs. 3 BtMG geboten erscheint.[277] **124**

Beispiel: Ein unbenannter schwerer Fall des Besitzes von Betäubungsmitteln ist etwa anzunehmen, wenn eine Mutter das Rauschgift zu Hause freizugänglich für ihre minderjährigen Kinder aufbewahrt.[278]

Im Gegensatz zu den Qualifikationstatbeständen (zB § 29a Abs. 1 Nr. 2 BtMG) handelt es sich bei § 29 Abs. 3 BtMG um eine Strafzumessungsregel, die bei Vorliegen eines der Regelbeispiele oder bei Bejahung eines unbenannten Falles nicht zwingend zur Strafrahmenverschiebung führt, sondern nur eine Vermutung für die Annahme eines besonders schweren Falles begründet. Es ist vielmehr eine Gesamtwürdigung[279] aller tat- und täterbezogenen Umstände erforderlich, wobei die **indizielle Bedeutung des Regelbeispiels** durch andere, zugunsten des Täters sprechende Faktoren kompensiert werden kann. Daher liegt bei den in § 29 Abs. 3 BtMG genannten Fällen trotz der angedrohten Mindeststrafe von einem Jahr kein Verbrechen vor (§ 12 Abs. 3 StGB).[280] **125**

F. Tatbestandsalternativen des § 29a BtMG

Bei § 29a BtMG handelt es sich um einen Verbrechenstatbestand, der Freiheitsstrafen zwischen 1 Jahr und 15 Jahren vorsieht; nur in minder schweren Fällen kann sich der Strafrahmen ausnahmsweise auf Freiheitsstrafen zwischen 3 Monaten und 5 Jahren reduzieren (Abs. 2).[281] **126**

Exkurs: Die Einordnung mancher Begehungsweisen als Verbrechen hat abgesehen von der Mindeststrafe von nicht unter 1 Jahr folgende praktische Konsequenzen: Einstellungen nach Opportunitätsgesichtspunkten (§§ 153, 153a StPO) sind ausgeschlossen, der Versuch ist immer strafbar (§ 23 Abs. 1 StGB), dem Beschuldigten ist ein Pflichtverteidiger beizuordnen (§ 140 Abs. 1 Nr. 2 StPO) und bereits die Verabredung zu solchen Taten ist nach § 30 Abs. 2 StGB strafbar. **127**

---

[277] Patzak/Volkmer/Fabricius/Patzak BtMG § 29 Rn. 1577; MüKoStGB/Oğlakcıoğlu BtMG § 29 Rn. 1613.
[278] AG Bitburg NStZ 2008, 472.
[279] Zur Gesamtwürdigung → Kap. 5 Rn. 3.
[280] Zu den praktischen Konsequenzen beim Vorliegen eines Verbrechenstatbestandes → Kap. 2 Rn. 127.
[281] Ausführlicher zur Strafrahmenverschiebung → Kap. 5 Rn. 6 ff.

I. § 29a Abs. 1 Nr. 1 BtMG (Abgabe/Verbrauchsüberlassung von Betäubungsmitteln an Minderjährige)

128 § 29a Abs. 1 Nr. 1 BtMG stellt die unerlaubte Abgabe, das unerlaubte Verabreichen und die Verbrauchsüberlassung von Personen **über 21 Jahren** an Personen **unter 18 Jahren** unter Strafe. Dabei spielt es keine Rolle, ob der Minderjährige eine „einfache" (einschließlich der geringen Menge) oder eine nicht geringe Menge[282] erhält, so dass die Vorschrift bereits bei Tathandlungen im Bereich von gebrauchsfähigen Kleinstmengen Anwendung findet. Durch die hohe Strafandrohung sollen Dealer abgeschreckt werden, Minderjährige zum Drogenkonsum zu verführen.[283] Handelt der Täter in den Fällen des § 29a Abs. 1 Nr. 1 BtMG gewerbsmäßig, ist der Qualifikationstatbestand des § 30 Abs. 1 Nr. 2 BtMG mit einer Mindeststrafe von nicht unter 2 Jahren erfüllt.

II. § 29a Abs. 1 Nr. 2 BtMG (Handeltreiben/Herstellung/Abgabe/Besitz in nicht geringer Menge)

129 Nach § 29a Abs. 1 Nr. 2 BtMG werden einzelne Begehungsweisen beim Umgang mit Betäubungsmitteln in **nicht geringer Menge**[284] bestraft, nämlich das Handeltreiben, die Herstellung, die Abgabe und der Besitz. Der Erwerb selbst ist – im Gegensatz zum Grundtatbestand – nicht aufgeführt, sondern Bestandteil des Besitzes.[285]

G. Tatbestandsalternativen des § 30 BtMG

130 § 30 Abs. 1 BtMG stellt die nachfolgend genannten Rauschgiftdelikte mit einer Freiheitsstrafe von nicht unter 2 Jahren unter Strafe, weil diese als besonders gefährliche Angriffe gegen die Volksgesundheit eingestuft werden;[286] für minder schwere Fälle sieht § 30 Abs. 2 BtMG einen Strafrahmen von 3 Monaten bis 5 Jahren vor.

I. § 30 Abs. 1 Nr. 1 BtMG (Bandendelikte)

131 Nach § 30 Abs. 1 Nr. 1 BtMG wird bestraft, wer Betäubungsmittel unerlaubt anbaut, herstellt oder mit ihnen Handel treibt und dabei als Mitglied einer Bande handelt, die sich zur fortgesetzten Begehung solcher Taten verbunden hat. Besonders strafwürdig ist dabei die erhöhte Gefährlichkeit der Bande

---

[282] Zum Mengenbegriff → Kap. 2 Rn. 54 ff.
[283] Patzak/Volkmer/Farbicius/Patzak BtMG § 29a Rn. 5.
[284] Zur nicht geringen Menge → Kap. 2 Rn. 52 ff.
[285] Patzak/Volkmer/Fabricius/Patzak BtMG § 29a Rn. 40.
[286] HJW BtMG § 30 Rn. 1.1.

gegenüber Einzeltätern, da die Bandendelikte regelmäßig sorgfältiger und aufwändiger geplant, vorbereitet und ausgeführt werden.[287]

Eine **Bande** liegt vor, wenn sich **mindestens drei Personen** zur fortgesetzten Begehung mehrerer Straftaten der genannten Art verbunden haben.[288] Der **Unterschied zur Mittäterschaft** besteht damit in dem zeitlichen Element der gewissen Dauer, auf die die Bande zur Begehung zukünftiger Taten angelegt sein muss. In Abgrenzung zur kriminellen Vereinigung gemäß § 129 StGB reicht bei der Bande eine **lose Zusammenfügung ohne** – wenn auch nur rudimentäre – **besondere Organisationsform** aus, bei der die Mitglieder auch ihre eigenen Interessen an einer risikolosen und effektiven Tatausführung sowie Beute- und Gewinnerzielung verfolgen können.[289] 132

Indizien für eine Bande:
- gleichartiger Tatablauf,
- abgesprochenes arbeitsteiliges Zusammenwirken der Tatbeteiligten von Anfang an,
- enger zeitlicher Zusammenhang zwischen den Taten.

Die Mitgliedschaft in der Bande und die bandenmäßige Begehung sind begrifflich zu unterscheiden. Die Bandenmitgliedschaft ist ein persönlicher Umstand (§ 14 Abs. 1 StGB) und ein besonderes persönliches Merkmal (§ 28 Abs. 2 StGB), das strafschärfend nur gegen den Beteiligten wirkt, bei dem es zutrifft.[290] Tatbeteiligte, die nicht selbst Bandenmitglied sind, können deshalb nur wegen der Beteiligung am Grunddelikt bestraft werden.[291] Bei der Frage, ob ein Bandenmitglied als Täter oder Teilnehmer gehandelt hat, kommt es auf die allgemeinen Abgrenzungskriterien zu Täterschaft/Teilnahme an; ein Bandenmitglied kann also Mittäter oder Gehilfe sein.[292] 133

Fall 26: A, B und C kommen überein, sich zukünftig durch regelmäßige Rauschgiftbeschaffungsfahrten in die Niederlande eine dauerhafte Einnahmequelle zu verschaffen. A und B legen das Geld für die Drogen zusammen und planen auch die Fahrten. C hat die Aufgabe, vor den Fahrten einen Mietwagen anzumieten, in dem die Drogen aus den Niederlanden nach Deutschland geschmuggelt werden. Ansonsten soll er am Absatz der Betäubungsmittel nicht beteiligt sein, das übernehmen A und B. A, B und C fahren mehrmals gemeinsam in die Niederlande, wo A und B jeweils Betäubungsmittel im Kilobereich kaufen. A transportiert die Be-

[287] Patzak/Volkmer/Fabricius/Patzak BtMG § 30 Rn. 9.

[288] BGHSt 46, 321 = NJW 2001, 2266; BGH NStZ-RR 2020, 47; BGH NStZ 2021, 55.

[289] BGHSt 46, 321, 329 f. = NJW 2001, 2266; BGH NStZ 2007, 269; BGH Beschl. v. 2.6.2021 – 3 StR 33/21, BeckRS 2021, 33674.

[290] BGHSt 12, 220 (227) = NJW 1959, 443; BGH NStZ 2000, 258; BGHSt 47, 214 = NStZ 2002, 318; BGH Beschl. v. 15.10.2015 – 2 StR 445/14, BeckRS 2016, 01611.

[291] BGH NStZ 2007, 101; BGH Beschl. v. 20.2.2013 – 3 StR 24/13, BeckRS 2013, 07322 = NStZ-RR 2013, 210 (Ls.); BGH Beschl. v. 10.10.2017 – 5 StR 400/17, BeckRS 2017, 128850.

[292] Weber/Kornprobst/Maier/Maier BtMG § 30 Rn. 96.

täubungsmittel im Mietwagen nach Deutschland. C fährt in Begleitung des B mit einem weiteren Fahrzeug vor dem Auto des A, um diesen vor Zoll- oder Polizeikontrollen warnen zu können.

A und B haben sich des gemeinschaftlichen mittäterschaftlichen Bandenhandels in nicht geringer Menge gem. § 30a Abs. 1 BtMG strafbar gemacht. Die unerlaubte Einfuhr von Betäubungsmitteln in nicht geringer Menge ist ein Teilakt des unerlaubten Bandenhandels gem. § 30a Abs. 1 BtMG, so dass ihr keine selbstständige Bedeutung zukommt[293] (sog. Bewertungseinheit).

C dagegen hat am Bandenhandel nur als Gehilfe teilgenommen, da er am eigentlichen Absatzgeschäft nicht beteiligt war. Er ist wegen Beihilfe zum unerlaubten bandenmäßigen Handeltreiben in nicht geringer Menge zu verurteilen.

Abwandlung: C schmuggelt die Drogen in dem von ihm geführten Fahrzeug über die Grenze nach Deutschland ein. Den Weiterverkauf übernehmen ausschließlich A und B.

In diesem Fall hat sich C weiterhin der Beihilfe zum bandenmäßigen Handeltreiben in nicht geringer Menge strafbar gemacht, allerdings in Tateinheit mit täterschaftlicher unerlaubter Einfuhr von Betäubungsmitteln in nicht geringer Menge.[294]

134 **Beachte:** Die Prüfung der bandenmäßigen Begehungsweise umfasst bei Betäubungsmitteldelikten immer zwei Punkte:

1. Liegt ein bandenmäßiger Zusammenschluss von mindestens 3 Personen vor?
2. Hat das jeweilige Bandenmitglied als Mittäter oder Gehilfe gehandelt?

135 **Beachte:** Es fehlt aber an einer bandenmäßigen gemeinsamen Deliktsbegehung, wenn sich die Beteiligten eines Drogengeschäfts lediglich in einem eingespielten Bezugs- und Absatzsystem auf der Verkäufer- und Erwerberseite (zB Verkäufer – Kurier – Käufer) gegenüberstehen.[295] Hier verkehren nämlich „Selbstständige" miteinander.

II. § 30 Abs. 1 Nr. 2 BtMG (gewerbsmäßige Abgabe/Verabreichung/Verbrauchsüberlassung an Jugendliche)

136 Gibt ein **über 21 Jahre** alter Täter Betäubungsmittel an eine Person **unter 18 Jahren** iSd § 29a Abs. 1 Nr. 1 BtMG gewerbsmäßig ab, also um sich eine Einnahmequelle von einiger Dauer und einigem Umfang zu verschaffen, ist er nach § 30 Abs. 1 Nr. 2 BtMG zu bestrafen. Gleiches gilt für die gewerbsmäßige Verabreichung und Verbrauchsüberlassung. Die Abgabe erfasst sowohl die unentgeltlichen als auch die entgeltlichen Weitergaben, also auch die Ver-

[293] BGH NStZ-RR 2010, 219; 2003, 186.
[294] BGH NStZ-RR 2003, 186.
[295] BGH NStZ 2007, 533; BGH NStZ-RR 2008, 55; BGH NStZ 2015, 227 mAnm Patzak.

äußerung und das Handeltreiben.[296] Gerade das Handeltreiben dürfte Hauptanwendungsfall der Vorschrift sein.

III. § 30 Abs. 1 Nr. 3 BtMG (leichtfertige Todesverursachung)

Verursacht der Täter durch die Abgabe, die Verabreichung oder das Über- 137
lassen von Betäubungsmitteln leichtfertig den **Tod** des Abnehmers bzw. Konsumenten, erfüllt dies den Tatbestand des § 30 Abs. 1 Nr. 3 BtMG. Leichtfertig handelt der Täter, wenn er die sich ihm aufdrängende Möglichkeit eines tödlichen Verlaufs aus besonderem Leichtsinn und aus besonderer Gleichgültigkeit außer Acht lässt.[297]

Beispiel: A injiziert seiner Freundin B auf deren ausdrücklichen und frei geäußerten Wunsch Heroin. B hatte gerade eine Entgiftungsmaßnahme durchgeführt, was A wusste. Da sie die Dosierung nicht mehr gewöhnt war, verstirbt sie daran.*

Beachte: Vorsätzliche und fahrlässige Körperverletzungs- und Tötungsdelikte 138
nach dem StGB greifen in diesen Fällen nicht ein, wenn eine eigenverantwortliche Selbstgefährdung des Opfers vorliegt,[298] dh die Selbstschädigung oder -gefährdung des Opfers auf dessen eigenverantwortliches Handeln zurückgeht. Dann ist der Täter, der zB dem Opfer Heroin zur Verfügung stellt, welches nach dem Konsum verstirbt, grundsätzlich nicht zB wegen fahrlässiger Tötung gem. § 222 StGB strafbar. Nach der Rspr. verbleibt es aber bei der strafrechtlichen Verantwortung des die Drogen bereitstellenden Täters wegen Körperverletzungs- und Tötungsdelikten nach dem StGB, wenn
- die Eigenverantwortlichkeit des Opfers infolge Drogensucht oder Intoxikation ausgeschlossen ist,[299]
- der Täter kraft überlegenen Sachwissens bezüglich der Beschaffenheit, Wirkstoffkonzentration und Qualität handelt und damit das mit dem Rauschgiftkonsum verbundene Risiko damit besser einschätzen kann als das Opfer,[300] oder
- der Täter durch Schaffung einer Gefahrenlage, zB durch die offene und frei zugängliche Lagerung einer Flasche mit GBL auf einem Wohnzimmertisch, erst die selbstschädigende Handlung des Opfers ermöglicht hat.[301]

Im BtMG gelten die Regeln über die eigenverantwortliche Selbstgefährdung wegen des anders gearteten Schutzzwecks nicht.[302]

---

[296] BGH NStZ 2007, 339; Patzak/Volkmer/Fabricius/Patzak BtMG § 29a Rn. 13.
[297] BGHSt 33, 66 (67) = NStZ 1985, 319.
[298] BGH NJW 2003, 2326.
[299] BGH Beschl. v. 16.1.2014, 1 StR 389/13 = BeckRS 2014, 03571 = StV 2014, 601.
[300] BGHSt. 32, 262 = NStZ 1984, 410; BGH NStZ 2001, 205 = StV 2000, 617; BGH NStZ 2014, 709 mAnm Patzak = StV 2014, 603.
[301] BGH NJW 2016, 176 m. Anm. Schiemann.
[302] Patzak/Volkmer/Fabricius/Patzak BtMG § 30 Rn. 96 f.

IV. § 30 Abs. 1 Nr. 4 BtMG (unerlaubte Einfuhr von Betäubungsmitteln in nicht geringer Menge)

139 Nach § 30 Abs. 1 Nr. 4 BtMG ist die unerlaubte Einfuhr von Betäubungsmitteln in nicht geringer Menge aus dem Ausland nach Deutschland besonders strafbewehrt.[303]

H. Tatbestandsalternativen des § 30a BtMG

140 Die höchste Strafandrohung im BtMG enthält § 30a mit Freiheitsstrafen zwischen 5 Jahren und 15 Jahren[304] für folgende Begehungsweisen:

I. § 30a Abs. 1 BtMG (Bandendelikte mit Betäubungsmitteln in nicht geringer Menge)

141 In § 30a Abs. 1 BtMG werden der Anbau, die Herstellung, das Handeltreiben sowie die Ein- und Ausfuhr von Betäubungsmitteln **in nicht geringer Menge** durch eine **Bande**,[305] die sich zur fortgesetzten Begehung solcher Taten verbunden hat, erfasst.[306] In dem Tatbestand sind damit bestimmte Begehungsweisen nach §§ 29 Abs. 1 S. 1 Nr. 1, § 29a Abs. 1 Nr. 2 und § 30 Abs. 1 Nr. 1 BtMG kombiniert, die auf eine erhöhte Verfügbarkeit von Rauschgift zielen und daher als besonders gefährlich einzustufen sind.[307]

II. § 30a Abs. 2 Nr. 1 BtMG (Bestimmen einer Person unter 18 Jahren zum Absatz von Betäubungsmitteln)

142 Wer als Person **über 21 Jahren** eine Person **unter 18 Jahren** dazu bestimmt, mit Betäubungsmitteln Handel zu treiben, sie ein- oder auszuführen, zu veräußern, abzugeben oder sonst in den Verkehr zu bringen oder eine dieser Handlungen zu fördern, wird nach § 30a Abs. 2 Nr. 1 BtMG bestraft. Hintergrund dieser Regelung ist, dass die **Einbeziehung von Minderjährigen** zur Durchführung von Drogengeschäften als besonders strafwürdig anzusehen ist.[308] Unter der Tathandlung des Bestimmens, welches der Anstiftung iSd § 26 StGB gleichgestellt ist, ist jede Einflussnahme auf den Willen eines anderen zu verstehen, welche diesen zu einem strafbaren Verhalten veranlasst.[309] Diese Begehungsweise knüpft **nicht** an die nicht geringe Menge an.

---

[303] Zu den einzelnen Rechtsproblemen bei der Einfuhr, insbesondere zum Versuchsbeginn → Kap. 2 Rn. 72.

[304] BVerfG NJW 1997, 1910: Trotz der hohen Straferwartung ist die Vorschrift auch bezüglich des Umgangs mit Cannabisprodukten verfassungsgemäß.

[305] Zur Bande → Kap. 2 Rn. 132.

[306] S. dazu das Fallbeispiel in → Kap. 2 Rn. 133.

[307] HJW BtMG § 30a Rn. 2.1.

[308] Malek BtMStrafR 2. Kap. Rn. 435.

[309] BGHSt 45, 373 (374 f.) = NStZ 2000, 321 (322); HJW BtMG § 30a Rn. 3.2; Patzak/Volkmer/Fabricius/Patzak BtMG § 30a Rn. 31 f.

III. § 30a Abs. 2 Nr. 2 BtMG (Umgang mit Betäubungsmitteln in nicht geringer Menge unter Mitführen von Waffen)

Nach § 30a Abs. 2 Nr. 2 BtMG ist das Handeltreiben, die Ein- und Ausfuhr oder das Sichverschaffen, welches auch den Erwerb umfasst,[310] mit Betäubungsmitteln in nicht geringer Menge **unter Mitführen von Waffen** unter Strafe gestellt. Der Grund für die erhöhte Strafandrohung liegt in der besonderen Gefährlichkeit von bewaffneten Betäubungsmitteltätern, bei denen immer damit zu rechnen ist, dass sie rücksichtslos ihre Interessen beim unerlaubten Umgang mit Betäubungsmitteln durchsetzen und dabei von der Waffe Gebrauch machen.[311] **143**

Beachte: Der bloße Besitz von Waffen und Betäubungsmitteln in nicht geringer Menge, die nicht gewinnbringend weiterverkauft werden sollen, ist nicht von § 30 Abs. 2 Nr. 2 BtMG erfasst. Die Waffe muss vielmehr beim Sichverschaffen, also zum Zeitpunkt der Erlangung der tatsächlichen Verfügungsgewalt mit sich geführt werden, damit die Vorschrift eingreift.

Als Waffen iSd § 30a Abs. 2 Nr. 2 BtMG kommen Schusswaffen und sonstige Gegenstände, die ihrer Art nach zur Verletzung von Personen geeignet sind, in Betracht:

1. Schusswaffen

Schusswaffen sind nach dem Waffengesetz Gegenstände, bei denen Geschosse mit Gas- oder Luftdruck durch einen Lauf getrieben werden.[312] Dazu zählen beispielsweise Pistolen, Revolver, Gewehre oder Luftdruckpistolen, aber auch Gaspistolen, sofern das Gas nach vorne aus dem Lauf austritt; gleiches gilt für Schreckschusswaffen, bei denen der Explosionsdruck nach vorne entweicht.[313] Voraussetzung für eine Anwendbarkeit des § 30a Abs. 2 Nr. 2 BtMG ist aber, dass die Schusswaffe **technisch funktionstüchtig** ist und **geeignete Munition zur Verfügung** steht; geladen muss die Waffe nicht sein.[314] **144**

2. Sonstige Gegenstände

Sonstige Gegenstände unterfallen dem § 30a Abs. 2 Nr. 2 BtMG, wenn sie nach ihrer Art und Beschaffenheit geeignet und subjektiv zur Verletzung von Personen bestimmt sind. Die subjektive Zweckbestimmung muss bei **Waffen** **145**

[310] BGH NStZ 1996, 499 (500); Patzak/Volkmer/Fabricius/Patzak BtMG § 30a Rn. 64.

[311] BGH NJW 2003, 1541 (1542); Patzak/Volkmer/Fabricius/Patzak BtMG § 30a Rn. 54.

[312] Vgl. Anlage 1, Abschnitt 1, Unterabschnitt 1, Nr. 1, 1.1 zu § 1 Abs. 4 WaffG.

[313] BGH Beschl. v. 13.3.2012 – 5 StR 73/12, BeckRS 2012, 08375; Patzak/Volkmer/Fabricius/Patzak BtMG § 30a Rn. 66.

[314] Patzak/Volkmer/Fabricius/Patzak BtMG § 30a Rn. 68; MüKoStGB/Oğlakcıoğlu BtMG § 30a Rn. 136.

im technischen Sinne und bei **gekorenen Waffen** nicht ausdrücklich festgestellt werden.[315] Waffen im technischen Sinne sind tragbare Gegenstände, die ihrem Wesen nach dazu bestimmt sind, die Abwehr- und Angriffsfähigkeit von Menschen zu beseitigen oder herabzusetzen (§ 1 Abs. 2 Nr. 2a WaffG), zB bei Hieb- und Stichwaffen. Zu den gekorenen Waffen zählen tragbare Gegenstände, die, ohne dazu bestimmt zu sein, insbesondere wegen ihrer Beschaffenheit, Handhabung oder Wirkungsweise geeignet sind, die Abwehrfähigkeit von Menschen zu beseitigen oder herabzusetzen (§ 1 Abs. 2 Nr. 2 lit. b WaffG), zB Springmesser, Butterflymesser oder Elektroimpulsgeräte. Bei den **weiteren zur Verletzung geeigneten Gegenständen**, zB Obstmesser und Taschenmesser, muss der Tatrichter das Merkmal der subjektiven Bestimmung des Gegenstandes zur Verletzung von Personen durch den Täter feststellen, da es sich um Alltagsgegenstände handelt, die primär nicht dazu bestimmt sind, anderen Menschen Verletzungen beizufügen.[316]

3. Mitsichführen

146 Der Täter muss die Waffe nicht unmittelbar am Körper tragen. Für ein Mitsichführen – das keine konkrete Verwendungsabsicht des Täters voraussetzt – reicht aus, wenn sich die Waffe bei Erfüllung einer der Tathandlungen des § 30a Abs. 2 Nr. 2 BtMG (Handeltreiben, Ein- oder Ausfuhr, Sichverschaffen) in derart räumlicher Nähe befindet, dass der Täter sich der Waffe **jederzeit**, also ohne nennenswerten Zeitaufwand und ohne besondere Schwierigkeiten bedienen kann.[317] Das ist zB anzunehmen, wenn der Täter die Waffe im Kofferraum eines Pkws aufbewahrt, während er die Betäubungsmittel im Fußraum der Beifahrerseite lagert.[318] Die notwendige räumliche Nähe ist in der Regel zu bejahen, wenn sich die Waffe in dem Raum befindet, in dem der Handel mit den Betäubungsmitteln erfolgt,[319] zB bei der Aufbewahrung der Betäubungsmittel auf dem Couchtisch im Wohnzimmer bei gleichzeitiger Lagerung einer Schusswaffe nebst zugehöriger Munition in einer Kommode dieses Zimmers.[320] § 30a Abs. 2 Nr. 2 BtMG scheidet aber aus, wenn der Täter zB Nun-Chakus als Dekowaffen an der Wohnzimmerwand fest verschraubt hat, da es eines nennenswerten Zeitaufwandes unter Zuhilfenahme von Werkzeug bedarf, um die Waffen verwenden zu können. In der Praxis bereiten häufig die Fälle Probleme, bei denen anlässlich einer Wohnungsdurchsuchung eine Waffe **in einem anderen Raum oder Gebäudeteil** als die Betäubungsmittel aufgefunden wird. Hier kommt es im Einzelfall darauf an, wie schnell der Täter auf die im anderen Zimmer befindliche Waffe zugreifen kann. Das ist bei einer Aufbewahrung im Nachbarzimmer unter Umständen noch möglich,

---

[315] BGH NStZ 2004, 111; BGH NStZ 2017, 714.

[316] BGHSt 52, 257 = NStZ 2008, 512; BGH NStZ 2014, 466; BGH NStZ 2022, 303 mAnm Patzak.

[317] BGH NStZ 2017, 714; BGH NStZ-RR 2018, 81.

[318] BGH NStZ 2004, 111.

[319] BGH Urt. v. 31.1.2019 – 4 StR 389/18, BeckRS 2019, 2154; BGH NStZ 2020, 554.

[320] BGH NStZ 2017, 714.

nicht aber, wenn die Waffe auf dem schwer zugänglichen Dachboden oder aber in einem mit einem Zahlenschloss verschlossenen Tresor[321] gelagert wird oder wenn sich die Waffe in der Wohnung befindet, während die Betäubungsmittel im Keller eines Nachbarhauses aufbewahrt werden.[322] Zeitlich reicht es aus, wenn der Täter die Waffe **bei einem der Teilakte des Handeltreibens** mit sich führt, etwa wenn der Täter die Schusswaffe lediglich bei der Einfuhr, nicht aber bei dem späteren Verkauf der Betäubungsmittel führt.[323] Hieran fehlt es aber, wenn der Täter die Waffe nur während einer (straflosen) Vorbereitungshandlung bei sich trägt, zB bei der Anfahrt zum Zielort, ohne dass es zu einem konkretisierbaren Umsatzgeschäft gekommen ist, es sei denn, dem Täter ist dort ein zuverlässiger Händler bekannt.[324] Ein Mitsichführen scheidet aber begrifflich aus, wenn der Täter aus der Pistole eine festinstallierte Selbstschusseinrichtung gebaut hat.[325] Der Tatbestand des **bewaffneten Sichverschaffens** von Betäubungsmitteln in nicht geringer Menge liegt nicht vor, wenn der Täter die Waffe erst zu einem Zeitpunkt mit sich führt, an dem der Erwerb des Rauschgifts bereits beendet ist.[326]

Beachte: Die Vorschrift bezieht sich nur auf den Täter. Führt nur der Gehilfe, nicht aber der Täter die Waffe mit sich, ist weder der Täter wegen bewaffneten Handeltreibens mit BtM in nicht geringer Menge noch der Gehilfe wegen „bewaffneter Beihilfe" zu bestrafen. § 28 Abs. 2 StGB, der nur für **täter**bezogene Merkmale gilt, ist auf den tatbezogenen Umstand des bewaffneten Handeltreibens nicht anwendbar.[327] Daher kann einem Täter auch die **von einem Mittäter** vorgenommene subjektive Zweckbestimmung zur Verletzung von Personen zugerechnet werden.[328] 147

I. Konkurrenzen

Regelmäßig besteht eine Betäubungsmittelstraftat nicht nur aus einer, 148
sondern aus mehreren natürlichen Handlungen, die oftmals auch verschiedene Tatbestandsalternativen des BtMG erfüllen; so sind beispielsweise der Erwerb, die Einfuhr und der Besitz typische Einzelakte eines Betäubungsmittelgeschäftes. Im folgenden Abschnitt wird dargelegt, in welchem Verhältnis einzelne Verstöße gegen das BtMG zueinanderstehen (sog. **Konkurrenzen**):

[321] BGH NStZ 2011, 99.
[322] BGH NStZ 2016, 123.
[323] BGH Urt. v. 15.11.2017 – 2 StR 74/17, BeckRS 2017, 139279; BGH NStZ-RR 2019, 220.
[324] BGH bei Winkler NStZ 2012, 258.
[325] BGH NStZ 2008, 286.
[326] BGH NStZ 2016, 421; BGH NStZ-RR 2017, 85.
[327] BGH Beschl. v. 15.10.2013, 3 StR 224/13 = BeckRS 2014, 01754.
[328] BGH NStZ 2022, 303 mAnm Patzak.

I. Bewertungseinheit

149 Bei allen Absatzgeschäften – insbesondere beim Handeltreiben – spielt eine besondere Form der tatbestandlichen Handlungseinheit im weiteren Sinne[329] eine große Rolle, die sog. **Bewertungseinheit.** Durch diese Rechtsfigur, die ansonsten im allgemeinen Strafrecht nur selten Anwendung findet, werden mehrere natürliche Handlungen tatbestandlich zu einer Tat zusammengefasst, wenn die jeweiligen Einzelhandlungen **dieselbe konkrete Betäubungsmittelmenge** betreffen. So werden die typischen Einzelakte eines Betäubungsmittelgeschäftes, zB der Erwerb, die Einfuhr, die Veräußerung und die Abgabe zu **einer Tat** des Handeltreibens zusammengefasst.[330] Deswegen sind auch die Rückgabe einer Rauschgiftmenge schlechter Qualität und die Nachlieferung einer mangelfreien Ware (Umtausch) auf die Abwicklung ein- und desselben Rauschgiftgeschäftes gerichtet.[331]

1. Wichtigste Fallgruppen

150 Die Frage der Bewertungseinheit stellt sich vor allem in folgenden Fallgruppen:

a) Wiederholter Verkauf von Betäubungsmitteln aus einem einheitlich erworbenen Vorrat

151 Der typische Anwendungsfall der Bewertungseinheit ist der wiederholte Verkauf von Betäubungsmitteln, die aus einer einmal gekauften Menge stammen.[332] Dabei ist unerheblich, ob der Täter nur ein Betäubungsmittel bezieht, das er in der Folge absetzen möchte, oder ob er verschiedene Arten von Betäubungsmitteln kauft.[333]

Fall 27: A kaufte am 14. Juli 2021 100 g Marihuana und 50 g Amphetamin, wovon er in der Folgezeit jeweils 2 g Haschisch und 1 g Amphetamin an 50 verschiedene Abnehmer gewinnbringend weiterverkauft.

Es liegt nur ein Fall des unerlaubten Handeltreibens (je nach Wirkstoffgehalt in nicht geringer Menge) vor; die 51 Einzelakte werden zu einer Bewertungseinheit verbunden.

---

[329] BGHSt 63, 1 (6) = NJW 2018, 2905 (2906); Weber/Kornprobst/Maier/Weber BtMG Vor §§ 29 ff. Rn. 589; LK-StGB/Rissing-van Saan vor § 52 Rn. 47 ff.; Patzak Konkurrenzverhältnisse beim unerlaubten Handeltreiben mit Betäubungsmitteln, 2021, S. 52 ff.

[330] BGHSt 30, 28 (31) = NJW 1981, 1325, 1326; HJW BtMG § 29 Rn. 4.1.1; Patzak/Volkmer/Fabricius/Patzak BtMG § 29 Rn. 455 ff.; Weber/Kornprobst/Maier/Weber BtMG Vor §§ 29 ff. Rn. 588 ff.; MüKoStGB/Oğlakcıoğlu BtMG § 29 Rn. 445 f.; Franke/Wienroeder BtMG § 29 Rn. 68.

[331] StRspr; vgl. BGH NStZ 2005, 232; BGH NStZ-RR 2010, 24.

[332] Vgl. nur BGH Beschl. v. 16.11.2021 – 3 StR 200/21, BeckRS 2021, 43627.

[333] BGH NStZ 2020, 227; Patzak/Volkmer/Fabricius/Patzak BtMG § 29 Rn. 471 mwN.

Es spielt keine Rolle, ob der Täter von Anfang an vorhatte, die gekauften Betäubungsmittel abzusetzen oder erst später den entsprechenden Vorsatz fasste.[334] Die genannten Grundsätze finden nach herrschender Meinung neben dem Handeltreiben auf alle Absatzgeschäfte Anwendung, also auch bei der Veräußerung und der Abgabe (auch an Minderjährige nach § 29a Abs. 1 Nr. 1 BtMG).[335] **152**

b) Erwerb, der teilweise zum Handeltreiben, teilweise zum Eigenkonsum dient

Werden Betäubungsmittel nur teilweise zum Handeltreiben, teilweise aber auch zum Eigenkonsum bezogen, unterfällt das zum Eigenverbrauch bestimmte Rauschgift nicht der Bewertungseinheit, sondern das Handeltreiben und der unerlaubte Erwerb stehen in Tateinheit.[336] **153**

Fall 28: A kauft sich 5 g Heroin, welches er zur Hälfte gewinnbringend weiterverkaufen, im Übrigen aber selbst konsumieren will.

A hat sich des unerlaubten Handeltreibens mit Betäubungsmitteln in Tateinheit mit unerlaubtem Erwerb strafbar gemacht.

Abwandlung 1: A kauft 50 g Heroin (Wirkstoffgehalt 10 Prozent), von dem er 48 g weiterverkauft und 2 g selbst konsumiert.

A hat sich des unerlaubten Handeltreibens in nicht geringer Menge in Tateinheit mit unerlautem Erwerb strafbar gemacht.

Abwandlung 2: A kauft 50 g Heroin (Wirkstoffgehalt 10 Prozent), von dem er 25 g weiterverkauft und 25 g konsumiert.

A hat sich des unerlaubten Handeltreibens mit Betäubungsmitteln in nicht geringer Menge in Tateinheit mit unerlaubtem Besitz von Betäubungsmitteln in nicht geringer Menge strafbar gemacht.

Beachte: Bezieht/besitzt der Täter Betäubungsmittel sowohl zum Eigenkonsum als auch zum Weiterverkauf, muss der Tatrichter die jeweiligen Teilmengen feststellen und notfalls unter Beachtung des Zweifelssatzes schätzen.[337] Das ist im Hinblick auf die Strafzumessung unverzichtbar. Der Zweifelsatz („in dubio pro reo") gebietet aber nicht, dem Urteil Behauptungen des Angeklagten zugrunde zu legen, die zwar nicht durch gegenläufige Beweise zu widerlegen sind, für deren Richtigkeit sich aber andererseits keinerlei Anhaltspunkte im festgestellten Sach- **154**

[334] Patzak/Volkmer/Fabricius/Patzak BtMG § 29 Rn. 457; Malek BtMStrafR 2. Kap. Rn. 113.

[335] BGH NStZ 1997, 243; BGH NStZ-RR 2013, 347; BGH Beschl. v. 8.1.2015 – 2 StR 252/14, BeckRS 2015, 2827; Weber/Kornprobst/Maier/Weber BtMG Vorbem. zu den §§ 29 ff. Rn. 594; MüKoStGB/Oğlakcıoğlu BtMG § 29 Rn. 445 f.; BeckOK BtMG/Schmidt § 29a Rn. 22; aA Patzak, Konkurrenzverhältnisse beim unerlaubten Handeltreiben mit Betäubungsmitteln, 2021, 213 ff. und Patzak/Volkmer/Fabricius/Patzak § 29 Rn. 466 (Tateinheit durch Teilidentität der Ausführungshandlungen); MüKoStGB/*von Heintschel-Heinegg*BtMG StGB § 52 Rn. 44 (Tatmehrheit).

[336] BGH Beschl. v. 8.1.2015, 2 StR 252/14, BeckRS 2015, 02827; Patzak/Volkmer/Fabricius/Patzak BtMG § 29 Teil 4 Rn. 503 ff.; s. dazu → Kap. 2 Rn. 173.

[337] BGH NStZ-RR 2008, 153; BGH NStZ-RR 2018, 113.

verhalt finden.[338] Auch wenn es nahe liegt, dass jeweils eine gewisse Anzahl der abgeurteilten Verkaufsmengen aus einheitlichen Vorräten stammten, kann kein unverhältnismäßiger Aufwand verlangt werden, um eventuell eine Bewertungseinheit festzustellen.[339]

c) Lieferung von Teilmengen

155 Bei der Lieferung von Teilmengen werden die einzelnen Teilakte der Veräußerung im Wege der Bewertungseinheit zu einer Tat zusammengefasst. Das kann bei der Absprache über eine sukzessive Lieferung von Betäubungsmittelteilmengen der Fall sein, wenn die Absprache darauf gerichtet ist, eine bestimmte Gesamtmenge zu liefern.[340] Das kann aber auch der Fall sein, wenn eine ursprünglich bestellte Gesamtmenge aufgrund von Lieferschwierigkeiten nur in Teilmengen übergeben werden kann.[341]

d) Weiterverkauf von zusammengeführten Mengen

156 Nach den Grundsätzen der Bewertungseinheit ist ebenfalls von einer einheitlichen Tat des Handeltreibens auszugehen, wenn die aus unterschiedlichen Einkäufen stammenden Betäubungsmittel nicht nur zusammen gelagert, sondern im Rahmen eines Handelsgeschäftes in einem Verkaufsvorrat vereint[342] oder in einer Gesamtmenge weiterverkauft werden.[343]

Fall 29: A bezieht am 1. Juli 2021 2 kg Kokain, von dem er 1 kg an B weiterverkauft und das übrige Kilogramm zunächst lagert. B ist so begeistert von der guten Qualität, dass er ein paar Tage später weitere 2 kg Kokain bei A bestellt. A bezieht bei seinem Lieferanten am 1. August 2021 ein weiteres Kilogramm Kokain und verkauft es zusammen mit dem noch gelagerten 1 kg Kokain aus der Lieferung vom 1. Juli 2021 an B weiter.

Es liegt nur eine einheitliche Tat des unerlaubten Handeltreibens in nicht geringer Menge vor.[344]

2. Voraussetzung für die Annahme einer Bewertungseinheit

157 Es bleibt die Frage zu beantworten, wann im konkreten Einzelfall von einer Bewertungseinheit auszugehen ist. Das ist nur der Fall, wenn **hinreichende tatsächliche Anhaltspunkte** dafür vorliegen, dass selbstständige Betäubungs-

[338] StRspr; vgl. BGH NStZ 1997, 137; BGH NStZ 1998, 360 = StV 1998, 595.
[339] BGH NStZ-RR 2012, 280.
[340] BGH NStZ 1997, 136 = StV 1997, 471; BGHR BtMG § 29 Bewertungseinheit 19 = NStZ 2000, 207; BGH Urt. v. 21.4.2016 – 1 StR 629/15, BeckRS 2016, 09225.
[341] BGH Beschl. v. 24.6.2014, 3 StR 207/14, BeckRS 2014, 15466; BGH Beschl. v. 25.11.2020 – 5 StR 435/20, BeckRS 2020, 35136.
[342] BGH NStZ 2017, 711; BGH Beschl. v. 16.11.2021 – 3 StR 200/21, BeckRS 2021, 43627.
[343] BGH Urt. v. 19.2.2015, 3 StR 546/14, BeckRS 2015, 08389.
[344] BGH NStZ-RR 2012, 24; vgl. auch BGH Beschl. v. 15.3.2016, 2 StR 487/15, BeckRS 2016, 09859.

mittelverkäufe **dieselbe** Rauschgiftmenge betreffen könnten,[345] zB weil sich der Täter entsprechend (glaubhaft) einlässt oder weil dem Täter mehrere Einzelkleinverkäufe nachzuweisen sind, die zeitlich mit dem Ankauf einer größeren Rauschgiftmenge zusammenfallen.[346] Bloße Vermutungen reichen für die Annahme einer Bewertungseinheit nicht aus.[347] Auch gebietet es der Zweifelsgrundsatz grundsätzlich nicht, eine Bewertungseinheit anzunehmen, wenn sich in der Hauptverhandlung keine hinreichenden Anhaltspunkte dafür ergeben, dass mehrere Fälle des unerlaubten Handeltreibens mit Betäubungsmitteln dieselbe Rauschgiftmenge betreffen; konkret festgestellte Einzelverkäufe müssen nicht zur Tateinheit zusammengefasst werden, nur weil die nicht näher konkretisierte Möglichkeit besteht, dass die Einzelmengen ganz oder teilweise aus einem zum Weiterverkauf bestimmten Verkaufsvorrat stammen könnten.[348] Auch wenn es nahe liegt, dass jeweils ein Teil der Verkaufsmenge aus einheitlichen Vorräten stammt, kann **kein unverhältnismäßiger Aufwand** verlangt werden, um eventuell eine Bewertungseinheit festzustellen.[349] Bei Sicherstellung von Betäubungsmitteln an unterschiedlichen Orten gebietet der Zweifelsgrundsatz nicht, von einer Tat des Handeltreibens auszugehen, sofern nicht konkrete Anhaltspunkte dafür vorliegen, dass diese Betäubungsmittel einer Bewertungseinheit unterliegen, zB durch einen gemeinsamen Ankauf.[350]

Fall 30: A wird vorgeworfen, in der Zeit zwischen 1. Juli 2021 und 14. Juli 2021 insgesamt 10 Personen jeweils 10 bis 20 g Haschisch verkauft zu haben. Aus einer Telefonüberwachungsmaßnahme weiß man, dass A bereits am 30. Juni 2021 eine größere Menge Haschisch in den Niederlanden bezogen hat.

Es ist nur von einer Tat des unerlaubten Handeltreibens (je nach Wirkstoffgehalt in nicht geringer Menge) auszugehen, weil zugunsten des A angenommen werden muss, dass die einzeln verkauften 10 bis 20 g Haschisch aus der am 30. Juni 2021 erworbenen Menge stammen.

Beachte: Auch hier gilt die allgemeine Regel, dass einer Einlassung des Angeklagten nicht deswegen geglaubt werden muss, weil sie nicht widerlegt werden kann. Das Gericht ist nicht gehalten, die für den Angeklagten günstigste Version zugrunde zu legen, für die es keine tatsächlichen Grundlagen gibt. **158**

3. Prozessuale Folgen der Bewertungseinheit

Ob eine Bewertungseinheit anzunehmen ist oder nicht, kann **weitreichende** **159**
Auswirkungen für das Strafverfahren haben. Ist nämlich ein Einzelakt des Handeltreibens bereits rechtskräftig abgeurteilt worden, führt das zum **Straf-**

---

[345] BGHR BtMG § 29 Bewertungseinheit 13 = StV 1997, 470; BGH StV 2001, 460.
[346] BGH NStZ-RR 1996, 344.
[347] Patzak/Volkmer/Fabricius/Patzak BtMG § 29 Rn. 460.
[348] BGH NStZ-RR 2006, 55; BGH Beschl. v. 18.12.2018 – 4 StR 240/18, BeckRS 2019, 37913.
[349] BGH NStZ-RR 2012, 280.
[350] BGH Urt. v. 21.3.2018 – 2 StR 408/17, BeckRS 2018, 8244.

klageverbrauch („ne bis in idem", Art. 103 Abs. 3 GG) für die gesamte Tat.[351] Die prozessuale Folge hiervon wäre, dass ein möglicherweise schwerwiegenderer Einzelakt nicht mehr verfolgt werden kann.

> **Fall 31:** A wird wegen unerlaubten Handeltreibens mit Betäubungsmitteln zu einer geringen Geldstrafe verurteilt, weil er am 1. Juli 2021 dem B 5 g Haschisch gewinnbringend verkauft hat. Nach der rechtskräftigen Verurteilung stellt sich heraus, dass die am 1. Juli 2021 verkaufte Kleinmenge aus einer Gesamtmenge von 500 g Haschisch stammte, die A am 30. Juni 2021 zum Zwecke des gewinnbringenden Absatzes bezogen hatte.
>
> A kann wegen der am 30. Juni 2021 bezogenen Großmenge nicht mehr wegen Handeltreibens mit Betäubungsmitteln in nicht geringer Menge (Mindeststrafe: 1 Jahr) belangt werden, da eine Bewertungseinheit bezüglich des Einzelverkaufs vom 1. Juli 2021 anzunehmen ist. Durch die rechtskräftige Verurteilung dieses Einzelaktes liegt ein Strafklageverbrauch hinsichtlich der gesamten Tat vor.

160 Bei der vorgenannten Fallkonstellation ist trotz des unbilligen Ergebnisses eine Wiederaufnahme zuungunsten des rechtskräftig verurteilten Täters nach § 362 StPO in der Regel nicht möglich. Eine Ausnahme machen jedoch § 373a Abs. 1 StPO bei rechtskräftigen Ahndungen durch einen **Strafbefehl** und § 153a Abs. 1 S. 5 StPO bei Einstellung nach Erfüllung von Auflagen; hier ist eine Durchbrechung der Rechtskraft auch zuungunsten des Täters möglich, wenn neue Tatsachen oder Beweismittel vorliegen, die geeignet sind, nunmehr die Verurteilung **wegen eines Verbrechens** zu begründen.

> **Fall 32:** Am 1. Juli 2021 werden bei A anlässlich einer Grenzkontrolle durch die Kontrolleinheit Verkehrswege Bitburg (KEV) am ehemaligen Grenzübergang Winterspelt 10 g Haschisch gefunden. Staatsanwalt S beantragt gegen den bereits vorbestraften A wegen Einfuhr von Betäubungsmitteln nach § 29 Abs. 1 S. Nr. 1 BtMG einen Strafbefehl von 20 Tagessätzen zu je 10,– EUR, der auch rechtskräftig wird. Ein Jahr später beichtet B, der am 1. Juli 2021 Beifahrer des A war, der Polizei, dass A neben den aufgefundenen 10 g Haschisch noch 1 kg Haschisch eingeschmuggelt hat, welches gut versteckt war und von dem überglücklichen A in der Folge gewinnbringend weiterverkauft wurde.
>
> Staatsanwalt S kann hier – anders als bei einer Ahndung des A durch richterliches Urteil – nach § 373a Abs. 1 StPO eine Wiederaufnahme betreiben, um nun eine Verurteilung des A wegen unerlaubter Einfuhr von Betäubungsmitteln in nicht geringer Menge in Tateinheit mit unerlaubtem Handeltreiben von Betäubungsmitteln gemäß §§ 29a Abs. 1 Nr. 2, 30 Abs. 1 Nr. 4 BtMG zu erreichen.

161 Der Tenor bei der Annahme einer Bewertungseinheit, die mehrere Teilakte des Handeltreiben zu einer Tat verbindet, lautet: „Der Angeklagte wird wegen (eines Falles des) unerlaubten Handeltreibens mit Betäubungsmitteln (in nicht geringer Menge) verurteilt." Stellt sich im Laufe der Hauptverhandlung heraus, dass verschiedenen Betätigungshandlungen, die die Staatsanwaltschaft in der Anklageschrift noch als selbständige Taten angesehen hat, als Teilakte ei-

---

[351] BGH StV 2002, 235; Patzak/Volkmer/Fabricius/Patzak BtMG § 29 Rn. 542 ff.

ner Tat des Handeltreibens zu bewerten sind, ist der Angeklagte insoweit nicht freizusprechen, sondern gem. § 265 StPO auf die geänderte Rechtslage hinzuweisen.[352] In der Revisionsinstanz ist der Schuldspruch zu ändern.[353]

Fall 33: A wird von seinem Lieferanten B belastet, bei zwei Gelegenheiten jeweils 1 kg Amphetamin gekauft zu haben. Im Ermittlungsverfahren lässt sich A nicht ein. Die Staatsanwaltschaft erhebt Anklage wegen Handeltreibens mit Betäubungsmitteln in nicht geringer Menge in zwei Fällen. In der Hauptverhandlung räumt A die Vorwürfe ein, gibt aber ergänzend an, die gesamten 2 kg Amphetamin bei einer Gelegenheit an C verkauft zu haben.

Wegen des Zusammenführens der Rauschgiftmengen aus dem Ankauf 1 und Ankauf 2 durch eine Verkaufshandlung ist eine Bewertungseinheit anzunehmen. Auf diesen geänderten rechtlichen Gesichtspunkt ist A gem. § 265 StPO hinzuweisen. Er ist nicht wegen Handeltreibens mit Betäubungsmitteln in nicht geringer Menge in zwei Fällen, sondern wegen Handeltreibens mit Betäubungsmitteln in nicht geringer Menge (in einem Fall) zu verurteilen.

II. Tateinheit infolge von Teilidentität der Ausführungshandlungen

Von der Bewertungseinheit als Form der tatbestandlichen Handlungseinheit im weiteren Sinne zu unterscheiden ist die gleichartige Tateinheit, wenn sich die Ausführungshandlungen bei zwei Tatbestandsverwirklichungen infolge der Teilidentität der Ausführungshandlungen zumindest teilweise überschneiden. Voraussetzung dafür ist, dass zumindest ein Teil der einheitlichen Handlung zur Erfüllung des einen wie des anderen Tatbestandes beiträgt, also die verletzende Ausführungshandlung in einem für sämtliche Tatbestandsverwirklichungen notwendigen Teil identisch sein muss.[354] Ein Zusammentreffen im subjektiven Bereich durch eine einheitliche Motivlage in Form einer Mittel-Zweck-Beziehung genügt nicht[355], ebenso wenig die bloße Gleichzeitigkeit von Geschehensabläufen, also das Handeln am selben Ort und zur selben Zeit.[356] **162**

1. Wichtigste Fallgruppen

Tateinheit wird von der Rspr. in folgenden Fallgruppen angenommen: **163**

[352] BGH Beschl. v. 2.7.2014 – 4 StR 188/14, BeckRS 2014, 15204; Patzak/Volkmer/Fabricius/Patzak BtMG § 29 Rn. 468; Weber/Kornprobst/Maier/Weber BtMG Vor §§ 29 ff. Rn. 668; MüKoStGB/Oğlakcıoğlu BtMG § 29 Rn. 495; aA BGH NStZ 1997, 90.

[353] BGH Beschl. v. 9.10.2012 – 5 StR 457/12, BeckRS 2012, 22800; BGH Beschl. v. 2.7.2014 – 4 StR 188/14, BeckRS 2014, 15204.

[354] BGHSt 22, 206 = NJW 1968, BGHSt 33, 164 = NJW 1985, 1967; BGHSt 43, 317 = NJW 1998, 1001; BGH NStZ-RR 2007, 46; BGHSt 63, 1 = NJW 2018, 2905.

[355] BGH NJW 1997, 3322; BGH NStZ-RR 2013, 10; BGH NStZ-RR 2019, 173.

[356] BGH NStZ-RR 1998, 203; BGH NStZ 2000, 85.

a) Verbindung mehrerer Rauschgiftgeschäfte durch einen Zahlungsvorgang

aa) Zahlung einer vorherigen Lieferung bei der Abholung einer bereits bestellten neuen Lieferung

164 Nach einem langjährigen Streit unter den Strafsenaten des BGH hat der Große Senat für Strafsachen entschieden, dass die Zahlung einer vorherigen Betäubungsmittellieferung bei der Abholung einer neuen, bereits bestellten Lieferung (sog. Kommissionsgeschäft) die beiden Umsatzgeschäfte als natürliche Handlung zu einer einheitlichen Tat im materiell-rechtlichen Sinne verbindet.[357]

> **Fall 34:** A kauft bei seinem Lieferanten B am 1. Juli 2021 1 kg Marihuana. Da A den Kaufpreis nicht zahlen kann, vereinbart er mit B, den Kaufpreis bei der nächsten Lieferung zu bezahlen. Am 1. August 2021 kauft A bei B ein weiteres Kilogramm Marihuana, zugleich bezahlt er die Lieferung vom 1. Juli 2021.
>
> A hat sich wegen Handeltreibens mit Betäubungsmitteln in nicht geringer Menge in zwei tateinheitlich zusammentreffenden Fällen strafbar gemacht.

bb) Zahlung einer vorherigen Lieferung und gleichzeitige Bestellung einer neuen Lieferung

164a Diese Grundsätze der Tateinheit durch Teilidentität der Ausführungshandlung gelten auch dann, wenn ein Täter bei Bezahlung der Restkaufrate für eine vorangegangene Lieferung gleichzeitig die Lieferung einer weiteren Betäubungsmittelmenge vereinbart, da sich beide Rauschgiftgeschäfte in ihren Ausführungshandlungen überschneiden.[358]

cc) Auslieferung von Betäubungsmitteln und gleichzeitige Übernahme des Kaufpreises für eine vorherige Lieferung

164b Tateinheit durch Teilidentität der Ausführungshandlung ist ebenfalls anzunehmen, wenn der Täter im Rahmen einer bestehenden Handelsbeziehung Betäubungsmittel an seinen Abnehmer übergibt und gleichzeitig das Geld für eine Lieferung entgegennimmt.[359]

dd) Gleichzeitige Bezahlung mehrerer Lieferungen

164c Tateinheit durch Teilidentität der Ausführungshandlungen liegt hinsichtlich aller davon betroffenen Umsatzgeschäfte vor, wenn der Empfänger von Rauschgift im Rahmen einer bestehenden Handelsbeziehung den Lieferanten aufsucht und mehrere vorangegangene Lieferungen gleichzeitig bezahlt.[360]

---

[357] BGHSt. 61, 1 = NJW 2018, 2905.

[358] BGH Beschl. v. 10.2.2021 – 6 StR 435/20, BeckRS 2021, 3710 = NStZ-RR 2021, 110 (Ls.).

[359] BGH NStZ-RR 2019, 250; BGH Beschl. v. 28.4.2020 – 3 StR 91/20, BeckRS 2020, 12400; BGH Beschl. v. 9.6.2020 – 3 StR 185/20, BeckRS 2020, 15331.

[360] BGH NStZ-RR 2020, 114; BGH Beschl. v. 3.12.2019 – 4 StR 239/19, BeckRS 2019, 42256.

b) Kurzzeitiges Zusammentreffen von getrennt erworbenen Betäubungsmitteln bei der Auslieferung an verschiedene Abnehmer

Der BGH nimmt eine gleichartige Tateinheit auch an, wenn tatbestandliche Ausführungshandlungen in Form der Auslieferung von Betäubungsmitteln, die aus unterschiedlichen Quellen stammen und an verschiedene Abnehmer geliefert werden sollen, kurzzeitig zusammentreffen.[361] **165**

> **Fall 35:** A kauft am 1. Juli 2021 bei seinem Lieferanten 20 kg Amphetamin und zwei Wochen später 1,48 kg MDMA. Das Amphetamin verpackt A in 30 Briefe und das MDMA in sieben Briefe, um diese an verschiedene Abnehmer zu schicken. Am 1. August 2021 bringt A die 37 Briefe zur Post.
>
> Durch die zeitliche Überschneidung der Versendung des Amphetamins und des MDMA werden beide Taten des Handeltreibens mit Betäubungsmitteln tateinheitlich verbunden.

c) Umtausch von Betäubungsmitteln mit Erhöhung der Liefermenge gegen Aufpreis

Bei einem Warenumtausch stehen mehrere Fälle des Handeltreibens in Tateinheit, wenn der Umtausch mit einer erhöhten Liefermenge verbunden ist.[362] **166**

> **Fall 36:** A tauscht 200g Kokain schlechter Qualität gegen Zahlung eines Mehrpreises in 300g Kokain guter Qualität um. Es ist von zwei tateinheitlich zusammentreffenden Fällen des Handeltreibens mit Betäubungsmitteln in nicht geringer Menge auszugehen. Erfolgt aber ein Umtausch von Betäubungsmitteln schlechter Qualität gegen die gleiche Menge der Betäubungsmittel guter Qualität, ist die Rückabwicklung des Kaufvertrages keine erneute Tat, sondern gehört zu einer Bewertungseinheit des Handeltreibens.[363]

d) Gleichzeitige Lagerung von Betäubungsmitteln aus unterschiedlichen Lieferquellen

Neuerdings nehmen einige Strafsenate des BGH auch Tateinheit an, wenn die Art und Weise der Besitzausübung über eine bloße Gleichzeitigkeit hinausgeht und die Wertung rechtfertigt, dass die tatsächliche Ausübung des Besitzes über die eine Menge zugleich die Ausübung der tatsächlichen Verfügungsgewalt über die andere darstellt; dies ist zB der Fall, wenn der Täter über Betäubungsmittel aus verschiedenen Quellen im Rahmen eines räumlichen und zeitlichen Zusammenhangs gemeinsam verfügt.[364] In anderen Entscheidungen **167**

---

[361] BGH Beschl. v. 7.7.2015 – 3 StR 190/15, BeckRS 2015, 13223.

[362] BGH Beschl. v. 25.1.2011 – 4 StR 689/10, BeckRS 2011, 03961 = StV 2011, 545.

[363] → Kap. 2 Rn. 149.

[364] BGH Beschl. v. 28.5.2018 – 3 StR 88/18, BeckRS 2018, 22156; BGH Beschl. v. 28.5.2018 – 3 StR 95/18, BeckRS 2018, 22775; BGH Beschl. v. 15.1.2019 – 4 StR 476/18, BeckRS 2019, 1279; BGH NStZv 2020, 227; BGH Beschl. v. 14.9.2021 – 2 StR 290/20, BeckRS 2021, 40285; kritisch dazu Patzak, Konkurrenzverhältnisse bei unerlaubten Handeltreiben mit Betäubungsmitteln, 2021, S. 289 f.

wird dagegen **Tatmehrheit** angenommen, weil der bloße Besitz der verschiedenen Handelsmengen nicht die Kraft hat, mehrere selbständige Taten des unerlaubten Handeltreibens zur Tateinheit zu verklammern.[365] Diese unklare Rechtslage ist für den Tatrichter überaus unbefriedigend!

> **Fall 37:** A kauft bei seinem Lieferanten B 1 kg Heroin und einige Tage später bei seinem Lieferanten C 1 kg Kokain. Beide Betäubungsmittel bewahrt er im Januar 2021 in seiner Wohnung in einem Abstellraum in einer Kiste auf, um sie getrennt voneinander weiterzuverkaufen, das Heroin an D und das Kokain an E.
>
> Ein Teil der Rspr. nimmt Tateinheit zwischen den an sich gesondert zu bewertenden Rauschgiftgeschäften in Bezug auf das Heroin und das Kokain an, der andere Teil Tatmehrheit.

2. Prozessuale Folgen bei Annahme von Tateinheit

168 Bei Annahme von Tateinheit infolge der Überschneidung von Ausführungshandlungen bei mehreren Fällen des Handeltreibens lautet der Urteilstenor: „Der Angekl. wird wegen unerlaubten Handeltreibens mit Betäubungsmitteln (in nicht geringer Menge) in so und so viel tateinheitlich zusammentreffenden Fällen verurteilt".[366] Eine weitere wichtige Konsequenz ist: Die Betäubungsmittelmengen der durch Tateinheit verbundenen Einzeltaten werden – anders als bei der Bewertungseinheit – nicht zusammengerechnet.[367]

> **Fall 38:** A bezieht von seinem Lieferanten B 140 g Amphetamin mit einem Wirkstoffgehalt von 7 g Amphetaminbase und von seinem Lieferanten C 150 g Marihuana mit einem THC-Gehalt von 7 g. Die Drogen veräußert er überwiegend in kleineren Mengen an verschiedene Abnehmer. Im Rahmen einzelner der Veräußerungsgeschäfte verkaufte A gleichzeitig Amphetamin und Marihuana an einen Abnehmer.
>
> Würde man wegen des gemeinsam verkauften Amphetamins und Marihuanas eine Bewertungseinheit annehmen, wäre A wegen unerlaubten Handeltreiben mit Betäubungsmitteln in nicht geringer Menge (in einem Fall) strafbar. Die jeweils unterhalb der nicht geringen Menge liegenden Einzelmengen von Amphetamin (nicht geringe Menge ab 10 g Amphetaminbase) und Marihuana (nicht geringe Menge ab 7,5 g THC) würden zusammengerechnet, so dass die nicht geringe Menge insgesamt überschritten wäre.[368]
>
> Der BGH hat im vorliegenden Fall aber – anders als die Vorinstanz – eine Bewertungseinheit verneint und Tateinheit aufgrund einer teilweisen Identität der Ausführungshandlungen angenommen. Danach war A wegen Handeltreibens mit Betäubungsmitteln (in einfacher Menge) in zwei tateinheitlich zusammentreffen

[365] BGH NStZ-RR 1997, 144; BGH NStZ 2000, 431; BGH NJW 2003, 300; BGH NStZ 2013, 48; BGH Urt. v. 21.3.2018 – 2 StR 408/17, BeckRS 2018, 8244; BGH NStZ 2019, 414; BGH Beschl. v. 24.11.2021 – 2 StR 288/21, BeckRS 2021, 40283.

[366] vgl. BGH Beschl. v. 25.1.2011 – 4 StR 689/10, BeckRS 2011, 03961.

[367] BGH NStZ 2017, 711 mAnm Patzak NStZ 2017, 718; BGH Urt. v. 17.12.2019 – 1 StR 364/18, BeckRS 2019, 38531.

[368] S. dazu → Kap. 2 Rn. 60.

den Fällen zu verurteilen, weil die Einzelmengen beider Drogenarten bei Tateinheit nicht zusammengerechnet werden.[369]

III. Sonstige Konkurrenzverhältnisse

Das Handeltreiben und die übrigen Betäubungsmitteldelikte können, soweit sie nicht im Wege der Bewertungseinheit im Handeltreiben aufgehen, in Gesetzeskonkurrenz (zB Subsidiarität), in Tateinheit (§ 52 StGB) oder in Tatmehrheit (§ 53 StGB) zueinander stehen; das gilt auch für die übrigen Delikte des BtMG untereinander. Eine vollständige Darstellung der unzähligen Fallkonstellationen ist an dieser Stelle nicht möglich, weshalb wir uns im Folgenden auf die für die tägliche Arbeit wichtigsten Konkurrenzverhältnisse beschränkt haben: **169**

1. Handeltreiben

a) Handeltreiben und Einfuhr

Die Einfuhr als Teilakt des Handeltreibens geht im Rahmen der Bewertungseinheit grundsätzlich im Handeltreiben auf.[370] Führt der Täter allerdings Betäubungsmittel in nicht geringer Menge ein (§ 30 Abs. 1 Nr. 4 BtMG), um diese gewinnbringend weiterzuverkaufen, stehen die unerlaubte Einfuhr in nicht geringer Menge und das unerlaubte Handeltreiben in nicht geringer Menge wegen der unterschiedlichen Strafrahmen von § 29a Abs. 1 Nr. 2 BtMG und § 30 Abs. 1 Nr. 4 BtMG in Tateinheit.[371] Auch die unerlaubte Einfuhr in nicht geringer Menge und das Handeltreiben in „einfacher Menge" nach § 29 Abs. 1 S. 1 Nr. 1 BtMG stehen in Tateinheit, wenn der Täter die „einfache Menge" für sich verwenden (Eigenkonsum) und einen Rest in „einfacher Menge" weiterzuverkaufen will; in diesem Fall tritt der unerlaubte Erwerb von Betäubungsmitteln (Eigenkonsummenge) hinter die unerlaubte Einfuhr von Betäubungsmitteln in nicht geringer Menge zurück.[372] Die Einfuhr von Betäubungsmitteln in nicht geringer Menge steht ebenfalls – dies ist typischerweise bei den Kurierfällen anzunehmen – in Tateinheit zur Beihilfe zum Handeltreiben mit Betäubungsmitteln nicht geringer Menge.[373] **170**

b) Bandenmäßiges Handeltreiben und Einfuhr

Schmuggeln die Täter im Rahmen eines bandenmäßigen Handeltreibens mit Betäubungsmitteln in nicht geringer Menge gem. § 30a Abs. 1 Nr. 1 BtMG auch Betäubungsmittel in nicht geringer Menge nach Deutschland ein, liegt nur eine Tat iS einer Bewertungseinheit vor. Der Bandenhandel verbindet den Teilakt der unerlaubten Einfuhr zu einer einzigen Tat.[374] Das Verbringen **171**

[369] BGH NStZ 2017, 711 m. krit. Anm. Patzak NStZ 2017, 718.
[370] Zur Bewertungseinheit → Kap. 2 Rn. 149.
[371] BGHSt. 31, 163 = NStZ 1983, 174; BGH NStZ 2013, 662.
[372] BGH NStZ 2008, 471.
[373] BGH NStZ-RR 2006, 277; BGHSt 51, 219 = NStZ 2007, 338 = StV 2007, 303.
[374] BGH NStZ-RR 2010, 216.

der Betäubungsmittel über die Grenze zum Zwecke des Handeltreibens kann allerdings strafschärfend berücksichtigt werden.

172 **Beachte:** Das unerlaubte Handeltreiben mit Betäubungsmitteln in nicht geringer Menge gemäß § 29a Abs. 1 Nr. 2 BtMG und die unerlaubte Einfuhr in nicht geringer Menge gemäß § 30 Abs. 1 Nr. 4 BtMG stehen in Tateinheit. Beim bandenmäßigen Handeltreiben in nicht geringer Menge gemäß § 30a Abs. 1 BtMG geht aber die gleichzeitig begangene unerlaubte Einfuhr in nicht geringer Menge im Handeltreiben auf. Das wird gerne übersehen.

c) Handeltreiben und Erwerb

173 Dient der Erwerb dem Weiterverkauf der Betäubungsmittel, geht der Erwerb grundsätzlich im Rahmen der Bewertungseinheit im Handeltreiben auf. Bei Erwerbshandlungen von Betäubungsmitteln zum Teil zum Weiterverkauf, zum anderen Teil zum Eigenkonsum, ist wie folgt zu unterscheiden (insbes. kommt es darauf an, ob die jeweilige Menge und die Gesamtmenge unterhalb der nicht geringen Menge (= klein) oder darüber (= groß) liegt:

Handelsmenge	**Eigenverbrauchsmenge**	**Gesamtmenge**	**Konkurrenzverhältnis**
klein	klein	klein	Handeltreiben in Tateinheit mit Erwerb[375]
klein	klein	groß	Besitz von Betäubungsmitteln in nicht geringer Menge[376] in Tateinheit mit Handeltreiben[377]
klein	groß	groß	Besitz von Betäubungsmitteln in nicht geringer Menge in Tateinheit mit Handeltreiben[378]
groß	klein	groß	Handeltreiben mit Betäubungsmitteln in nicht geringer Menge in Tateinheit mit Erwerb[379]
groß	groß	groß	Handeltreiben mit Betäubungsmitteln in nicht geringer Menge in Tateinheit mit Besitz von Betäubungsmitteln in nicht geringer Menge[380]

[375] BGH NStZ 2003, 90; BGH Beschl. v. 8.1.2015 – 2 StR 252/14, BeckRS 2015, 2827.

[376] Die in § 29a Abs. 1 Nr. 2 BtMG nicht erwähnte Begehungsweise des Erwerbs unterfällt dem Besitz.

[377] BGH NStZ 2019, 95; BGH Beschl. v. 24.9.2019 – 4 StR 368/19, BeckRS 2019, 25006.

[378] BGH Beschl. v. 19.9.2001 – 3 StR 268/01, BeckRS 2001, 30206233.

[379] BGH NStZ 2006, 173; BGH Beschl. v. 8.8.2017 – 2 StR 191/17, BeckRS 2017, 122176.

[380] BGH NStZ 2006, 173; BGH Beschl. v. 8.1.2015 – 2 StR 252/14, BeckRS 2015, 02827.

d) Handeltreiben und Besitz

Der Besitz von Betäubungsmitteln (in nicht geringer Menge) tritt gegenüber dem täterschaftlich begangenen Handeltreiben mit Betäubungsmitteln (in nicht geringer Menge) zurück.[381] Wenn ein Teil der Betäubungsmittel zum Eigenverbrauch bestimmt ist und ein Teil zum Weiterverkauf, gilt das zum Verhältnis Handeltreiben und Erwerb Gesagte[382] mit der Maßgabe, dass anstelle des Erwerbs der Besitz nach § 29 Abs. 1 S. 1 Nr. 3 BtMG tritt. Zur Beihilfe zum Handeltreiben mit Betäubungsmitteln in nicht geringer Menge steht der Besitz von Betäubungsmitteln in nicht geringer Menge in Tateinheit.[383] Fallen das gewerbsmäßige Handeltreiben nach § 29 Abs. 3 S. 2 Nr. 1 BtMG und der unerlaubte Besitz in nicht geringer Menge gemäß § 29a Abs. 1 Nr. 2 BtMG zusammen, tritt das Handeltreiben hinter den Besitz in nicht geringer Menge (Verbrechenstatbestand) zurück. Das Merkmal der Gewerbsmäßigkeit iS des § 29 Abs. 3 S. 2 Nr. 1 BtMG kann aber strafschärfend berücksichtigt werden.[384] **174**

2. Veräußern/Abgeben

Die Veräußerung geht als entgeltliche Weitergabe und spezieller Tatbestand der Abgabe vor. Bei Eigennützigkeit des Betäubungsmittelgeschäfts ist weder Abgabe noch Veräußerung, sondern Handeltreiben gegeben. **175**

Im Übrigen gelten die Grundsätze der Bewertungseinheit auch beim Veräußern und Abgeben, so dass die Einzelakte einer mehrfachen Abgabe/Veräußerung von Betäubungsmitteln, die aus einer einmal gekauften Menge stammen, zu einer Tat zusammengefasst werden.[385] **176**

Mit vorausgegangenem **Erwerb** und **Einfuhr** kann die Abgabe/Veräußerung in Tateinheit stehen, wenn diese Handlungen zum Zwecke der Abgabe/Veräußerung erfolgten. Keimt der Entschluss zur Abgabe/Veräußerung erst nach der Beendigung des Erwerbs, so kann Tatmehrheit vorliegen. **177**

3. Erwerb/Einfuhr

Der Erwerb und die anschließende Einfuhr von Betäubungsmitteln zum Eigenkonsum stehen in Tateinheit.[386] Handelt es sich hierbei um eine nicht geringe Menge, verdrängt die unerlaubte Einfuhr von Betäubungsmitteln in nicht geringer Menge gemäß § 30 Abs. 1 Nr. 4 BtMG den gleichzeitigen Besitz von Betäubungsmitteln in nicht geringer Menge gemäß § 29a Abs. 1 Nr. 2 BtMG, der den Erwerb mit umfasst.[387] **178**

---

[381] BGHSt 42, 162 = NStZ 1996, 604.

[382] → Kap. 2 Rn. 172.

[383] BGH NStZ-RR 2009, 122.

[384] BGH NStZ-RR 1998, 373.

[385] S. dazu im Einzelnen → Kap. 2 Rn. 152 ff.

[386] BGH NStZ 2003, 90; BGH NStZ 2007, 529; Patzak/Volkmer/Fabricius/Patzak BtMG § 29 Rn. 949.

[387] BGHSt 42, 162 = NStZ 1996, 604 (605); BGH NStZ 2019, 95.

4. Besitz

179 Der Besitz in „einfacher Menge" hat als Auffangtatbestand gegenüber anderen Tatbestandsalternativen des § 29 Abs. 1 S. 1 Nr. 1 BtMG **keinen** eigenen Unrechtsgehalt und wird daher von diesen verdrängt.[388]

> **Fall 39:** A kauft sich 1 g Haschisch zum Eigenkonsum.
> Er hat sich nur des unerlaubten Erwerbs nach § 29 Abs. 1 S. 1 Nr. 1 BtMG strafbar gemacht, da dieser den – mitverwirklichten – unerlaubten Besitz nach § 29 Abs. 1 S. 1 Nr. 3 BtMG verdrängt.

180 Geht der Besitz jedoch nicht vollständig in der anderen Begehungsform auf, weil nur ein Teil der Gesamtmenge abgegeben, veräußert, verabreicht oder zum unmittelbaren Verbrauch überlassen wird, so besteht zwischen diesen Begehungsweisen und dem gleichzeitigen Besitz der übrig gebliebenen Menge Tateinheit.[389]

> **Fall 40:** A trifft sich mit seinen Freunden B und C und stellt aus einer Gesamtmenge von 5 g Haschisch 1 g zum gemeinsamen Konsum zur Verfügung.
> A hat sich der unerlaubten Verbrauchsüberlassung in Tateinheit mit dem unerlaubten Besitz der Restmenge von 4 g strafbar gemacht.

181 Der Besitz von Betäubungsmitteln in nicht geringer Menge tritt hinter der Einfuhr von Betäubungsmitteln in nicht geringer Menge zurück.[390]

5. Verbrauchsüberlassung

182 Erwirbt der Täter Betäubungsmittel zum Eigenkonsum, die er später – aufgrund **neu** gefassten Tatentschlusses – einer anderen Person im Wege der Verbrauchsüberlassung zum gemeinsamen Konsum zur Verfügung stellt, stehen der Erwerb und die Verbrauchsüberlassung in **Tatmehrheit**.[391] Hat er die Verbrauchsüberlassung bereits beim Kauf der Drogen geplant, stehen Erwerb und Verbrauchsüberlassung in **Tateinheit**.

183 Stellt der Täter nur einen Teil seines Rauschgifts zur Verfügung und behält den Rest für sich, begeht er eine Verbrauchsüberlassung in Tateinheit mit dem gleichzeitigen Besitz der Restmenge.

184 Überlässt der Täter in einer Konsumrunde ein Betäubungsmittel an mehrere Abnehmer, liegen jeweils selbständige Taten nach § 29 Abs. 1 S. 1 Nr. 6 Buchst. b BtMG vor, die in Tateinheit zueinander stehen, da jeder der Mitkonsumenten durch die Vorschrift geschützt wird.[392]

---

[388] Weber/Kornprobst/Maier/Weber BtMG § 29 Rn. 1395 ff.
[389] BGH StV 1995, 521.
[390] BGH Beschl. v. 25.6.2018 – 1 StR 284/13, BeckRS 2013, 12152.
[391] Patzak/Volkmer/Fabricius/Patzak BtMG § 29 Rn. 1238; MüKoStGB/Oğlakcıoğlu BtMG § 29 Rn. 1243.
[392] BGH NStZ 2014, 717.

Beachte: Der Gedanke der Bewertungseinheit greift hier nicht, weil die Verbrauchsüberlassung im Gegensatz zu Abgabe, Veräußerung und Handeltreiben kein Absatzdelikt ist.[393] **185**

6. Anbau

Mehrere Ernten aus jeweils gesonderten Anbauvorgängen sind jeweils als **186**
neue, selbstständige Taten zu werten, sowohl beim Anbau zum Eigenkonsum als auch im Fall der Weiterverkaufsabsicht beim Handeltreiben.[394] Das gilt auch dann, wenn die Anbauvorgänge nicht nacheinander begonnen wurden, sondern teilweise gleichzeitig stattfanden.[395] Eine Verknüpfung der Anbauvorgänge im Wege der Bewertungseinheit zu einem Fall des Handeltreibens mit Betäubungsmitteln ist jedoch anzunehmen, wenn der Ertrag aus getrennten Ernten zusammen in einem einheitlichen Umsatzgeschäft veräußert wird.[396]

J. Absehen von Strafverfolgung gemäß § 31a BtMG und Absehen von Strafe gemäß § 29 Abs. 5 BtMG

I. § 31a BtMG

Nach § 31a BtMG kann die Staatsanwaltschaft in den Fällen der § 29 **187**
Abs. 1, 2 und 4 BtMG von der Strafverfolgung absehen, wenn die Schuld des Täters als gering anzusehen wäre, kein öffentliches Interesse an der Strafverfolgung vorliegt und der Täter mit den Betäubungsmitteln lediglich zum Eigenverbrauch in **geringer Menge** umgeht. Die Anwendung des § 31a BtMG scheidet von vorneherein aus, wenn eine **Fremdgefährdung** vorliegt, etwa weil der Beschuldigte Betäubungsmittel an andere Personen verkauft oder sonst abgibt. Bei der geringen Menge muss man zwischen Cannabis und den anderen Betäubungsmitteln unterscheiden. Für Haschisch und Marihuana hat fast jedes Bundesland festgelegt, bis zu welcher Menge von einer geringen Menge auszugehen ist; bei den übrigen Betäubungsmitteln ist dies nur in wenigen Bundesländern der Fall.

Merke: Im Gegensatz zum Mengenbegriff zur Bestimmung der nicht geringen Menge[397] kommt es hier nicht auf den Wirkstoffgehalt in Gramm, sondern die gesamte Menge des Betäubungsmittels an. **188**

---

[393] Vgl. BGH NJW 1994, 3020.

[394] BGH Urt. v. 19.2.2015 – 3 StR 546/14, BeckRS 2015, 08389; BGH NStZ-RR 2019, 218; BGH NStZ 2019, 414; BGH NStZ 2021, 53.

[395] BGH Urt. v. 28.3.2018 – 2 StR 176/17, BeckRS 2018, 13595; BGH NStZ 2019, 414.

[396] BGH Beschl. v. 28.6.2011 – 3 StR 485/10, BeckRS 2011, 19180; BGH Urt. v. 19.2.2015 – 3 StR 546/14, BeckRS 2015, 08389; BGH NStZ-RR 2019, 218; BGH NStZ 2021, 53.

[397] S. ausführlich dazu → Kap. 2 Rn. 55 ff.

1. Geringe Menge bei Cannabisprodukten

189 Bei den Cannabisprodukten ist die Beantwortung der Frage, wo die geringe Menge angesiedelt ist, relativ einfach, da die Bundesländer interne Richtlinien oder Dienstanweisungen der Justizminister oder Generalstaatsanwälte zur Anwendung des § 31a BtMG erlassen haben, in denen die geringe Menge von Haschisch und Marihuana klar definiert wird. Im sog. „Haschisch-Urteil" aus dem Jahr 1994 hatte das Bundesverfassungsgericht die Bundesländer aufgefordert, dem geringen individuellen Unrechts- und Schuldgehalt beim **gelegentlichen**, nicht mit einer Fremdgefährdung verbundenen Eigenverbrauch geringer Mengen von **Cannabisprodukten** dadurch Rechnung zu tragen, dass eine im Wesentlichen einheitliche Einstellungspraxis der Staatsanwaltschaften nach § 31a BtMG gewährleistet wird.[398] Die Richtlinien waren zwar zunächst alles andere als einheitlich, da die geringe Menge je nach Bundesland zwischen 6 g und 30 g variierte. In den letzten Jahren sind die meisten Bundesländer jedoch dazu übergegangen, eine Einstellung nur noch bis zu einer Grenze zwischen 6 g und 10 g zuzulassen. Für die Bestimmung der geringen Menge ist auf die gesamte Menge des Betäubungsmittels abzustellen und nicht auf den Wirkstoffgehalt!

Bundesland	**Einstellung bei Cannabis möglich bis**
Baden-Württemberg	6 g
Bayern	6 g
Berlin	10 g/15 g[399]
Brandenburg	6 g
Bremen	10 g/15 g
Hamburg	6 g
Hessen	6 g
Mecklenburg-Vorpommern	6 g
Niedersachsen	6 g
Nordrhein-Westfalen	10 g
Rheinland-Pfalz	10 g
Saarland	6 g
Sachsen	6 g

[398] BVerfG NJW 1994, 1577 (1583).
[399] ABl. Berlin 2020, 3301: bis 15 g kann eingestellt werden, bis 10 g ist das Verfahren grundsätzlich einzustellen.

Bundesland	Einstellung bei Cannabis möglich bis
Sachsen-Anhalt	6 g
Schleswig-Holstein	6 g
Thüringen	10 g

Beachte: Die Behauptung, der Besitz oder Erwerb geringer Mengen Haschischs oder Marihuanas sei straflos, ist **falsch**! Auch der Besitz von 0,1 g eines Cannabisproduktes unterliegt grundsätzlich strafrechtlicher Verfolgung; es steht allerdings im Ermessen des Staatsanwalts, nach § 31a BtMG von der Strafverfolgung abzusehen, wenn es im Einzelfall geboten ist. Tut er dies, wird das jedenfalls einzuleitende Ermittlungsverfahren ohne Weiteres eingestellt. **190**

2. Geringe Menge bei anderen Betäubungsmitteln

Nur folgende Länder haben die Einstellung anderer Betäubungsmittel gemäß § 31a BtMG ausdrücklich geregelt:[400] **191**

	Einstellung möglich bei:			
	Heroin	**Kokain**	**Amphetamin**	**Ecstasy**
Hamburg	1 g	1 g		
Niedersachsen			3 g	Bis zu 5 Ecstasy (bis zu insgesamt 1,8 g)
Nordrhein-Westfalen	0,5 g	0,5 g	0,5 g	
Sachsen				1 g
Schleswig-Holstein	1 g	3 g	3 g	

In den übrigen Bundesländern bleibt es dem Staatsanwalt im Einzelfall überlassen, von einer Strafverfolgung abzusehen.[401] **192**

[400] Patzak/Volkmer/Fabricius/Patzak BtMG § 31a Rn. 44.

[401] Die Richtlinie zu § 31a BtMG in Rheinland-Pfalz besagt hierzu Folgendes: „In den Verfahren, die nicht den Umgang mit Haschisch oder Marihuana betreffen, entscheidet die Staatsanwaltschaft über das Absehen von der Verfolgung nach Einzelfallprüfung.“, JBl. RP 1994, 257.

3. Öffentliches Interesse an der Strafverfolgung

193 Entsprechend den im Wesentlichen gleichlautenden Vorgaben der meisten Bundesländer[402] ist von einem öffentlichen Interesse an der Strafverfolgung, welches eine Einstellung nach § 31a BtMG ausschließt, auszugehen, wenn die Tat
- Anlass zur Nachahmung geben könnte,
- in Schulen, Jugendheimen, Kasernen, Justizvollzugsanstalten oder ähnlichen Einrichtungen oder
- von einer Person, welche in diesen Einrichtungen tätig ist, oder von einem mit dem Vollzug des Betäubungsmittelgesetzes beauftragten Amtsträger begangen wurde,
- nachteilige Auswirkungen auf die Sicherheit des öffentlichen Straßenverkehrs befürchten lässt.

194 **Vorstrafen** oder eine **wiederholte Tatbegehung** stehen einer Anwendung des § 31a BtMG zwar nicht generell entgegen; es wird jedoch besonders kritisch zu prüfen sein, ob in diesen Fällen das Verfahren eingestellt werden kann. Bei **Jugendlichen** gehen die §§ 45, 47 JGG als spezifisch jugendrechtliche Regelungen mit erzieherischer Zielsetzung dem § 31a BtMG grundsätzlich vor;[403] in den meisten Bundesländern ist dies in den Richtlinien zu § 31a BtMG entsprechend festgelegt.

II. § 29 Abs. 5 BtMG

195 Beim Umgang mit Betäubungsmitteln in geringer Menge zum Eigenkonsum kann als Ausgestaltung des verfassungsrechtlichen Übermaßgebots neben § 31a BtMG noch eine weitere Vorschrift zur Anwendung kommen, nämlich § 29 Abs. 5 BtMG. Es handelt sich nicht wie § 31a BtMG um eine strafprozessuale Einstellungsvorschrift, sondern um eine materiellrechtliche Strafzumessungsnorm. Die Anwendung des § 29 Abs. 5 BtMG setzt einen Schuldspruch voraus, ermöglicht aber ein Absehen von Strafe, weil es selbst bei vorliegendem öffentlichem Interesse an der Strafverfolgung am Strafbedürfnis fehlt.[404] Die Vorschrift soll zwar in erster Linie Ersttätern zugutekommen, schließt aber eine Anwendung auch auf Gelegenheitskonsumenten oder in Ausnahmefällen auch auf Dauerkonsumenten nicht aus.[405]

1. Geringe Menge

196 Eine Betäubungsmittelmenge ist gering iSd § 29 Abs. 5 BtMG, wenn sie bei wenigen (1 bis 3) Gelegenheiten verbraucht werden kann (= max. 3 Kon-

---

[402] Die Richtlinien sind im Einzelnen abgedruckt bei Patzak/Volkmer/Fabricius/Patzak BtMG § 31a Rn. 46 ff.

[403] Patzak/Volkmer/Fabricius/Patzak BtMG § 31a Rn. 15.

[404] Patzak/Volkmer/Fabricius/Patzak BtMG § 29 Rn. 1613.

[405] OLG Hamm Beschl. v. 17.3.2009 – 3 Ss 15/09, BeckRS 2009, 12921; OLG Karlsruhe Beschluss vom 14.4.2003 – 3 Ss 54/03, NJW 2003, 1825; OLG Zweibrücken Beschl. v. 13.1.2022 – 1 OLG 2 Ss 66/21, BeckRS 2022, 399.

sumeinheiten).[406] Nach der Rspr. der Oberlandesgerichte ist die Anzahl möglicher Konsumeinheiten und damit der Schuldgehalt der Tat regelmäßig nur auf der Grundlage **konkreter Feststellungen zum Wirkstoffgehalt** ausreichend sicher zu bestimmen. Die geringe Menge der verschiedenen Betäubungsmittel iSd § 29 Abs. 5 BtMG ist danach wie folgt bestimmt worden:

Substanz	**Einstellung grds. möglich bis:**
Cannabis	0,045 g THC
Kokain	0,300 g Kokainhydrochlorid
Heroin	0,03 g Heroinhydrochlorid
Amphetamin	0,15 g Amphetamin-Base
Psilocybin	0,042 g Wirkstoff
Ecstasy	0,36 g der jeweiligen Base
LSD	150 µg (= 0,15 mg)
Morphin	0,09 g Morphinhydrochlorid

Von genaueren Feststellungen kann allerdings abgesehen werden, wenn das Tatgericht gem. § 29 Abs. 5 BtMG von einer Bestrafung absehen will.[407] Insoweit erfährt der Grundsatz, dass die Anzahl möglicher Konsumeinheiten und damit der Schuldgehalt der Tat nur auf der Grundlage konkreter Feststellungen zum Wirkstoffgehalt ausreichend sicher zu bestimmen ist, eine Ausnahme: Im Interesse einer Verfahrensvereinfachung und Verfahrensbeschleunigung wird zugunsten des Angeklagten in Kauf genommen, dass im Einzelfall bei überdurchschnittlich hohen Wirkstoffanteilen eine Menge noch dann als gering iSv § 29 Abs. 5 BtMG angesehen wird, wenn sie drei Konsumeinheiten eines Probierers übersteigt.[408] **197**

2. Notwendige Urteilsfeststellungen

Die Möglichkeit des Absehens von Strafe nach § 29 Abs. 5 BtMG ist im Urteil zu erörtern, wenn Anlass zur Prüfung besteht, insb. wenn ein entsprechender Antrag des Angeklagten gestellt wurde. Die Nichterörterung des § 29 Abs. 5 BtMG im Urteil führt auf Revision hin zur Aufhebung des Urteils im **198**

[406] BayObLG NJW 2003, 2110; OLG Hamm NStZ-RR 2010, 24; OLG Hamm Beschl. v. 29.7.2014 – 2 RVs 33/14, BeckRS 2014, 16822; OLG Saarbrücken Beschl. v. 29.1.2019 – Ss 114/2018 (64/18), BeckRS 2019, 815.

[407] OLG Braunschweig Beschl. v. 10.5.2013 – 1 Ss 29/13, BeckRS 2013, 200703; OLG Dresden Urt. v. 31.8.2015 – 21 Ss 210/15, BeckRS 2015, 17473; OLG Hamm Beschl. v. 8.11.2018 – 4 RVs 150/18, BeckRS 2018, 29529; OLG Koblenz Urt. v. 11.9.2019 – 1 OLG 6 Ss 85/19.

[408] Patzak/Volkmer/Fabricius/Patzak BtMG § 29 Rn. 1639.

Rechtsfolgenausspruch[409], es sei denn, eine Anwendung des § 29 Abs. 5 BtMG erscheint von vorherein objektiv völlig abwegig[410]. Ein Absehen von Strafe (§ 260 Abs. 4 StPO) ist ohne Zustimmung der Staatsanwaltschaft möglich. Eine solche Entscheidung wird nicht in das Bundeszentralregister eingetragen (§ 4 Nr. 1 BZRG).

Fall 41: A wird der Besitz von 0,15 Gramm Amphetamin vorgeworfen. Er ist vor einigen Jahren wegen Einfuhr von Betäubungsmitteln zu einer Jugendstrafe verurteilt worden, die mittlerweile voll vebüßt ist. A trägt glaubhaft vor, seit über einem Jahr keine Betäubungsmittel mehr zu konsumieren. Staatsanwalt S. hält die Voraussetzungen für eine Einstellung nach § 31a Abs. 1 BtMG nicht für gegeben und klagt A zum Amtsgericht an.

Da die Anwendung des § 29 Abs. 5 BtMG nahe liegt, muss das Gericht dies in der Hauptverhandlung erörtern und Ausführungen dazu im Urteil machen.

3. Einstellungsmöglichkeiten gemäß § 29 Abs. 5 BtMG

199 Die Staatsanwaltschaft kann nach § 29 Abs. 5 BtMG iVm § 153b Abs. 1 StPO mit Zustimmung des für die Eröffnung zuständigen Gerichts trotz eines öffentlichen Interesses an der Strafverfolgung von der Anklage absehen und das Verfahren einstellen. Nach Anklageerhebung kann das Gericht das Verfahren bis zum Beginn der Hauptverhandlung gem. § 29 Abs. 5 BtMG iVm § 153b Abs. 2 StPO mit Zustimmung der Staatsanwaltschaft und des Angeschuldigten einzustellen. Nach Beginn der Hauptverhandlung ist eine derartige Einstellung nicht mehr möglich. Beide Möglichkeiten spielen in der Praxis kaum eine Rolle.

---

[409] OLG Oldenburg StV 1993, 251; OLG Koblenz NStZ 1998, 260; OLG Stuttgart NJW 1998, 3134; OLG Koblenz StV 2006, 531; OLG Hamm Beschl. v. 25.4.2017 – 1 RVs 26/17, BeckRS 2017, 122683.

[410] OLG Hamm Beschl. v. 25.4.2017 – 1 RVs 26/17, BeckRS 2017, 122683.

Kapitel 3. Neue-psychoaktive-Stoffe-Gesetz (NpSG)

A. Anwendungsbereich

Mit dem am 26.11.2016 in Kraft getretenen Gesetz zur Bekämpfung der Verbreitung neuer psychoaktiver Stoffe vom 21.11.2016, kurz Neue-psychoaktive-Stoffe-Gesetz (NpSG), versucht der Gesetzgeber der seit Jahren zunehmenden Ausbreitung von Neuen Psychoaktiven Stoffen (NPS oder „Legal Highs“[411]) entgegenzuwirken.[412] Anders als beim BtMG sind dem NpSG nicht Einzelstoffe unterstellt, sondern sämtliche Stoffe aus folgenden Stoffgruppen: 1

- Cannabimimetika/synthetischen Cannabinoide,
- von 2-Phenethylamin abgeleitete Verbindungen,
- Benzodiazepine,
- N-(2-Aminocyclohexyl)amid-Verbindungen (zB U-49900, U-51754),
- vom Tryptamin abgeleitete Verbindungen (ua LSD-Abkömmlinge),
- von Arylcyclohexylamin abgeleitete Verbindungen,
- von Benzimidazol abgeleitete Verbindungen.

Diese Stoffgruppen werden in der Anlage zum NpSG in ihrer chemischen Struktur im Einzelnen genau beschrieben. Die Phenethylamin-Gruppe umfasst ua die Amphetamin- und Cathinon-Derivate und damit ca. 2000 Stoffe mit pharmakologischer Wirkung. Nach § 7 NpSG kann das Bundesministerium für Gesundheit mit Zustimmung des Bundesrates und im Einvernehmen mit dem Bundesministerium des Innern, mit dem Bundesministerium der Justiz und für Verbraucherschutz sowie mit dem Bundesministerium der Finanzen die Liste der Stoffgruppen durch Rechtsverordnung und nach Anhörung von Sachverständigen ändern, wenn dies nach wissenschaftlicher Erkenntnis wegen der Wirkungsweise von psychoaktiv wirksamen Stoffen, wegen des Ausmaßes ihrer missbräuchlichen Verwendung und wegen der unmittelbaren oder mittelbaren Gefährdung der Gesundheit erforderlich ist. Soweit sich Stoffe als nicht nur gering psychoaktiv und als in besonderer Weise gesundheitsgefährdend erweisen sowie in größerem Ausmaß missbräuchlich verwendet werden, erfolgt die Aufnahme weiterhin in die Anlagen des BtMG. Die Besonderheit des NpSG ist, dass es bereits bekannte Tatbestandsalternativen aus BtMG sowie AMG kombiniert und zwischen einem strafrechtlichen Verbot und einem verwaltungsrechtlichen Verbot unterscheidet.

B. Strafrechtliches Verbot

Das strafrechtliche Verbot ist in § 4 NpSG geregelt. Es sind nur Tathandlungen erfasst, die auf eine Weitergabe der NPS zielen, so dass Erwerb und Besitz zum Zwecke des Eigenkonsums – anders als im BtMG – grundsätzlich nicht strafbar sind. 2

[411] Zum Phänomen der NPS → Kap. 1 Rn. 58 ff.
[412] Zu den ersten Erfahrungen mit dem NpSG s. Patzak DRiZ 2021, 26.

Fall 42: A bestellt bei einem inländischen Onlineshop 10 Gramm eines Stoffes, der nicht unter das BtMG fällt, aber unter das NpSG. Der Stoff ist zum Eigenkonsum bestimmt. A hat sich nicht strafbar gemacht, da der Erwerb der NPS im NpSG nicht unter Strafe gestellt ist. Das BtMG greift mangels Betäubungsmitteleigenschaft des Stoffes nicht ein.

Abwandlung: A bestellt den Stoff, der ebenfalls zum Eigenkonsum bestimmt ist, bei einem ausländischen Onlineshop. Die Lieferung erfolgt absprachegemäß nach Deutschland. In diesem Fall kommt eine Anstiftung zum Verbringen in den Geltungsbereich zum Zwecke des Inverkehrbringens nach § 4 Abs. 1 Nr. 2b NpSG in Betracht.[413]

I. Grundtatbestand

3 § 4 Abs. 1 NpSG sieht als Grundtatbestand Freiheitsstrafe bis zu 3 Jahren oder Geldstrafe vor. Folgende Tathandlungen sind hier, auch als Versuch (§ 4 Abs. 2 NpSG), unter Strafe gestellt:

1. Handeltreiben mit NPS

4 Das Handeltreiben mit NPS entspricht dem weit gefassten Begriff des Handeltreibens im BtMG, dh jede eigennützige, auf Umsatz gerichtete Tätigkeit, auch wenn sie sich nur als gelegentlich, einmalig oder bloß vermittelnd darstellt.[414]

2. Inverkehrbringen

5 Das Inverkehrbringen ist in § 2 Nr. 4 NpSG als Vorrätighalten zum Verkauf oder zu sonstiger Abgabe sowie Feilhalten, Feilbieten, Abgabe und Überlassen zum unmittelbaren Verbrauch an andere legaldefiniert.

a) Vorrätighalten zum Verkauf oder zu sonstiger Abgabe

6 Vorrätighalten bezeichnet das Lagern von NPS zu den genannten Zwecken, nämlich zum Verkauf und zur Abgabe.[415]

b) Feilhalten

7 Feilhalten liegt vor, wenn die in Veräußerungsabsicht betriebene Lagerung nach außen offenbar wird.[416]

---

[413] → Kap. 3 Rn. 15.
[414] Patzak/Volkmer/Fabricius/Volkmer/Patzak BtMG NpSG § 4 Rn. 22; MüKoStGB/Oğlakcıoğlu NpSG § 4 Rn. 16.
[415] MüKoStGB/Oğlakcıoğlu NpSG § 4 Rn. 21.
[416] Weber/Kornprobst/Maier/Weber BtMG AMG § 4 Rn. 58.

c) Feilbieten

Feilbieten ist der an einen oder mehrere potentielle Käufer gerichtete Hinweis auf feilgehaltene Ware, zB durch das Ansprechen von Kunden oder das offensive Anpreisen feilgehaltener Waren.[417] 8

d) Abgabe

Hier gilt nichts anderes als beim BtMG: Abgeben liegt vor, wenn die tatsächliche Sachherrschaft an einem NPS ohne ein auf ein Entgelt gerichtetes Rechtsgeschäft auf eine andere Person zu deren eigener freier Verfügung übertragen wird.[418] 9

e) Überlassen zum unmittelbaren Verbrauch

Beim Überlassen zum unmittelbaren Verbrauch händigt eine Person einer anderen ein NPS zum sofortigen Verbrauch an Ort und Stelle aus, ohne dass der andere die tatsächliche Sachherrschaft an dem Stoff erlangt.[419] 10

f) Nicht strafbar: Sonstiges Inverkehrbringen

Vom Inverkehrbringen nicht umfasst ist das Inverkehrbringen auf sonstige Weise, zB das Wegwerfen von NPS, da weder eine Abgabe noch ein Überlassen zum unmittelbaren Verbrauch vorliegt.[420] Es ist damit – anders als beim BtMG – nicht strafbar. 11

3. Verabreichen

Unter Verabreichen ist – wie im BtMG – die unmittelbare Anwendung von NPS bei einer anderen Person zu verstehen. Diese Fallgruppe dürfte aber eher theoretischer Natur sein. 12

4. Herstellen zum Zwecke des Inverkehrbringens

§ 2 Nr. 3 NpSG zählt in der Legaldefinition für das Herstellen folgende Tätigkeiten auf: Gewinnen, Anfertigen, Zubereiten, Be- oder Verarbeiten, Reinigen, Umwandeln, Abpacken und Umfüllen einschließlich Abfüllen. Voraussetzung ist, dass das Herstellen zum Zwecke des Inverkehrbringens erfolgt, also zB um ein NPS einem Freund nach der Herstellung zu schenken. Die Herstellung zum Zwecke des Eigenkonsums ist wieder straflos, was die Praxis gerade in Fällen mit kleineren Mengen vor Beweisprobleme stellen dürfte. 13

5. Verbringen in den Geltungsbereich des Gesetzes zum Zwecke des Inverkehrbringens

Dem Verbringen in den Geltungsbereich des Gesetzes zum Zwecke des Inverkehrbringens unterfällt lediglich die Einfuhr von NPS in das Bundesgebiet, nicht aber Aus- und Durchfuhr.[421] 14

---

[417] Patzak/Volkmer/Fabricius/Volkmer/Patzak BtMG NpSG § 4 Rn. 29.
[418] MüKoStGB/Oğlakcıoğlu NpSG § 4 Rn. 21; → Kap. 2 Rn. 78.
[419] → Kap. 2 Rn. 101.
[420] Weber/Kornprobst/Maier/Kornprobst BtMG NpSG § 3 Rn. 38.
[421] Patzak/Volkmer/Fabricius/Volkmer/Patzak NpSG § 4 Rn. 35.

Fall 43: A bezieht in Belgien 100 Gramm eines Stoffes, der nicht unter das BtMG fällt, aber unter das NpSG. Er fliegt von Belgien aus in die Tschechische Republik, um den Stoff dort gewinnbringend zu verkaufen. Den Stoff hat er in seinem Gepäck versteckt und das Gepäckstück beim Einchecken aufgegeben. Bei der Zwischenlandung am Flughafen Frankfurt/Hahn findet der Zoll den Stoff.

A hat sich nicht des Verbringens in den Geltungsbereich zum Zwecke des Inverkehrbringens strafbar gemacht, da § 4 Abs. 1 Nr. 2b NpSG nur die Einfuhr umfasst, nicht aber die Durchfuhr. Mangels Zugriffsmöglichkeit des A auf sein Gepäckstück in Deutschland fehlt es an einer Einfuhr.[422] Da A den Stoff gewinnbringend weiterverkaufen wollte, liegt aber ein Handeltreiben mit NPS nach § 4 Abs. 1 Nr. 1 NpSG vor, und zwar als Inlandstat nach § 3 StGB.

15 **Beachte:** Beim Kauf von NPS zum Zwecke des Eigenkonsums bei einem ausländischen Onlineshop mit Lieferung nach Deutschland ist der Erwerb nicht strafbewehrt. Es kommt aber eine Anstiftung zum unerlaubten Verbringen durch den Onlineshop-Betreiber nach § 4 Abs. 1 Nr. 2b NpSG in Betracht.[423] Zwar kann nicht mehr angestiftet werden, wer schon von sich aus ohne weiteres und auf jeden Fall zur Begehung einer bestimmten Tat fest entschlossen ist (sog. omnimodo facturus). So liegt es bei den im Ausland ansässigen Onlineshop-Betreibern jedoch nicht. Denn bei ihrem Angebot handelt es sich lediglich um eine invitatio ad offerendum, so dass die Entscheidung, ob, wann, und in welchem Umfang die Bestellung ausgeführt wird, allein in der Hand der Onlineshop-Betreiber liegt. Damit fehlt es auf deren Seite an einem bestimmten, auf eine konkrete Tat bezogenen Tatentschluss.[424]

6. Fahrlässige Tatbegehung bei Handeltreiben, Inverkehrbringen und Verabreichen

16 Für fahrlässige Tatbegehung bei Handeltreiben, Inverkehrbringen und Verabreichen sieht § 4 Abs. 6 NpSG einen gemilderten Strafrahmen von Freiheitsstrafe bis zu einem Jahr oder Geldstrafe vor.

II. Qualifikationen

17 Die Qualifikationen in § 4 Abs. 3 NpSG sind als Verbrechenstatbestand ausgestaltet mit Freiheitsstrafe von einem Jahr bis zu 10 Jahren, wenn der Täter:

– die vorgenannten Tathandlungen des § 4 Abs. 1 NpSG gewerbsmäßig[425] oder bandenmäßig[426] begeht (§ 4 Abs. 3 Nr. 1a NpSG),

[422] → Kap. 2 Rn. 77.
[423] Weber/Kornprobst/Maier/Kornprobst BtMG NpSG § 4 Rn. 122; vgl. auch BT-Drs. 18/8579, 20.
[424] BGH NStZ-RR 2018, 80.
[425] → Kap. 2 Rn. 121.
[426] → Kap. 2 Rn. 132.

- durch diese Tathandlungen die Gesundheit einer großen Zahl von Menschen gefährdet (§ 4 Abs. 3 Nr. 2a NpSG) oder einen anderen der Gefahr des Todes oder einer schweren Schädigung am Körper oder Gesundheit aussetzt (§ 4 Abs. 3 Nr. 2b NpSG), oder
- NPS als Person über 21 Jahre an eine Person unter 18 Jahren abgibt, in Verkehr bringt oder verabreicht (§ 4 Abs. 3 Nr. 1b NpSG).[427]

Minder schwere Fälle bei diesen Qualifikationen haben nach § 4 Abs. 4 **18**
NpSG einen gemilderten Strafrahmen von 3 Monaten bis zu 5 Jahren Freiheitsstrafe.

Die fahrlässige Tatbegehung bei § 4 Abs. 3 Nr. 1b NpSG (Abgabe/Ver- **19**
brauchsüberlassung oder Verabreichung an Minderjährige) und § 4 Abs. 3 Nr. 2 NpSG (Gefährdung einer großen Zahl von Menschen oder einen anderen der Gefahr des Todes oder einer schweren Schädigung am Körper oder Gesundheit aussetzen) wird nach § 4 Abs. 5 NpSG mit Freiheitsstrafe bis zu 3 Jahren oder Geldstrafe bedroht.

III. Konkurrenzen

1. Verhältnis zu BtMG und AMG

Wenn ein Stoff, der dem NpSG unterfällt, in die Anlagen des BtMG aufge- **20**
nommen wurde, weil er sich als nicht nur gering psychoaktiv und als in besonderer Weise gesundheitsgefährdend erweist sowie in größerem Ausmaß missbräuchlich verwendet wird, geht das BtMG dem NpSG vor, zB bei den synthetischen Cannabinoiden JWH-018 oder CP 47, 497 (§ 1 Abs. 2 Nr. 1 NpSG). Gleiches gilt für das AMG bei Arzneimitteln im Sinne des § 2 Abs. 1, 2, 3a, 4 S. 1 AMG (§ 1 Abs. 2 Nr. 2 NpSG).

Beachte: Tateinheit zwischen dem Handeltreiben mit Betäubungsmitteln gem. **21**
§ 29 Abs. 1 S. 1 Nr. 1 BtMG und Handeltreiben mit NPS gem. § 4 Abs. 1 Nr. 1 NpSG liegt vor, wenn der Täter gleichzeitig ein Betäubungsmittel und ein NPS, also einen Stoff, der nicht dem BtMG untersteht, an einen Abnehmer gewinnbringend weiterverkauft.

2. Bewertungseinheit

Hier gelten die gleichen Grundsätze wie beim Handeltreiben mit Betäu- **22**
bungsmitteln. Bei Vorhandensein einer Gewinnerzielungsabsicht werden die übrigen Tatbestände des § 4 Abs. 1 NpSG vom Handeltreiben mit umfasst.[428] Das Inverkehrbringen mit seinen Varianten des Vorrätighaltens zum Verkauf, des Feilhaltens und des Feilbietens sind bereits per Definition Fälle des Handeltreibens. Verbrauchsüberlassung, Verabreichen, Herstellen und Verbringen in den Geltungsbereich zum Zwecke der Gewinnerzielung werden im Wege der sog. Bewertungseinheit vom Handeltreiben verdrängt.

---

[427] Vgl. → Kap. 2 Rn. 128.
[428] → Kap. 2 Rn. 149 ff.

C. Verwaltungsrechtliches Verbot/polizeirechtliche Sicherstellung

> **Fall 44:** A kauft bei einem Dealer 100 Gramm eines Stoffes, der nicht unter das BtMG fällt, aber unter das NpSG. Er will den Stoff zur Hälfte gewinnbringend weiterverkaufen und zur Hälfte selbst konsumieren. Auf dem Weg nach Hause wird er von Polizeibeamten einer Kontrolle unterzogen und der Stoff aufgefunden. Kann der Stoff durch die Polizei sichergestellt oder beschlagnahmt werden?

23 Das NpSG sieht in § 3 Abs. 1 ein verwaltungsrechtliches Verbot vor, das wesentlich weiter gefasst ist als das strafrechtliche Verbot. Verboten sind das Handeltreiben, das Inverkehrbringen,[429] das Herstellen, das Verbringen in den, aus dem und durch den Geltungsbereich des Gesetzes, das Verabreichen, das Besitzen und das Erwerben. Hier sind also auch Tathandlungen zum Zwecke des Eigenkonsums erfasst. Bei Verstößen gegen das verwaltungsrechtliche Verbot ist es der Polizei gemäß § 3 Abs. 3 NpSG erlaubt, NPS auf Grundlage von polizeirechtlichen Vorschriften sicherzustellen und zu vernichten, selbst wenn keine Straftat iSd § 4 NpSG vorliegt. Den Zollbehörden wird zudem ermöglicht, unabhängig von einem Strafverfahren Waren sicherzustellen, bei denen Grund zu der Annahme besteht, dass es sich um NPS handelt, die entgegen § 3 Abs. 1 NpSG ein-, durch- oder ausgeführt wurden bzw. ein-, durch- oder ausgeführt werden sollen; für das weitere Verfahren gelten hier die §§ 48 bis 50 BPolG entsprechend (§ 3 Abs. 4 NpSG).[430]

D. Strafrechtliche Sicherstellung

24 NPS, die sich auf eine Straftat nach § 4 NpSG beziehen, können gem. § 5 NpSG als Tatobjekte eingezogen werden; die Beschlagnahme im Ermittlungsverfahren erfolgt nach § 111b StPO.[431]

> **Lösung Fall 44:** Hinsichtlich der 50 Gramm, die A weiterverkaufen wollte, hat er sich des Handeltreibens mit NPS nach § 4 Abs. 1 Nr. 1 NpSG strafbar gemacht. Insoweit wird der Stoff über § 5 NpSG als Tatobjekt eingezogen. Die Beschlagnahme bei der Polizeikontrolle erfolgt nach § 111b StPO.
>
> Hinsichtlich der 50 Gramm, die zum Eigenkonsum bestimmt sind, bleibt A straflos, da Besitz und Erwerb nach § 4 NpSG nicht unter Strafe gestellt sind. Dennoch kann der Stoff über § 3 Abs. 3 NpSG iVm dem jeweiligen Polizeigesetz oder durch den Zoll über § 3 Abs. 4 NpSG sichergestellt und vernichtet werden, da A gegen das verwaltungsrechtliche Verbot in § 3 Abs. 1 NpSG verstoßen hat.

---

[429] Auch hier ist das Inverkehrbringen auf sonstige Weise nicht erfasst.

[430] Eine Beschlagnahme nach polizeirechtlichen Vorschriften ist auch möglich, wenn ein Stoff, von dem eine Gefahr für die öffentliche Sicherheit und Ordnung ausgeht, weder dem NpSG noch dem BtMG unterliegt: VGH Mannheim Beschl. v. 4.7.2019 – 1 S 1772/19, BeckRS 2019, 15261.

[431] → Kap. 5 Rn. 98 ff.

E. Ausnahmen vom Verbot

Nach § 3 Abs. 2 NpSG sind vom verwaltungsrechtlichen und strafrechtlichen Verbot ausgenommen: **25**

- anerkannte industrielle und gewerbliche Verwendungen eines NPS im konkreten Einzelfall sowie Verwendungen zu Forschungszwecken als sog. Legalverwendungen, die nicht dem Konsum und der Erzielung einer psychoaktiven Wirkung dienen (Abs. 2 Nr. 1 NpSG),
- Polizei- und Zollbehörden für den Bereich ihrer dienstlichen Tätigkeit und die von ihnen mit der Untersuchung von NPS beauftragten Behörden (§ 3 Abs. 2 Nr. 2 NpSG).

Kapitel 4. Drogen im Straßenverkehr

Fall 45: A wird nachts einer allgemeinen Verkehrskontrolle nach § 36 Abs. 5 StVO unterzogen. Den kontrollierenden Polizeibeamten fallen bestimmte für den Betäubungsmittelkonsum von Cannabis typische Anzeichen auf, zB gerötete Bindehäute und große, lichtstarre Pupillen, und bitten A daher auszusteigen. Er wird zur Abgabe einer Urinprobe gebeten, die die Aufnahme von Cannabis belegt. Der Führerschein wird von den Beamten sichergestellt. Die entnommene Blutprobe weist einen Gehalt von 10 ng/ml THC auf, wie das spätere Gutachten belegt.

Verfahren wegen Fahrten unter Drogeneinfluss nehmen mittlerweile in der Praxis eine bedeutende Rolle ein. Sie werfen eine Reihe von materiell-rechtlichen und prozessualen Fragen auf. Die Feststellung von Betäubungsmittelkonzentrationen im Blut können als Ordnungswidrigkeit nach § 24a Abs. 2 StVG oder Straftat nach § 316 StGB relevant sein, aber auch aus verwaltungsrechtlicher Sicht für die Fahrerlaubnisbehörden: Wer nämlich den Konsum von Betäubungsmitteln, auch wenn dieser straflos bleibt,[432] bietet Anlass, seine Teilnahmefähigkeit am Straßenverkehr verwaltungsrechtlich zu hinterfragen.[433] 1

A. Straftat nach § 316 StGB oder Ordnungswidrigkeit nach § 24a Abs. 2 StVG?

Bei Fahrten unter Drogeneinfluss kommt als Verkehrsdelikt zunächst eine Trunkenheit im Verkehr nach § 316 StGB in Betracht. Tritt eine Gefährdung hinzu, verdrängt der qualifizierende Tatbestand (§ 315c Abs. 1 Nr. 1 StGB) die Trunkenheit im Verkehr gemäß § 316 StGB.[434] Rechtsfolge einer Verurteilung wegen §§ 315c, 316 StGB ist nach § 69 Abs. 1, Abs. 2 StGB die Entziehung der Fahrerlaubnis, weil der Täter als ungeeignet zum Führen von Kraftfahrzeugen anzusehen ist.[435] Daneben ist seit 1998 nach § 24a Abs. 2 StVG das Führen von Kraftfahrzeugen unter Drogeneinfluss bußgeldbewehrt und sieht ein Fahrverbot vor. § 24a Abs. 2 StVG ist ein Auffangtatbestand, weil allein der Drogennachweis zur Begründung der Fahrunsicherheit[436] nicht ausreicht.[437] 2

---

432 → Kap. 2 Rn. 102.

433 Vgl. im Einzelnen → Kap. 4 Rn. 39 ff.

434 Dieser Tatbestand soll im Folgenden nicht weiter besprochen werden. Abgesehen von der Gefährdung sind die Tatbestandsvoraussetzungen hinsichtlich des Zustandes Fahrunsicherheit identisch.

435 Zur Rechtsfolge Entziehung der Fahrerlaubnis s. auch unten → Kap. 5 Rn. 56 ff. Nach dem Entzug der Fahrerlaubnis muss sich Verurteilte um die Wiedererteilung der Fahrerlaubnis bei der Verwaltungsbehörde bemühen (§ 20 FeV).

436 Der Begriff Fahrunsicherheit ist genauer als der gebräuchliche Begriff Fahruntüchtigkeit, weil das Gesetz von „sicher" spricht. Er wird daher hier verwendet.

437 Bohnen NStZ 2004, 695 f.; Bönke NZV 2005, 273.

3 Beide Vorschriften weisen erhebliche Unterschiede auf:

§ 316 StGB	§ 24a Abs. 2 StVG
Jede Art von Fahrzeug, auch Fahrrad	Kraftfahrzeug
Nachweis von Substanzen im Blut ist nicht zwingend erforderlich.	Blutuntersuchung ist vom Tatbestand her vorgeschrieben.
Sämtliche berauschende Mittel[438]	Abschließende Aufzählung in der Anlage zu § 24a Abs. 2 StVG
Bei anderen berauschenden Mitteln als Alkohol: Feststellung von Ausfallerscheinungen, die auf eine Herabsetzung der Gesamtleistungsfähigkeit des Fahrzeugführers hindeuten	Keine körperliche Beeinträchtigung notwendig
Rechtsfolge	
Geldstrafe oder Freiheitsstrafe bis 1 Jahr	Bußgeld bis 3000 Euro[439] bei vorsätzlicher Begehung
In der Regel Entziehung der Fahrerlaubnis (§ 69 Abs. 1, Abs. 2 StGB)	Nur Fahrverbot (§ 25 StVG)

4 **Beachte:** In Deutschland wird im Gegensatz zu anderen europäischen Ländern die Konzentration nach den Richtlinien der Gesellschaft für Forensische und Toxikologische Chemie (GTFCh) im **Serum** und nicht im Vollblut bestimmt. In Urteilen und Beschlüssen werden die Begriffe Serum und Blut häufig undifferenziert behandelt.

5 Der Nachweis einer berauschenden Substanz im Blut ist nach dem Tatbestand von § 316 StGB – anders als bei § 24a Abs. 2 StVG[440] – nicht verlangt. So kann bei Trunkenheit infolge Alkoholkonsums aufgrund von Trinkmenge, -zeit und Körpergewicht der Blutalkoholgehalt von einem Sachverständigen berechnet werden. Der Nachweis aufgrund solcher Angaben ließe sich theoretisch auch beim Betäubungsmittelkonsum führen. Das ist jedoch nicht Standard. De facto erfolgt der Nachweis nur aufgrund der Analyse der Blutprobe, weil wissenschaftliche Erfahrungswerte zur Hochrechnung einer Drogenkonzentration bislang fehlen. Problematisch ist insoweit, dass das Ergebnis der Analyse nach unseren Erfahrungen häufig erst nach mehreren Wochen vorliegt. Die Analyse nimmt damit erheblich mehr Zeit in Anspruch als die Analyse des Blutalkohols. Zudem existieren (noch) keine vergleichbar zuverlässi-

[438] S. dazu Krumm NJ 2019, 110.

[439] Regelsatz laut Bußgeldkatalog für Ersttäter: 500 EUR und 1 Monat Fahrverbot (Nr. 242 Bußgeldkatalog).

[440] OLG Hamm NZV 2001, 484 mAnm Stein. Der Nachweis in einer Urinprobe reicht nicht (AG Saalfeld NStZ 2004, 49).

gen Vortests wie beim Alkohol durch die Atemalkoholmessgeräte vom Typ Dräger. Die gebräuchlichen Urin- und Schweißtests weisen nur qualitativ die Aufnahme von Drogen nach. Sie geben keine Auskunft über die Quantität des aufgenommenen Wirkstoffs. Bei Cannabis kommt hinzu, dass diese Tests auch das nicht mehr aktive Abbauprodukt THC-Carbonsäure darstellen. Dieser Wert hat für das Strafverfahren keine Aussagekraft, weil das Abbauprodukt keine psychotrope Wirkung mehr hat. Bedeutung hat er aber im Verwaltungsverfahren. **Hohe THC-Carbonsäure-Werte** belegen nämlich einen chronischen Konsum, der den Entzug der Fahrerlaubnis durch die Führerscheinbehörde rechtfertigt.[441]

I. Einzelheiten zu § 24a Abs. 2 StVG

1. Objektiver Tatbestand

Nach § 24a Abs. 2 S. 2 StVG liegt die Wirkung vor, wenn eines der in der Anlage genannten Mittel **im Blut** nachgewiesen ist: 6

Berauschende Mittel	Substanzen
Cannabis	Tetrahydrocannabinol (THC)
Heroin	Morphin
Morphin	Morphin
Cocain	Cocain und Benzoylecgonin
Amfetamin	Amfetamin
Designer-Amfetamin	Methylendioxyamfetamin (MDA)
Designer-Amfetamin	Methylendioxyethylamfetamin (MDE)
Designer-Amfetamin	Methylendioxymetamfetamin (MDMA)
Metamfetamin	Metamfetamin

a) Wirkstoffmindestgrenze

Eine **Wirkstoffmindestgrenze** muss nach dem Gesetzestext nicht überschritten werden. § 24a Abs. 2 StVG setzt auch nicht die Feststellung einer konkreten rauschmittelbedingten Beeinträchtigung der für das Führen von Kraftfahrzeugen erforderlichen Leistungsfähigkeit voraus. Der Nachweis einer solchen Beeinträchtigung macht vielmehr den wesentlichen Unterschied zwischen § 316 StGB und § 24a Abs. 2 StVG aus und führt von der Ordnungswidrigkeit zur Straftat.[442] 7

[441] S. dazu → Kap. 4 Rn. 42 ff.
[442] Zum Nachweis der Fahrunsicherheit → Kap. 4 Rn. 19.

8 Dem *BVerfG* hat die Vorschrift bereits zur Überprüfung auf seine Verfassungsmäßigkeit vorgelegen.[443] Die Verfassungsmäßigkeit wurde zwar bestätigt, allerdings in einer **verfassungskonformen Auslegung**: Nicht jede Menge des berauschenden Mittels, die im Blut nachgewiesen wird, reicht danach zur Erfüllung des Tatbestandes aus. Vielmehr muss eine Konzentration festgestellt werden, die es als möglich erscheinen lässt, dass der Verkehrsteilnehmer in seiner Fahrtüchtigkeit eingeschränkt war. Begründet wird dies damit, dass sich seit Erlass der Vorschrift die Nachweismöglichkeiten von Betäubungsmitteln im Blut aufgrund **veränderter** Analysemöglichkeiten gebessert haben. Die berauschenden Mittel können damit **länger** nachgewiesen werden. Im konkreten Fall hat das *BVerfG* eine konkrete Wirkstoffgrenze zwar selbst nicht festgelegt, es hat aber zu erkennen gegeben, dass es entsprechend den Empfehlungen der beim Bundesministerium für Verkehr angesiedelten Grenzwert-Kommission einen Grenzwert von 1 ng/ml THC bevorzugt. Die Ansicht der Vorinstanz, dass § 24a Abs. 2 StVG eine **„echte Nullwertgrenze“** enthält,[444] ist damit nicht mehr vertretbar. Eine Verurteilung, die sich **allein** auf die Wirkstoffkonzentration stützt, setzt nach dem Vorgenannten das Überschreiten eines analytischen Grenzwertes voraus.

b) Nichterreichen der Wirkstoffmindestgrenze

9 Nach der Rechtsprechung einiger Oberlandesgerichte soll § 24a Abs. 2 StVG aber auch bei Nichterreichen dieses Grenzwertes eingreifen können, wenn **andere Auffälligkeiten** hinzutreten.[445] Als solche Auffälligkeiten sollen zB in Betracht kommen: vom Arzt festgestellte träge Pupillenreaktionen bei Tag oder bei Nacht, Intentionstremor bei Finger/Finger- und Finger/Nasenprobe oder massiv fehlerhaftes Zeitempfinden.[446] Diese Rechtsprechung begegnet Bedenken.[447] Zurzeit liegen nämlich noch keine hinreichend gesicherten Erkenntnisse dafür vor, dass bei Blutwerten unterhalb des analytischen Grenzwertes **überhaupt** eine Rauschmittelwirkung anzunehmen ist.[448] Bestätigt wird das auch durch die 1. Maastrichtstudie.[449] Diese belegt, dass unter 2 ng/ml THC keine signifikanten Beeinträchtigungen der Leistungsfähigkeit vorliegen.

10 Die geforderte Feststellung von wirkstofftypischen Beeinträchtigungen des Fahrzeugführers ist darüber hinaus generell erheblich fehleranfällig. Soll die Rechtsprechung Sinn machen, ist zunächst festzuhalten, dass im Rahmen des

---

[443] BVerfG NJW 2005, 349 ff. Ausgangsfall war eine Verurteilung zu einem Bußgeld wegen Nachweises von THC im Spurenbereich (kleiner als 0,5 ng/ml).

[444] Pfälzisches Oberlandesgericht Beschl. v. 13.11.2003 – 1 Ss 215/03, BeckRS 2003, 31056259, im Anschluss an die Entscheidung in NStZ 2002, 95, BeckRS 2001, 30178642.

[445] OLG Koblenz NJW 2009, 1222; OLG Bamberg BA 2007, 255; OLG Celle NStZ 2009, 711.

[446] Haase/Sachs NZV 2008, 221 (222); vgl. auch OLG München NZV 2006, 276 (277) = NJW 2006, 1606 (1607).

[447] OLG Jena NStZ 2013, 114; s. auch Patzak/Volkmer/Fabricius/Patzak BtMG Vor §§ 29 ff. Rn. 413.

[448] BHHJ/Hühnermann StVG § 24a Rn. 5a; wohl auch HJW BtMG § 29 Rn. 4.4.2.

[449] Möller/Kauert/Tönnes ua BA 2006, 361.

§ 24a Abs. 2 StVG nur Beeinträchtigungen unterhalb der Schwelle der Ausfallerscheinungen iSd § 316 StGB in Betracht kommen können.[450] Andernfalls muss die Tat konsequent als Straftat verfolgt werden. Gerade solche unterschwelligen Auffälligkeiten des Betroffenen können aber durchaus andere Ursachen als einen Drogeneinfluss haben.[451]

c) Empfehlungen der Grenzwertkommission

Die vorgenannte Entscheidung des *BVerfG* betrifft zwar nur THC. Die Grundsätze sind jedoch auf die anderen Substanzen der Anlage zu übertragen.[452] Als Anhaltspunkt für den Grenzwert der jeweiligen Substanzen sollen die Empfehlungen der sog. **Grenzwertkommission** dienen.[453] Bei den analytischen Grenzwerten handelt es sich zwar aus wissenschaftlicher Sicht nicht um Wirkungsgrenzwerte, sondern um Qualitätsstandards. Gleichwohl ist der Schluss gerechtfertigt, dass auf eine **unterhalb des analytischen Grenzwerts** und damit auf eine nach derzeitigem wissenschaftlichen Erkenntnisstand unterhalb der Grenze sicherer Nachweisbarkeit liegende Konzentration einer berauschenden Substanz eine **Verurteilung** nach § 24a Abs. 2 StVG **nicht gestützt werden kann.**[454] 11

Die Grenzwertkommission hat folgende Werte festgelegt: 12

THC:[455]	1 ng/ml	MDMA:	25 ng/ml
Morphin:	10 ng/ml	MDE:	25 ng/ml
Benzoylecgonin:	75 ng/ml	Amphetamin:	25 ng/ml
Cocain:[456]	10 ng/ml	Metamphetamin:	25 ng/ml

d) Konsum von Betäubungsmitteln unterschiedlicher Wirkstoffqualität

Nicht selten haben Verkehrsteilnehmer Betäubungsmittel mit sehr unterschiedlichen Wirkungsqualitäten (Mischkonsum) konsumiert. So ist bei dem häufig anzutreffenden Konsum von Amphetamin und Cannabis die Kombina- 13

[450] Haase/Sachs NZV 2008, 221 (223).

[451] So auch Haase/Sachs NZV 2008, 221 (222).

[452] OLG Celle NZV 2009, 300 f.

[453] OLG Düsseldorf Beschl. v. 2.11.2016 – 2 RBs 157/16, BeckRS 2016, 19216; OLG München NJW 2006, 1606; Pfälzische Oberlandesgericht NJW 2005, 2168.

[454] OLG Jena NVZ 2014, 138 f.

[455] BA 2007, 311; den analytischen Grenzwert von THC bei § 24a Abs. 2 StVG hat die Grenzwert-Kommission im Jahr 2015 nochmal bestätigt (Auwärter/Daldrup/Graw ua BA 2015, 322).

[456] Beachte: Bevor Cocainblutspiegel in der Praxis verwendet werden können, muss gewährleistet sein, dass die Probengefäße Substanzen enthalten, die den Zerfall von Cocain während der Lagerung der Blutprobe verhindern (Esterasehemmer wie Natriumfluorid). Solche Hemmer verfälschen aber möglicherweise die Messwerte bei anderen Drogen, insbesondere aber Alkohol. Vorzuhalten wären daher unterschiedliche Probengefäße. Sie finden wegen der damit verbundenen Kosten nicht in allen Bundesländern Verwendung.

tionswirkung kaum abschätzbar. Nach der Rechtsprechung können aus diesem Grunde die festgestellten Werte nicht einfach addiert werden. Vielmehr ist im Ansatz zugunsten des Betroffenen davon auszugehen, dass beide Substanzen in Bezug auf die Fahrtüchtigkeit wirkungslos waren und somit auch keine relevante Kombinationswirkung auftreten konnte.[457] Etwas anderes kann aber gelten, wenn sich die Wirkungen der Substanzen ergänzen. So heißt es in dem Gutachten der Rechtsmedizin Mainz vom 9.7.2008 wie folgt: „Eine Ausnahme könnten Fälle sein, bei denen Substanzen mit nahezu identischen neuropharmakologischen Eigenschaften nebeneinander vorliegen wie zB verschiedene Amphetamin-Derivate."

e) Medikamentenprivileg

14 Nach § 24a Abs. 2 Satz 3 StVG scheidet die Ordnungswidrigkeit aus, wenn der festgestellte Drogeneinfluss darauf zurückzuführen ist, dass das Betäubungsmittel dem Betroffenen für einen konkreten Krankheitsfall verschrieben wurde und dieser es bestimmungsgemäß eingenommen hat. Die Ausnahme gilt mithin nicht, wenn das Betäubungsmittel missbräuchlich eingenommen wird, zB in einer höheren Dosis als ärztlich verordnet. Probleme bereitet das Medikamentenprivileg des § 24a Abs. 2 S. 3 StVG gerade bei Cannabis. Denn wenn sich bei einer Verkehrskontrolle ein Verdacht auf den Konsum von Cannabis ergibt, ist es für den Polizeibeamten schwierig zu beurteilen, ob der Fahrzeugführer bestimmungsgemäß Medizinalcannabis[458] oder „illegal" Schwarzmarktcannabis konsumiert hat, da der Fahrzeugführer nicht verpflichtet ist, einen Nachweis über eine ärztlich verordnete Medikation mit sich zu führen.[459]

15 **Beachte:** Das Medikamentenprivileg gilt nur bei § 24a Abs. 2 StVG, also einem Fahrzeugführer der am Straßenverkehr teilnimmt, ohne Ausfallerscheinungen zu zeigen. Beeinträchtigt die Einnahme des ärztlich verordneten Betäubungsmittels aber die Fahrtüchtigkeit,[460] muss sich der Fahrzeugführer wegen Trunkenheit im Straßenverkehr nach § 316 StGB verantworten.

2. Subjektiver Tatbestand

16 § 24a Abs. 2 StVG kann vorsätzlich oder fahrlässig begangen werden. Der Vorsatz des Täters muss sich nur auf das Fahren unter der Wirkung eines der in der Anlage genannten berauschenden Mittel erstrecken. Der Vorsatz muss sich weder auf die Spürbarkeit noch die Nachweisbarkeit der Substanzen im

---

[457] OLG Koblenz NJW 2009, 1222. Dort lagen folgende Werte vor: 0,8 ng/ml THC (80% des THC-Grenzwerts + 14 ng/ml Amphetamin (56% des Amphetamingrenzwerts) = 136%. Der Senat beruft sich dabei auf ein von ihm eingeholtes Gutachten des Instituts für Rechtsmedizin der Johannes Gutenberg-Universität Mainz vom 9.7.2008.

[458] → Kap. 1 Rn. 14 ff.

[459] Zur Frage, wann die Polizei in solchen Fällen noch zur Entnahme einer Blutprobe berechtigt ist, s. Laub Polizeispiegel 2017, 18.

[460] → Kap. 4 Rn. 19 ff.

Blut beziehen.[461] Auch ist nicht erforderlich, dass der Täter zu einer exakten physiologischen und biochemischen Einordnung der Wirkweise der Droge in der Lage ist. Vielmehr muss jeder Kraftfahrer, der Drogen nimmt, ihre Unberechenbarkeit in Rechnung stellen.[462] Fahrlässigkeit liegt vor, wenn der Täter erkannt hat oder hätte erkennen müssen, dass er unter der Wirkung des berauschenden Mittels steht. Die Vorstellung eines Täters, der längere Zeit vor Fahrtantritt Cannabis konsumiert hat, die Droge sei inzwischen abgebaut, lässt den Vorwurf der Fahrlässigkeit nicht entfallen. Denn dazu hat der BGH entschieden, dass der Tatrichter in Fällen, in denen die Fahrt mit dem Kraftfahrzeug nicht im zeitlichen Zusammenhang mit einem vorangegangenen Cannabiskonsum erfolgt, aus Rechtsgründen nicht gehindert ist, beim Fehlen gegenläufiger Beweisanzeichen aus der Feststellung einer den analytischen Grenzwert erreichenden THC-Konzentration im Blut auf ein objektiv und subjektiv sorgfaltswidriges Verhalten im Sinne des § 24a Abs. 2 und Abs. 3 StVG zu schließen.[463]

II. Einzelheiten zu § 316 StGB

Eine **Fahrunsicherheit** nach § 316 StGB setzt voraus, dass die Gesamtleis- **17**
tungsfähigkeit des Fahrzeugführers infolge geistiger und/oder körperlicher Mängel soweit herabgesetzt ist, dass er nicht mehr fähig ist, sein Fahrzeug im Straßenverkehr eine längere Strecke, auch bei Eintritt schwieriger Verkehrslagen, sicher zu steuern.[464]

1. Keine absolute Fahrunsicherheit

Der Nachweis der Fahrunsicherheit durch einen **Betäubungsmittelgrenz-** **18**
wert, wie er uns seit Langem beim Alkohol bekannt ist und zu dem Begriffspaar *absolute* und *relative* Fahrunsicherheit geführt hat,[465] existiert zumindest derzeit nicht.[466] Das gilt unabhängig von der festgestellten Blutwirkstoffkonzentration.[467] Auch bei Mischkonsum von Betäubungsmitteln und Drogen ist (bisher) keine absolute Fahrunsicherheit anerkannt.[468] Auch Versuchen, allein

[461] OLG Frankfurt NStZ-RR 2007, 249 (250).

[462] Pfälzisches Oberlandesgericht NStZ 2002, 95.

[463] BGH NJW 2017, 1403.

[464] BGHSt 13, 83 (90); 44, 219 (221).

[465] Dazu BGHSt 31, 42 (44): Absolute und relative Fahrunsicherheit unterscheiden sich allein hinsichtlich der Art und Weise, wie der Nachweis der Fahrunsicherheit als psychophysischer Zustand herabgesetzter Gesamtleistungsfähigkeit zu führen ist.

[466] BGHSt 44, 219 (222). Diese Entscheidung lässt sich als Grundsatzentscheidung im Bereich der drogenbedingten Fahrunsicherheit bezeichnen. Auch in der Gesetzesbegründung zu § 24a StVG wird festgehalten, dass derzeit Dosis-Wirkungsbeziehungen wie beim Alkohol nicht festgestellt werden können, BT-Drs. 13/3764, 4., bestätigt durch BGH NStZ 2012, 324 f. aA – **gegen die gesamte höchstrichterliche Rechtsprechung:** AG Tiergarten SVR 2010, 227 für Kokain (4,6-fache des Grenzwertes) und NStZ-RR 2012, 59 für Cannabis (20-fache des Grenzwertes).

[467] BGHSt 44, 219 (222) = NJW 1999, 226.

[468] LG Gießen NStZ-RR 2014, 26.

mit Hilfe des sog. **CIF-Wertes**[469] die (absolute) Fahrunsicherheit zu belegen, hat die obergerichtliche Rechtsprechung bisher ebenfalls eine Absage erteilt.[470] Die Fahrunsicherheit nach dem Konsum von Betäubungsmitteln ist daher eine *relative* Fahrunsicherheit.[471]

2. Relative Fahrunsicherheit

19 Der Nachweis relativer Fahrunsicherheit kann nur aufgrund des **konkreten rauschmittelbedingten Leistungsbildes** des Fahrers im Einzelfall geführt werden. Dazu bedarf es neben dem positiven Blutwirkstoffbefund, zB auch nach dem Konsum von NPS, regelmäßig weiterer, für die fahrerische Leistungsfähigkeit aussagekräftiger Beweisanzeichen,[472] die wie folgt aussehen können:

a) Nachweis durch Fahrfehler

20 In erster Linie kommen als solche Indizien Fahrfehler in Betracht.

Beispiele für drogentypische Fahrfehler:
- bei stimulierenden Drogen (Kokain und Amphetamin) riskante, besonders sorglose und leichtsinnige Fahrweise,[473]
- bei dämpfenden Drogen (Cannabis, Opiate) Übersehen des Haltesignals eines Polizeibeamten durch einen langjährigen Berufskraftfahrer,[474]
- unmotivierte Lenkbewegungen,[475]
- erhebliches Unterschreiten des Sicherheitsabstandes trotz schlechter Sicht infolge starken Regens über einen längeren Zeitraum,[476]
- deutlich unsichere, waghalsige und fehlerhafte Fahrweise durch Fahren mit zu hoher Geschwindigkeit in falscher Richtung durch eine Einbahnstraße mit der Folge eines Frontalzusammenstoßes.[477]

b) Nachweis durch sonstige Indizien

21 Eine rauschmittelbedingte Fahrunsicherheit setzt aber **nicht voraus**, dass sich die körperlichen und geistigen Mängel in den vorbeschriebenen Fahrfehlern ausgewirkt haben.[478] Vielmehr genügen nach der Rechtsprechung zum

---

[469] Sog. **C**annabis-**I**nfluence-**F**actor: Dieser Wert wird nach der Formel (THC [ng/ml] + THC-OH [ng/ml] ÷ THC-COOH [ng/ml]) × 100 berechnet. Danach soll eine „absolute" Fahrunsicherheit infolge des Konsums von Cannabis bei einem Wert von 10 oder mehr vorliegen, VGH Mannheim NZV 2006, 221 f.

[470] Thüringer Oberlandesgericht BA 2008, 75 f., OLG Saarbrücken StRR 2011, 72 = BA 2011, 41. Auch im Bereich des Verwaltungsrechts kommt dem CIF-Wert keine ausschlaggebende Bedeutung zu, VGH Mannheim NZV 2006, 221 f.

[471] BGH NStZ-RR 2015, 321; BGH NStZ-RR 2017, 123.

[472] BGHSt 44, 219 (225).

[473] OLG Düsseldorf NJW 1994, 2428 f.

[474] OLG Frankfurt NZV 1995, 116 f.

[475] Thüringer Oberlandesgericht BA 2008, 75 f.

[476] LG Trier Urt. v. 7.7.2008 – 8002 Js 23773/07.7Ns.

[477] BGH NStZ-RR 2017, 123.

[478] OLG München NZV 2006, 276; OLG Saarbrücken StRR 2011, 72 = BA 2011, 41.

Nachweis der Fahrunsicherheit auch sonstige Auffälligkeiten im Verhalten des Fahrzeugführers, sofern sie konkrete Hinweise auf eine schwerwiegende Beeinträchtigung seiner psycho-physischen Leistungsfähigkeit, insbesondere seiner Wahrnehmungs- und Reaktionsfähigkeit ergeben.[479] Erforderlich ist aber, dass das Fahrverhalten auf dieser rauschmittelbedingten Leistungsminderung beruht.[480] Eine solche Beeinträchtigung ist bspw. bejaht worden bei deutlich unsicherer, waghalsiger und fehlerhafter Fahrweise durch Fahren mit zu hoher Geschwindigkeit in falscher Richtung durch eine Einbahnstraße mit der Folge eines Frontalzusammenstoßes.[481] Ausreichend sein kann auch die Feststellung von Auffälligkeiten in der Anhaltesituation, die eine rauschmittelbedingte Enthemmung oder Kritiklosigkeit erkennen lassen.[482] Diese sind in der Praxis weitaus häufiger anzutreffen als Fahrfehler. In folgenden Fällen hat die Rechtsprechung solche Beeinträchtigungen als **„Ausfallerscheinungen"** zum Nachweis einer Fahrunsicherheit genügen lassen:

Beispiele für „Ausfallerscheinungen":
- starke Benommenheit, lallende Sprache,
- unsicherer Gang (Stolpern/Schwanken),[483]
- mangelhafte oder verzögerte Reaktion,
- Unfähigkeit zu koordinierter Bewegung
- Schwanken und Torkeln, Verlust des Gleichgewichtssinnes,[484]
- Orientierungslosigkeit,
- Konzentrationsstörungen
- beeinträchtigte Sehfähigkeit,[485]
- unsichere Finger-Finger-Probe.[486]

Beachte: Urteile, die sich lediglich in der einer allgemeinen Beschreibung der Auswirkungen des Konsums von Drogen erschöpfen, unterliegen der Aufhebung auf die Sachrüge.[487] In diesen Fällen fehlt gerade die Feststellung, dass das Fahrverhalten auf einer rauschmittelbedingten Leistungsminderung des Täters beruht. 22

Fahrfehler und Ausfallerscheinung müssen näher beschrieben werden und die **Tatsachen** dargelegt werden, aus denen sich beispielsweise der unsichere Gang ergibt: Der Beschuldigte konnte auf einer Strecke von 10 m nicht geradeausgehen. Er stolperte mindestens 3mal. Verfälschende subjektive Einschätzungen der Personen, die den Befund erheben, müssen ausgeschlossen sein.

[479] BGHSt 44, 219 (225 f.) = NJW 1999, 226 (227 f.); zu Alkoholfahrten: BGHSt 31, 42 (44 f.). = NJW 1982, 2612.
[480] StRspr; zuletzt: BGH NStZ-RR 2017, 123.
[481] BGH NStZ-RR 2017, 123.
[482] BGH BA 2014, 113 (114); OLG Düsseldorf NJW 1994, 2428 f.
[483] OLG Frankfurt NStZ-RR 2002, 17 f.; KG BA 2012, 46 f.
[484] OLG Saarbrücken StRR 2011, 72 = BA 2011, 41.
[485] Pfälzisches Oberlandesgericht StV 2003, 624 f.
[486] LG München BA 2006, 43 f.
[487] OLG Saarbrücken StRR 2011, 72 = BA 2011, 41.

23 **Beachte:** Auch die Feststellungen von Auffälligkeiten durch die **Polizeibeamten während der Kontrolle oder durch den Arzt bei der anschließenden Blutentnahme** können zum Beleg einer relativen Fahrunsicherheit herangezogen werden.[488]

24 Dabei ist darauf zu achten, dass je nach Fall jedes der Indizien für sich allein oder aber erst in ihrer Häufung ausreicht, die Fahrunsicherheit zu begründen.[489] Entscheidend ist die Gesamtleistungsfähigkeit. Ausfälle in Teilbereichen können kompensiert werden.[490] Die Anforderungen an Art und Ausmaß drogenbedingter Ausfallerscheinungen sind schließlich umso geringer, je höher die im Blut festgestellte Wirkstoffkonzentration ist.[491]

25 Typische Folgen von Rauschgiftkonsum, wie gerötete Augen, verwaschene, nicht aber lallende Sprache, verzögertes Aufnahmevermögen[492] und Stimmungsschwankungen, (sog. Auffallerscheinungen)[493] reichen als Grundlage für eine Verurteilung wegen § 316 StGB nicht aus, weil sie den Schluss auf verkehrsrelevante Ausfallerscheinungen nicht zulassen.

c) Einordnung von verlangsamten Pupillenreaktionen

26 Erweiterte Pupillen, die auf Lichteinfall nur verlangsamt reagieren, treten regelmäßig insbesondere nach Cannabis- und Amphetamin/Ecstasykonsum auf.[494] Eine solche Störung der **Pupillenmotorik** führt *„vor allem zur Nachtzeit zu erhöhter Blendungsempfindlichkeit, fehlender rascher Anpassung an rasch wechselnde Leuchtdichten, Fehleinschätzung von Entfernungen, im Besonderen hinsichtlich seitlichen Abständen sowie allgemeiner verminderter Wahrnehmung von Kontrasten und einer Einschränkung des peripheren Gesichtsfeldes mit sog. Tunnelblick.“*[495] Dennoch reicht nach der Rechtsprechung die Beeinträchtigung der Sehfähigkeit aufgrund einer drogenbedingten Pupillenstarre **alleine** als Tatnachweis nicht aus,[496] wohl aber als Indiz für die Fahrunsicherheit.[497]

---

[488] Vgl. BGH Beschl. v. 2.6.2015 – 4 StR 111/15, BeckRS 2015, 13336; OLG Saarbrücken Beschl. v. 4.3.2015 – Ss 7/2015 (6/15), BeckRS 2015, 07791; OLG Saarbrücken BA 2011, 41.

[489] Vgl. zB OLG München NZV 2006, 276 (279).

[490] Haase/Sachs NZV 2008, 221 f.

[491] BGHSt 44, 219 (225) = NJW 1999, 226. Ob die Konzentration als hoch anzusehen ist, ist dabei auch festzustellen.

[492] OLG Düsseldorf NJW 1994, 2428 f.

[493] Pfälzisches Oberlandesgericht StV 2003, 624 f.

[494] → Kap. 1 Rn. 17, 35.

[495] Es handelt sich hierbei um ein wörtliches Zitat aus einem Gutachten des Institutes für Rechtsmedizin an der Johannes-Gutenberg-Universität in Mainz, das im Juni 2008 erstattet wurde.

[496] BGHSt 44, 219; OLG Frankfurt NStZ-RR 2002, 17 f.; Pfälzisches Oberlandesgericht StV 2003, 624 f.; OLG Koblenz NStR-RR 2005, 245 (Ls.) = BA 2006, 231.

[497] Thüringer Oberlandesgericht BA 2008, 75 f.

Lösung Fall 45: A hat im Hinblick auf die festgestellte THC-Konzentration von 10 ng/ml eine Ordnungswidrigkeit nach § 24a Abs. 2 StVG begangen. Eine Straftat nach § 316 StGB ist mangels Ausfallerscheinungen nicht nachzuweisen; die bloßen Konsumanzeichen und die erweiterten Pupillen reichen hierfür nicht aus.

Beachte: Auch wenn das Ergebnis der Blutprobe erst nach einigen Wochen vorliegt und ein Sachverständigengutachten noch nicht erstattet wurde, besteht im Hinblick auf einen positiven Urintest und deutliche Auffälligkeiten des Täters ein **dringender Tatverdacht,** dass der Täter gegen § 316 StGB verstoßen hat, jedenfalls wenn er einen zeitnahen Konsum einräumt. Deswegen ist nach § 111a StPO die vorläufige Entziehung der Fahrerlaubnis gerechtfertigt. Die Polizei darf den Führerschein an Ort und Stelle sicherstellen (§ 94 Abs. 3 StPO). **27**

B. Verhältnis BtM-Straftat und Verkehrsverstoß

Zu klären bleibt noch das **Konkurrenzverhältnis** von BtM-Straftat und Verkehrsverstoß. Die Beantwortung dieser Frage hat erhebliche Bedeutung, weil die Aburteilung des einen Deliktes wegen Tatidentität im Sinne von § 264 StPO zum **Strafklageverbrauch** führen kann. So könnte zB im Hinblick auf ein rechtskräftiges Urteil wegen einer Trunkenheitsfahrt nach § 316 StGB ein gleichzeitig begangenes Verbrechen nach § 29a Abs. 1 Nr. 2 BtMG nicht mehr verfolgt werden. Das hat zur Folge, dass das Verfahren eingestellt werden muss.[498] **28**

Nach der Rechtsprechung des *BGH* besteht zwischen dem unerlaubten Besitz von Betäubungsmitteln (§§ 29 Abs. 1 S. 1 Nr. 3, 29a Abs. 1 Nr. 2 BtMG) und dem zeitgleich begangenen Führen eines Kraftfahrzeuges unter der Wirkung von berauschenden Mitteln (§ 24a Abs. 2 StVG oder § 316 StGB) verfahrensrechtlich dann **keine Tatidentität** iSd § 264 StPO, wenn *„das Mitsichführen der Betäubungsmittel im Kraftfahrzeug in keinem inneren Beziehungs- bzw. Bedingungszusammenhang mit dem Fahrvorgang steht“*.[499] Materiell- und prozessrechtlich ist in diesen Fällen **Tatmehrheit** gegeben. **29**

Fall 46: A ist nicht nur wegen des Verkehrsverstoßes im Sinne von § 316 StGB auffällig, sondern bei der Durchsuchung der Person des A entdeckt Polizeihauptkommissar Werner C. 10 g Haschisch, die A im Geldbeutel mitführt.

A hat gegen § 29 Abs. 1 S. 1 Nr. 3 BtMG (unerlaubter Besitz von Betäubungsmitteln) verstoßen. Er muss die Betäubungsmittel zwar erworben haben. Im Hinblick auf sein Schweigen lässt sich aber die Erwerbshandlung nicht konkretisieren.

Das gleichzeitig begangene Verkehrsdelikt gemäß § 316 StGB steht dazu in Tatmehrheit, da keine Anhaltspunkte für einen inneren Zusammenhang zwischen dem Drogentransport und der Fahrt bestehen. A führte die Betäubungsmittel nämlich ohne einen erkennbaren Beziehungs- oder Bedingungszusammenhang als Teil

[498] BGH NStZ 2012, 709 f.

[499] BGH NStZ 2004, 694 mit Anm. Bohnen.

seines persönlichen Gewahrsams mit sich.[500] Die Verlagerung des Besitzes ist lediglich eine zwangsläufige Begleitfolge der mit dem Kraftfahrzeug bewirkten und bezweckten Ortsveränderung des Täters. Die Mitnahme der Betäubungsmittel bezieht sich auch nicht auf die Fahrtätigkeit als solche. Sie diente dem Fahrer nicht dazu, sich durch den Konsum der Drogen als Genuss- oder Aufputschmittel die Fahrt zu erleichtern.[501] A ist daher wegen unerlaubten Besitzes von Betäubungsmitteln und wegen Trunkenheit im Verkehr in Tatmehrheit zu verurteilen.

30 Besteht eine unlösbare innere Verknüpfung, die **über die bloße Gleichzeitigkeit** der Ausführung der Tathandlungen hinausgeht, zB weil die Fahrt dem Transport der Drogen dient, liegt Tateinheit vor.[502] Soweit ein Verstoß gegen § 24a StVG in Rede steht, wird die Ordnungswidrigkeit nach § 21 OWiG verdrängt.[503]

Abwandlung Fall 46: P findet im Auto eine Reisetasche mit 5 kg Haschisch.

Hier wird sich A zunächst wegen Verstoßes gegen § 29a Abs. 1 Nr. 2 BtMG in der Alternative des Handeltreibens mit Betäubungsmitteln in nicht geringer Menge zu verantworten haben. Der Erwerb einer solchen Menge zum Eigenkonsum widerspricht der Lebenserfahrung. Das Verkehrsdelikt steht zu dem Verstoß gegen das BtMG in Tateinheit. A befand sich ersichtlich auf einer Beschaffungsfahrt. Die Fahrt diente damit dazu, den Drogenbesitz aufrechtzuerhalten, so dass der vom *BGH* geforderte innere Zusammenhang zwischen Transport und Fahrt zu bejahen ist.[504]

C. Entnahme einer Blutprobe (§ 81a StPO)

31 Niemand ist verpflichtet, zu seiner Strafverfolgung durch aktives Handeln beizutragen (*„nemo-tenetur-Grundsatz"*[505]). Deshalb kann ein Täter nicht dazu gezwungen werden, eine Urinprobe abzugeben. Die Entnahme einer Blutprobe kann gegen den Willen jedoch nach § 81a StPO angeordnet werden. Das steht mit dem *nemor-tenetur-Grundsatz* in Einklang, weil eine aktive Mitwirkung im Gegensatz zum Urinlassen nicht erforderlich ist.[506]

---

[500] Vgl. dazu auch OLG Braunschweig Urt. v. 10.10.2014 – 1 Ss 52/14, BeckRS 2014, 19751, wonach von zwei Taten auszugehen ist, wenn der Fahrzeugführer an einen anderen Ort fährt, um die mitgeführten Betäubungsmittel dort zu konsumieren; hier verfolgt die Fahrt anders als bei den Transport- und Fluchtfällen nicht den Zweck, den Drogenbesitz aufrechtzuerhalten bzw. abzusichern.

[501] BGH NStZ 2004, 694.

[502] StRspr; BGH NStZ 2009, 705 ff.; BGH NStZ-RR 2017, 123; BGH Urt. v. 12.9.2018 – 5 StR 278/18, BeckRS 2018, 23200; BGH Beschl. v. 9.12.2021 – 4 StR 277/21, BeckRS 2021, 40996.

[503] BGH NZV 2012, 250.

[504] BGH NStZ 2009, 705, BGHR BtMG § 29 Strafklageverbrauch 7 Einfuhr mit Trunkenheitsfahrt. Das gilt auch für sog. Fluchtfälle, BGH NStZ 2004, 694.

[505] BGHSt 34, 39 (46).

[506] Vgl. MüKoStPO/Trück § 81a Rn. 22 f.

Ist der Täter mit der Entnahme der Blutprobe **einverstanden,** ist eine Anordnung nach § 81a StPO **entbehrlich.**[507] Dabei bedarf es keiner förmlichen Belehrung über das bestehende Weigerungsrecht.[508] Auch schließt der Umstand, dass der Täter unter Rauschmitteleinfluss steht, seine Einwilligungsfähigkeit nicht aus. Fahrsicherheit und die Möglichkeit, Sinn und Tragweite der Einwilligung zu erfassen, sind unterschiedliche Aspekte. **32**

I. Anordnungskompetenz

Nach § 81a Abs. 2 StPO steht die Anordnungskompetenz für die Entnahme der Blutprobe grundsätzlich dem Ermittlungsrichter zu. **33**

1. Ausnahme bei Straßenverkehrsdelikten

Bei Straßenverkehrsdelikten nach §§ 315a, 315c und 316 StGB wurde der Richtervorbehalt durch Gesetz zur effektiveren und praxistauglicheren Ausgestaltung des Strafverfahrens vom 17.8.2017 abgeschafft. In diesen Fällen können Staatsanwaltschaft sowie deren Ermittlungspersonen[509] bei einem begründeten Tatverdacht nach § 81a Abs. 2 S. 2 StPO im Verhältnis einer **gleichrangigen Anordungskompetenz**[510] die Blutprobe anordnen. Gleiches gilt nach § 46 Abs. 4 S. 2 OWiG beim Verdacht einer Ordnungswidrigkeit gem. §§ 24a StVG. **34**

2. Ausnahme bei Gefahr im Verzug

Ansonsten dürfen Staatsanwalt und Ermittlungspersonen der Staatsanwaltschaft nur bei **Gefahr im Verzug** die Anordnung treffen, zB bei einer Blutentnahme zum Beleg eines Drogenbesitzes. Die Strafverfolgungsbehörden müssen hier regelmäßig versuchen, eine Anordnung des zuständigen Richters zu erlangen, bevor sie selbst eine Blutentnahme anordnen.[511] Gefahr im Verzug ist anzunehmen, wenn der Untersuchungserfolg gefährdet wird, weil zunächst die richterliche Anordnung eingeholt werden müsste. Dies muss mit Tatsachen begründet werden, die auf den Einzelfall bezogen und in den Ermittlungsakten zu **dokumentieren sind, sofern die Dringlichkeit nicht evident ist.**[512] Diese Prüfung ist eine Einzelfallprüfung.[513] Sie kann daher nicht damit begründet werden, dass durch den körpereigenen Abbau der Substanzen der Nachweis der Tatbegehung erschwert oder gar verhindert wird. **35**

---

[507] OLG Bamberg NJW 2009, 2146.

[508] LG Saarbrücken NStZ-RR 2009, 55.

[509] Nicht jeder Polizeibeamte ist auch Ermittlungsperson im Sinne der StPO. Wer Ermittlungsperson ist, bestimmen die Landesregierungen (vgl. § 152 Abs. 2 GVG iVm der entsprechenden Verordnung). Danach ist in jedem Bundesland ein Polizeikommissar auch Ermittlungsperson.

[510] Vgl. OLG Rostock NStZ-RR 2018, 114.

[511] BVerfG NJW 2007, 1345 f. unter Hinweis auf die Rechtsprechung zur Durchsuchung (BVerfGE 103, 142, 155 f. = NJW 2001, 1121).

[512] BVerfG NJW 2007, 1346.

[513] OLG Hamm NJW 2009, 242 f.

> **Fall 47:** Aus dem Fenster eines Dachgeschosses werden zwei Tüten mit Amphetamin und Marihuana geworfen, als die Polizei das Haus wegen einer Ordnungswidrigkeit in anderer Sache aufsucht. Unmittelbar danach wollen A und zwei weitere Personen das Haus eiligst verlassen. Die Polizei möchte zur Feststellung, wem die Drogen zuzuordnen sind, Blutproben durchführen.
>
> Hier ist für die Anordnung der Blutprobe der Ermittlungsrichter zuständig, da es sich nicht um die Aufklärung eines Straßenverkehrsdeliktes handelt. Nur wenn der Ermittlungsrichter nicht erreichbar wäre, dürften Ermittlungsbeamte der Staatsanwaltschaft und Staatsanwaltschaft die Blutprobe wegen Gefahr im Verzug anordnen.[514]

36 Der Ermittlungsrichter ist während der Dienstzeit grundsätzlich erreichbar. Darüber hinaus existiert in den meisten Landgerichtsbezirken ein richterlicher Bereitschaftsdienst. Üblich ist eine Erreichbarkeit bis 21.00 Uhr und ab 04.00 Uhr oder 06.00 Uhr. In einigen Bezirken ist sogar ein Rund-um-die-Uhr-Bereitschaftsdienst der Gerichte eingerichtet.[515]

37 **Beachte:** Soweit ein Richter während der Dienstzeit bzw. des richterlichen Bereitschaftsdienstes grundsätzlich erreichbar ist, führt daher kein Weg daran vorbei, den Versuch zu unternehmen, den Richter über den Staatsanwalt (§ 162 StPO) zu erreichen. Dessen Anordnung kann auch mündlich erfolgen.[516]

II. Beweisverwertungsverbot bei Verstoß gegen die Anordnungskompetenz

38 Folge einer unter Verstoß gegen § 81a StPO entnommenen Blutprobe kann ein **Beweisverwertungsverbot sein**. Allerdings führt nicht jeder Verstoß gegen ein Beweiserhebungsverbot zwangsläufig auch zu einem Beweisverwertungsverbot. Nach der herrschenden Rechtsprechung ist vielmehr im Einzelfall insbesondere nach Art und Gewicht des Verfahrensverstoßes sowie der Bedeutung der betreffenden Rechtsgüter unter Abwägung der widerstreitenden Interessen die Frage eines Beweisverwertungsverbotes zu entscheiden.[517] Die Annahme eines Beweisverwertungsverbots ist zumindest bei schwerwiegenden, bewussten oder willkürlichen Verfahrensverstößen, bei denen die grundrechtlichen Sicherungen planmäßig oder systematisch außer Acht gelassen worden sind, geboten.[518]

---

[514] Vgl. LG Limburg NStZ 2018, 622.

[515] S. zum richterlichen Bereitschaftsdienst ergänzend unten → Kap. 7 Rn. 118 f. Bei der Durchsuchung aufgrund Gefahr im Verzug stellen sich ähnliche Fragen.

[516] BVerfG NStZ 2011, 289; NStZ 2015, 529.

[517] BGH NJW 2007, 2269 ff.

[518] BVerfG NJW 2006, 2684 (2686); NJW 2011, 2783; BGH NStZ 2017, 367.

III. Festhalterecht

Eine Rechtfertigung, den Beschuldigten zur Sicherung der Entnahme der Blutprobe festzuhalten, wird von der herrschenden Meinung seit jeher als Annexkompetenz aus § 81a StPO hergeleitet.[519] Mit der Anordnung nach § 81a StPO wird daher auch das Recht begründet, den Beschuldigten/Betroffenen festzuhalten. Mit Abschluss der Blutentnahme endet die Berechtigung zur Freiheitsbeschränkung. **39**

> **Fall 48:** A wird einer Verkehrskontrolle unterzogen. Er hat im Hinblick darauf, dass er mit einem positiven Befund rechnet, kein Interesse an der Abgabe einer Urin- und Blutprobe. Er will die Kontrollstelle nach Bekanntgabe seiner Personalien verlassen. Polizeikommissar P hält ihn bis zum Abschluss der Maßnahme für die Dauer von zwei Stunden fest. A zeigt P wegen Freiheitsberaubung an. P handelt rechtmäßig.

D. Die Entziehung der Fahrerlaubnis durch die Verwaltungsbehörde

Wer Drogen konsumiert, gibt der Fahrerlaubnisbehörde (Führerscheinstelle) Anlass zu prüfen, ob er geeignet zum Führen von Kraftfahrzeugen ist. Die Fahrerlaubnisbehörde **muss** gemäß § 3 Abs. 1 StVG und § 46 Abs. 1 Fahrerlaubnisverordnung (FeV) die **Fahrerlaubnis entziehen**, **wenn** sich deren **Inhaber** als **ungeeignet** zum Führen von Kraftfahrzeugen erweist. **40**

I. Drogenkonsum und Fahreignung

Für die Frage der Fahreignung gibt die Anlage 4 zu den §§ 11, 13 und 14 FeV der Führerscheinstelle Hinweise. Danach ist davon auszugehen, dass der Konsum, auch der nur gelegentliche Konsum von Betäubungsmitteln in der Regel die Eignung zum Führen von Kraftfahrzeugen für längere Zeit beeinträchtigt oder aufhebt.[520] Eine Drogenabhängigkeit ist nicht verlangt. **41**

1. Fahreignung bei Cannabiskonsum

Hinsichtlich des Konsums von Cannabis ist eine **differenzierte** Betrachtung geboten. **42**

---

[519] OLG Celle NZV 2010, 417; OLG Nürnberg Beschl. v. 7.12.2009 – 1 St Ss 232/09, BeckRS 2010, 9056.
[520] → Anhang C.

a) Regelmäßige Einnahme von Cannabis

43 Die **regelmäßige** Einnahme von Cannabis führt zur Bejahung der Ungeeignetheit. Ein Verhalten ist dann als regelmäßig anzusehen, wenn es bestimmten Regeln und Gesetzmäßigkeiten folgt, insbes. in etwa gleichen zeitlichen Abständen stattfindet.[521] Auf einen regelmäßigen Cannabiskonsum kann geschlossen werden, wenn ein **THC-Carbonsäure-Wert** von über **150 ng/ml** im Blut festgestellt wurde.[522] Auch wenn der Fahrer einräumt, nahezu täglich Cannabis zu konsumieren, reicht das als Grundlage für Feststellung eines regelmäßigen Cannabiskonsums aus; auf die Höhe der THC-Carbonsäure kommt es dann nicht an.[523]

b) Gelegentliche Einnahme von Cannabis

44 Bei einer gelegentlichen Einnahme von Cannabis ist die Einziehung der Fahrerlaubnis nur begründet, wenn hinreichend konkrete Verdachtsmomente für das Vorliegen eines der Zusatzelemente iSv Nr. 9.2.2. der Anl. 4 zur FeV, wie zB fehlende Trennung zwischen Fahren und Konsum, bestehen. Ein gelegentlicher Konsum ist anzunehmen, wenn der Betroffene Cannabis mehrmals, aber deutlich weniger als täglich konsumiert,[524] nicht aber schon bei einem einmaligen Konsum.[525] Bereits bei mindestens zwei selbständigen Konsumvorgängen kann ein gelegentlicher Konsum vorliegen, wenn sie einen gewissen, auch zeitlichen Zusammenhang aufweisen.[526] Zudem kann aus einem THC-Carbonsäure-Wert von über 100 ng/ml auf einen gelegentlichen Konsum geschlossen werden.[527] Das fehlende Trennungsvermögen ist nachgewiesen, wenn der Fahrerlaubnisinhaber unter dem Einfluss einer THC-Konzentration von mindestens 1 ng/ml am Straßenverkehr teilgenommen hat,[528] wobei auch ausreicht, dass die nachgewiesene THC-Konzentration auf einem passiven Konsum von Cannabis beruht.[529] Nach einer Entscheidung des BVerwG darf bei einem Gelegenheitskonsumenten, der erstmals unter der Wirkung von Cannabis ein Fahrzeug geführt hat, die Fahrerlaubnis aber nicht sofort entzo-

---

521 Koehl NZV 2018, 14.

522 VGH Kassel NJW 2009, 1523 (1525) unter Benennung zahlreicher Studien; VGH München NJW 2019, 2339; OVG Schleswig Beschl. v. 14.2.2020 – 5 MB 2/20, BeckRS 2020, 3453; OVG Münster Beschl. v. 18.2.2020 – 16 B 210/19, BeckRS 2020, 2514.

523 BVerwG NJW 2009, 2151.

524 VGH Mannheim NZV 2004, 213.

525 VGH Mannheim NJW 2007, 2571; OVG Koblenz NJW 2009, 1522.

526 BVerwG NZV 2015, 256; OVG Bremen Urt. v. 30.4.2018 – 2 B 75/18, BeckRS 2018, 8292.

527 VGH Kassel NJW 2009, 1523; OVG Münster Beschl. v. 5.2.2015 – 16 B 8/15, BeckRS 2015, 41729.

528 VGH München NJW 2016, 2601; OVG Lüneburg Beschl. v. 28.11.2016 – 12 ME 180/16, BeckRS 2016, 55426; OVG Koblenz Beschl. v. 3.5.2017 – 10 B 10909/17.OVG, BeckRS 2017, 2017, 109057 = Blutalkohol 2017, 326; OVG Münster Urt. v. 15.3.2017 – 16 A 432/16, BeckRS 2017, 108279 = BA 2017, 328; VGH Kassel Beschl. v. 17.8.2017 – 2 B 1213/17, BeckRS 2017, 127766; OVG Sachsen-Anhalt Beschl. v. 6.9.2017 – 3 M 171/17, BA 2018, 866.

529 VGH Mannheim NZV 2005, 214.

gen werden, sondern es muss in der Regel zunächst ein medizinisch-psychologisches Gutachten eingeholt werden.[530]

2. Fahreignung bei Cannabismischkonsum

Ein Zusatzelement iSv Nr. 9.2.2. der Anl. 4 zur FeV ist auch erfüllt, wenn **45**
ein Fahrerlaubnisinhaber neben Cannabis auch Alkohol oder andere psychoaktive Stoffe konsumiert.[531] Alkohol und Cannabis müssen nicht gleichzeitig konsumiert (Parallelkonsum) worden sein. Zu einer Kumulation der berauschenden Wirkungen von Alkohol und Cannabis kann es vielmehr auch dann kommen, wenn beide Substanzen zeitversetzt eingenommen wurden.[532] Es kommt allein auf den Wirkungszusammenhang an.[533]

II. Drogenbesitz und Fahreignung

Der bloße Besitz von Betäubungsmitteln rechtfertigt nicht die Entziehung **46**
der Fahrerlaubnis. Nach § 14 Abs. 1 Satz 2 FeV kann die Fahrerlaubnisbehörde aber ein ärztliches Gutachten zur Klärung eines etwaigen Betäubungsmittelkonsums anordnen, wenn der Besitz konkret nachgewiesen ist.[534] Beim Besitz von Cannabis setzt die Anordnung bei verfassungskonformer Auslegung noch tatsächliche Anhaltspunkte für ein Konsum- und Bevorratungsverhalten voraus, das geeignet ist, Zweifel an der Fahreignung zu rechtfertigen, zB Hinweise auf ein fehlendes Trennungsvermögen.[535]

III. Vorrang des Strafverfahrens

Nach § 3 Abs. 3 StVG darf die Fahrerlaubnisbehörde einen Sachverhalt, der **47**
Gegenstand eines Strafverfahrens ist, in dem eine Entziehung der Fahrerlaubnis nach § 69 StGB in Betracht kommt, in einem Verwaltungsverfahren **nicht** berücksichtigen. Dadurch sollen widersprüchliche Entscheidungen vermieden werden.[536] Ein Vorrang bei einem noch nicht abgeschlossenen Ordnungwidrigkeitenverfahren wegen Verstoßes gegen § 24a StVG besteht aber nicht.

---

[530] BVerwG NJW 2019, 3395 (3400) mAnm Stuttmann; Koehl DAR 2022, 6 (8).

[531] BVerwG NJW 2014, 1318.

[532] BayVGH Urt. v. 12.3.2012 – 11 B 10.955, BeckRS 2012, 58367 Rn. 54; insoweit in SVR 2012, 396 nicht abgedruckt.

[533] VGH Mannheim NZV 2014, 286 f.; BVerwG NJW 2014, 1318.

[534] Saarländisches OVG BA 2018, 448; BayVGH Beschl. v. 22.1.2019 – 11 CS 18.1429, BeckRS 2019, 997 (ua das synthetische Cannabinoid AKB-48F).

[535] BayVGH Beschl. v. 22.1.2019 – 11 CS 18.1429, BeckRS 2019, 997.

[536] BVerwG NZV 1992, 501; VGH Mannheim NZV 2014, 283 (285).

IV. Mitteilungspflichten

48 § 2 Abs. 12 StVG verpflichtet die Polizei, die Führerscheinstellen über die Drogenfahrt zu unterrichten.[537] Nach MiStra[538] 45 Abs. 2 sind Tatsachen, die in einem Strafverfahren – gleichgültig, gegen wen es sich richtet – bekannt werden, durch Richter oder Staatsanwalt der Fahrerlaubnisbehörde mitzuteilen, wenn ihre Kenntnis für die Beurteilung erforderlich ist, ob der Inhaber einer Fahrerlaubnis zum Führen von Fahrzeugen ungeeignet ist.

[537] § 2 Abs. 12 S. 1 StVG: Die Polizei hat Informationen über Tatsachen, die auf nicht nur vorübergehende Mängel hinsichtlich der Eignung oder auf Mängel hinsichtlich der Befähigung einer Person zum Führen von Kraftfahrzeugen schließen lassen, den Fahrerlaubnisbehörden zu übermitteln, soweit dies für die Überprüfung der Eignung oder Befähigung aus der Sicht der übermittelnden Stelle erforderlich ist.

[538] Anordnung über Mitteilungen in Strafsachen vom 27.3.2019 (Banz AT 8.4.2019 B1).

Kapitel 5. Rechtsfolgen der Tat

1 In diesem Kapitel sollen die Rechtsfolgen der Tat nach Anklageerhebung und Durchführung der Hauptverhandlung angesprochen werden. Zu den Rechtsfolgen im weitesten Sinne gehört auch die Einstellung des Verfahrens gemäß § 31a BtMG. Diese wurde aus systematischen Gründen bereits in Kapitel 2 erörtert.[539]

A. Strafzumessung

2 Auch im Betäubungsmittelstrafrecht gelten für die Strafzumessung keine anderen Regeln (§§ 46 ff. StGB). Strafzumessung ist auch hier Sache des Einzelfalles und vollzieht sich in drei Schritten: Zunächst ist der Strafrahmen (Anwendung des Normalstrafrahmens oder Sonderstrafrahmen[540]) zu bestimmen. Dann ist die Strafe im engeren Sinne zuzumessen und festzulegen (Strafhöhenbestimmung). Das ist die Einordnung der Tat in den Strafrahmen. Schließlich sind die weiteren Entscheidungen zu treffen, insbesondere über die Strafart (Geldstrafe oder Freiheitsstrafe), die Strafaussetzung zur Bewährung, Maßregeln der Besserung und Sicherung und sonstigen Nebenfolgen. Hier spielen auch präventive Aspekte eine Rolle.

Eine umfassende Darstellung der Strafzumessung würde den Rahmen des Buches sprengen. Wegen Einzelheiten zur Strafzumessung sei daher insbesondere auf die Kommentierung von *Patzak/Volkmer/Fabricius*[541] und *Weber/Kornprobst/Maier*[542] verwiesen. Eine gute Orientierung gibt auch *Schmidt*.[543] Hier sollen nur die Strafzumessungsfragen angesprochen werden, die häufig relevant sind.

Die Ausführungen betreffen weiter nur die Frage, wie der erwachsene Täter zu bestrafen ist. Sie sind allenfalls bedingt auf die Sanktionsmöglichkeiten nach dem Jugendgerichtsgesetz (JGG) anwendbar. Denn die Rechtsfolgen sind vorrangig am Erziehungsgedanken auszurichten (§ 2 Abs. 1 S. 2 JGG).[544] Das ist ein gänzlich anderer Ansatz. Allerdings ist auch die Bewertung des Tatunrechts, insbesondere die Frage, ob ein minder schwerer Fall vorliegt, regelmäßig in die Betrachtung einzubeziehen.[545] Auf die Jugendstrafe soll aber im Weiteren nicht eingegangen werden, um den Rahmen dieser Darstellung nicht zu sprengen.

---

[539] → Kap. 2 Rn. 186 ff.

[540] Dazu sogleich II.

[541] Patzak/Volkmer/Fabricius/Patzak BtMG Vor §§ 29 ff. Rn. 34 ff.

[542] Weber/Kornprobst/Maier/Weber BtMG Vor §§ 29 ff. Rn. 725 ff.

[543] BeckOK BtMG/Schmidt BtMG § 29 Vorbemerkungen zu § 29 BtMG Rn. 1–40.

[544] Vgl. auch Richtlinie zu § 17 JGG Nr. 1 S. 2: [Die Jugendstrafe] soll in erster Linie der Erziehung dienen und darf deshalb mit der Freiheitsstrafe nicht gleichgesetzt werden.

[545] BGH Beschl. v. 5.6.2019 – 2 StR 287/18, BeckRS 2019, 15629.

I. Prinzip der Gesamtwürdigung

3 Große Bedeutung für die Strafzumessung in Betäubungsmittelsachen hat nach ständiger Rechtsprechung die Droge selbst. Der **Art** der Droge, ihrer **Wirkstoffkonzentration** sowie der **Gesamtmenge** des Betäubungsmittels kommen für den Rechtsfolgenausspruch wesentliche Bedeutungen zu.[546] Ohne die Berücksichtigung dieser Punkte lässt sich die Strafe für den Betäubungsmittelstraftäter nicht zutreffend bestimmen. Betont sei aber, dass der Droge zwar eine wesentliche, nicht jedoch die entscheidende Bedeutung zukommt. Bestimmendes Prinzip ist vielmehr eine **Gesamtwürdigung** (Gesamtbetrachtung, Gesamtbewertung, Gesamtabwägung) aller für und gegen den Angeklagten sprechenden Punkte.[547] Es kann nicht genug betont werden, dass ein beachtlicher strafmildernder Gesichtspunkt auf der einen Seite durch strafschärfende Aspekte auf der anderen Seite auch wieder aufgewogen werden kann. Eine reine Mengenrechtsprechung wäre damit nicht zu vereinbaren.[548] Das Prinzip der **Gesamtwürdigung** ist sowohl bei der **Strafrahmenwahl** als auch bei der **Strafzumessung** im engeren Sinne zu beachten.[549] Außerdem gilt auch für die Strafzumessung der Grundsatz **„im Zweifel für den Angeklagten"**. Eine zum Nachteil des Angeklagten auf bloße Vermutungen hinsichtlich möglicherweise auftretender Spätfolgen der Tat gestützte Strafzumessung ist unzulässig.[550]

4 Bei den Tatumständen ist schließlich auch der Gesetzeszweck des BtMG (Schutz der Volksgesundheit) nicht aus dem Auge zu verlieren. Je mehr andere Personen gefährdet wurden, umso eher ist eine Strafe am oberen Ende, je weniger eine Gefahr für andere bestand, umso eher ist eine Strafe am unteren Ende gerechtfertigt. Da Betäubungsmitteldelikte weltweit bekämpft werden,[551] wäre es zudem fehlerhaft, zugunsten des Täters zu berücksichtigen, die Rauschmittel seien nicht für den deutschen Markt bestimmt.[552]

II. Strafrahmenwahl

5 Das Betäubungsmittelrecht stellt in allen Qualifikationsnormen neben dem Normalstrafrahmen einen **Sonderstrafrahmen** für **minder schwere Fälle** zur Verfügung. Der **besonders schwere Fall** des § 29 Abs. 3 BtMG ist wegen seiner Ähnlichkeit zu den Qualifikationstatbeständen oben besprochen worden.[553]

---

[546] StRspr; vgl. BGH NStZ 1990, 84 (85); NStZ-RR 2002, 52 f.; NStZ-RR 2006, 350 f.

[547] Weber/Kornprobst/Maier/Weber BtMG Vor §§ 29 ff. Rn. 733 f.; BGH Urt. v. 20.10.2021 – 1 StR 136/21, BeckRS 2021, 42992.

[548] BGH NStZ-RR 2011, 284 f.

[549] Weber/Kornprobst/Maier/Weber BtMG Vor §§ 29 ff. Rn. 738 ff.

[550] BGH Beschl. v. 28.8.2018 – 4 StR 320/18, BeckRS 2018, 22802.

[551] Vgl. Einheitsübereinkommen von 1961 über die Betäubungsmittel, BGBl. 1973 II 1353.

[552] BGH NStZ-RR 1996, 84 f.

[553] dazu → Kap. 2 Rn. 113 ff.

Eine Tat stellt sich als **minder schwerer Fall** dar, wenn das gesamte Tatbild einschließlich aller subjektiven Momente und der Täterpersönlichkeit vom Durchschnitt der erfahrungsgemäß gewöhnlich vorkommenden Fälle in einem solch erheblichen Maße abweicht, dass die Anwendung des Ausnahmestrafrahmens geboten ist.[554]

Daneben können die sog. **vertypten Milderungsgründe** des allgemeinen Strafrechts zu einer Strafrahmenverschiebung nach § 49 Abs. 1 StGB führen. Auch im Betäubungsmittelrecht sind hier vor allem der **Versuch** (§ 22 StGB), die **Beihilfe** (§ 27 StGB) und die **verminderte Schuldfähigkeit** (§ 21 StGB) zu nennen.

Der nach § 49 Abs. 1 StGB gemilderte Normalstrafrahmen ist im Betäu- **6**
bungsmittelrecht stets ungünstiger als der Sonderstrafrahmen für die minder schweren Fälle.

Insbesondere das Vorliegen eines der vertypten Milderungsgründe zwingt zur Prüfung, ob sich die Tat als minder schwerer Fall darstellt.[555] Nach der Rechtsprechung kann die Annahme eines vertypten Strafmilderungsgrundes für sich allein bereits dazu führen, dass ein minder schwerer Fall anzunehmen ist.[556] Außerdem kann der Strafrahmen des minder schweren Falles ebenfalls nach § 49 StGB gemildert werden.

Im Betäubungsmittelstrafrecht stehen daher häufig folgende Strafrahmen zur Verfügung:

Vorschrift	Normalstrafrahmen	Minder schwerer Fall	Milderung nach § 49 Abs. 1 StGB	Weitere Milderung	Milderung des minder schweren Falles
			Untergrenze (Abs. 1 Nr. 3)		
			Obergrenze (Abs. 1 Nr. 2)		
§ 29 BtMG	5 Tagesätze[557] oder Freiheitsstrafe bis 5 Jahre	Nicht existent	5 Tagesätze	5 Tagesätze	
			3 Jahre 9 Monate	2 Jahre 9 Monate[558]	
§ 29a BtMG	1 Jahr bis 15 Jahre[559]	3 Monate bis 5 Jahre	3 Monate	1 Monat	1 Monat
			11 Jahre 3 Monate	8 Jahre 5 Monate	3 Jahre 6 Monate

[554] StRspr; BGHSt 26, 97 (98 f.); BGH NStZ 1999, 193.
[555] BGH NStZ 2012, 271.
[556] StRspr; BGH NStZ-RR 2004, 14; BGH Beschl. v. 7.9.2017 – 1 StR 329/17, BeckRS 2017, 131124.
[557] § 40 Abs. 1 S. 2 StGB.
[558] Die Wochen bleiben bei dieser Rechnung unberücksichtigt und werden auf volle Monate abgerundet.
[559] 15 Jahre ist die Obergrenze der zeitigen Freiheitsstrafe, § 38 Abs. 2 StGB.

Vorschrift	**Normalstrafrahmen**	**Minder schwerer Fall**	**Milderung nach § 49 Abs. 1 StGB**	**Weitere Milderung**	**Milderung des minder schweren Falles**
			Untergrenze (Abs. 1 Nr. 3)		
			Obergrenze (Abs. 1 Nr. 2)		
§ 30 BtMG	2 Jahre bis 15 Jahre	3 Monate bis 5 Jahre	6 Monate	1 Monat	1 Monat
			11 Jahre 3 Monate	8 Jahre 5 Monate	3 Jahre 6 Monate
§ 30a BtMG	5 Jahre bis 15 Jahre	6 Monate bis 10 Jahre[560]	2 Jahre	6 Monate	1 Monat
			11 Jahre 3 Monate	8 Jahre 5 Monate	7 Jahre 6 Monate

7 Im Betäubungsmittelstrafrecht sind Konstellationen denkbar, in denen es zu Konflikten zwischen den verschiedenen Strafrahmen kommen kann. Das ist häufig in Fällen des § 30a BtMG der Fall. Bei Anwendung des minder schweren Falles nach § 30a Abs. 3 BtMG darf die Strafe nicht milder als nach dem Strafrahmen der verdrängten Vorschriften sein, sofern dort nicht **auch ausnahmsweise minder schwere Fälle** gegeben sind. Das zurücktretende Delikt entfaltet zur Vermeidung von Wertungswidersprüchen insoweit eine **Sperrwirkung**.[561] Die Höchststrafe ist nach der Rechtsprechung aber dem minder schweren Fall zu entnehmen. Für die Obergrenze des Strafrahmens gilt eine solche Sperrwirkung nach nun einhelliger Ansicht der Strafsenate des BGH nicht.[562]

Fall 49: A hat 6 kg Amphetamin guter Qualität in seiner Wohnung gebunkert. Kommt ein Kunde, holt er einen Gummiknüppel aus einer Truhe und legt ihn für den Kunden sichtbar hin. Bei Schwierigkeiten ist er ohne weiteres bereit, ihn auch gegen den Kunden einzusetzen.

A hat sich wegen bewaffneten Handeltreibens mit Betäubungsmitteln in nicht geringer Menge (§ 30a Abs. 2 Nr. 2 BtMG) strafbar gemacht. Im Hinblick auf die geringe Gefährlichkeit der Waffe „Gummiknüppel" liegt aber ein minder schwerer Fall (Mindeststrafe 6 Monate) nahe. Mangels weiterer Strafmilderungsgründe ist aber im Hinblick auf den verdrängten Tatbestand von § 29a BtMG dessen Mindeststrafe von 1 Jahr relevant.

[560] Anhebung des Strafrahmens durch das Gesetz zur Änderung arzneimittelrechtlicher und anderer Vorschriften vom 17.7.2009, BGBl. 2009 I 1990.

[561] BGH NStZ-RR 2018, 217; BGH NStZ 2020, 45; BGH NStZ-RR 2020, 216.

[562] BGH Beschl. v. 1.9.2020 – 3 StR 469/19, BeckRS 2020, 24300 Rn. 5.

Beim Zusammentreffen von einem minder schweren Fall und vertypten Milderungsgründen ist daher folgende Prüfungsreihenfolge einzuhalten:[563] **8**

1. Am Anfang steht im Rahmen einer Gesamtabwägung die Prüfung, ob ein minder schwerer Fall bereits aufgrund der allgemeinen Milderungsgründe vorliegt. Wird dabei ein minder schwerer Fall bejaht, kann unter zusätzlicher Berücksichtigung des vertypten Milderungsgrundes eine weitere Strafmilderung über § 49 Abs. 1 StGB vorgenommen werden.[564] Der vertypte Milderungsgrund darf in diesem Fall wegen der Sperrwirkung des § 50 StGB nicht nochmals herangezogen werden.[565]
2. Wird das Vorliegen eines minder schweren Falles nach einer Abwägung aller allgemeinen Strafzumessungsumstände abgelehnt, so sind zusätzlich die den gesetzlich vertypten Strafmilderungsgrund verwirklichenden Umstände in die gebotene Gesamtabwägung einzubeziehen. Sofern nun der minder schwere Fall bejaht wird, ist der vertypte Milderungsgrund gem. § 50 StGB verbraucht.
3. Wird die Anwendung des milderen Strafrahmens auch ohne Einbeziehung des vertypten Milderungsgrundes abgelehnt, darf der Tatrichter seiner konkreten Strafzumessung den allein wegen des gegebenen gesetzlich vertypten Milderungsgrundes gemilderten Regelstrafrahmen zugrunde legen.

III. Wichtige allgemeine Strafzumessungsgrundsätze

Alle Erwägungen finden sowohl bei der Strafrahmenwahl als auch bei der Strafhöhenbestimmung (Strafzumessung im eigentlichen Sinne) Beachtung. **9**

1. Geständnis

Ein Geständnis ist auch bei der Verurteilung eines Betäubungsmittelstraftäters strafmildernd zu berücksichtigen. Die strafmildernde Wirkung kann einem Geständnis nur abgesprochen werden, wenn es ersichtlich nicht aus einem echten Reue- und Schuldgefühl heraus abgegeben worden ist, sondern auf einer erdrückenden Beweislage beruht.[566] Unterstützt der Täter darüber hinaus die Ermittlungsbehörden in ihrem Kampf gegen den Rauschgifthandel, kann sich dies weiter strafmildernd auswirken.[567] Das Fehlen eines Geständnisses darf nicht strafschärfend berücksichtigt werden.[568] **10**

2. Generalpräventive Erwägungen

Generalpräventive Aspekte sind ein anerkannter Strafzumessungsgrund.[569] Die Generalprävention hat einen negativen Aspekt (**Abschreckung anderer** **11**

---

[563] BGH Beschl. v. 17.10.2017 – 3 StR 264/17, BeckRS 2017, 132679; BGH Beschl. v. 6.11.2019 – 2 StR 246/19, BeckRS 2019, 40390; BGH Beschl. v. 5.5.2020 – 4 StR 597/19, BeckRS 2020, 10630.

[564] vgl. BGH Urt. v. 20.1.2021 – 5 StR 347/20, BeckRS 2021, 1411.

[565] OLG München Beschl. v. 27.9.2007 – 4 St RR 165/07, BeckRS 2009, 24384.

[566] BGH NStZ-RR 2014, 106 = Beschl. v. 28.1.2014 – 4 StR 502/13, BeckRS 2014, 04061; BGH Beschl. v. 22.5.2018 – 4 StR 598/17, BeckRS 2018, 13154.

[567] Siehe unten Kronzeugenregelung. → Kap. 7 Rn. 37 ff.

[568] BGH NStZ-RR 2014, 205; BGH NStZ-RR 2020, 6.

[569] BGH NStZ 1996, 79; NStZ-RR 2013, 240.

potentieller Täter) und einen positiven Aspekt **(Stärkung des Vertrauens der Bevölkerung in den Schutz der Rechtsordnung)**.[570] Diese Aspekte dürfen aber bei der Strafzumessung im **Rahmen schuldangemessenen Strafens** nur dann zum Nachteil des Angeklagten berücksichtigt werden, wenn eine gemeinschaftsgefährdende Zunahme der abgeurteilten Tat vergleichbarer Straftaten festzustellen ist, die zur Abwehr der Gefahr der Nachahmung und zum Schutz der betroffenen Rechtsgüter eine allgemeine Abschreckung geboten erscheinen lässt.[571] Die Feststellung der Zunahme solcher Taten ist zu belegen. Generalpräventive Aspekte dürfen keinesfalls die strafbestimmenden Faktoren sein. Häufig werden Urteile aufgehoben, die ausdrücklich generalpräventive Erwägungen enthalten.

3. Untersuchungshaft

12 Erlittene Untersuchungshaft im Verfahren ist regelmäßig ohne Bedeutung. Untersuchungshaft wird nämlich nach § 51 Abs. 1 S. 1 StGB auf die zu vollstreckende Strafe **angerechnet**. Dieser Umstand darf daher nicht strafmildernd berücksichtigt werden.[572] Allerdings können weitere, besonders beschwerende Umstände im Zusammenhang mit dem Vollzug der Untersuchungshaft eine Strafmilderung rechtfertigen.[573] Das kann beispielsweise bei einem Ausländer ohne Deutschkenntnisse oder bei besonders harten Haftbedingungen der Fall sein.

4. Einziehung

a) Einziehung (des Wertes) von Taterträgen (früher Verfall) nach §§ 73 ff. StGB[574]

13 Das Strafrecht sieht vor, dass dem Täter die Tatfrüchte nicht belassen werden sollen. Diese Maßnahme kann auch zu erheblichen Belastungen für den Verurteilten führen, sie verfolgt aber weder Strafcharakter noch einen Genugtuungs-, sondern vielmehr einen Präventionszweck. Die durch die Anwendung erlittene Vermögenseinbuße ist daher **kein Strafmilderungsgrund**.[575]

b) Einziehung von Tatmitteln nach §§ 74 ff. StGB[576]

14 Anders verhält es sich mit der Einziehung von Tatmitteln. Sie hat den **Charakter einer Nebenstrafe** und stellt damit eine Strafzumessungsentscheidung dar. Wird dem Täter auf diese Weise ein ihm zustehender Gegenstand von nicht unerheblichem Wert entzogen, so ist dies ein bestimmender Gesichtspunkt für die Bemessung der daneben zu verhängenden Strafe und insoweit im

---

570 BGH Beschl. v. 11.12.2013 – 5 StR 463/13, BeckRS 2014, 00511.

571 BGH NStZ 1986, 358; NStZ 1992, 275; StraFo 2008, 336.

572 BGH Urt. v. 2.2. 2017 – 4 StR 481/16, BeckRS 2017, 102138; BGH NStZ-RR 2017, 117; BGH Urt. v. 30.7.2020 – 4 StR 419/19, BeckRS 2020, 20424.

573 BGH NStZ 2011, 100 und NStZ 2014, 31 zu einem besonders krassen Fall fehlerhafter Strafzumessung.

574 Näher zur Einziehung von Taterträgen → Kap. 5 Rn. 81 ff.

575 BGH NStZ 2018, 366.

576 Näher zur Einziehung → Kap. 5 Rn. 92 ff.

Wege einer Gesamtbetrachtung der den Täter treffenden Rechtsfolgen angemessen zu berücksichtigen.[577] Im Betäubungsmittelrecht betreffen diese Fragen häufig die Einziehung von Grundstücken, auf denen eine **Indoorplantage** betrieben wird [578] oder hochpreisigen Fahrzeugen[579].

IV. Spezifische Erwägungen im Betäubungsmittelstrafrecht

Auch die spezifischen Strafzumessungserwägungen im Betäubungsmittelrecht finden sowohl bei der Strafrahmenwahl als auch bei der Strafzumessung im eigentlichen Sinne Beachtung. **15**

1. Art der Drogen

Die Vorschriften des BtMG differenzieren nicht zwischen den einzelnen Drogen. Gleichwohl spielen Art und **Gefährlichkeitsbewertung** der Drogen eine gewichtige, eigenständige Rolle.[580] Üblicherweise werden die Drogen auf einer Gefährlichkeitsskala in **weiche Drogen, Drogen mittlerer Gefährlichkeit** und **harte Drogen** eingeteilt. **16**

Als **weiche Drogen** werden Haschisch und Marihuana angesehen.[581] Betont sei aber, dass dies nach neuesten Erkenntnissen, angesichts der derzeit zu beobachteten Entwicklung bei Cannabis mit sehr hohen Wirkstoffgehalten nicht mehr vertretbar ist.[582] Von den vorgestellten Drogen werden Heroin,[583] Fentanyl,[584] Kokain und sein Derivat Crack[585] als **harte Drogen** eingestuft. Amphetamin und Ecstasy werden als Betäubungsmittel mittlerer Gefährlichkeit eingestuft.[586] Die Rechtsprechung des BGH ist für Methamphetamin (Crystal) nicht einheitlich.[587] **17**

Die **Gefährlichkeitsbewertung** hat zwar bereits bei der Festlegung der Grenze zur nicht geringen Menge Beachtung gefunden.[588] So führt erst der **18**

---

[577] BGH NStZ 2019, 82.

[578] BGH Beschl. v. 29.6.2017 – 3 StR 58/17, BeckRS 2017, 123464.

[579] BGH Beschl. v. 20.10.2020 – 4 StR 214/20, BeckRS 2020, 35772.

[580] BGH NStZ-RR 2016, 313.

[581] BGH NStZ-RR 2019, 185; Urt. v. 12.3.2020 – 4 StR 537/19, BeckRS 2020, 6555; BGH Beschl. v. 12.1.2021 – 4 StR 411/20, BeckRS 2021, 1255.

[582] Patzak/Marcus/Goldhausen NStZ 2006, 259; Patzak/Goldhausen NStZ 2011, 76 ff.; Patzak/Dahlenburg NStZ 2022, 146; s. auch → Kap. 1 Rn. 6.

[583] BGH NStZ 2016, 614; BGH Urt. v. 12.3.2020 – 4 StR 537/19, BeckRS 2020, 6555.

[584] BGH Beschl. v. 9.7.2015 – 1 StR 7/15, BeckRS 2015, 13123; BGH Urt. v. 12.3.2020 – 4 StR 537/19, BeckRS 2020, 6555.

[585] BGH Beschl. v. 5.12.2018 – 4 StR 231/18, BeckRS 2018, 33689; BGH Urt. v. 12.3.2020 – 4 StR 537/19, BeckRS 2020, 6555.

[586] BGH Beschl. v. 20.2.2018 – 3 StR 645/17, BeckRS 2018, 5630; BGH Urt. v. 12.3.2020 – 4 StR 537/19, BeckRS 2020, 6555; kritisch: Patzak/Volkmer/Fabricius/Patzak BtMG Vor §§ 29 ff. Rn. 208; Schmidt NJW 2003, 3090 (3095); Weber/Kornprobst/Maier/Weber BtMG § 1 Rn. 347.

[587] Für eine Droge mittler Gefährlichkeit: BGH (1. Strafsenat) NStZ 2016, 614; für die Einordnung als harte Droge: BGH Beschl. v. 26.4.2017 – 5 StR 87/17, BeckRS 2017, 111478 und BGH Beschl. v. 25.6.2019 – 1 StR 181/19, BeckRS 2019, 26444.

[588] → Kap. 2 Rn. 55.

Umgang mit 500 Dosen Haschisch zu einer nicht geringen Menge, während bereits 30 Konsumeinheiten Heroin zur Begründung der nicht geringen Menge ausreichen.[589] Dem Prinzip der Gesamtwürdigung entsprechend, muss grundsätzlich nach der Rechtsprechung des *BGH* aber auch bei der Strafzumessung im engeren Sinne strafmildernd berücksichtigt werden, dass es sich bei Haschisch um eine „weiche Droge" handelt.[590] Die einzelnen Drogen weichen nämlich *„unabhängig vom Begriff der nicht geringen Menge und seiner gewichtsmäßigen Festlegung wegen der Verschiedenartigkeit ihrer Einwirkungen auf die Konsumenten in ihrer Gefährlichkeit voneinander ab"*.[591] Der **Umgang mit weichen Drogen** rechtfertigt daher nach der Rechtsprechung eher eine Strafe im unteren Bereich des Strafrahmens. Der **Verkehr mit harten Drogen** wirkt sich schließlich konsequent strafschärfend aus.[592]

2. BtM-Menge

19 Betäubungsmittel werden selten als **reine Wirkstoffe** gehandelt. Die Verkaufsware ist zumeist mehr oder weniger verschnitten (gestreckt). Werden in der Szene Drogen bestellt, bezieht sich die Bestellung auf das Gemisch von Wirkstoff und Beimischungen. Sowohl die **Wirkstoffmenge**, die die nicht geringe Menge und damit die Qualität bestimmt, als auch die **Menge des gesamten Stoffes** sind für die Strafzumessung als bestimmende Strafzumessungsgesichtspunkte von Bedeutung.[593] Eine einheitliche Terminologie besteht nicht. Hier soll dem Szenegebrauch folgend das **Gemisch aus Wirkstoff und Beimischungen** als Betäubungsmittel bezeichnet werden.

a) Wirkstoffmenge im Grenzbereich nach unten (sog. „niedrige nicht geringe Menge")

20 Ein minder schwerer Fall ist regelmäßig dann anzunehmen, wenn die Mindestgrenze der nicht geringen Menge **nur unwesentlich** im Bagatellbereich überschritten ist.[594] Die Annahme eines minder schweren Falles kommt umso eher in Betracht, je geringer die Überschreitung des Grenzwertes der nicht geringen Menge ist.[595] Die Ablehnung von minder schweren Fällen durch ein Landgericht bei Überschreitung der nicht geringen Menge um das Zweieinhalbfache oder Dreifache hat der BGH beanstandet, da diese Überschreitung noch derart gering sei, dass dies jedenfalls nicht als bestimmender Strafschärfungsgrund gewertet werden könne.[596]

---

[589] BGH NStZ 1995, 350.

[590] BGH StV 1987, 203.

[591] BGH StV 1987, 203.

[592] BGH NStZ-RR 1998, 148; NStZ-RR 2016, 313; nunmehr aber etwas weniger deutlich: BGH Beschl. v. 25.6.2019 – 1 StR 181/19, BeckRS 2019, 26444.

[593] BGH NStZ 2020, 229; BGH Urt. v. 21.4.2021 – 6 StR 6/21, BeckRS 2021, 9388.

[594] BGH NJW 2017, 2776 f.

[595] BGH Beschl. v. 16.1.2019 – 2 StR 488/18, BeckRS 2019, 2166; BGH Beschl. v. 6.11.2019 – 2 StR 246/19, BeckRS 2019, 40390; BGH NStZ-RR 2020, 24; BGH NStZ-RR 2021, 49.

[596] BGH NStZ-RR 2016, 141; BGH Beschl. v. 27.9.2016 – 2 StR 41/16, BeckRS 2016, 18681; BGH Beschl. v. 16.1.2019 – 2 StR 488/18, BeckRS 2019, 2166; BGH NStZ-RR 2020, 24.

Beachte: Eine **schematische Anwendung verbietet sich hier**. Ein Rechtssatz dahingehend, dass bei einem Handeltreiben mit Betäubungsmitteln das Überschreiten eines bestimmten Vielfachen des Grenzwertes iSv § 29a Abs. 1 Nr. 1 BtMG die Annahme eines minder schweren Falls stets und unabhängig von den im konkreten Fall festgestellten mildernden Gesichtspunkten ausschließt, existiert aber nicht.[597]

Es deutet sich an, dass die Rechtsprechung künftig deutlicher zwischen Strafrahmenwahl und Strafzumessung im eigentlichen Sinne differenzieren wird. Eine nur geringfügige Überschreitung des Grenzwertes zur nicht geringen Menge stellt jedenfalls **keinen zulässigen Strafschärfungsgrund** dar.[598]

b) Erhebliches Überschreiten der nicht geringen (Wirkstoff)-Menge

Grundsätzlich darf die Tatbegehung mit einer nicht geringen Menge nicht strafschärfend berücksichtigt werden, weil dies nur die Erfüllung des Qualifikationstatbestandes beschreibt. Wird dagegen **beim Handeltreiben** die nicht geringe Menge nicht nur im Bagatellbereich, sondern **erheblich** überstritten, darf das ohne Verstoß gegen § 46 Abs. 3 StGB straferschwerend berücksichtigt werden. Das gilt allerdings nicht in den Fällen, in denen allein Personen, die mit Strafverfolgungsorganen zusammenarbeiten, die Menge und Qualität festlegen.[599] 21

Beispiele aus der Rechtsprechung mit Mengenangaben:
- Nicht ausreichend für die Annahme eines erheblichen Überschreitens ist das annähernd Doppelte der nicht geringen Menge Methamphetamin[600] und um das 1,91-fache bei Cannabis[601],
- wohl aber das 540-fache und das 120-fache der nicht geringen Menge Cocainhydrochlorid,[602]
- das 315-fache der nicht geringen Menge Haschisch,[603]
- und das 1.570-fache der nicht geringen Menge bei Kokain.[604]

c) Gesamtmenge des Betäubungsmittelgemischs

Auch der Gesamtmenge des Betäubungsmittels kommt **neben** Art und Wirkstoffgehalt eine eigenständige Bedeutung zu.[605] 22

597 OLG Zweibrücken Urt. v. 13.4.2018 – 1 OLG 2 Ss 5/18, BeckRS 2018, 7013.
598 Schmidt NJW 2017, 2876, 2880.
599 BGH StV 1991, 565 = 29 BtMG Strafzumessung 15. S. ergänzend noch unten Rn. 33 ff. „Tatprovokation".
600 BGH Beschl. v. 14.3.2017 – 4 StR 533/16, BeckRS 2017, 108440.
601 BGH Beschl. v. 20.3.2018 – 3 StR 86/18, BeckRS 2018, 7864.
602 BGH NStZ 1994, 494.
603 BGH NStZ 1990, 84.
604 BGH Urt. v. 24.10.2017 – 1 StR 226/17, BeckRS 2017, 135593.
605 BGH NStZ 1991, 591; BGH NStZ 2020, 229; BGH Urt. v. 21.4.2021 – 6 StR 6/21, BeckRS 2021, 9388.

Fall 50: Gegen A wird verdeckt ermittelt. Durch drei Vertrauenskäufe werden zweimal 500 g und einmal 6,5 kg Amphetamin sichergestellt. Die Drogen sind schlechter Qualität. Die 500 g Proben haben einen Basegehalt von 4% und die große Probe einen Basegehalt von 2%.

Fehlerhaft wäre hier das Abstellen auf den reinen Wirkstoffgehalt. Vielmehr ist die **große Handelsmenge** Ausdruck des Geschäftsvolumens.[606]

23 Auf konkrete Feststellungen zum Wirkstoffgehalt kann bei Verurteilungen von Straftaten nach dem Betäubungsmittelgesetz regelmäßig nicht verzichtet werden.[607] Sofern Betäubungsmittel sichergestellt wurden, ist der Wirkstoffgehalt durch kriminaltechnische Untersuchung zu ermitteln. Andernfalls ist der Wirkstoffgehalt gegebenenfalls unter Beachtung des Zweifelsatzes zu schätzen.[608] Als Schätzungsgrundlage kommen Wirkstoffuntersuchungen in Parallelverfahren oder Angaben zu Preis und Beurteilung der Ware durch die Beteiligten in Betracht.[609] Unzureichende Feststellungen gefährden insbesondere dann den Strafausspruch, wenn die Strafe im oberen oder unteren Bereich vergleichbarer Fälle angesiedelt ist. Regelmäßig werden Urteile aufgehoben, in denen Ausführungen dazu fehlen. Verzichtet werden kann auf Feststellung des Wirkstoffgehalts ausnahmsweise nur, wenn eine Einstellung nach § 29 Abs. 5 BtMG in Betracht kommt[610] oder wenn ausgeschlossen ist, dass eine genaue Angabe des Wirkstoffgehaltes das Strafmaß zugunsten des Angeklagten beeinflussen kann.[611] Das ist bspw. der Fall, wenn das Gericht lediglich die Mindeststrafe verhängt[612] oder unter Berücksichtigung ausschließlich strafmildernder Umstände auf eine Geldstrafe von 40 Tagessätzen erkannt hat.[613] Die Gefährlichkeit einer Droge kann einem Angeklagten aber nicht angelastet werden, wenn er das Betäubungsmittel nur zum **Eigengebrauch** erworben und besessen hat, weil bei einem bestimmungsgemäßen Gebrauch nur eine Selbstschädigung in Betracht kommt.[614]

---

[606] Weber/Kornprobst/Maier/Weber BtMG Vor §§ 29 ff. Rn. 952.

[607] BGH NStZ 2012, 339; BGH Beschl. v. 20.6.2017 – 1 StR 227/17, BeckRS 2017, 119050; BGH Beschl. v. 7.2.2018 – 1 StR 582/17, BeckRS 2018, 7051.

[608] BGH Beschl. v. 21.12.2006 – 3 StR 427/06, BeckRS 2007, 01509; BGH Beschl. 15.9.2020 – 3 StR 205/20, BeckRS 2020, 27779.

[609] BGH Beschl. 15. 9. 2020, 3 StR 205/20, BeckRS 2020, 27779; Patzak/Volkmer/Fabricius/Patzak BtMG Vor §§ 29 ff. Rn. 312 ff., s. auch oben → Kap. 2 Rn. 54.

[610] Zu § 29 Abs. 5 BtMG s. → Kap. 2 Rn. 195 ff.

[611] BGH NStZ 1996, 395; OLG Frankfurt a.M. NStZ-RR 2003, 23; KG Beschl. v. 12.1.2017 – (5) 121 Ss 197/16 (56/16), BeckRS 2017, 106061; OLG Hamm Beschl. v. 4.4.2017 – 1 RVs 23/17, BeckRS 2017, 122294; OLG Saarbrücken Beschl. v. 29.1.2019 – Ss 114/2018 (64/18), BeckRS 2019, 815.

[612] OLG Celle NStZ-RR 2012, 59; OLG München Beschl. v. 31.7.2012 – 5 StRR (I) 28/12, BeckRS 2013, 03391.

[613] OLG Saarbrücken Beschl. v. 29.1.2019 – Ss 114/2018 (64/18), BeckRS 2019, 815.

[614] BayObLG StV 1993, 29; OLG Frankfurt a.M. StV 2010, 136.

3. Handeltreiben

a) Leerformel der verwerflichsten Alternative

Die straferschwerende Erwägung, *„dass der Angeklagte mit dem Handeltreiben jeweils die verwerflichste der Tatalternativen des § 29 Abs. 1 Nr. 1 BtMG und des § 29a Abs. 1 Nr. 2 BtMG verwirklicht hat"*, verstößt gegen das Doppelverwertungsverbot des § 46 Abs. 3 StGB. Die Erwägung ist für sich allein eine „**Leerformel**".[615] Die Bezeichnung „**Profitgier**" sagt ebenfalls nichts aus.[616] 24

b) Nicht zwingend zum Handeltreiben gehörende Modalitäten

Berücksichtigt werden darf ein deutlich übersteigertes Gewinnstreben.[617] 25

Beispiele:
- A nutzt gezielt die Betäubungsmittelabhängigkeit des B aus.[618]
- A sorgt durch den Absatz an mehrere Abnehmer für eine breite Streuung und schafft damit eine mit dem Handeltreiben nicht notwendig verbundene Gefahr für andere.[619]
- A geht besonders professionell vor. So verkleidet er sich jeweils vor dem Verkauf von Heroin in der Straßenszene, um nicht erkannt zu werden. Das bringt eine hohe kriminelle Energie zum Ausdruck und ist dem Handeltreiben **nicht** immanent.[620]
- A verkauft seine Drogen in Kleinmengen im **viel frequentierten** Bereich des öffentlichen Nahverkehrs, was mit einer gefährdenden Versuchung von Jugendlichen einhergeht.[621]
- A handelt in einer Justizvollzugsanstalt mit Betäubungsmitteln unter Rekrutierung anderer Gefangener.

c) Sonstige Strafzumessungserwägungen

Strafmildernd kann auch berücksichtigt werden, wenn sich die Tat auf Betäubungsmittel bezieht, die letztlich nicht übergeben werden.[622] Auch der Täter, der „tätige Reue" übt und von der Übergabe der Betäubungsmittel an ihn Abstand nimmt, verdient eine Strafmilderung, wenn dies aufgrund freier Entscheidung geschieht.[623] 26

---

615 BGH NJW 1999, 1724 (1726).

616 BGH NStZ-RR 1997, 50.

617 BGH NStZ-RR 2010, 24.

618 BGH – 3 StR 120/90, BGHR § 46 Abs. 3 StGB Handeltreiben 2 gewinnorientierte Motivation.

619 BGH – 3 StR 120/90, BGHR § 46 Abs. 3 StGB Handeltreiben 2 gewinnorientierte Motivation.

620 BGH NJW 1999, 2604 (2605 f.).

621 BGH NStZ-RR 2008, 153.

622 Zur Strafbarkeit dieser bloßen An- und Verkaufsverhandlungen, → Kap. 2 Rn. 85 ff.

623 Ein Fall des § 31 Nr. 2 BtMG liegt nicht vor, weil die Tat schon vollendet wurde. Zu § 31 BtMG s. weiter im Folgenden → Kap. 5 Rn. 34 ff.

4. Eigenverbrauch

27 Der Bezug von Drogen (Erwerb, Einfuhr und Besitz) im Wesentlichen zum Eigenverbrauch ist strafmildernd zu berücksichtigen.[624] Ein „Recht auf Rausch"mit der Folge einer Straflosigkeit gibt es aber nicht.[625] Allerdings ist hier zu beachten, dass es sich im Wesentlichen um eine von einer Eigengefährdung des Täters geprägten Tat handelt.[626] Auch kann die Gefährlichkeit einer Droge, soweit sie dem Eigenkonsum dient, nicht strafschärfend berücksichtigt werden, weil bei bestimmungsmäßigem Gebrauch nur eine straflose Selbstgefährdung des Täters herbeigeführt wird.[627]

Beispiel: A wird bei der Einreise in die Bundesrepublik Deutschland kontrolliert. Die Beamten der Kontrolleinheit Verkehrswege des Zolls (KEV) stellen 250 g hochwertiges niederländisches Marihuana sicher (THC-Gehalt 25% entspricht 62,5 g). Damit wollte A seinen Konsum für die nächsten Monate sichern. Anhaltspunkte für ein Handeltreiben bestehen nicht. Gefährdungen Dritter sind auszuschließen. Die Annahme eines minder schweren Falles liegt hier nahe.[628]

Bei **Eigenkonsummengen im Bereich einer Einstellungsmöglichkeit** nach § 31a BtMG **muss** das Gericht auch bei fehlender Einstellung oder Zustimmung der Staatsanwaltschaft **prüfen**, ob es nicht gem. § 29 Abs. 5 BtMG von der Strafe absieht.[629] Das Absehen von Strafe ist aber nicht zwingend. Auch bei kleineren Eigenverbrauchsmengen ist eine Bestrafung möglich.[630]

5. Mengen sowohl zum Handeltreiben als auch zum Eigenverbrauch (Mischfälle)

28 In vielen Fällen werden Betäubungsmitteln teils zum Eigenkonsum, teils zur gewinnbringenden Weiterveräußerung erworben. Der strafmildernde Aspekt des Eigenkonsums zwingt zu einer möglichst genauen Schätzung der (Mindest-)Handelsmenge und (Höchst-)Menge zum Eigenkonsum.[631]

29 **Beachte:** Die tateinheitliche Verwirklichung von zwei Delikten (§ 52 StGB) führt normalerweise dazu, dass der Täter schwerer bestraft wird, als wenn er nur einen Straftatbestand verletzt hätte. Da hier andere aber durch die Eigenbedarfsmenge

---

[624] BGH NStZ 1983, 174.

[625] BVerfG NJW 1994, 1577 f., vgl. insoweit die Ausführungen oben → Kap. 2 Rn. 189 ff. zu § 31a BtMG.

[626] OLG Hamm Beschl. v. 6.3.2014, 1 RVs 10/14, BeckRS 2014, 08874.

[627] BayObLG StV 1993, 29, OLG Frankfurt a.M. StV 2010, 136.

[628] BGH NStZ 1983, 174 ff.

[629] S. → Kap. 2 Rn. 195.

[630] OLG Hamm Beschl. v. 20.8.2015 – 1 RVs 51/15, BeckRS 2016, 16069.

[631] BGH NStZ-RR 2008, 153; BGH NStZ-RR 2018, 113; OLG Bamberg Beschl. v. 25.6.2015 – 3 OLG 6 Ss 44/15, BeckRS 2015, 12780, → Kap. 2 Rn. 79.

nicht gefährdet werden, darf die tateinheitliche Verurteilung wegen zweier Delikte nicht strafschärfend berücksichtigt werden.[632]

6. Sicherstellung der Betäubungsmittel

Die **Sicherstellung** der Betäubungsmittel durch die Polizei ist ein gewichtiger, zugunsten des Angeklagten sprechender Gesichtspunkt.[633] Diesen Punkt muss das Gericht bedenken (bestimmender Strafzumessungsgrund). Allein der Umstand, dass die Sicherstellung der Drogen im Rahmen der Strafzumessung nicht angesprochen wird, führt zur Aufhebung des Strafausspruches.[634] Die Volksgesundheit wird nämlich in Folge der Sicherstellung nicht gefährdet. **30**

Beachte: Die strafmildernde Berücksichtigung einer Sicherstellung gilt auf jeden Fall im Bereich der Absatzdelikte, insbesondere beim Handeltreiben. Die Rechtsprechung tendiert nunmehr auch dahin, bei den Nichtabsatzdelikten die Sicherstellung als einen bestimmenden Strafzuwendungsgrund anzusehen.[635]

7. Polizeiliche Beobachtung der Tat

Die polizeiliche Beobachtung schließt eine Gefährdung der Volksgesundheit aus oder vermindert sie zumindest. Das verlangt daher die Prüfung, ob ein minder schwerer Fall vorliegt.[636] **31**

Beispiel: Die Polizei ermittelt gegen eine Tätergruppe, die Kokain aus Kolumbien im Bereich mehrerer 100 Kilogramm einführt. Im Zuge der Ermittlungen wird bekannt, dass das Rauschgift am 1. September in Rotterdam/Niederlande ausgeladen werden soll. Um die Abnehmer in Deutschland zu überführen, wird in Abstimmung mit den niederländischen Behörden das Rauschgift in den Niederlanden nicht beschlagnahmt, sondern unter polizeilicher Beobachtung nach Deutschland gelassen. Bei der Übergabe an die deutschen Abnehmer wird das Rauschgift dann sichergestellt (sog. **kontrollierte Lieferung**[637]).

Die polizeiliche Beobachtung hat auch dann **eigenständige** Bedeutung, wenn sie mit einer Tatprovokation[638] und/oder einer Sicherstellung[639] zusammenfällt. **32**

---

[632] BGH StV 1998, 599 f.

[633] BGH NStZ-RR 2017, 179; BGH Beschl. v. 6.2.2018 – 3 StR 629/17, BeckRS 2018, 3346; BGH NStZ-RR 2020, 146; BGH NStZ 2021, 54.

[634] StRspr; BGH NStZ 2013, 662.

[635] OLG Naumburg Beschl. v. 7.3.2017 – 2 Rv 31/17, BeckRS 2017, 124235.

[636] StRspr; BGH NStZ 2004, 694.

[637] S. dazu Nr. 29a ff. RiStBV; Patzak/Volkmer/Fabricius/Patzak BtMG § 29 Rn. 627 ff.

[638] BGH Beschl. v. 5.8.1988 – 2 StR 399/88, BeckRS 1988, 31094508, BGH Beschl. v. 19.8.2020 – 2 StR 257/20, BeckRS 2020, 24284, s. weiter auch den nächsten Absatz.

[639] BGH NStZ 2013, 662.

8. Tatprovokation durch Vertrauenspersonen und Verdeckte Ermittler

33 Wirken in einem Verfahren Vertrauenspersonen (VP) und Verdeckte Ermittler (VE)[640] mit, stellt sich gelegentlich die Frage, ob diese den Täter zur Tat **provoziert** haben. Ein in diesem Sinne tatprovozierendes Verhalten ist anzunehmen, wenn ein Verdeckter Ermittler oder eine polizeiliche Vertrauensperson mit dem Ziel, eine Tatbereitschaft zu wecken oder die Tatplanung zu intensivieren, über das bloße „Mitmachen" hinaus mit einiger Erheblichkeit **stimulierend** auf den Täter einwirkt.[641]

> **Fall 51:** A gibt einer VP zu verstehen, dass er Haschisch konsumiert. Auf der Toilette verkauft A der VP auch eine geringe Menge Haschisch. Beim nächsten Kontakt zeigt die VP Interesse an der Lieferung von Heroin. Obwohl sich A zunächst sträubt, drängt die VP ihn zur Lieferung. Nach kleineren Vertrauenskäufen wird A schließlich bei der Lieferung von 1 kg Heroin festgenommen.
>
> Gegen A bestand hier anfangs allenfalls der Verdacht, ein Gelegenheitsverkäufer von Haschisch zu sein. In der Verleitung zu Heroingeschäften **trotz anfänglicher Weigerung** des Angeklagten liegt eine erhebliche Steigerung des Unrechtsgehaltes (sog. **Quantensprung**). Das verstößt gegen den **Grundsatz des fairen Verfahrens**.[642] In diesem Fall wird von einer unzulässigen Tatprovokation gesprochen.[643] Das Verfahren ist daher insoweit einzustellen.

34 Der Umstand, dass der Täter nicht von sich aus initiativ wurde, sondern von Vertrauensperson und Verdecktem Ermittler zur Tat **gedrängt** wurde, führt nach neuerer Rechtsprechung des BGH in Abkehr zur früheren Kompensierung[644] bei der Strafe zu einem **Verfahrenshindernis**. und nicht nur zu einem Beweisverwertungsverbot.[645].

35 Keine Tatprovokation liegt vor, wenn eine VP eine bereits tatverdächtige Person auf die Lieferung von Betäubungsmitteln anspricht.

> **Fall 52:** Gegen A besteht der Verdacht, dass er mit Haschisch einen beachtlichen Kleinhandel in der Szene betreibt. Er verkauft auch einer VP eine kleine Menge. Die VP spricht ihn an, ob er auch Amphetamin und Kokain liefern kann. A sagt, er werde schauen. Beim nächsten Treffen bietet er der VP an, ihm 50 g Kokain gegen Vorkasse zu liefern. Nach diesem Geschäft einigen sie sich auf die Lieferung von 500 g Kokain. Die VP verweigert die Vorkasse, worauf sich A einlässt. Bei der geplanten Übergabe wird A verhaftet.
>
> Auch wenn A zunächst nur des Haschischhandels verdächtig war, hat die VP ihn nicht unzulässig provoziert. Entscheidend ist, ob sich der Täter auf die ihm an-

[640] Weitere Fragen des VP- und VE-Einsatzes werden im Rahmen der prozessualen Probleme angesprochen, s. dazu → Kap. 7 Rn. 5 ff. u. Rn. 126 ff.

[641] BGH Urt. v. 16.12.2021 – 1 StR 197/21, BeckRS 2021, 42005 Rn. 19.

[642] BGH NStZ 2000, 269 ff.; NStZ 2014, 277 (279).

[643] BGH NStZ 1985, 131.

[644] BGH NStZ 2000, 269 f; OLG Bamberg NStZ 2015, 267.

[645] BGH Urt. v. 10.6.2015 – 2 StR 97/14, BeckRS 2015, 19112 Rn. 47 ff.

gesonnene Intensivierung der Tatplanung **ohne weiteres** einlässt, sich also geneigt zeigt, auch die Tat mit dem höheren Unrechtsgehalt zu begehen und an ihr mitzuwirken.[646]

Entscheidend ist damit die Frage, welcher **Tatverdacht am Anfang des Verfahrens** bestand.

Beachte: Fälle, in denen die Ermittlungsbehörden unverdächtige Personen „angehen“, sie in Betäubungsmittelgeschäfte verstricken und/oder aus einem Kleindealer einen Großdealer machen („Kaltstart“), sind selten. Ein Interesse, die Tatgeneigtheit erst zu wecken, besteht nämlich nicht. Vielmehr konzentrieren sich die Ermittlungsbehörden darauf, **bestehende** Strukturen zu erhellen. Das bringt so viel Arbeit mit sich, dass es keinen Anlass gibt, unverdächtige Personen in Taten zu verwickeln. Einzelne Ausreißer, die dann höchstrichterlich entschieden werden,[647] verstellen den Blick darauf. Auf die besondere Verantwortung der Ermittlungsbehörden beim Einsatz von Vertrauenspersonen wird im Folgenden noch eingegangen.[648] 36

9. Aufklärungshilfe/Kronzeugenregelung (§ 31 BtMG)

Besondere Bedeutung hat § 31 BtMG. Diese Vorschrift beinhaltet eine **Kronzeugenregelung**, die es ermöglicht, einem Täter, der freiwillig an der Aufklärung von Betäubungsmittelstraftaten mitwirkt, über § 49 Abs. 1 StGB einen Strafrabatt zu gewähren oder bei ihm ganz von Strafverfolgung abzusehen. Abfällig wird sie teilweise auch als *„Judasparagraf“ oder „31er“* bezeichnet. 37

Kriminalpolitisches Ziel des § 31 BtMG ist es, in den illegalen Rauschgiftmarkt einzudringen und die Möglichkeiten der strafrechtlichen Verfolgung begangener (§ 31 S. 1 Nr. 1 BtMG) und der Verhinderung geplanter Straftaten (§ 31 S. 1 Nr. 2 BtMG, sog. **Präventionshilfe**[649] zu verbessern.[650] Die Vorschrift ist von der allgemeinen Kronzeugenregelung des § 46b StGB abzugrenzen, die freilich viele von der Rechtsprechung zu § 31 BtMG entwickelte Grundsätze übernommen hat.[651] Gegenüber § 46b StGB hat § 31 BtMG insoweit eine **enorme eigenständige Bedeutung**, weil er *jede* Anlasstat aus dem BtMG und damit auch Täter und Taten der einfachen Drogenkriminalität erfasst. § 46b StGB greift nur ein, wenn sich die Aufklärungshilfe auf Katalogtaten nach § 100a Abs. 2 StPO bezieht.

---

[646] BGH NStZ 2001, 553 f.

[647] BGH NStZ 2014, 277.

[648] S. unten Umgang mit „vertraulichen Hinweisen“ und Einsatz von Vertrauenspersonen, → Kap. 7 Rn. 5 ff.

[649] Mangels Praxisrelevanz soll hier auf die Darstellung der Voraussetzungen der Präventionshilfe verzichtet werden.

[650] BeckOK BtMG/Becker BtMG § 31 Rn. 2.

[651] Weber/Kornprobst/Maier/Weber BtMG § 31 Rn. 4.

a) Voraussetzungen der Aufklärungshilfe

38 Der Täter muss dazu beitragen, dass die Tat über seinen eigenen Tatbeitrag hinaus aufgedeckt werden kann. Wer abgesehen von seinem **Geständnis** über Hinterleute, Auftraggeber und Betäubungsmittelverstecke schweigt, verdient eine Strafmilderung nach § 31 BtMG nicht.[652] Der Angeklagte muss mit seiner Wissensoffenbarung aber nicht allein das gesamte Tatgeschehen erhellen, sondern er muss lediglich einen **wesentlichen Beitrag zur Aufklärung des Tatgeschehens** leisten. Wesentlich ist ein Beitrag, wenn ohne ihn die Tat nicht oder nicht vollständig aufgedeckt worden und die kriminalpolizeiliche Überführung von Mittätern, Auftraggebern und Hinterleuten und die Sicherstellung von Betäubungsmitteln mit großer Wahrscheinlichkeit nicht oder nicht in diesem Umfange möglich gewesen wäre.[653] Die Ermöglichung eines Fahndungserfolges (zB die Entdeckung des Drogenlagers[654]) reicht aus, auch wenn das Verhalten der Tatbeteiligten den Ermittlungsbehörden bereits bekannt ist.[655]

Beachte: Die Strafmilderung verdient aber auch derjenige, der noch mehr sagen könnte. Die Offenbarung muss daher nicht umfassend sein. § 31 verlangt weder ein umfassendes Geständnis noch eine Offenlegung des gesamten Wissens des Täters.[656]

Die Möglichkeit der Aufklärungshilfe ist zeitlich beschränkt: Nach § 31 S. 3 BtMG iVm § 46b Abs. 3 StGB ist die Anwendung der Strafmilderung ausgeschlossen, wenn der Täter sein Wissen erst offenbart, nachdem die Eröffnung des Hauptverfahrens gegen ihn beschlossen worden ist. Dadurch soll die rechtzeitige Überprüfung der Angaben des Kronzeugen ermöglicht werden.[657] Spätere Angaben können aber gemäß § 46 StGB im Wege der allgemeinen Strafzumessung berücksichtigt werden.[658]

Fall 53: A, der sich auf Kurierfahrt befindet, wird bei der Einreise in die Bundesrepublik Deutschland kontrolliert. Den Auftrag hat er von B erhalten. Er weiß nur, dass er die Betäubungsmittel einer ihm unbekannten Person in Stuttgart übergeben soll. Weitere Hintergründe der Tat sind ihm nicht bekannt. Er ist bereit, die Übergabe der Betäubungsmittel unter Beobachtung der Polizei zu vollziehen. Dabei wird der bisher nicht in Erscheinung getretene C verhaftet.

Die Mitwirkung an der Überführung des bisher nicht bekannten C ist der klassische Anwendungsfall von § 31 S. 1 Nr. 1 BtMG.

39 Die Anwendung des § 31 S. 1 Nr. 1 BtMG ist auf die **Aufklärungshilfe zu Betäubungsmittelstraftaten** (§§ 29 bis 30a BtMG) begrenzt; die Aufklä-

[652] Patzak/Volkmer/Fabricius/Patzak BtMG § 31 Rn. 55.
[653] BGH Beschl. v. 15.3.2016 – 5 StR 26/16, BeckRS 2016, 6506 Rn. 10.
[654] BGH NStZ 2014, 167.
[655] BGH NStZ 2006, 177.
[656] Weber/Kornprobst/Maier/WeberBtMG § 31 Rn. 49 f.
[657] BGH Urt. v. 25.9.2018 – 5 StR 251/18, BeckRS 2018, 28440 Rn. 18.
[658] BGH NJW 2011, 2529.

rungshilfe zu anderen (schweren) Straftaten richtet sich nach § 46b StGB. Der Tatbegriff von § 31 BtMG ist dabei mit dem Begriff der Tat im strafprozessualen Sinne nicht identisch, sondern nimmt einen geschichtlichen Vorgang an, der das strafbare Verhalten des Angeklagten als einen Tatbeitrag und strafrechtlich relevante Beiträge anderer Personen umfasst.[659] Es genügt, wenn die aufgedeckten Taten zwar als rechtlich selbstständige Taten zu bewerten sind, aber mit den strafbaren Taten des Angeklagten in Verbindung stehen. Dieser Zusammenhang ist häufig im Rahmen von Bandendelikten und fortlaufender Kurier- und Verkaufstätigkeit gegeben.[660]

Beispiel: A, der bei einer Beschaffungsfahrt im Auftrag des B von der Polizei erwischt wird, macht auch zu seinen früheren Fahrten für B Angaben. Hier besteht ein Zusammenhang mit der Ausgangstat im Hinblick auf die fortlaufende Kuriertätigkeit des A, der im Auftrag und nach den Anweisungen nur eines Auftraggebers handelte.

Diese Form der umfassenden **Lebensbeichte** ist nach unseren Erfahrungen der häufigste Anwendungsfall von § 31 BtMG.

Der **Zusammenhang fehlt aber**, wenn der Täter an der Aufklärung von Ta- 40
ten anderer mitgewirkt hat, an denen er selbst nicht beteiligt war. Diese Angaben können sich lediglich im Rahmen der Strafzumessung im engeren Sinne strafmildernd auswirken.[661]

Beispiel: A macht Angaben zu B, mit dem er selbst keine Betäubungsmittelgeschäfte gemacht hat, von dem er aber erzählt bekommen hat, dass dieser eine Rauschgiftbeschaffungsfahrt in die Niederlande unternommen hat.

Hier fehlt es an dem erforderlichen Zusammenhang, so dass § 31 BtMG keine Anwendung finden kann.

b) Prozessuales

§ 31 S. 1 Nr. 1 BtMG setzt voraus, dass **der Tatrichter** davon überzeugt ist, 41
dass die Darstellung des Täters über die Beteiligung anderer an der Tat zutrifft und dass hierdurch die Voraussetzungen für die erfolgreiche Durchführung eines Strafverfahrens im Falle der Ergreifung des Täters geschaffen wurden.[662] Der Zweifelsgrundsatz kommt dem Täter hier nicht zugute.[663] Das Gericht muss sich eine **eigene** Überzeugung bilden. Es ist **nicht an die Wertungen und Entscheidungen anderer Gerichte gebunden**.[664] Es darf daher nicht auf ein entsprechendes Urteil in einem anderen Verfahren verweisen.

---

[659] BGH NStZ 2013, 665 mAnm Patzak; Weber/Kornprobst/Maier/Weber BtMG § 31 Rn. 40; MüKoStGB/Maier BtMG § 31 Rn. 107 f.

[660] BGH NStZ 1991, 290.

[661] BGH NStZ 1995, 193.

[662] BGH NStZ-RR 2009, 320.

[663] Vgl. BGH Urt. v. 14.7.1988 – 4 StR 154/88, BeckRS 1988, 31102068; BGH Beschl. v. 28.4.2011 – 4 StR 169/11, BeckRS 2011, 11230.

[664] BGH NStZ 2009, 394 = StV 2010, 134.

42 Die Verteidigung kann das Gericht mit einem Beweisantrag lediglich davon überzeugen, dass der Aufklärungserfolg eingetreten ist, zB indem die Vernehmung von Polizeibeamten zu Ermittlungen, Rechtshilfeersuchen, Festnahmen oder Betäubungsmittelsicherstellungen beantragt wird. Der Aufklärungserfolg selbst lässt sich aber nicht mit einem Beweisantrag erzwingen, denn es ist nicht die Aufgabe des Gerichts, den Aufklärungserfolg im Rahmen der Beweisaufnahme herbeizuführen.[665]

43 **Beachte:** Konstellationen, in denen ein Angeklagter den Vorwurf des Betäubungsmittelhandels bestreitet und im Wesentlichen nur von einem Zeugen belastet wird, der selbst des Verstoßes gegen das BtMG beschuldigt ist und die belastenden Angaben bei seiner Vernehmung und nach Belehrung über die Folgen einer Aufklärungshilfe nach § 31 BtMG gemacht hatte, sind nicht selten. In diesen Fällen muss sich der Tatrichter deshalb mit einem möglichen **Falschbelastungsmotiv auseinandersetzen**.[666]

44 Die Anwendung von § 31 BtMG setzt nicht voraus, dass der Täter, um den Strafrabatt zu verdienen, in einer Hauptverhandlung in einem anderen Verfahren eine Aussage macht. Soweit er noch nicht verurteilt wurde, kann er in der Regel seine Aussage nach § 55 StPO vollständig verweigern.[667] In diesem Fall wird dann der Vernehmungsbeamte zu seinen Bekundungen vernommen.[668] Auch der Täter, der ursprünglich im Ermittlungsverfahren Angaben zu weiteren von ihm begangenen Rauschgiftgeschäften machte, aber sein Geständnis in der Hauptverhandlung nicht wiederholt, verdient die Strafmilderung nach § 31 BtMG, wenn sich das Gericht davon überzeugen kann, dass die ursprüngliche Aussage zutreffend war.[669]

44a **Prüfungsschema:**[670]

Der Aufklärungsgehilfe muss
a) durch freiwilliges Offenbaren seines Wissens
b) hinsichtlich einer Betäubungsmittelstraftat, die im Zusammenhang mit seiner Tat steht, über den eigenen Tatbeitrag hinaus
c) zu einem wesentlichen Aufklärungserfolg beitragen,
wofür nicht ein Fahndungserfolg eingetreten sein muss, sondern alleine die Überzeugung des Tatgerichts maßgeblich ist.

---

[665] BGH NStZ 2005, 231.
[666] BGH NStZ-RR 2003, 245; NStZ 2009, 403 f. Zu den insoweit erforderlichen Feststellungen in einem Urteil: OLG Koblenz Beschl. v. 2.5.2016 – 2 OLG 4 Ss 32/16, BeckRS 2016, 13083.
[667] S. dazu unten → Kap. 7 Rn. 130 ff.
[668] Zu dem sog. Zeugen von Hörensagen unten → Kap. 7 Rn. 126 ff.
[669] BGH NStZ-RR 2013, 281.
[670] Patzak/Volkmer/Fabricius/Patzak BtMG § 31 Rn. 15.

10. Betäubungsmittelabhängigkeit und §§ 20, 21 StGB

Viele Betäubungsmittelstraftäter sind selbst Konsumenten oder gar betäubungsmittelabhängig. Die Weltgesundheitsorganisation beschreibt die Betäubungsmittelabhängigkeit als *„psychischen und zuweilen auch physischen Zustand, der sich aus der Wechselwirkung zwischen einem lebenden Organismus und einer Droge ergibt und sich äußert im Verhalten und in anderen Reaktionen, die stets den Zwang einschließen, die Droge dauernd oder in Abständen zu nehmen, um deren psychische Wirkungen zu erleben und das durch ihr Fehlen auftretende Unbehagen zu vermeiden.*“[671] Nicht jeder Konsument von Drogen ist aber drogenabhängig oder hat einen Hang, diese im Übermaß zu konsumieren. Das gilt insbesondere im Bereich des Umgangs mit den sog. „weichen Drogen“. Von der Drogenabhängigkeit ist daher der **bloße Drogenmissbrauch** zu unterscheiden. 45

a) Voraussetzungen für Schuldunfähigkeit und verminderte Schuldfähigkeit

Nach ständiger Rechtsprechung führt daher eine Betäubungsmittelabhängigkeit weder zur Schuldunfähigkeit (§ 20 StGB) noch zu einer erheblichen Verminderung der Schuldfähigkeit (§ 21 StGB).[672] Eine erhebliche Einschränkung der Steuerungsfähigkeit ist bei einem Abhängigen nur ausnahmsweise gegeben, nämlich 46

1. bei langjährigem Rauschgiftmissbrauch, der zu **schwersten Persönlichkeitsveränderungen** geführt hat,
2. wenn der Täter unter **starken Entzugserscheinungen** gelitten hat und durch sie dazu getrieben wurde, sich mittels einer Straftat Drogen zu verschaffen, oder bei Heroinkonsum auch die Angst vor solchen Entzugserscheinungen,
3. wenn die Tat im Zustand **aktueller Intoxikation (akuter Rausch)** verübt wurde.

oder

4. in **Ausnahmefällen** auch die Angst vor unmittelbar bevorstehenden Entzugserscheinungen, die der Täter schon einmal als äußerst unangenehm („intensivst“ oder „grausamst“) erlitten hat.[673]

Beachte: Stehen nur Verstöße gegen das BtMG in Rede, werden planvolles und zielgerichtetes Vorgehen gegen einen Verlust der Steuerungsfähigkeit sprechen. Die Abhängigkeit ist vielmehr der Normalzustand.[674] Das gilt insbesondere für die Merkmale 2 und 3, ist aber auch bei 1 denkbar. 47

---

[671] Zit. nach HJW BtMG § 35 Rn. 4.1.2.

[672] BGH NStZ 2003, 370; zusammenfassend: Theune NStZ-RR 2003, 225 ff.

[673] Vgl. BeckOK BtMG/Schmidt BtMG § 29 Vorbemerkungen zu § 29 BtMG Rn. 25–26.

[674] Weber/Kornprobst/Maier/Maier BtMG Vor §§ 29 ff. Rn. 517.

48 Auch wenn die Betäubungsmittelabhängigkeit des Täters nicht zur Annahme verminderter Schuldfähigkeit führt, wirkt sich seine Betäubungsmittelabhängigkeit jenseits von § 21 StGB strafmildernd aus und gibt Anlass zu fragen, ob sich die Tat als minder schwerer Fall darstellt.[675] Meist wird im Grenzbereich der nicht geringen Mengen ein minder schwerer Fall anzunehmen sein.[676]

> **Fall 54:** A ist schwer heroinabhängig und seit mehr als 10 Jahren „drauf". Er ist bereits wegen Handeltreibens mit Betäubungsmitteln vorbestraft und steht unter einschlägiger Bewährung. Er fährt in die Niederlande und kauft neben Heroin zum Eigenkonsum auch 6 kg Haschisch (THC-Gehalt 10%, was 600 g THC entspricht und die nicht geringe Menge 80-mal überschreitet) zum Weiterverkauf.
>
> Die Voraussetzungen des § 21 StGB liegen nicht vor. Selbst wenn man dies annähme, stünden der Annahme eines minder schweren Falles beachtliche strafschärfende Erwägungen gegenüber. Wichtig ist noch der Hinweis darauf, dass die Schuldfähigkeit nicht zwischen dem Erwerb zum Eigenkonsum und zum Handeltreiben getrennt werden kann.[677]

49 Hinzuweisen ist auch noch darauf, dass die fehlende Betäubungsmittelabhängigkeit nicht strafschärfend berücksichtigt werden darf.[678]

b) Feststellung der Drogenabhängigkeit

50 Nach § 246a Abs. 1 S. 2 StPO ist ein **Sachverständiger** (§§ 72 ff. StPO) über den Zustand des Angeklagten und seine Behandlungsaussichten zu vernehmen, wenn das Gericht eine Unterbringung des Angeklagten in einer Entziehungsanstalt erwägt. Nur wenn diese Entscheidung von sachverständigen Feststellungen unabhängig ist, kann das Gericht davon absehen.[679] Das Gericht kann die Hinzuziehung eines Sachverständigen nicht unter Hinweis auf die in anderen Verfahren erworbene und andere Angeklagte betreffende „eigene Sachkunde" ersetzen.[680] Selbst wenn der Angeklagte seine Untersuchung verweigert, so gestattet dies nicht den Verzicht auf eine gutachterliche Stellungnahme.[681]

Bereits die Staatsanwaltschaft hat von Amts wegen die Ermittlungen auch auf die Frage der Schuldfähigkeit zu erstrecken (Nr. 5 Abs. 3 RiStBV). Bei der Auswahl des Sachverständigen ist auch zu beachten, dass dem Verteidiger Gelegenheit zur Stellungnahme **vor** Auswahl des Sachverständigen gegeben wird (Nr. 70 Abs. 1 RiStBV).

---

[675] BGH NStZ 1992, 381.

[676] → Kap. 5 Rn. 20.

[677] BGH NStZ 2012, 44.

[678] OLG Düsseldorf StV 1994, 23, OLG Hamm Schlussantrag v. 6.10.2016 – 4 RVs 121/16, BeckRS 2016, 18650.

[679] BGH NStZ 2012, 463.

[680] BGH Beschl. v. 16.9.2009 – 5 StR 334/09, BeckRS 2009, 26257.

[681] BGH Beschl. v. 26.7.2017 – 3 StR 182/17, BeckRS 2017, 126969.

Beachte: Soweit sich in einem BtM-Verfahren die Haftfrage stellt, sollte daran gedacht werden, mit der Verhaftung bzw. Festnahme eine Blut- und Haarprobe entnehmen zu lassen.[682] Diese liefern wichtige objektive Anhaltspunkte für das Ausmaß und die Stärke des Drogenkonsums. Allein der Umstand, dass Drogen im Blut nachgewiesen werden, belegt keine Drogenabhängigkeit.[683] Andererseits kann nicht ausgeschlossen werden – und wurde von uns auch schon häufig beobachtet –, dass Angeklagte in der Hauptverhandlung anwaltlich beraten ihren Drogenkonsum aufbauschen, um eine mildere Strafe zu erhalten.[684] Dann sind diese Daten unter anderem geeignet, die Einlassung des Angeklagten zumindest zu hinterfragen und nicht kritiklos zu übernehmen. Gegenüber später entnommenen Proben haben sie den Vorteil, in zeitlichem Zusammenhang mit der Tat zu stehen. 51

11. Vertypte Milderungsgründe des StGB und ihre praktische Bedeutung im Betäubungsmittelstrafrecht

Auch § 27 Abs. 2 S. 2 StGB (Beihilfe) und § 23 Abs. 2 StGB (Versuch) 52 wirken sich im Bereich des Betäubungsmittelstrafrechts strafmildernd aus. Besonderheiten ergeben sich hier nicht. In der täglichen Arbeit nimmt die Beihilfe dabei einen größeren Bereich ein.

Fall 55: B bittet A, nach Wiesbaden zu fahren, um dort bei seinem Dealer bestellte 3 kg Marihuana abzuholen. Für die Fahrt sind ihm Spritgeld sowie 300 EUR versprochen worden.

A ist nach neuerer Rechtsprechung nur wegen Beihilfe zum Handeltreiben zu bestrafen.[685] Die Annahme eines minder schweren Falles liegt hier trotz der großen Betäubungsmittelmenge nahe.

Abwandlung: B bittet A, den Transport abzusichern. A soll vorausfahren und B telefonisch eventuelle Polizeikontrollen durchgeben. A führt in seinem PKW auch eine sog. Machete mit. B transportiert 3 kg Marihuana. Er ist unbewaffnet.

A ist hier nicht wegen bewaffneter Beihilfe zu bestrafen.[686] Der Besitz der Waffe, die nicht unter das Waffengesetz fällt, steht hier aber der Würdigung als minder schwerer Fall entgegen.

Nach unseren Erfahrungen spielen die vertypten Milderungsgründe nach 53 § 13 Abs. 2 StGB (unechtes Unterlassungsdelikt) und § 17 Abs. 2 StGB (vermeidbarer Verbotsirrtums) im Bereich der hier dargestellten Delikte kaum eine Rolle.

[682] Zur Entnahme einer Blut- und Urinprobe → Kap. 4 Rn. 31 ff.

[683] BGH Beschl. v. 30.1.2001 – 1 StR 568/00, BeckRS 2001, 2107.

[684] Zur strafmildernden Bedeutung der Betäubungsmittelabhängigkeit → Kap. 5 Rn. 46.

[685] → Kap. 2 Rn. 95 ff.

[686] → Kap. 2 Rn. 147.

V. Bildung einer Gesamtfreiheitsstrafe (§§ 53 f. StGB)

54 In Betäubungsmittelsachen sind Verfahren mit vielen Einzeltaten eines Täters die Regel. Werden mehrere rechtlich selbstständige Straftaten des Täters abgeurteilt, ist eine **Gesamtstrafe** zu bilden. Die für jede einzelne Tat verwirkten Strafen werden aber **nicht einfach addiert**. Vielmehr wird die höchste Einzelstrafe (sog. Einsatzstrafe) noch weiter erhöht. Das Maximum der Erhöhung besteht in der Summe der Einzelstrafen. Das führt nicht selten dazu, dass die Summe der einzelnen Strafe im mehrfachen zweistelligen Bereich liegt. Nach der Rechtsprechung des *BGH* muss sich die Gesamtstrafe aber im Wesentlichen an der Einsatzstrafe orientieren.

Beispiel: A wird zu einer Gesamtfreiheitsstrafe von 4 Jahren verurteilt. Das ist nach der Rechtsprechung fehlerhaft, wenn die Einsatzstrafe 1 Jahr 6 Monate und die weiteren Einzelstrafen 1 Jahr 6 Monate, zweimal 1 Jahr, je einmal 10 Monate, 8 Monate und 3 Monate betragen.[687]

Diese Gesamtstrafe kann dennoch vertretbar sein. Die Bildung dieser Strafe bedarf aber einer sorgfältigen Begründung.[688]

55 **Als Faustformel für das Handeltreiben kann man sich merken:** Das Gewicht der **Gesamtdelinquenz** wird beim unerlaubten Handeltreiben nicht vorrangig durch die Anzahl der Einzeltaten geprägt, sondern durch die Menge des gehandelten Rauschgifts.[689]

VI. Entziehung der Fahrerlaubnis und Fahrverbot

56 Häufig stellt sich auf der Rechtsfolgenseite auch die Frage, ob dem Angeklagten auch die Fahrerlaubnis gem. § 69 StGB entzogen werden kann oder wenigstens ein Fahrverbot nach § 44 StGB verhängt wird. Der wesentliche Unterschied zwischen beiden Rechtsfolgen ist, dass im Falle der Entziehung der Fahrerlaubnis der Angeklagte nach Ablauf einer Sperrfrist erneut eine Fahrerlaubnis beantragen muss. Im Falle eines Fahrverbotes bleibt die Fahrerlaubnis bestehen.

1. Entziehung der Fahrerlaubnis nach § 69 StGB

57 Lassen sich aus der Tat Rückschlüsse darauf ziehen, dass der Täter bereit ist, die Sicherheit des Straßenverkehrs seinen eigenen kriminellen Interessen unterzuordnen, ist er charakterlich ungeeignet zum Führen von Kraftfahrzeu-

[687] BGH StV 2007, 633.
[688] StRspr; vgl. nur BGH NStZ 2007, 326.
[689] BGH Beschl. v. 14.10.2004 – 4 StR 292/04, BeckRS 2004, 11140.

gen. Dann ist ihm die Fahrerlaubnis gemäß § 69 StGB zu entziehen. Das ist regelmäßig bei Verurteilungen wegen § 316 StGB der Fall.[690]

Belange der Verkehrssicherheit sind aber in Fällen, in denen der Täter im Fahrzeug Rauschgift transportiert, nicht ohne Weiteres beeinträchtigt. Der *BGH* hat auch ausdrücklich betont, dass ein allgemeiner Erfahrungssatz, Rauschgifttransporteure seien bei Verkehrskontrollen zu besonders riskanter Fahrweise entschlossen, nicht bestehe.[691] Der bloße Umstand, dass ein Kurier unter Drogeneinfluss gem. § 24a Abs. 2 StVG gefahren ist, reicht daher als Grundlage für eine Entziehung der Fahrerlaubnis nicht aus. Vielmehr muss die Sicherheit des Straßenverkehrs beeinträchtigt sein. Das ist bei einer verkehrswidrigen Flucht mit hoher Geschwindigkeit oder dem Einbau eines Schmuggelversteckes mit der Folge, dass das Fahrzeug dadurch verkehrsuntüchtig wird, der Fall.[692] **58**

Beachte: Bei observierten Fahrten sollte darauf geachtet werden, dass die Observationskräfte auch die Fahrweise beschreiben. Gerade aus der Fahrweise eines Beschuldigten lassen sich die entsprechenden Schlüsse ziehen.

2. Fahrverbot gem. § 44 Abs. 1 S. 2 StGB

Durch das Gesetz zur effektiveren und praxistauglicheren Ausgestaltung des Strafverfahrens[693] wurden die Regelungen in § 44 StGB zum Fahrverbot dahingehend geändert, dass auch bei einer Straftat, die **nicht** bei oder im Zusammenhang mit dem Führen eines Kraftfahrzeugs oder unter Verletzung der Pflichten eines Kraftfahrzeugführers begangen wurde, die Anordnung eines Fahrverbots in Betracht kommt. Die Dauer des Fahrverbotes beträgt ein bis sechs Monate. Bei Straftaten ohne Verkehrsbezug kann aufgrund der Gesetzesänderung ein Fahrverbot dann verhängt werden, wenn dieses entweder zur Einwirkung auf den Täter (1. Var.) oder zur Verteidigung der Rechtsordnung erforderlich erscheint (2. Var.) oder hierdurch die Verhängung einer Freiheitsstrafe oder deren Vollstreckung vermieden werden kann (3. Var.). Die Anordnung eines Fahrverbotes kommt damit auch **jenseits von rauschmittelbedingter Fahruntüchtigkeit** in Betracht. Die verschiedenen Anwendungsfälle implizieren, dass das Fahrverbot keine Sanktion für „kleine Ladendiebe" oder andere Bagatellstraftaten ist, sondern im Bereich der leichteren bis mittleren Kriminalität zur Anwendung kommen soll.[694] **59**

Gerade in Fällen der Nutzung eines PKW bei der Abwicklung von Betäubungsmittelgeschäften und der Einfuhr von Betäubungsmitteln kann daher an die Anordnung dieser Nebenstrafe gedacht werden. **60**

---

[690] → Kap. 4 Rn. 17 ff.
[691] BGH NStZ-RR 2012, 282.
[692] Patzak/Volkmer/Fabricius/Patzak BtMG Vor §§ 29 ff. Rn. 451.
[693] BGBl. 2017 I 3202.
[694] Schöch NStZ 2018, 15.

Fall 56: Dealer A lässt sich von B zu seinen Abnehmern fahren. Er wird nunmehr wegen gewerbsmäßigen Handeltreibens mit Betäubungsmitteln zu einer Gesamtfreiheitsstrafe von 1 Jahr und 6 Monaten mit Strafaussetzung zur Bewährung verurteilt. Da es nicht darauf ankommt, ob der Täter selbst gefahren ist, kommt auch die Verhängung eines Fahrverbotes in Betracht. Dies kann mit der Verteidigung der Rechtsordnung begründet werden.

B. § 64 StGB

I. Überblick

61 Ist der Täter betäubungsmittelabhängig, stellt sich die Frage, ob die abgeurteilten Taten auf einen **Hang des Täters** zurückgehen, berauschende Mittel im Übermaß zu sich zu nehmen. In diesem Fall kommt eine Unterbringung nach § 64 StGB in einer Entziehungsanstalt in Betracht.[695] § 64 StGB setzt dabei **nicht** voraus, dass der Täter schuldunfähig oder vermindert schuldfähig ist. Die Frage der Schuldfähigkeit ist irrelevant. Ziel der Unterbringung ist die Heilung von stoffgebundenen Abhängigkeiten. Es geht um Einübung von Abstinenz und Bewahrung vor einem Rückfall in akute Sucht zumindest für eine gewisse Zeit.[696] Neben § 64 StGB, der auch bei alkoholabhängigen Straftätern Anwendung findet, bietet das Gesetz mit §§ 35 f. BtMG dem rauschgiftabhängigen Täter eine Möglichkeit, sich therapieren zu lassen.[697]

62 Obwohl beide Vorschriften an die Betäubungsmittelabhängigkeit des Straftäters anknüpfen, bestehen wesentliche Unterschiede zwischen beiden Regelungen. § 35 BtMG ist ein Instrument der Vollstreckung. Deswegen geht die Unterbringung nach § 64 StGB als Maßregel der Besserung und Sicherung, über die im Erkenntnisverfahren entschieden wird, grundsätzlich vor.[698]

63 § 64 StGB wurde durch das Gesetz zur Sicherung der Unterbringung in einem psychiatrischen Krankenhaus und in einer Entziehungsanstalt vom 16.7.2007 in wichtigen Punkten umgestaltet.[699] Wichtig ist insbesondere § 64 S. 2 StGB, wonach die Anordnung nicht ergeht, wenn die Therapie aussichtslos ist. Die Aussicht auf einen Therapieerfolg muss vom Gericht positv festgestellt werden. Ergänzend ist § 67d Abs. 4 StGB zu beachten, wonach die Maßnahme zu beenden ist, wenn der Zweck nicht mehr erreicht werden kann.

[695] Nur ausnahmsweise (schwere langdauernde Drogenabhängigkeit mit hirnorganischen Veränderungen oder schwere suchttypische Wesensveränderungen) ist auch eine Unterbringung nach § 63 zu erwägen. Diese Maßregel soll daher hier nicht näher angesprochen werden.

[696] Fischer StGB § 64 Rn 2.

[697] Zu § 35 BtMG → Kap. 6.

[698] StRspr BGH Beschl. v. 10.3.2010 – 2 StR 34/10, BeckRS 2010, 8662 und unten → Kap. 6 Rn. 25.

[699] BGBl. 2007 I 1327.

II. Die Voraussetzungen der Unterbringung nach § 64 StGB in einer Übersicht

Wann eine Unterbringung in einer Entziehungsanstalt in Betracht kommt, **64**
soll anhand folgender Tabelle erläutert werden:

Kriterium	Unterbringung **ja**:	Unterbringung **nein**:
Hang, berauschende Mittel im Übermaß zu sich zu nehmen (Sucht)	wenn wenigstens psychische Abhängigkeit mit wesentlichen Beeinträchtigungen der Gesundheit oder Sozialisation[700]	bei bloßer Neigung zum Rauschmittel-Missbrauch, auch wenn dann im Rausch Straftaten begangen werden[701]
Beziehung zwischen Tat und Sucht	wenn Tat im Rausch ausgeführt oder auf den Hang zurückgehend (sog. Symptomatizität[702])	bei bloßer Parallelität von Sucht und Kriminalität[703]
Gefahr weiterer Taten	Wahrscheinlichkeit	Selbstgefährdung[704] und bloße Wiederholungsmöglichkeit[705] reichen nicht aus
Schweregrad künftiger Taten	erheblich	gering[706]
Gefahr für die Allgemeinheit	nicht erforderlich	
Therapiechancen	hinreichende Aussicht auf Erfolg, § 64 S. 2 StGB[707]	keine Aussicht auf Erfolg[708]
Unterbringung neben Strafe	idR Vorwegvollzug (§ 67 Abs. 2 S. 2 StGB) bei Freiheitsstrafen über drei Jahren	
Aussetzung zur Bewährung	wenn Strafe verbüßt wird, § 267b Abs. 1 S. 2 StGB	

[700] BGH NStZ 2004, 384 f.

[701] BGH NStZ-RR 2004, 365 f.

[702] BGH NJW 1990, 3282 mit Hinweis darauf, dass die erste Alternative ein Unterfall der zweiten Alternative ist.

[703] Fischer StGB § 64 Rn. 13. Dieser Fall dürfte selten sein, weil ausreicht, dass der Hang neben andere Ursachen tritt, vgl. BGH NStZ 2000, 25 f.

[704] BGH NStZ-RR 2007, 368; OLG Hamm NJW 1974, 614.

[705] BGH Urt. v. 22.11.2018 – 4 StR 356/18, BeckRS 2018, 32647; Urt. v. 11.12.1990 – 1 StR 611/90 bei Schoreit NStZ 1991, 375.

[706] BGH NStZ 1994, 280.

[707] Hierin und in dem folgenden Aspekt liegt der Schwerpunkt der Neuregelung.

[708] S. dazu ausführlich → Kap. 5 Rn. 66.

Grundsätzlich beträgt die Höchstdauer der Unterbringung zwei Jahre (§ 67d Abs. 1 S. 1 StGB[709]).

65 Einige Voraussetzungen seien an folgenden Fällen näher erläutert:

Fall 57: A ist vielfach, ua wegen Betäubungsmitteldelikten vorbestraft. Er konsumiert seit Jahren Heroin, später auch Kokain. Seit 14 Jahren ist er multipel drogenabhängig. Nach seiner letzten Haftentlassung im Juni wurde er in ein Methadonprogramm aufgenommen, konsumierte aber weiterhin Kokain. Die beiden innerhalb von drei Wochen nach seiner letzten Haftentlassung begangenen abgeurteilten Straftaten beging er jeweils nach Erhalt von Methadon und nach Beikonsum von Kokain bzw. Diazepam in der Absicht, mit der jeweiligen Beute seinen Kokainkonsum zu finanzieren. A befand sich bereits mehrfach in Maßnahmen auf der Grundlage von § 35 BtMG. Unsicher bleibt auch nach Begutachtung durch einen Sachverständigen, ob A therapierbar ist.

a) A steht nun erneut wegen räuberischer Erpressung unter Anklage:

Viele Entscheidungen zu § 64 StGB ergehen zu Fällen, die nicht eine Straftat nach dem BtMG zum Gegenstand haben. Hier müsste die Unterbringung angeordnet werden. Auch wenn A bereits mehrere Therapieversuche erfolglos hinter sich gebracht hat, steht das einer Unterbringung nicht im Wege.

b) A wird nun der Erwerb kleiner Rauschgiftmengen zum Eigenkonsum vorgeworfen:

Ein Zusammenhang zwischen den Taten und der Sucht besteht. Im Hinblick auf die Vorverurteilungen wegen räuberischer Erpressung werden auch solche Taten nicht auszuschließen sein. Trotz der Anknüpfungstat, die eine Gefährdung anderer ausschließt, ist daher eine Unterbringung anzuordnen.

III. Aussichtslosigkeit einer Therapie

66 Nach § 64 S. 2 StGB ergeht die Anordnung nur, wenn eine hinreichend konkrete Aussicht auf einen **Behandlungserfolg** besteht. Folgende Faktoren können gegen einen Behandlungserfolg sprechen:

- **Vielzahl** von Therapieabbrüchen (wichtig: Mehrzahl von Therapien),
- **Rückfälle** nach Absolvierung von Therapien (wichtig: Mehrzahl von Therapien[710]),
- primär andere Ursachen und nur sekundär die Abhängigkeit.

Nach der Rechtsprechung reicht für die Begründung der Aussichtslosigkeit eine **aktuelle Therapieunwilligkeit** nicht aus, weil die Therapiebereitschaft noch geweckt werden kann.[711] Die aktuelle Therapieunwilligkeit ist daher nur ein Indiz, es ist eine Gesamtwürdigung vorzunehmem.[712]

---

[709] Nach § 67d Abs. 1 S. 3 StGB verlängert sich die Höchstfrist in Fällen, in denen neben Freiheitsstrafe auch die Unterbringung angeordnet wurde um die Dauer der Freiheitsstrafe, soweit die Zeit der Unterbringung auf die Strafe anzurechnen ist.

[710] BGH Beschl. v. 21.1.2014 – 2 StR 650/13, BeckRS 2014, 04060.

[711] BGH NStZ-RR 2013, 239.

[712] BGH NStZ-RR 2011, 203.

Streitig ist zwischen den Senaten des Bundesgerichtshofs, ob eine prognostizierte sehr **lange Therapiedauer** von mehr als zwei Jahren als Begründung ausreicht,[713] von der Aussichtslosigkeit einer Therapie zu sprechen.

Beachte: Der *BGH* ist häufig gezwungen, Urteile auf eine Revision des Angeklagten aufzuheben, wenn Sachverhalte der vorgenannten Art festgestellt werden **und** die Prüfung von § 64 StGB **unterblieben** ist. Solche Feststellungen zum Drogenkonsum des Angeklagten **drängen** nach der Rechtsprechung zur Prüfung, ob die Voraussetzungen für die Unterbringung in einer Entziehungsanstalt gegeben sind. Das prüft das Revisionsgericht von Amts wegen. Wenn der Angeklagte die Unterbringung vermeiden will, muss er dies ausdrücklich von seinem Rechtsmittel ausnehmen.[714] 67

Prozessuale Hinweise: Im Hinblick auf die Unterbringung ist ein Sachverständiger hinzu zuziehen (§ 246a S. 2 StPO). Ob der Tatrichter im Einzelfall von dieser Verpflichtung **ausnahmsweise** befreit ist, ist noch nicht abschließend geklärt.[715] Im Interesse einer umfassenden Aufklärung sollte das Gericht daher nicht darauf verzichten. 68

Die Frage der Unterbringung ist einer Verständigung gemäß § 257c Abs. 2 S. 3 StPO entzogen.[716]

IV. Vorwegvollzug

In der Regel wird neben der Unterbringung auch auf eine Strafe erkannt. Es 69
ist also nicht nur die Unterbringung zu vollstrecken. In diesen Fällen bestimmt § 67 Abs. 1 StGB, dass zuerst die Unterbringung vollstreckt wird. Damit soll dem verurteilten Straftäter **schnell die Möglichkeit einer Therapie eröffnet werden**, um den Behandlungserfolg so schnell wie möglich zu erreichen. Die Zeit der Verbüßung in der Entziehungsanstalt wird dabei auf die Strafe angerechnet (§ 67 Abs. 4 StGB).

Andererseits ist zu berücksichtigen, dass ein dem erfolreichen Maßregel- 70
vollzug nachfolgender Strafregelvollzug die positiven Auswirkungen wieder beseitigen könnte. Der Täter sollte also am besten nach der Therapie in die Freiheit entlassen werden. Deswegen sieht das Gesetz in § 67 Abs. 2 StGB Regelungen für einen Vorwegvollzug der Strafe vor. Bei Verurteilungen zu einer Freiheitsstrafe von über drei Jahren **soll** ein Vorwegvollzug regelmäßig erfolgen (§ 67 Abs. 2 S. 2 StGB). Hintergrund dieser Regelungen ist, dass der Straftäter nach (erfolgreicher) Therapie noch nicht in die Frei-

[713] BGH (5. Senat) NStZ 2014, 315: Auch eine prognostizierte Therapie von mehr als zwei Jahren steht grundsätzlich der Anordnung nicht entgegen und BGH NJW 2012, 2292, Beschl. vom 15.4.2014 – 3 StR 48/14 andererseits.

[714] BGHSt 37, 5 = NJW 1990, 2143; BGH NStZ-RR 2008, 107.

[715] BGH NStZ 2012, 463.

[716] Fragen zur Verständigung werden zusammenfassend in → Kap. 7 Rn. 136 ff. behandelt.

heit entlassen werden könnte, wenn noch Strafe zu verbüßen wäre. Die Dauer des Vorwegvollzugs muss nach § 67. Abs. 2 S. 3 iVm Abs. 5 S. 1 StGB so bestimmt werden, dass eine **Halbstrafenentscheidung** nach Therapieende noch möglich ist. Regelmäßig beträgt die Dauer einer Therapie nach § 64 StGB 2 Jahre (§ 67d Abs. 1 S. 1). Diese Frist verlängert sich, wenn auch eine Freiheitsstrafe zu vollstrecken ist (§ 67d Abs. 1 S. 3 StGB).

71 Berechnungsbeispiel des Vorwegvollzuges gem. § 67 Abs. 2 S. 2, 3 StGB:

(Gesamt-)Freiheitsstrafe StGB	5 Jahre 6 Monate (66 Monate)
Dividiert durch 2 (Halbstrafenzeitpunkt wg. § 67 Abs. 5 StGB) notwendige Therapiezeit, idR 2 Jahre	33 Monate 2 Jahre (24 Monate)
Zeit bis zum Erreichen des Halbstrafenzeitpunkts =	33 Monate ./. 24 Monate
= Dauer des Vorwegvollzuges	= 9 Monate

Erlittene Untersuchungshaft ist für die **Bemessung** der Dauer des Vorwegvollzugs ohne Bedeutung. Sie ist vielmehr gemäß § 51 StGB auf den nach § 67 Abs. 2 StGB vorweg zu vollstreckenden Teil der Strafe anzurechnen.[717] Für einen Vorwegvollzug ist aber kein Raum mehr, wenn die Dauer des Vorwegvollzuges bereits durch die anzurechnende Untesuchungshaft verbüßt ist.[718]

V. Unterbringung und Jugendstrafe

71a **Fall 58:** A, 19 Jahre alt, ist schwer rauschgiftabhängig. Zur Finanzierung seines Rauschgiftkonsums handelt er selber gewerbsmäßig mit Cannabis und Amphetamin in nicht geringer Menge. Er ist zuletzt wegen noch als Jugendlicher begangener Betäubungsmitteltaten zu einer Einheitsjugendstrafe von 1 Jahr und 6 Monaten mit Strafaussetzung zur Bewährung verurteilt worden.

a) Auf der Rückfahrt zu einer Beschaffungsfahrt wird er mit 3 kg Marihuana und 1 kg Amphetina, jeweils ordentlicher Qualität, zufälligerweise kontrolliert und festgenommen.

b) Abnehmer B hat Schulden aus vorausgegangenen Geschäften mit A. Um diese einzutreiben sucht A ihn auf und nimmt ihm unter Gewaltanwendung 180,00 EUR und sein Mobiltelefon im Wert von 50,00 EUR weg. Durch die Gewaltanwendung verletzt er ihn schwer. Auch hier liegt bereits eine Vorverurteilung wegen eines Gewaltdeliktes und Vergewaltigung vor.

[717] BGH NStZ-RR 2014, 107.
[718] BGH Beschl. v. 30.1.2008 – 2 StR 4/08, BeckRS 2008, 03209.

Die Strafrahmen des allgemeinen Strafrechts finden bei jugendlichen und heranwachsenden Tätern keine Anwendung. Jugendliche sind die zwischen 14 und 18 Jahren alten Personen und Heranwachsende solche zwischen 18 und 21 Jahre (§ 1 Abs. 2 JGG). Für Jugendliche gelten die Rechtsfolgen des JGG; bei Heranwachsenden kann das JGG mit seinen Rechtsfolgen angewandt werden, wenn

1. die Gesamtwürdigung der Persönlichkeit des Täters bei Berücksichtigung auch der Umweltbedingungen ergibt, dass er zur Zeit der Tat nach seiner sittlichen und geistigen Entwicklung noch einem Jugendlichen gleichstand, oder
2. es sich nach der Art, den Umständen oder den Beweggründen der Tat um eine Jugendverfehlung handelt (§ 105 Abs. 1 JGG).

Nach unserer Erfahrung ist die Anwendung von Jugendstrafrecht auf Heranwachsende die Regel. Das gilt gerade für Verstöße gegen das BtMG bei rauschgiftabhängigen Tätern.

Beachte: Das Gesetz schreibt die Einbindung der Jugendgerichtshilfe (JGH) in allen Verfahren vor, die sich gegen Jugendliche und Heranwachsende richten (§ 38 JGG, § 52 SGB VII). Sie erforscht die Lebensverhältnisse des Beschuldigten und gibt eine Einschätzung zur Entwicklung des jugendlichen/heranwachsenden Täters ab und macht Vorschläge zur Sanktionierung.

Abgesehen von vielen weiteren Fragen, die hier nicht erörtert werden können, besteht ein besonderer Unterschied zwischen Jugend- und Erwachsenenstrafrecht bei der Unterbringung. Denn nach § 5 Abs. 3 JGG wird von der Verhängung einer Jugendstrafe abgesehen, „*wenn die Unterbringung in … einer Entziehungsanstalt die Ahndung durch den Richter entbehrlich macht*“. Bei Bejahung der Voraussetzung einer Unterbringung ist daher eine (weitere) Ahndung durch Verhängung einer in der Regel Jugendstrafe entbehrlich. Diese spezifisch jugendstrafrechtliche Vorschrift ermöglicht es, dem Gedanken der Einspurigkeit freiheitsentziehender Maßnahmen im Jugendstrafrecht Rechnung zu tragen.[719] **71b**

Hinweise für die Lösung von Fall 58:

a) Die Anordnung der Unterbringung wird ausreichen. Mit Beseitigung der Ursachen für die Delinquenz besteht Anlass für die Annahme, dass A sich nach erfolgreicher Behandlung künftig straffrei verhalten wird.

b) Hier spricht vieles dafür, dass aufgrund der Schwere der Taten und des erheblichen, vom Suchtmittelmissbrauch unabhängigen Erziehungsbedarfes, die Anwendung von § 5 Abs. 2 JGG ausscheidet. Bei ihm stehen die durch seine Verhaltensweisen und die begangenen Straftaten gezeigten Erziehungsrückstände im Vordergrund.[720]

[719] BGH Beschl. v. 26.5.2011 – 4 StR 159/11, BeckRS 2011, 16284.
[720] BGH Urt. v. 25.1.2022 – 1 StR 348/21, BeckRS 2022, 1947.

Beachte: Will die Jugendkammer ausnahmsweise von dieser Regel abweichen, muss sie begründen, warum eine zusätzliche Verurteilung zu einer Jugendstrafe erforderlich ist. Das Fehlen einer solchen Begründung stellt eine reversible Gesetzesverletzung dar.[721] Nur ausnahmsweise, wenn das Absehen fernliegend ist, bedarf es keiner ausdrücklichen Erörterung.[722]

C. Bewährung

I. Voraussetzungen

72 Bei (Gesamt-)Freiheitsstrafen, die zwei Jahre nicht übersteigen, kommt nach § 56 Abs. 2 StGB eine Aussetzung zur Bewährung in Betracht. Die Bewährungszeit beträgt zwischen zwei und fünf Jahren (§ 56a Abs. 1 S. 2 StGB) Grundsätzlich ergeben sich keine Besonderheiten gegenüber „Nicht-Btm-Straftätern". Deshalb soll die Problematik nur kurz angerissen werden.

Beachte: Überlegungen zur Strafaussetzung dürfen nicht mit der Frage der Festlegung der Strafhöhe verknüpft werden.

73 Folgende Regelungen kennt das StGB: **Freiheitsstrafen bis zu einem Jahr** werden nach § 56 Abs. 1 StGB zur Bewährung ausgesetzt, wenn zu erwarten ist, dass der Verurteilte sich schon die Verurteilung zur Warnung dienen lassen und künftig auch ohne die Einwirkung des Strafvollzugs keine Straftaten mehr begehen wird. Es ist ausreichend, dass die Wahrscheinlichkeit künftigen straffreien Verhaltens größer ist als diejenige neuer Straftaten.[723] Allerdings kann bei **Freiheitsstrafen von mindestens sechs Monaten** die Verteidigung der Rechtsordnung die Versagung der Bewährung gebieten (§ 56 Abs. 3 StGB). Bei **Freiheitsstrafen von einem bis zu zwei Jahren** kann schließlich Bewährung nur gewährt werden, wenn besondere Umstände vorliegen (§ 56 Abs. 2 StGB). Eine **Freiheitsstrafe von mehr als zwei Jahren** kann danach nicht mehr zur Bewährung ausgesetzt werden.

74 Voraussetzung für die Strafaussetzung zur Bewährung ist in allen Fällen, dass der Täter eine **positive Sozialprognose** hat.[724] Das erfordert die **Erwartung**, nicht aber die Überzeugung, dass der Verurteilte künftig keine Straftaten mehr begehen wird.[725] Positiv sind insbesondere feste soziale Beziehungen zu berücksichtigen.

Bei betäubungsmittelabhängigen Straftätern ist die positive Sozialprognose besonders kritisch zu prüfen, weil die Begehung weiterer Straftaten bei Fortbestehen der Sucht quasi vorprogrammiert ist. Dabei sind grundsätzlich alle

[721] BGH Beschl. v. 26.5.2011 – 4 StR 159/11, BeckRS 2011, 16284.
[722] BGH Urt. v. 25.1.2022 – 1 StR 348/21, BeckRS 2022, 1947 mwN.
[723] BGH NStZ-RR 2005, 38.
[724] Malek BtMStrafR 3. Kap. Rn. 152.
[725] MüKoStGB/Groß/Kett-Straub StGB § 56 Rn. 16.

künftig noch zu erwartenden Straftaten zu berücksichtigen, auch solche aus dem Bereich der sogenannten **Bagatellkriminalität** (Erwerb von Cannabis zu Zwecken des Eigenkonsums).[726] Für eine positive Sozialprognose spricht die **Therapiebereitschaft** des Täters. Weisungen gem. § 56c StGB können dabei die weitere Entwicklung positiv beeinflussen, einer Rückfallgefahr begegnen und so eine positive Sozialprognose begründen[727]. Eine unbehandelte Drogensucht steht daher einer Aussetzung zur Bewährung grundsätzlich nicht entgegen.[728] Erst recht spricht nun mehr **Drogenabstinenz** des Angeklagten zum Zeitpunkt der Hauptverhandlung nach erfolgreichem Abschluss einer Entziehungsmaßnahme für eine positive Sozialprognose.[729] Eine Strafaussetzung zur Bewährung kann auch angezeigt sein, wenn zwischen Tat und Zeitpunkt der Verurteilung ein längerer Zeitraum liegt und weitere Taten des Täters nicht zur Anklage gelangen.[730] Über die Frage der Strafaussetzung zur Bewährung kann eine Verständigung zwischen Gericht, Staatsanwaltschaft, Verteidigung und Angeklagtem erzielt werden.[731]

Im Ergebnis können diese Umstände auch die **besonderen Umstände**, die 75
die Strafaussetzung zur Bewährung einer über ein Jahr lautenden Strafe erlauben, begründen. Genannt wird in der Rechtsprechung weiter auch die „verspätete" Aufklärungshilfe.[732]

Beachte: Der Umstand, dass der Täter mit Drogen gehandelt hat, steht einer Strafaussetzung grundsätzlich nicht entgegen.[733] Das gilt auch, wenn der Angeklagte mit Heroin und Kokain Handel getrieben hat, obwohl davon eine herausgehobene Gefährlichkeit ausgeht. Es ist unzulässig, bestimmte Deliktsgruppe generell aus dem Anwendungsbereich des § 56 StGB herauszunehmen.[734]

Die Verteidigung der Rechtsordnung (§ 56 Abs. 3 StGB) gebietet trotz po- 76
sitiver Sozialprognose die Vollstreckung der Strafe, wenn der Täter mehrfach Betäubungsmittel in eine Justizvollzugsanstalt eingeschmuggelt hat.[735]

II. Auflagen und Weisungen

Die Aussetzung des Vollzuges einer Freiheitsstrafe zur Bewährung ist mit 76a
der Erwartung verbunden, dass sich der Verurteilte schon die Verurteilung zur Warnung dienen lässt und auch ohne die Einwirkung des Strafvollzugs keine Straftaten mehr begehen wird (§ 56 Abs. 1 S. 1 StGB). Um dem Verurteilten

[726] OLG Celle Urt. v. 29.11.2016 – 2 Ss 124/16, BeckRS 2016, 113282.
[727] → Kap. 5 Rn. 77 f.
[728] BGH NStZ-RR 2010, 107.
[729] BGH Beschl. v. 7.1.2009 – 5 StR 600/08, BeckRS 2009, 4672.
[730] BGH NStZ-RR 2010, 306.
[731] Näher → Kap. 7 Rn. 137.
[732] OLG Frankfurt NStZ-RR 1996, 213. Zur Aufklärungshilfe oben → Kap. 5 Rn. 37 ff.
[733] BGH NStZ-RR 1999, 281.
[734] BGH Beschl. v. 21.4.1999 – 2 StR 162/99, BeckRS 1999, 30055975.
[735] BGH NStZ-RR 2008, 319.

nachdrücklich von der Begehung weiterer Straftaten abzuhalten, kann das Gericht die Aussetzung der Strafe mit **Auflagen** (§ 56b StGB) und **Weisungen** (§ 56c StGB) verbinden. Der Verurteilte wird im Bewährungsverfahren häufig auch als **Proband** bezeichnet.

1. Auflagen

76b Bewährungsauflagen dienen primär als strafähnliche Maßnahmen der Genugtuung für das begangene Unrecht. Sie haben im Bereich der Strafaussetzung bei Drogenabhängigen keine große Bedeutung. Auf eine Darstellung kann daher verzichtet werden.

2. Weisungen

77 Weisungen haben im Bereich der Betäubungsmittelkriminalität dagegen eine wesentlich größere Bedeutung. Sie sind als **Lebenshilfe** für die Dauer der Bewährungszeit zu erteilen, wenn der Verurteilte nach Ansicht des Gerichts dieser Hilfe bedarf, um seine Resozialisierung zu unterstützen und um neue Straftaten zu verhindern.

Folgende **Weisungen** während der Bewährungszeit kommen in Betracht. Teilweise setzen sie die Einwilligung des Verurteilten voraus (§ 56c Abs. 3 StGB). Dabei ist darauf zu achten, dass die Vorgaben so **bestimmt** formuliert sind, dass Verstöße einwandfrei festgestellt werden können und der Verurteilte **unmissverständlich** weiß, wann er mit einem Widerruf der Bewährung zu rechnen hat. Ggf. sind die Weisungen erst nach weiteren Ermittlungen im Bewährungsverfahren zu konkretisieren.

Als Weisungen kommen in Betracht:
- den Verurteilten der Aufsicht und Leitung eines Bewährungshelfers zu unterstellen (§ 56d StGB),
- künftig keine Betäubungsmittel mehr zu konsumieren,
- zum Nachweis der Drogenfreiheit Urin-/Haarproben abzugeben. Dabei ist die Anzahl abzugebenden Urinproben, der Maximalabstand zwischen einzelnen Kontrollen und die untersuchende Stelle zu benennen. Das Gericht muss auch eine Regelung hinsichtlich der Kosten für die Urinkontrollen treffen. Diese können auch dem Verurteilten auferlegt werden, wenn er über die entsprechenden finanziellen Mittel verfügt. Ist die Selbsttragung für den Verurteilten unzumutbar, sind die Kosten der Staatskasse aufzuerlegen.
- sich von der Drogenszene fernzuhalten,
- Kontakt mit der Drogenberatung unter Nennung der Einrichtung aufzunehmen,
- eine Drogentherapie anzutreten. Hierbei ist die Einrichtung konkret zu nennen. Auch hier muss die Kostenfrage geklärt sein.

78 Diese Vorgaben muss der Richter bestimmen, er kann sie nicht auf den Bewährungshelfer delegieren.[736] Dem Bewährungshelfer dürfen nur organisatorische Detailfragen zur Regelung überlassen werden.[737] So kann bei der an-

[736] OLG Frankfurt NStZ-RR 2003, 199 f.
[737] OLG Stuttgart Beschl. v. 21.5.2014 – 4 Ws 158/14, BeckRS 2014, 11799.

geordneten Abgabe von Urinproben dem Bewährungshelfer nur noch die Bestimmung der konkreten Termine überlassen werden.

III. Widerruf der Bewährung

Der Widerruf der Strafaussetzung ist nach § 56f Abs. 1 StGB für vier Fälle **78a**
des Bewährungsversagens des Probanden vorgeschrieben, sofern es nicht ausreicht, weitere Auflagen oder Weisungen zu erteilen oder die Bewährungs- oder Unterstellungszeit zu verlängern (§ 56f Abs. 2 StGB). Liegen die Voraussetzungen vor, so ist der Widerruf zwingend. Das Gericht hat nicht die Möglichkeit, die Entscheidung zurückzustellen, um die weitere Legalbewährung abzuwarten.[738]

Die Voraussetzungen für einen Bewährungswiderruf sind:
- Begehung einer Straftat durch den Probanden während der Bewährungszeit,
- gröblicher und beharrlicher Verstoß des Probanden gegen Weisungen, wodurch Anlass zu der Besorgnis besteht, er werde erneut Straftaten begehen wird,
- beharrliches Sichentziehen des Probanden der Aufsicht und Leitung des Bewährungshelfers, wodurch Anlass zu der Besorgnis besteht, er werde erneut Straftaten begehen wird oder
- gröblicher und beharrlicher Verstoß des Probanden gegen Auflagen.

D. Vermögensabschöpfung und Einziehung

Rauschgifthändler und -erzeuger haben oft **erhebliche Einnahmen** aus den **79**
illegalen Geschäften. Straftaten sollen sich aber in wirtschaftlicher Hinsicht nicht lohnen. Die Abschöpfung von rechtswidrig erlangten Vermögensvorteilen aus Straftaten soll daher bezwecken, dem Täter den Anreiz zur Tatbegehung zu nehmen. Der Bereich der Vermögensabschöpfung ist vom Gesetzgeber im Strafrecht durch das Gesetz zur Reform der strafrechtlichen Vermögensabschöpfung vom 13.4.2017 umfassend neugeregelt worden.[739] Die Regelungen dazu finden sich ausschließlich in den §§ 73 ff. StGB. Sprachlich ist zu beachten, dass der **Begriff „Verfall"** (§ 73 StGB aF) weggefallen ist und jetzt von **Einziehung von Taterträgen** (§ 73 StGB nF) gesprochen wird. Eine materiell-rechtliche Änderung hat die terminologische Neubezeichnung aber nicht gebracht. Nach herrschender Meinung ist die Einziehung von Taterträgen eine **quasi-kondiktionelle Ausgleichsmaßnahme** und keine Maßregel der Besserung und Sicherung. Sie hat **keinen Strafcharakter**. Bei der Strafzumessung spielt die Einziehung von Taterträgen keine Rolle.[740]

---

[738] OLG Hamburg NStZ-RR 2005, 221 f.

[739] BGBl. 2017 I 872.

[740] → Kap. 5 Rn. 14. Siehe auch § 421 Abs. 1 Nr. 2 StPO, der auf die Einziehung von Taterträgen **nicht** anwendbar ist.

Beachte: Die umfassende Neuregelung der strafrechtlichen Vermögensabschöpfung hat zwar unter anderem zum Wegfall des Begriffes Verfall geführt, ihren Rechtscharakter aber unberührt gelassen.[741] Die bisherige Rechtsprechung kann daher uneingeschränkt auch als Erläuterung und Präzisierung des Begriffes Einziehung von Taterträgen herangezogen werden. Leider erleichtert der Wegfall des Begriffes „Verfall“ nicht die Lektüre von Entscheidungen.

80 In vielen BtM-Verfahren werden auch Gegenstände, vielfach Betäubungsmittel und Betäubungsmittelutensilien, aber auch Bargeld sichergestellt. Diese Gegenstände sind Tatprodukte („producta sceleris“), Tatmittel („instrumenta sceleris“) und Tatobjekte (früher Beziehungsgegenstände). Auch hinsichtlich dieser Gegenstände sind vom Gericht Entscheidungen zu treffen. Die rechtlichen Grundlagen dafür finden sich in den §§ 74 ff. StGB. Im **Gegensatz zur Einziehung von Taterträgen** variieren Zweck und Rechtsnatur der Einziehung. Das setzt sich auch bei der Anwendbarkeit von Verfahrensvorschriften fort, die teilweise nur für die eine oder andere Form der Einziehung gelten.

80a Für die Abfassung von Anklageschrift und die Hauptverhandlung ist Folgendes zu **beachten**:

Bereits bei **Anklageerhebung** sind die Umstände, die die Anordnung der Einziehung rechtfertigen, zu nennen (Abschnitt 110 Abs. 2 RiStBV).

Enthält die zugelassene Anklage keinen Hinweis auf die Einziehung, ist spätestens in der Hauptverhandlung ein **Hinweis nach § 265 Abs. 2 Nr. 1** StPO erforderlich.[742]

I. Die Einziehung von Taterträgen (früher Verfall) (§ 73 StGB)

81 Nach § 73 Abs. 1 StGB **ordnet** das Gericht die Einziehung dessen an, was der Täter durch die Tat oder für die Tat erlangt hat.[743] **„Durch die Tat erlangt“**[744] sind alle Vermögenswerte, die dem Täter unmittelbar aus der Verwirklichung des Tatbestandes selbst in irgendeiner Phase des Tatablaufs zufließen, insbesondere also die Beute. **„Für die Tat erlangt“** sind demgegenüber Vorteile, die dem Täter als Gegenleistung für sein rechtswidriges Handeln gewährt werden, aber nicht auf der Tatbestandsverwirklichung selbst beruhen.[745] Erlangt in diesem Sinne ist ein Vermögensvorteil nur dann, wenn der Täter die faktische Verfügungsgewalt über den Gegenstand erworben hat.[746]

---

[741] NStZ 2018, 366, s. auch Köhler NStZ 2017, 497 (498, 502).

[742] BGH Beschl. v. 22.10.2020 – GSSt 1/20, BeckRS 2020, 52157.

[743] BGH NStZ 2003, 37.

[744] Früher lautete die Formulierung: „Aus der Tat“. Die Neuformulierung dient der Stärkung des Bruttoprinzips, Köhler NStZ 2017, 497 (503).

[745] BGH NStZ 2011, 283. Betäubungsmittel unterliegen daher der Einziehung.

[746] BGH NStZ 2003, 198 f.

Fall 59: A veräußert 1 kg Marihuana, für das er 2000 EUR bezahlt hat, durch grammweise Veräußerung an Kleinabnehmer. Er nimmt aus den Verkäufen insgesamt 20.000 EUR ein. Dieses Geld verwahrt er in einer Geldkassette. Seinem Transporteur B hatte er einen Transportlohn von 1000 EUR gezahlt sowie weitere Spesen für Unkosten (Anmietung Fahrzeug, Sprit) in Höhe von 2000 EUR. Das Geld ist noch nicht ausgegeben.

Das Gericht wird hier die 20.000 EUR einziehen. Es gilt das sog. **Bruttoprinzip**.[747] Danach werden alle wirtschaftlichen Werte in ihrer Gesamtheit abgeschöpft. Gegenleistungen und Kosten des Täters werden nicht in Abzug gebracht.[748] Zwar haben die Kleinabnehmer das Eigentum an den Geldscheinen nicht verloren. Das Verbot des unerlaubten Handeltreibens erfasst nach der Rechtsprechung auch die Nichtigkeit der Übereignung des als Kaufpreis für Drogen gezahlten Geldes (§ 134 BGB).[749] Nach § 73 Abs. 3 StGB steht das der Einziehung nicht entgegen, weil die Kleinabnehmer die Geldbeträge für die Tat gewährt haben. Richtet sich das Verfahren gegen einen Kleinabnehmer, könnte das Kaufgeld bei ihm eingezogen werden.[750]

B hat den Transportlohn für die Tat erhalten. Dieser wird daher bei ihm eingezogen. Ob die Spesen für die Tat erlangt wurden und somit der Einziehung von Taterträgen unterliegen,[751] oder für deren Durchführung benötigt wurden und so als Tatmittel der Einziehung unterliegen, ist streitig.[752] Im Ergebnis kommen aber beide Ansichten zum endgültigen Entzug.

Beachte: Auch in Fällen mittäterschaftlichen Handelns muss für jeden Mittäter festgestellt werden, was er tatsächlich erlangt hat. Der bloße Hinweis auf die mittäterschaftliche Begehung reicht nicht aus. Erforderlich ist zumindest die Feststellung, dass die Täter sich darüber einig waren, dass sie jeweils Mitverfügungsgewalt erlangen sollten und sie auch tatsächlich hatten.[753] **82**

Die Anordnung der Einziehung (von Taterträgen) ist obligatorisch. Dem **83**
Täter sollen damit die Tatfrüchte genommen werden. Verbrechen sollen sich finanziell nicht lohnen.

Fall 60: A wird bei einem Geschäft über die Lieferung von 1 kg Marihuana guter Qualität festgenommen. Es ergeht Haftbefehl wegen Handeltreibens mit Betäubungsmitteln in nicht geringer Menge. Um eine möglichst milde Strafe zu bekommen, nimmt er auf Anraten seiner Verteidigerin die Kronzeugenregelung nach § 31 BtMG für sich in Anspruch und räumt weitere Geschäfte ein. Insgesamt können auf diese Weise fünf weitere Taten des Angeklagten aufgeklärt werden. Der Erlös von jeweils 4000 EUR aus den Taten diente jeweils überwiegend dem Einkauf einer weiteren Lieferung, teilweise auch dem Eigenkonsum und der Lebensführung.

---

747 BGH NStZ 2000, 480; NStZ 2003, 37.
748 BGH NStZ-RR 2000, 57.
749 BGH NStZ-RR 2000, 234.
750 → Kap. 5 Rn. 81.
751 So BGH NStZ 2007, 150 und MüKoStGB/Nobis BtMG § 33 Rn. 18.
752 → Kap. 5 Rn. 81.
753 BGH NStZ 2007, 121.

> Das Gericht wird hier die Einziehung des Wertersatzes in Höhe von 20.000 EUR anordnen. Es spielt weder eine Rolle, dass der Angeklagte das Geld reinvestiert hat (Bruttoprinzip) noch dass die Geschäfte unbekannt waren und er selbst die Grundlage für die Berechnung der Einziehung der Taterträge gelegt hat.

Eine **Härtevorschrift** existiert nicht. Das Gericht kann nicht von der Einziehung absehen, weil der Täter nichts mehr hat, etwa weil er das eingenommene Geld aus den Rauschgiftverkäufen reinvestiert oder für den Eigenkonsum von Drogen ausgegeben hat. Das Gericht kann nur im Rahmen des § 421 Abs. 1 Nr. 1 StPO davon absehen, wenn das Erlangte nur einen geringen Wert hat. Dieser Betrag ist bei etwa 30 EUR anzusetzen.[754] Erst im Rahmen der Vollstreckung kann die Vermögenslosigkeit daher eine Rolle spielen.[755] Nach § 421 Abs. 1 Nr. 2 StPO kann von der Einziehung von Tatprodukten, Tatmitteln und Tatobjekten nur abgesehen werden, wenn sie neben der zu erwartenden Strafe oder Maßregel der Besserung und Sicherung nicht ins Gewicht fällt.[756] Dazu ist die Zustimmung der Staatsanwaltschaft erforderlich.

84 **Beachte:** Die Vorschriften der §§ 73 ff. StGB sind über die Verweisung in § 2 Abs. 2 JGG auch im Jugendstrafrecht anwendbar.[757] Das kann zwar dazu führen, dass sich der Jugendliche oder Heranwachsende hohen Geldforderungen ausgesetzt sieht. Davon darf aber nach den zwingenden Vorschriften nicht aus Gründen der Erziehung abgesehen werden.[758] Die Gesetzgebung ist aber im Fluss. Die Notwendigkeit jugendstrafrechtlicher Modifizierungen soll im Rahmen eines umfassenden Gesetzes zur Änderung des Jugendgerichtsgesetzes geprüft werden.[759]

II. Erweiterte Einziehung von Taterträgen (§ 73a StGB)

85 § 73a StGB ermöglicht auch eine **erweiterte Einziehung von Taterträgen**. Nach dieser Vorschrift können auch solche aus Verbrechen erwirtschafteten Erlöse abgeschöpft werden, die (nach den Umständen des Falles) aus rechtswidrigen Taten stammen**, die aber nicht bekannt bzw. angeklagt sein müssen.**[760] Es muss daher **nicht** festgestellt werden, aus welchen konkreten Taten des Angeklagten die Erlöse konkret herrührten. Das Gericht muss aber uneingeschränkt davon überzeugt sein, dass die Erlöse aus rechtswidrigen Taten stammen.

86 Zu beachten ist aber, dass die Bestimmung der erweiterten Einziehung gegenüber der Grundnorm des § 73 Abs. 1 StGB eine **subsidiäre** Ausnahmere-

---

[754] Meyer-Goßner/Schmitt/Köhler StPO § 421 Rn. 4.
[755] → Kap. 5 Rn. 90.
[756] So ausdrücklich die neue Fassung von § 421 Abs. 1 Nr. 2 StPO seit dem 1.7.2021.
[757] BGH NStZ 2019, 221.
[758] BGH NStZ 2019, 221 mit kritischer Anmerkungen Eisenberg.
[759] BT-Drucks. 19/27654, S. 38 (Gesetzesbegründung zu Entwurf eines Gesetzes zur Fortentwicklung der Strafprozessordnung und zur Änderung weiterer Vorschriften).
[760] BGHSt 40, 371, (373) = NStZ 1995, 125.

gelung darstellt.[761] Ihre Anwendung kommt erst in Betracht, wenn in dem Verfahren wegen der Anlasstat nach Ausschöpfung aller zulässigen Beweismittel ausgeschlossen werden kann, dass für das Abschöpfen des Verfallgegenstandes die Voraussetzungen des § 73 StGB vorliegen. Bestehen Anhaltspunkte dafür, dass sich das vom Angeklagten Erlangte einer verfahrensfremden konkreten Tat zuordnen lässt, ist der Anwendungsbereich des § 73a StGB nicht eröffnet.[762]

Fall 61: A gerät zufällig in eine Polizeikontrolle, bei der 5 kg Marihuana gefunden werden. Eine anschließende Durchsuchung der Wohnung führt zur Sicherstellung von weiteren erheblichen Rauschgiftmengen verschiedener Art. Ferner werden Bargeld in Höhe von 8000 EUR in unterschiedlicher, vor allem kleiner Stückelung, Unterlagen über eine Lebensversicherung und Wertpapiere gefunden. A ist strafrechtlich bisher überhaupt nicht in Erscheinung getreten. Auch sonst liegen keine Hinweise darauf vor, dass er etwas mit Betäubungsmitteln zu tun hatte. Er ist arbeitslos und erhält nur Hartz-IV-Einkünfte, nutzt aber ständig einen Mercedes-Benz. Er schweigt zu den Vorwürfen.

Eine Anordnung der Einziehung der 8000 EUR als Tatertrag scheidet aus, weil konkrete Btm-Taten nicht bekannt sind, aus denen A diesen Betrag hätte erwirtschaften können. Allerdings sprechen die Umstände (kleine Stückelung der Geldscheine) dafür, dass das Geld aus Btm-Geschäften stammt. Insoweit kommt die erweiterte Einziehung in Betracht.

Aber auch die Wertpapieranlagen und die Lebensversicherung muss A aus dem Betäubungsmittelhandel finanziert haben. Dafür reichen die legalen Hartz-IV-Einnahmen nämlich nicht aus. Solche Diskrepanzen zwischen Vermögenslage und Einkommensverhältnissen rechtfertigen häufig die Anordnung einer erweiterten Einziehung von Taterträgen.[763] Da die Geldeinnahmen nicht mehr vorhanden sind, ist die erweiterte Einziehung nicht möglich. Insoweit ist aber hier dann nach § 73c Abs. 2 StGB die **erweiterte Einziehung des Wertes aus Taterträgen** anzuordnen.

III. Einziehung des Wertes von Taterträgen (§ 73c StGB)

Dem Täter hilft es nicht, wenn das, was er erlangt hat, nicht mehr vorhanden 87
ist. Er hat dann nach § 73c StGB **Wertersatz** zu leisten. Die Vorschrift knüpft an §§ 73, 73a StGB an und setzt daher zunächst voraus, dass der Täter etwas erlangt hat bzw. ein Fall der erweiterten Einziehung vorliegt.[764]

Fall 62 (Fortsetzung von Fall 61): A hat den Erlös aus Rauschgiftgeschäften von 40.000 EUR nicht in der Kassette versteckt. Er hat vielmehr davon seinen normalen Lebensunterhalt, Bordellbesuche und eine Luxusreise bezahlt. Ferner hat er ein Haus seiner Großmutter geerbt.

[761] BGH NStZ 2010, 85 f.
[762] BGH NStZ 2014, 82.
[763] BGH NStZ-RR 2009, 384; BGH NStZ-RR 2010, 385.
[764] BGH NStZ-RR 2006, 39 (Ls.).

A hat Wertersatz in Höhe von 40.000 EUR zu leisten. Das Geld muss er aus seinem ganzen, auch legal erworbenen Vermögen aufbringen. Dafür haftet daher auch das ererbte Haus der Großmutter, obwohl es mit Betäubungsmittelgeschäften nichts zu tun hat.

88 Die Praxis zeigt, dass der Täter häufig sichergestellte und ermittelte Vermögenswerte **nicht** direkt durch die Tat erlangte. Daher ordnen die Gerichte die Einziehung des Wertersatzes von Taterträgen häufiger als die Einziehung von Taterträgen an. Auch das von den Ermittlungsbehörden im Rahmen von Vertrauenskäufen eingesetzte Kaufgeld, das nicht sichergestellt werden kann, unterliegt der Einziehung des Wertersatzes aus Taterträgen.[765]

89 **Beachte:** In jedem größeren Betäubungsmittelverfahren sollte ein **Finanzermittler** hinzugezogen werden. Dieser versucht, alle Vermögenswerte des Täters aufzuspüren. Seine Arbeit ist aber nicht nur für die Einziehung (bzw. Einziehung von Wertersatz) von Bedeutung. Eine Aufklärung der legalen Einnahmen und Gegenüberstellung der Aufwendungen des Täters liefert wichtige Tatsachen für die Beurteilung der Schuld des Angeklagten.

IV. Vermögenslosigkeit, Härten

90 Konnte nach der alten Rechtslage bei Vermögenslosigkeit nach § 73c StGB aF die Verfallsentscheidung eine unbillige Härte darstellen, die ein Absehen ermöglichte, spielen diese Regelungen jetzt keine Rolle mehr. Diese Fragen sind jetzt erst im Vollstreckungsverfahren relevant, also nach Rechtskraft des Urteils.

In den Fällen der Vermögenslosigkeit kann der Verurteilte aber einen Antrag auf Einstellung der Vollstreckung stellen, § 459g Abs. 5 S. 1 StPO. Möglich ist auch ein Absehen von Amts wegen. Zum Tätigwerden von Amts wegen besteht häufig Anlass im Hinblick auf den Entwicklungsstand bei Jugendlichen oder nach Jugendrecht verurteilten Heranwachsenden. Die Vollstreckung kann aber bis zur Vollstreckungsverjährung wieder aufgenommen werden, wenn der Verurteilte etwa in Folge einer Erbschaft wieder zu Geld gekommen ist (§ 459g Abs. 5 S. 2 StPO).

V. Abtrennung der Entscheidung über die Frage der Einziehung von Taterlösen

91 Um die Ermittlungen, insbesondere in Haftsachen, und die Hauptverhandlung zu entlasten, besteht nach §§ 422 f. StPO die Möglichkeit das Verfahren hinsichtlich der Einziehung von Taterträgen nach §§ 73 ff. StGB vom Hauptsacheverfahren, in dem über die Schuld- und Straffrage entschieden wird, **ab-**

[765] BGH NJW 2009, 2073.

zutrennen. Die Möglichkeit der Verfahrensabtrennung besteht aber **nicht** bei der Einziehung nach §§ 74 ff. StGB.[766]

VI. Einziehung (§§ 74 ff. StGB, 33 Abs. 2 BtMG)

1. Grundsätzliches zur Einziehung

Von Bedeutung ist neben der Einziehung von Taterträgen auch die Frage der Einziehung der **Tatprodukte** (§ 74 Abs. 1 1. Var. StGB), der **Tatmittel** (§ 74 Abs. 1 2. Var. StGB) und der **Tatobjekte** (§ 74 Abs. 2 StGB). Die Tatobjekte wurden vor der Gesetzesänderung durch das Gesetz zur Reform der strafrechtlichen Vermögensabschöpfung vom 13.4.2017[767] als **Beziehungsgegenstände** bezeichnet. 92

Beispiel für Tatprodukte:
- hergestellte Betäubungsmittel, insbesondere Marihuana und chemische Drogen

Beispiele für Tatmittel:
- Schmuggelfahrzeug,
- Mobiltelefon, das zur Abwicklung von Betäubungsmittelgeschäften genutzt wird
- Spesen des Rauschgiftkuriers[768] (der Lohn ist Taterlös),
- vom Käufer bereits für den Kauf von Betäubungsmitteln bereitgelegtes Geld,[769]
- Schmuggelbehältnisse,
- Laboreinrichtung einer Amphetaminküche,
- Konsumutensilien wie Rauchgeräte für Cannabis, Spritzen, Waagen,[770]
- Grundstück mit Einfamilienhaus, in dem eine Indoorplantage betrieben wird.[771]

Die Einziehung setzt nach § 74 Abs. 3 StGB voraus, dass die Gegenstände zur Zeit der Entscheidung dem Täter oder Teilnehmer gehören oder zustehen. Das richtet sich nach den Vorschriften des Bürgerlichen Gesetzbuches.[772] Die Einziehung von Gegenständen nach § 74 ff. StGB ist bei der Strafzumessung zu berücksichtigen.[773] 93

2. Die Einziehung von Betäubungsmitteln

Nach § 134 BGB sind Geschäfte, die gegen ein gesetzliches Verbot verstoßen, nichtig. Deswegen kann auf rechtsgeschäftlichem Wege im Inland kein Eigentum an Betäubungsmitteln erworben werden.[774] Eigentümer bleibt der Hersteller (§ 950 BGB). **Gehandelte Betäubungsmittel** sind daher weder 94

---

766 BeckOK StPO/Temming StPO § 422 Rn. 3.
767 BGBl. 2017 I 872.
768 BGH Beschl. v. 27.10.2010 – 5 StR 420/10, BeckRS 2010, 27866.
769 BGH Beschl. v. 18.6.2003 – 1 StR 229/03, BeckRS 2003, 5636.
770 Patzak/Volkmer/Fabricius/Volkmer/Fabricius BtMG § 33 Rn. 39.
771 BGH NStZ 2017, 89; LG Kleve NStZ 2013, 167.
772 BGH NStZ 1997, 30.
773 → Kap. 5 Rn. 14.
774 BGH NJW 1983, 636.

Tatwerkzeug noch Tatprodukt, sondern **Tatobjekte.**[775] Sie unterliegen nach § 74 Abs. 2 StGB der Einziehung nach Maßgabe besonderer Vorschriften. Im Bereich des Betäubungsmittelrechts sind das § 33 BtMG und § 5 NpSG. Beide Vorschriften verweisen in S. 2 dann auf den § 74a StGB, der **unabhängig vom Eigentum** eine Einziehung erlaubt. Danach kommt es nur darauf an, ob die Beteiligten mindestens leichtfertig dazu beigetragen haben, dass die Gegenstände als Tatmittel verwendet worden sind oder Tatobjekte waren. Das ist beim Umgang mit Betäubungsmitteln regelmäßig der Fall.

Fall 63: Bei A werden 5 kg Marihuana sichergestellt.

Die Betäubungsmittel unterliegen hier gem. §§ 33 BtMG, § 74a b StGB der **Dritteinziehung**. A ist nämlich nicht Eigentümer der Betäubungsmittel geworden, weil das zivilrechtliche Übereignungsgeschäft wegen § 134 BGB nichtig war. Die Anwendbarkeit von § 74a StGB wird durch § 33 S. 2 BtMG ermöglicht.

Abwandlung: A hat das Marihuana in einer Indooranlage angebaut und abgeerntet.

Die Einziehung der Betäubungsmittel nach § 74 StGB bei A ist hier möglich, weil er nach § 953 BGB Eigentümer der Betäubungsmittel geworden ist. Soweit das Grundstück, auf dem die Indooranlage betrieben wird, im Eigentum des Betreibers stand, kann auch das Grundstück eingezogen werden. Zu beachten ist dabei, dass das Grundstück in der Regel einen nicht unerheblichen Wert hat und dies bei der Strafzumessung (strafmildernd) zu berücksichtigen ist.[776] Der Wert des Grundstücks ist festzustellen.[777]

95 **Beachte:** Die Gegenstände, die eingezogen werden sollen, sind im Urteilstenor genau zu bezeichnen. Bei der Einziehung von Betäubungsmitteln sind dabei Art und Menge anzugeben, damit Klarheit über den Umfang der Einziehung besteht.[778] Dabei kann das Gericht auf eine besondere Anlage zum Urteilstenor verweisen, was insbesondere bei einer Vielzahl von Gegenständen sinnvoll ist. Nicht zulässig ist aber der Verweis auf ein Asservatenverzeichnis oder die Anklageschrift.[779]

3. Die formlose Einziehung

96 In der Praxis üblich ist ein Verzicht des Angeklagten auf die Rückgabe der Betäubungsmittel. Die Anordnung der Einziehung der Betäubungsmittel ist in diesem Fall überflüssig.[780] Das wird als **„formlose Einziehung"** bezeichnet. Der Verzicht muss von dem Staatsanwalt, der insoweit als Vertreter für die Justizverwaltung handelt, auch angenommen werden. Ohne seine ausdrückliche Zustimmung läuft der Verzicht des Angeklagten ins Leere. Sieht das Gericht aufgrund des (vermeintlich) wirksamen Verzichtes von einer Einziehungsent-

[775] BGH NStZ-RR 2002, 208 f.
[776] → Kap. 5 Rn. 14.
[777] BGH NStZ 2019, 82.
[778] BGH NStZ-RR 2015, 16 f.
[779] BGH NStZ-RR 2009, 384.
[780] BGH NStZ 2018, 333.

scheidung ab, begründet das die Revision. Nachteilig ist, dass bei der formlosen Einziehung ein Titel als Grundlage für die Vollstreckung fehlt. Daher sollte nur auf Betäubungsmittel, nicht aber auf eventuell werthaltige Tatmittel oder Tatprodukte verzichtet werden.[781] Gerade bei wertvollen Gegenständen ist das Vorliegen eines Titels unverzichtbar. Wurde unwirksam oder gar nicht auf Gegenstände verzichtet, kann die Herausgabe nur nach den Vorschriften der Polizeigesetze aus präventiven Gründen abgewendet werden.

Beachte: Zu der Frage, ob bei einem erklärten und angenommenen Verzicht die Einziehungsentscheidung ins Leere geht, liegt ein Anfragebeschluss des 3. Strafsenates vor. Danach müsse das Gericht trotz „Verzichts" die Voraussetzungen der Abschöpfung immer prüfen und diese ggf. anordnen.[782] Diese Auffassung erscheint angesichts der mit dem Verzicht verbundenen Unsicherheiten vorzugswürdig.

4. Einziehung von Wertersatz

Wie die Einziehung von Taterträgen sieht das Gesetz auch die **Einziehung** 97
von Wertersatz vor, wenn der Gegenstand nicht mehr individuell vorhanden ist (§ 74c StGB). Die Vorschrift hat aber in der Praxis keine große Bedeutung.

Fall 64: A hat 5 kg Haschisch von B für 6000 EUR bezogen, die zur gewinnbringenden Weiterveräußerung bestimmt waren. Der Tatnachweis kann aufgrund der Angaben von B geführt werden. A macht keine Angaben. Hinsichtlich des Erlöses lassen sich aber keine Feststellungen treffen, weil keine Abnehmer ermittelt werden können.

Eine Einziehung von Taterträgen scheidet aus, weil Erlöse nicht feststellbar sind. A hat aber die Betäubungsmittel selbst erlangt. Da diese nicht mehr vorhanden sind, kommt die Einziehung von Wertersatz nach § 74c Abs. 1 StGB in Betracht.[783] Die Einziehung von Wertersatz kommt auch bei A in Betracht, wenn er nur Bunkerhalter für B war.[784]

VII. Sicherung des Anspruchs auf Einziehung bzw. des Wertersatzes

Wichtig ist neben der Ermittlung der Grundlagen für die Anordnung der 98
Einziehung bzw. des Wertersatzes die **Sicherung** dieses Anspruches. Weiß der Täter, dass die Einziehung droht, wird er alles unternehmen, Vermögenswerte beiseitezuschaffen. Wird er dabei von seinem Verteidiger unterstützt, ist an

[781] Siehe auch Nr. 180 Abs. 4 S. 2 RiStBV: „Der Staatsanwalt leitet (trotz Verzichts) das selbstständige Verfahren ein, wenn die Herbeiführung einer gerichtlichen Entscheidung wegen der tatsächlichen oder rechtlichen Schwierigkeit oder sonstigen Bedeutung der Sache zweckmäßig ist."
[782] BGH Beschl. v. 20.3.2019 – 3 StR 67/19, BeckRS 2019, 16371.
[783] BGH NStZ-RR 2002, 118 f.
[784] BGH NStZ 2011, 100.

dessen Strafbarkeit nach § 258 StGB zu denken. Dieser verweist nämlich auf die **Vereitelung von Maßnahmen** nach § 11 Abs. 1 Nr. 8 StGB, der auch die Einziehung betrifft. Zudem kann ein Verstoß gegen § 261 StGB (Geldwäsche) in Betracht kommen.

99 Die einzelnen Regelungen zur Sicherung des Anspruchs finden sich in §§ 111b ff. StPO. Diese Vorschriften erscheinen auf den ersten Blick kompliziert und schwierig zu handhaben. Im Prinzip ist die Regelung jedoch einfach, zumal die Regelungen zugunsten von Verletzten hier außen vorbleiben können. Zunächst ist zu unterscheiden, ob es sich um den **konkreten Gegenstand**, der eingezogen werden soll (Fallgruppe 1) oder es sich um einen **Wertersatzeinziehung** (Fallgruppe 2) handelt. Ein eventuell sichergestellter Gegenstand ist dann „nur" ein Vermögenswert, in den nach Rechtskraft des Urteils vollstreckt werden kann. Die Maßnahme wird **Vermögensarrest** genannt.

100 Gegenstände nach der **Fallgruppe 1** werden **beschlagnahmt** (§ 111b Abs. 1 StPO). Die weiteren Regelungen finden sich dann in § 111c StPO (Durchführung der Beschlagnahme), § 111j Abs. 1 und Abs. 2 StPO (Anordnungskompetenz des Gerichts) und § 111k Abs. 1 StPO (Vollziehungskompetenz).

101 Für die **Fallgruppe 2** (Vermögensarrest) orientiert sich die StPO-Regelung im Wesentlichen am zivilen Zwangsvollstreckungsrecht. § 111e Abs. 2 StPO bestimmt daher, dass ein **Vermögensarrest** angeordnet wird. Die Anordnungskompetenz hat das Gericht (§ 111j Abs. 1 StPO). Die Staatsanwaltschaft vollzieht den Vermögensarrest.

E. Rechtsfolgen kraft Gesetzes

102 Neben die Strafe mit Nebenfolgen tritt **kraft** Gesetzes bei einer rechtskräftigen Verurteilung nach dem Betäubungsmittelgesetz ohne Rücksicht auf die Höhe nach § 25 des Gesetzes zum Schutz der arbeitenden Jugend (JArbSchG) ein **Verbot der Beschäftigung, Anweisung und Ausbildung von Jugend** ein. Das hat Bedeutung für Lehrer, Erzieher und sonstige Ausbilder oder Personen, die einen solchen Beruf erstreben. Diese Entscheidung wird nach § 10 Abs. 2 Nr. 4 BZRG im Zentralregister eingetragen.

103 Hinzuweisen ist noch auf den Verlust der Amtsfähigkeit, der Wählbarkeit und des Stimmrechts nach § 45 StGB bei Verurteilungen wegen eines Verbrechens zu Freiheitsstrafen von mindestens einem Jahr.

F. Registerrechtliche Folgen einer Verurteilung

I. Überblick

104 **Jede** Verurteilung, aber auch die Entscheidung über die Nebenfolgen und den Stand der Vollstreckung, wird von der Staatsanwaltschaft nach Rechtskraft der Entscheidung dem **Bundeszentralregister,** das beim Bundesamt für Justiz geführt wird, mitgeteilt (§ 3 Nr. 1 BZRG). Daneben führt das Bundeszentralregister auch das **Erziehungsregister** (§§ 59 ff. BZRG). In dieses werden die Maßnahmen und Verurteilungen, die nicht ins Zentralregister aufgenommen werden, eingetragen. Die Differenzierung ist nur im Rahmen der Auskunftserteilung von Bedeutung. Weiter enthält dieses Gesetz auch betäubungsmittelrechtlich spezifische Regelungen (§ 17 BZRG). Das wirkt sich ebenfalls im Rahmen der Auskunftserteilung an nicht staatliche Stellen **(Führungszeugnis)** aus, welches vom Bundeszentralregister zu unterscheiden ist.[785] Bundeszentralregister und Erziehungsregister sind ein wichtiges Beweismittel in der Hauptverhandlung, weil sie Auskunft über die Vorstrafen geben, die in der Regel strafschärfend berücksichtigt werden können, insbesondere bei einschlägig vorbestraften Tätern.

II. Tilgung

Nach Ablauf einer bestimmten Frist sind die Eintragungen zu tilgen (§ 45 ff. **105**
BZRG). Die Frist richtet sich nach der Höhe der Verurteilung und beträgt mindestens fünf Jahre, in der Regel fünfzehn Jahre (§ 46 Abs. 1 Nr. 4 BZRG).

III. Unbeschränkte Auskünfte

Gerichte und Staatsanwaltschaften sowie die obersten Bundes- und Landes- **106**
behörden erhalten auf Antrag unbeschränkte Auskunft aus dem Zentralregister und dem Erziehungsregister.

IV. Beschränkte Auskünfte (Führungszeugnis)

Jede Person über 14 Jahre hat das Recht, ein **Führungszeugnis** zu beantra- **107**
gen (§ 30 Abs. 1 BZRG). Für den Antragssteller, der ggf. von einem Arbeitgeber zur Vorlage aufgefordert wird, ist von besonderer Bedeutung, dass in diesem Führungszeugnis **nicht** alle Verurteilungen enthalten sind (§ 32 BZRG). Das dient der Resozialisierung des nur leicht oder erstmalig verurteilten Täters.[786] Der Auszug aus dem Führungszeugnis enthält insoweit den Vermerk „Keine Eintragungen vorhanden." An dieser Stelle kann nur ein Überblick über die wichtigsten Regelungen gegeben werden. Die hier angesprochenen Sachverhalte sind nicht abschließend.

Beachte: Nicht eingetragene Strafen sind auch **nicht** auf Nachfragen eines poten- **108**
ziellen Arbeitgebers zu bestätigen (§ 53 Abs. 1 Nr. 1 BZRG). Ein entsprechend Verurteilter ist zwar vorbestraft, kann sich aber als nicht vorbestraft bezeichnen. Gleiches gilt für die Strafen, die zu tilgen sind (§ 53 Abs. 1 Nr. 2 BZRG).

---

[785] S. dazu sogleich unten in → Kap. 5 Rn. 107 ff.

[786] Pfeiffer NStZ 2000, 402 (405).

1. Nichteintragung von Bagatellverurteilungen in das Führungszeugnis

109 Nicht eingetragen werden Verurteilungen über Geldstrafen bis zu einer Höhe von einschließlich 90 Tagessätzen oder Freiheitsstrafe von nicht mehr als drei Monaten, wenn keine weitere Strafe eingetragen ist (§ 32 Abs. 2 Nr. 5 BZRG).[787] Bei der weiteren Strafe kommt es nicht auf ihre Höhe an.[788]

2. Nichteintragung von Verurteilungen nach dem Betäubungsmittelgesetz

110 Jugendstrafen von nicht mehr als zwei Jahren mit Strafaussetzung zur Bewährung werden ebenfalls nicht eingetragen, wenn die Bewährung nicht widerrufen wurde **oder** die Vollstreckung nach § 35 BtMG zurückgestellt wurde (§ 32 Abs. 1 Nr. 3 BZRG).

Bei betäubungsmittelabhängigen **erwachsenen** Straftätern werden teilweise Freiheitsstrafen von nicht mehr als zwei Jahren **nicht** eingetragen. Das ist der Fall, wenn die Vollstreckung der Strafe nach §§ 35 f. BtMG[789] zurückgestellt (§ 32 Abs. 2 Nr. 6 Buchst. a BZRG) oder zur Bewährung ausgesetzt wurde **und** sich aus dem Register ergibt, dass die Straftat aufgrund einer Betäubungsmittelabhängigkeit begangen wurde (§ 32 Abs. 2 Nr. 6 Buchst. b BZRG). Wird daneben auch noch die Unterbringung in einer Entziehungsanstalt angeordnet, wird die Verurteilung nicht eingetragen, wenn die Vollstreckung der Strafe, des Strafrestes oder der Maßregel nach § 35 BtMG zurückgestellt worden ist (§ 32 Abs. 2 Nr. 7 BZRG).

111 Diese Privilegierung entfällt dann, wenn die Strafaussetzung oder Zurückstellung widerrufen wird. In den Fällen des § 32 Abs. 2 Nr. 6 und Nr. 7 BZR darf schließlich keine weitere Strafe eingetragen sein. Sie kommt daher im Wesentlichen betäubungsmittelabhängigen **Ersttätern** zugute.

3. Mitteilungspflicht der Betäubungsmittelabhängigkeit

112 Nach § 17 Abs. 1 BZRG wird dem Zentralregister die Zurückstellung der Vollstreckung der Strafe gemäß § 35 BtMG mitgeteilt. Eingetragen wird weiter die Feststellung, dass die Tat aufgrund einer Betäubungsmittelabhängigkeit begangen wurde, **wenn auf Freiheitsstrafe von nicht mehr als zwei Jahren** erkannt wurde (§ 17 Abs. 2 BZRG). Dadurch wird sichergestellt, dass das Führungszeugnis zutreffend erteilt wird und bestimmte Verurteilungen nicht enthält.

Beachte: Nach § 260 Abs. 5 S. 2 StPO muss der Richter im Urteil § 17 Abs. 2 BZRG zitieren und in die Liste der anzuwendenden Vorschriften aufnehmen. Damit wird sichergestellt, dass die Betäubungsmittelabhängigkeit auch dem Zentralregister mitgeteilt (normiert) wird. Der Verteidiger sollte das ausdrücklich beantragen, damit es nicht untergeht.

---

[787] Ausgenommen sind schwere Sexualdelikte (§ 32 Abs. 1 S. 2 BZRG, s. Anhang D).

[788] Pfeiffer NStZ 2000, 402 (407).

[789] Zur Zurückstellung → Kap. 6.

4. Erweitertes Führungszeugnis

Durch das Fünfte Gesetz zur Änderung des Bundeszentralregistergesetzes **113** vom 16.7.2009 wurde zum Schutz von Minderjährigen ein sog. **erweiteres Führungszeugnis** geschaffen (§ 30a BZRG). Für das erweiterte Führungszeugnis gelten die beschriebenen Privilegierungen der Nichtaufnahme in das Führungszeugnis **nicht**. Sie sind ungeachtet der Regelung des § 32 Abs. 2 BZRG aufzunehmen. Allerdings ist der Anwendungsbereich im hier interessierenden Zusammenhang gering. Erfasst werden nämlich nur bestimmte Sexualdelikte (§ 32 Abs. 5 BZRG).[790]

5. Tilgung von Eintragungen im Führungszeugnis

Die Dauer der Frist, nach deren Ablauf eine im Register enthaltene Eintra- **114** gung nicht mehr in ein Führungszeugnis aufzunehmen ist, ist gegenüber den Tilgungsfristen im Interesse der Reintegration des Verurteilten nach § 34 BZRG deutlich kürzer als die Löschungsfristen im Zentralregister.

[790] Auf weitere Ausnahmen für das Führungszeugnis zur Vorlage bei Behörden (§ 30 Abs. 5 BZRG) sei an dieser Stelle nur verwiesen.

Kapitel 6. Therapie statt Strafe (§§ 35, 36 BtMG)

A. Allgemeines

Verurteilte betäubungsmittelabhängige Straftäter erhalten durch §§ 35 ff. BtMG die Möglichkeit, einen Teil der Strafe dadurch „abzudienen“, dass sie bereit sind, ihre Drogensucht zu behandeln. Hintergrund der Regelung ist, dass Strafe keine Therapie ersetzt und die Beseitigung der Verbrechensursache die beste **Verbrechensprophylaxe** ist. Mit den Regelungen räumt das Gesetz im Interesse der Rehabilitation des Verurteilten und der Beseitigung der Ursachen der Delinquenz einer therapeutischen Behandlung grundsätzlich den Vorrang gegenüber dem Vollzug der Strafe ein. In den Genuss dieser Regelung kommen verurteilte Straftäter, die sich im Strafvollzug befinden. Sie werden vorläufig aus dem Strafvollzug herausgenommen. Möglich ist aber auch, dass die Vollstreckungsbehörde zunächst davon absieht, den Verurteilten zum Strafantritt zu laden. Der Täter soll einerseits durch den Druck des noch anstehenden Strafvollzugs im Falle des Scheiterns, andererseits durch die Möglichkeit des Erwerbs vorzeitiger Aussetzung zur Bewährung und Anrechnung auf die Strafe nach erfolgreichem Abschluss der Therapie motiviert werden.[791] Die §§ 35 ff. BtMG finden damit in der **Strafvollstreckung** Anwendung, also im Verfahrensstadium nach der **Rechtskraft** eines Urteils.[792] Deswegen ist der Leitspruch **„Therapie statt Strafe“ unpräzise und würde korrekter „Therapie statt Strafvollstreckung“ lauten**. 1

Die folgenden Ausführungen können nur einen kurzen Überblick über die materiellen Voraussetzungen und das komplizierte Zusammenwirken von Gerichten und Staatsanwaltschaft geben. Die maßgeblichen Entscheidungen trifft die Staatsanwaltschaft, weil sie die **Vollstreckungsbehörde** ist (§ 451 Abs. 1 StPO). Neben der StPO ist auch die bundeseinheitliche Verwaltungsanordnung **Strafvollstreckungsordnung (StVollstrO)** zu beachten. Im **Jugendstrafverfahren** tritt der Jugendrichter als Vollstreckungsleiter an die Stelle der Staatsanwaltschaft (§ 84 JGG). Diese Besonderheit hat insbesondere Auswirkung im Rechtsmittelverfahren.[793] 2

---

[791] Schöfberger NStZ 2005, 441.

[792] Der Anwendungsbereich von §§ 35 f. BtMG über § 37 BtMG hat geringere praktische Bedeutung. Er soll daher hier unbehandelt bleiben. Diese Vorschrift erlaubt bereits von einer Anklage abzusehen, wenn nur eine Freiheitsstrafe von bis zu zwei Jahren zu erwarten ist.

[793] → Kap. 6 Rn. 18.

B. Voraussetzungen

I. Antrag

3 Von Amts wegen wird nicht geprüft, ob die Strafvollstreckung zurückgestellt werden kann.[794] Das ergibt sich aus der Natur der Sache, weil eine Therapie ein aktives Mitwirken verlangt, wenn sie erfolgreich sein soll. **Erforderlich** ist vielmehr ein Antrag des Verurteilten, der üblicherweise in schriftlicher Form eingereicht wird.

II. Tat aufgrund von Betäubungsmittelabhängigkeit

4 Zurückstellungsfähig sind nur die Straftaten, die der Täter aufgrund seiner Betäubungsmittelabhängigkeit begangen hat **(Kausalität)**. Alkohol- und Medikamentenabhängigkeit reichen nicht aus. Die Abhängigkeit muss im Zeitpunkt der Verurteilung noch bestehen und noch nicht (im Strafvollzug) überwunden sein. Die Zurückstellung kommt nicht nur bei Verstößen gegen das BtMG, sondern auch für solche Straftaten in Betracht, die der Beschaffung von Betäubungsmitteln dienten **(Beschaffungskriminalität)**. Auch bei einer Verurteilung zu einer Gesamtfreiheitsstrafe, die Straftaten umfasst, für die die Betäubungsmittelabhängigkeit nicht ursächlich war, kommt eine Zurückstellung der gesamten Strafe in Betracht. Nach § 35 Abs. 3 BtMG muss die Betäubungsmittelabhängigkeit nur für den ihrer Bedeutung nach überwiegenden Teil der abgeurteilten Straftaten vorliegen. In der Regel wird dies durch die Urteilsfeststellungen bewiesen. Zwingend ist das jedoch nicht, so dass der Nachweis auch anders geführt werden kann.[795]

Fall 65: A wird wegen Raubes verurteilt. Er hatte diese Tat begangen, weil er dringend Geld für den Erwerb von Heroin brauchte. A schweigt zu den Tatvorwürfen aus Angst, dass er mit seiner Aussage Anlass zu weiteren Ermittlungen geben könnte. In der Haft merkt er, dass sein damaliges Schweigen ein Fehler war und beantragt nun die Zurückstellung.

Grundsätzlich ist eine Zurückstellung möglich, wenn die Angaben zutreffen. Das hat die Vollstreckungsbehörde von Amts wegen zu ermitteln. Sie darf die Ablehnung daher nicht deswegen versagen, weil A seine Drogensucht ausweislich der Urteilsgründe in Abrede gestellt hat.[796] Einer pauschalen und unsubstantiierten Behauptung, drogenabhängig zu sein, ist allerdings kein Glauben zu schenken, um Missbrauch nicht Tür- und Tor zu öffnen.[797]

---

[794] Patzak/Volkmer/Fabricius/Fabricius BtMG § 35 Rn. 252.
[795] OLG Frankfurt NStZ-RR 1998, 314 f.
[796] OLG Karlsruhe NStZ-RR 2012, 250 f.
[797] Vgl. HJW BtMG § 35 Rn. 4.2: keine Gefälligkeitsatteste.

Beachte: Die Frage einer Betäubungsmittelabhängigkeit ist einer Verständigung nach § 257c StPO entzogen. Über die Betäubungsmittelabhängigkeit kann daher nicht „gedealt" werden.

Auch der Grundsatz im **„Zweifel für den Angeklagten"** gilt im Rahmen des Zurückstellungsverfahrens nicht.[798]

III. Zurückstellungsfähige Verurteilungen

1. (Rest-) Freiheitsstrafe bis zu zwei Jahren

Eine Zurückstellung ist nur möglich, wenn nicht mehr als zwei Jahre (Gesamt-) Freiheitsstrafe zu vollstrecken sind. Das Urteil muss daher entweder auf Freiheitsstrafe (§ 35 Abs. 1 BtMG) oder Gesamtfreiheitsstrafe (§ 35 Abs. 3 Nr. 1 BtMG) **bis zwei Jahre ohne Bewährung** lauten oder die Vollstreckung muss soweit fortgeschritten sein, dass von der Freiheits- oder Gesamtfreiheitsstrafe **nur noch zwei Jahre zu vollstrecken** (§ 35 Abs. 3 Nr. 2 BtMG) sind. 5

Eine Zurückstellung ist auch bei mehreren Strafen, aus denen keine Gesamtstrafe zu bilden ist, möglich. Für jede Verurteilung ist gesondert zu prüfen, ob die Voraussetzungen für die Zurückstellung vorliegen.[799] Für die Vollstreckung mehrerer Strafen gilt dabei folgender Grundsatz: Grundsätzlich werden die Strafen unmittelbar hintereinander vollstreckt (§ 454b Abs. 1 StPO, § 43 Abs. 1 StVollstrO), wobei zuerst die kurzen und dann die langen Strafen zu verbüßen sind (§ 43 Abs. 2 StVollstrO). Die Vollstreckung der Strafen wird jeweils unterbrochen (§ 454b Abs. 2 StPO), wenn zwei Drittel verbüßt sind (§ 57 Abs. 1 StGB). Hintergrund ist, dass für alle Strafen einheitlich geprüft werden kann, ob die Strafen zur Bewährung ausgesetzt werden können (sog. gemeinsamer zwei Drittel-Zeitpunkt). 6

Fall 66: A ist wegen Straftaten aufgrund seiner Betäubungsmittelabhängigkeit zu einer Freiheitsstrafe von 1 Jahr, zu einer weiteren von 2 Jahren und 3 Monaten und einer solchen von 3 Jahren verurteilt worden.

Hier ist nur die Strafe von 1 Jahr zurückstellungsfähig. Erst wenn von der weiteren Strafe von 2 Jahren und 2 Monaten 3 Monate und von der Strafe von 3 Jahren 1 Jahr verbüßt wurden, ist für **jede Straftat die Aussetzungsfähigkeit** erreicht. Bevor A also in den Genuss des § 35 BtMG kommt, muss er daher 1 Jahr und 3 Monate verbüßen.[800] Unbeachtlich ist hier, dass er in der Summe 6 Jahre und 2 Monate verbüßen musste.

[798] KG Beschl. v. 22.3.2013 – 4 VAs 17/13, BeckRS 2013, 13937.

[799] BGH NStZ 1985, 126.

[800] Da kürzere Freiheitsstrafen nach § 43 Abs. 2 Nr. 1 StVollstrO grundsätzlich vor den längeren vollstreckt werden, ist hier ein Antrag des Verurteilten auf Umstellung der Vollstreckungsreihenfolge ratsam (§ 43 Abs. 4 StVollstrO).

7 Kann eine Strafe nicht zurückgestellt werden, weil sie nicht auf eine Betäubungsmittelabhängigkeit zurückzuführen ist, entfaltet diese Verurteilung eine **Sperrwirkung.** Diese Strafe ist daher zunächst zu verbüßen.[801] Erst wenn diese Strafe zur Bewährung gem. § 57 StGB ausgesetzt werden kann, kommt eine Zurückstellung für die weiteren Strafen in Betracht.[802] Auch das dient der Resozialisierung und Behandlung des abhängigen Täters: Er wird in die Freiheit entlassen und muss nicht noch einen weiteren Freiheitsentzug „abdienen".

8 Die Vorgaben zur Vollstreckungsreihenfolge und zur Sperrwirkung können aber im Hinblick auf einen **baldigen Therapiebeginn** zu nicht gewünschen Folgen führen:

Fall 67 (Fallabwandlung von Fall 66): Die Strafe von 2 Jahren und 3 Monaten ist **nicht** auf eine Betäubungsmittelabhängigkeit zurückzuführen.

Die Sperrwirkung führt dazu, dass die Strafen jeweils bis zwei Drittel zu verbüßen sind: 9 Monate (von 1 Jahr, dann 1 Jahr und 6 Monate (von 2 Jahren 3 Monate) und dann 2 Jahre (von 3 Jahren) zu vollstrecken. Nunmehr erlaubt § 454b Abs. 3 der Vollstreckungsbehörde, die Reihenfolge der Vollstreckung zu ändern und abweichend von der Unterbrechung nach Verbüßung von zwei Dritteln die **vollständige Verbüßung** der 2 Jahre und 3 Monate anzuordnen. Danach muss der Verurteilte noch ein Jahr von den 3 Jahren verbüßen, um einen Antrag auf Zurückstellung zu stellen. Die Verfahrensweise nach § 454b Abs. 3 setzt einen **Antrag** des Verurteilten voraus.

Beachte: Das Verfahren zur Änderung der Vollstreckungsreihenfolgen nach § 454b Abs. 3 StPO gebietet regelmäßig die Beiordnung eines Pflichtverteidigers nach § 140 Abs. 2 StPO analog.[803]

2. Zurückstellung bei Anordnung einer Unterbringung

8a **Fall 68:** A ist wegen Raubes zu einer Freiheitsstrafe von 2 Jahren ohne Bewährung. Das Gericht ordnete auch die Unterbringung in einer Entziehungsanstalt an, weil A betäubungsmittelabhängig ist und sich die Tat als Beschaffungskriminalität darstellte. Ein Vorwegvollzug wird nicht angeordnet. Die Aufnahme in die Entziehungsanstalt verzögert sich, so dass sich A dazu entschließt, eine normale Drogentherapie anzutreten. Er beantragt deshalb die Zurückstellung der Vollstreckung.

Wird vom Gericht die Unterbringung in einer Entziehungsanstalt nach § 64 StGB angeordnet[804] ist zu unterscheiden:

---

[801] BGH Beschl. vom 4.8.2010, 5 AR (VS) 22/10; OLG München NStZ 2000, 223.

[802] BGH Beschl. vom 4.8.2010, 5 AR (VS) 22/10.

[803] LG Mannheim StV 2018, 156 unter Bezugnahme auf die Gesetzesbegründung BT-Drs. 18/11272, 35.

[804] Allgemein zur Unterbringung → Kap. 5 Rn. 61 ff.

Wird nur die Unterbringung nach § 71 StGB angeordnet, weil das Strafverfahren wegen Schuldunfähigkeit oder Verhandlungsunfähigkeit des Täters nicht durchführbar ist, kommt eine Zurückstellung nicht in Betracht.[805]

Ist die Unterbringung aber **neben** der Strafe angeordnet (das ist der Regelfall), ist eine Zurückstellung grundsätzlich nach dem Wortlaut möglich.[806] Wird die Unterbringung aber vollstreckt, wird ein Antrag eine Zurückstellung der Vollstreckung nach § 35 BtMG, auch wenn im übrigen die Voraussetzungen vorliegen würden, nach dem Sinn- und Zweck der Zurückstellungsregelungen abzulehnen sein. Denn zum einen findet eine therapeutische Behandlung statt, die auch noch Erfolgsaussichten bietet; andernfalls müsste sie für erledigt erklärt werden (§ 67d Abs. 5 S. 1 StGB iVm § 64 S. 2 StGB). Außerdem besteht ein prinzipieller Vorrang des § 64 StGB.

Lösungshinweis zu Fall 68: Die formalen Voraussetzungen liegen vor. Eine Zurückstellung zu versagen, erscheint daher schwer begründbar. Allerdings dürfte eine solche Konstellation selten sein.

IV. Der Rehabilitation dienende Behandlung

Die Behandlung muss der **Rehabilitation** dienen. § 35 Abs. 1 BtMG schreibt 9
nicht näher fest, wie diese Behandlung auszusehen hat. Das trägt der Erkenntnis Rechnung, dass es keinen Königsweg aus der Sucht gibt, der allen gerecht wird. Ziel ist aber grundsätzlich die **Abstinenz**. Jedes Therapiekonzept muss sich daran messen lassen, ob es dazu führen kann, dass der Abhängige künftig abstinent lebt. Üblich sind stationäre Langzeittherapien. Zulässig ist aber auch eine ambulante Therapie. Auch Substitutionstherapien können eine Zurückstellung rechtfertigen. Substitutionstherapien sind medikamentöse Behandlung mit anderen Substanzen in der Entwöhungs- und Abstinenzphase.[807] Voraussetzung für eine Zurückstellung zugunsten einer solchen Therapie ist, dass die Substitution **nicht nur** der Leidenslinderung dient. Leidenslinderung führt nämlich nicht zur Abstinenz.[808]

Einer Behandlung entspricht auch der **Aufenthalt in einer staatlich aner-** 10
kannten Einrichtung, die dazu dient, die Abhängigkeit zu beheben oder einer erneuten Abhängigkeit entgegenzuwirken (§ 35 Abs. 1 S. 2 BtMG). Die anerkannten ambulanten und stationären Einrichtungen werden regelmäßig veröffentlicht.[809] Im Gegensatz zu den Therapieeinrichtungen, die § 35 Abs. 1 S. 1 BtMG im Blick hat, sind damit **Selbsthilfegruppen** von ehemals Süchtigen

[805] OLG München Entscheidung v. 10.1.1983 – 1 VAs 13/82, BeckRS 9998, 84779.

[806] BeckOK BtMG/Bohnen BtMG § 35 Rn. 71.

[807] Patzak/Volkmer/Fabricius/Fabricius BtMG § 35 Rn. 167.

[808] OLG Oldenburg NStZ 1994, 347.

[809] zB in Rheinland-Pfalz Bekanntmachung des Ministeriums der Justiz und für Verbraucherschutz vom 30.4.2014, JBl. 2014, 47 ff. in Verbindung mit der Verwaltungsvorschrift des Ministeriums für Arbeit und Soziales, Gesundheit, Familie und Frauen vom 30.11.2009, JBl. 2009, 148 f., die Voraussetzungen für die staatliche Anerkennung regelt.

gemeint. Diese leben **ohne Therapeuten und Psychologen** in einer Lebensgemeinschaft zusammen.[810] Die bekanntesten sind **Synanon**[811] oder die **Suchthilfe Fleckenbühl**.[812] Ein lediglich „ambulanter Aufenthalt" ist in diesen Einrichtungen ausgeschlossen.[813] Ein großer Vorzug dieser Einrichtungen ist, dass die Aufnahme weder eine Kostenzusage noch eine Therapieplatzzusage erfordert, weil sich diese Einrichtungen durch Spenden und Zweckbetriebe selbst finanzieren.

11 **Beachte:** Bisweilen findet sich die Forderung, dass bei ambulanten Therapieformen eine Zurückstellung der Strafvollstreckung dann nicht in Betracht komme, wenn hierdurch an den **Verurteilten deutlich geringere Anforderungen** als bei einer stationären Therapie gestellt werden. Das trifft aber nicht zu. Entscheidend kann nämlich nicht darauf abgestellt werden, ob die Therapie freiheitsentziehenden oder strafvollzugsähnlichen Charakters hat. Denn sowohl bei der stationären als auch bei der ambulanten Therapie nach § 35 BtMG befindet sich der Verurteilte nicht im Strafvollzug, sondern in Freiheit. Eine ambulante Therapie verlangt im Vergleich zu einer stationären Therapie auch eine aktivere Mitarbeit an der Aufarbeitung der Suchtproblematik als eine stationäre Therapie, bei der passives Absitzen ausreicht. Ambulante Therapien stellen daher ebenfalls erhebliche Anforderungen an die Probanden. Anders als bei stationären Aufenthalten sind Teilnehmer mehr auf sich selbst gestellt und müssen ihre Lebenstüchtigkeit ohne Drogen in Alltag, Beruf, Wohnen und Familie beweisen.[814] Insoweit stellen ambulante Therapien zwar im Hinblick auf räumliche Beschränkungen ein Minus dar, das aber durch ein Plus auf das therapeutische Einlassen kompensiert wird.

V. Therapiebereitschaft

12 Der verurteilte Täter muss zumindest **bereit** sein, sich einer solchen Behandlung zu unterziehen. Dieses Kriterium dient dazu, die Fälle nicht ernsthafter bzw. vorgetäuschter Bereitschaft herauszufiltern.

Fall 69: A ist zu einer Freiheitsstrafe von 1 Jahr und 9 Monaten Dauer verurteilt worden. Nachdem er die Ladung zum Strafantritt erhalten hat, stellt er den Antrag auf Zurückstellung nach § 35 BtMG.

Legt er nicht gleichzeitig mit dem Antrag auch seinen Schriftverkehr mit einer Einrichtung vor, bestehen ernsthafte Zweifel an seiner Therapiemotivation. Hier spricht alles dafür, dass A nur den Wunsch hat, nicht in den „Knast" zu gehen.

13 Andererseits muss berücksichtigt werden, dass der Weg aus der Sucht häufig kein gerader, stets nach Therapieplan verlaufender Weg ist und von **Rück-**

[810] Patzak/Volkmer/Fabricius/Fabricius BtMG § 35 Rn. 142 ff.

[811] Nähere Infos unter www.synanon-aktuell.de.

[812] Nähere Infos unter www.diefleckenbuehler.de.

[813] OLG Koblenz Beschl. v. 7.2.2007 – 2 Ws 60/07; ebenso Weber/Kornprobst/Maier/Weber BtMG § 35 Rn. 183.

[814] KG Beschl. v. 13.4.2010 – 4 Ws 18/10 – 1 AR 153/10, BeckRS 2010, 14156.

fällen begleitet wird. Therapieabbrüche sind nicht immer Ausdruck von fehlender Therapiemotivation, sondern häufig ein Symptom der Sucht. Eine Erfolgsgarantie oder nur eine positive Prognose wird daher nicht verlangt.[815] § 35 BtMG soll gerade für Risikopatienten Anwendung finden und ihnen eine (ggf. weitere) Therapiechance eröffnen.[816] Erfolgslosigkeit von in der Vergangenheit durchgeführten Therapien gebieten es aber, einen strengen Maßstab an die Zustimmungsentscheidung zu legen.[817]

Fall 70: A hat schon mehrere Therapien abgebrochen. Nunmehr droht erneut der Strafantritt. Aus den Stellungnahmen der bisherigen Einrichtungen ergibt sich, dass er bisher im Wesentlichen nur passiv dabeigesessen hat. Auch sonst fiel er häufiger wegen Regelverstößen auf.

Der Umstand alleine, dass Therapien abgebrochen wurden, reicht nicht aus, eine erneute Behandlung zu versagen. Hier zeigt aber das ganze Verhalten, dass A nicht die notwendige Ernsthaftigkeit hat, seine Abhängigkeit zu bekämpfen.

VI. Therapieplatz und Kostenzusage

Die Zurückstellung setzt schließlich voraus, dass ein **Therapieplatz** vorhanden und die **Finanzierung** gesichert ist. Darum muss sich der verurteilte Täter selbst bemühen. Die Justiz sucht ihm weder einen Therapieplatz, noch übernimmt sie die Kosten der Behandlung. Die Zurückstellung setzt daher eine **Therapieplatzzusage** der Einrichtung und einen festen Aufnahmetermin voraus.[818] Die Auswahl des Therapieplatzes hat die Vollstreckungsbehörde; der Verurteilte kann insoweit nur Vorschläge machen. Die Ablehnung der von dem Verurteilten vorgeschlagenen Einrichtung muss auch sorgfältig begründet werden und in Rechnung stellen, dass sich bisher keine allseits anerkannten Standards der Behandlung durchgesetzt haben.[819] 14

Fall 71: A legt mit dem Antrag den Schriftverkehr mit einer Therapieeinrichtung vor. Daraus ergibt sich die Zusage der Einrichtung, ihn aufzunehmen, wenn geklärt ist, wer die Kosten dafür übernimmt.

Das reicht (zumindest derzeit) noch nicht für eine positive Zurückstellungsentscheidung aus.

Die Kosten für eine Therapiemaßnahme nach § 35 BtMG werden üblicherweise von den zuständigen Kranken[820]- und/oder Rentenversicherungen[821] getragen. Die Selbsthilfegruppen dagegen nehmen einen Süchtigen ohne **Kos-** 15

[815] OLG Hamm NStZ 1982, 485.
[816] OLG Frankfurt StraFo 2013, 351.
[817] OLG Hamm Beschl. v. 6.7.2010 – 1 VAs 39–42/10, BeckRS 2010, 28895.
[818] Weber/Kornprobst/Maier/Weber BtMG § 35 Rn. 124.
[819] OLG Karlsruhe NStZ-RR 2011, 259.
[820] Vgl. § 27 S. 1 SGB V.
[821] Vgl. § 15 SGB VI.

tenzusage auf.[822] Möglich ist auch die private Finanzierung der Therapie aus eigenen Mitteln.[823]

VII. Zustimmung des Gerichts

16 Die Zurückstellung der Strafvollstreckung durch die Staatsanwaltschaft setzt weiter voraus, dass das Gericht des ersten Rechtszuges der Zurückstellung zustimmt. Vielfach erteilt das Gericht seine **Zustimmung** bereits in der Hauptverhandlung und nimmt sie in die schriftlichen Urteilsgründe auf.[824] Die erteilte Zustimmung nimmt aber an der Rechtskraft nicht teil. Sie ist aus Gründen des Vertrauensschutzes aber grundsätzlich bindend.[825] Wenn sich die Umstände zwischenzeitlich maßgeblich verändert haben, kann die Zustimmung auch widerrufen werden.[826]

C. Rechtsmittel (Anfechtung)

17 Das Rechtsmittelverfahren nach § 35 BtMG ist unübersichtlich. Die **Versagung der Zustimmung durch das Gericht** des ersten Rechtszuges kann nur die Staatsanwaltschaft, nicht aber der Verurteilte anfechten (§ 35 Abs. 2 S. 1 StPO). Bleibt das Rechtsmittel erfolglos, ist die Staatsanwaltschaft daran gebunden und darf die Strafvollstreckung nicht zurückstellen.[827] Der Verurteilte kann aber dann die Versagung der Zustimmung **zusammen** mit der ablehnenden Entscheidung der Vollstreckungsbehörde anfechten (§ 35 Abs. 2 S. 2 BtMG). Über diese entscheidet die Generalstaatsanwaltschaft (sog. **Vorschaltbeschwerde**). Die Generalstaatsanwaltschaft kann die fehlende Zustimming des Gerichts nicht ersetzen, kann aber ggf. die Staatsanwaltschaft anweisen, Beschwerde gegen die Versagung der Zustimmung einzulegen. Die **Entscheidung** der Generalstaatsanwaltschaft ist dann nach §§ 23 ff. EGGVG vom Oberlandesgericht überprüfbar. Das Oberlandesgericht kann in seiner Rechtsmittelentscheidung nach § 35 Abs. 2 S. 3 BtMG die fehlende Zustimmung des erstinstanzlichen Gerichtes ersetzen.

18 Im **Jugendstrafverfahren** tritt der Jugendrichter als Vollstreckungsleiter an die Stelle der Staatsanwaltschaft (§ 84 JGG). Auch wenn er Richter ist, ist er insoweit Organ der Justizverwaltung und unterliegt damit der Dienstaufsicht der Generalstaatsanwaltschaft.[828] Diese überprüft dann die Entscheidung des Vollstreckungsleiters.

---

[822] Vgl. die Hinweise auf der Homepage www.diefleckenbuehler.de und www.synanon-aktuell.de.

[823] OLG Hamm Beschl. v. 27.11.2014 – 1 VAs 55–57/14, BeckRS 2015, 917.

[824] OLG Frankfurt NStZ 1987, 42.

[825] OLG Frankfurt NStZ 1987, 42.

[826] Weber/Kornprobst/Maier/Weber BtMG § 35 Rn. 137.

[827] MüKoStGB/Kornprobst BtMG § 35 Rn. 133.

[828] OLG Hamm NStZ-RR 2002, 21.

D. Widerrufsgründe

Unter den Voraussetzungen von § 35 Abs. 5 und Abs. 6 BtMG kann die Zurückstellung widerrufen werden. Das Gesetz unterscheidet therapiebezogene Widerufsgründe und solche aus Rechtsgründen. 19

Die **therapiebezogenen** Widerrufsgründe nach § 35 Abs. 5 BtMG sind:
- Nichtantritt der Behandlung,
- Abbruch der Behandlung,
- trotz Aufforderung nicht erbrachte Nachweise der Behandlung nach § 35 Abs. 4 BtMG.

Aus **Rechtsgründen** kann die Zurückstellung nach § 35 Abs. 6 BtMG widerufen werden,
- wenn die Strafe nachträglich infolge einer Gesamtstrafenbildung nicht mehr zurückstellungsfähig ist oder
- eine weitere nicht oder noch nicht zurückstellungsfähige Strafe zu vollstrecken ist.

E. Anrechnung von Therapiezeiten

I. Die obligatorische Anrechnung nach § 36 Abs. 1 BtMG

Als Anreiz für das Durchhalten der Therapie sieht das Gesetz vor, dass die Zeit des Aufenthaltes in der Therapieeinrichtung **zwingend** auf die Strafe angerechnet wird bis zwei Drittel der ursprünglich erkannten Strafe erledigt (= verbüßt) sind. Ein Drittel ist ausgenommen, um den Drogenabhängigen durch den Druck der drohenden Vollstreckung des Strafrestes zu motivieren, die Therapie zu Ende zu führen und nach ihrem Abschluss nicht rückfällig zu werden.[829] Die Anrechnungsentscheidung ist nicht erst im Zuge der späteren Entscheidung über die Anrechnung zu treffen, sondern bereits im Rahmen der Vorabentscheidung über die Anrechnungsfähigkeit gemäß § 36 Abs. 1 S. 2 BtMG festzulegen. 20

Beispiel: A wurde zu einer Freiheitsstrafe von 3 Jahren verurteilt. Nach 1 Jahr und 6 Monaten Haftzeit tritt er eine 8-monatige Therapie an. Diese 8 Monate werden auf die Strafe bis zu zwei Drittel angerechnet, hier also 6 Monate.

Im Einzelfall kann die Feststellung der anrechenbaren Zeiten, inbesondere bei ambulanten Therapien schwierig und kompliziert sein. Anrechenbar sind aber zumindest diejenigen Tage, an denen tatsächlich therapeutische Behandlungsmaßnahmen erfolgten.[830] 21

---

[829] MüKoStGB/Kornprobst BtMG § 36 Rn. 28.

[830] KG NStZ-RR 2009, 321 f. Weiterführend: Patzak/Volkmer/Fabricius/Fabricius BtMG § 36 Rn. 40 f.

II. Die fakultative Anrechnung nach § 36 Abs. 3 BtMG

22 Es kann Fälle geben, in denen die Voraussetzungen einer Anrechnung nach § 36 Abs. 1 BtMG nicht vorliegen.

Fall 72: A begeht zahlreiche Beschaffungstaten, um seine Drogensucht zu finanzieren. Nunmehr begibt er aufgrund eigenen Entschlusses und ohne Druck eines Strafverfahrens in eine Therapie und wird erfolgreich behandelt. Allerdings holt ihn jetzt seine Vergangenheit wieder ein und er wird schließlich wegen zahlreicher Taten zu einer Gesamtfreiheitsstrafe von 3 Jahren verurteilt.

Eine Zurückstellung nach § 35 BtMG scheidet hier aus, weil keine Betäubungsmittelabhängigkeit mehr behandelt werden muss. A wird also im Hinblick auf andere Straftäter „schlechter" behandelt, die sich erst nach einer Verurteilung zu einer Therapie entschließen. Solche Ausnahme- und Härtefälle will § 36 Abs. 3 BtMG ausgleichen.

Dem Wortlaut nach verlangt § 36 Abs. 3 BtMG ausdrücklich nur eine Betäubungsmittelabhängigkeit, eine Straftat und eine Behandlung der sich der Verurteilte nach der Tat unterzogen hat. Das würde aber einen fast uferlosen Anwendungsbereich der Ausnahmevorschrift bedeuten. Bei der Anwendung der fakultativen Abrechnung sind daher die Wertungen des Regelfalls der Zurückstellung zu beachten: Die Tat muss auch auf einer Betäubungsmittelabhängigkeit beruhen (Kausalität). Weiter darf die zu vollstreckende Strafe oder der zu vollstreckende Strafrest zwei Jahre nicht überschreiten. Die Vorschrift kann daher nicht so verstanden werden, dass therapierte Straftäter überhaupt nicht zum Haftantritt geladen werden müssen. Die Anrechnung ist nur möglich, bis zwei Drittel der Strafe verbüßt sind.[831]

F. Aussetzung zur Bewährung

23 Von der Anrechnung ist die Aussetzung zur Bewährung zu unterscheiden. Bei einer **positiven Prognose** (§ 36 Abs. 1 S. 3 BtMG) wird die nach der Anrechnung verbleibende Reststrafe zur Bewährung ausgesetzt. Das ermöglicht unter Umständen eine frühere Aussetzung des Strafrestes zur Bewährung, als dies nach § 57 Abs. 1 oder Abs. 2 StGB möglich gewesen wäre. Zuständig für diese Entscheidung ist das **Gericht des ersten Rechtszuges**.

Fall 73: A wird zu einer Gesamtfreiheitsstrafe von 4 Jahren verurteilt. Nach 2 Jahren Haft tritt er erfolgreich eine 6 Monate dauernde Therapie an. Nach der Therapie kann er bereits einen Arbeitsvertrag vorlegen.

Bei einer Verurteilung von 4 Jahren kommt eine Aussetzung nach Verbüßung von zwei Dritteln der Strafe (§ 57 Abs. 1 StGB) erst nach einer Haftdauer von 2 Jahren und 8 Monaten in Betracht. Die Entlassung nach Verbüßung der Hälfte der

[831] OLG Köln Beschl. v. 4.8.2010 – 2 Ws 449/10, BeckRS 2010, 20731.

Strafe (§ 57 Abs. 2 Nr. 2 StPO) ist nur bei **besonderen Umständen** und damit ausnahmsweise möglich und erfolgt in der Regel nicht. Im Fall des A werden durch die erfolgreiche Therapie auf die Strafe noch weitere 6 Monate angerechnet. Nunmehr ist eine Aussetzung zur Bewährung bereits nach 2 Jahren und 6 Monaten möglich.

Das Gesetz ordnet für die Entscheidung über die Aussetzung zur Bewährung nach § 36 Abs. 2 iVm Abs. 5 BtMG die Zuständigkeit des **Gerichts des ersten Rechtszuges** an. In der Regel haben sich Verurteilte, die in in den Genuss einer Zurückstellung kommen, aber im **Strafvollzug** befunden. Für die Frage der nachträglichen Aussetzung von Strafen ist nach §§ 462a Abs. 1 S. 1 StPO grundsätzlich die **Strafvollstreckungskammer** zuständig. Die Sonderzuständigkeit des Gerichts des ersten Rechtszuges ist aber auch hier zu beachten.[832] Für die **Bewährungsüberwachung** ist aber nach den Regelungen der StPO in diesen Fällen die Strafvollstreckungskammer zuständig.[833] Das Gericht überwacht dann die Aussetzungsentscheidung eines anderen Gerichts. 24

G. Verhältnis zu § 64 StGB

Die Unterbringung nach § 64 StGB und die Zurückstellung der Strafvollstreckung sind Therapien. Es stellt sich daher die Frage nach dem Verhältnis beider Vorschriften. Vorrang vor einer Zurückstellung nach §§ 35 ff. BtMG hat die Unterbringung nach § 64 StGB. Von der Anordnung der Unterbringung darf daher nicht abgesehen werden, weil eine Entscheidung nach § 35 BtMG,[834] möglicherweise entsprechend dem Wunsch des Angeklagten, ins Auge gefasst ist.[835] 25

Beachte: Der Angeklagte hat daher **kein Wahlrecht** zwischen einer Therapie nach § 64 StGB oder einer solchen nach §§ 35 f. BtMG. Andererseits steht einer Maßnahme nach §§ 35 f. BtMG nicht entgegen, dass der Angeklagte aus Angst vor einer befürchteten Unterbringung nach § 64 StGB oder im Hinblick auf Bewährungschancen seine Betäubungsmittelabhängigkeit verschweigt und nun nach Rechtskraft eine Maßnahme nach §§ 35 f. BtMG anstrebt.[836] 26

Hinzuweisen ist auch darauf, dass die Unterbringung nach § 64 StGB in landeseigenen, das heißt staatlichen Einrichtungen erfolgt. Es handelt sich um einen Vollzug einer freiheitsentziehenden Maßnahme. Demgegenüber werden die Maßnahmen nach §§ 35 f. BtMG in nicht staatlichen Einrichtungen vollzogen.[837] Dafür wird die Vollstreckung unterbrochen. Träger von Einrichtun- 27

[832] BGH NStZ 2003, 215.
[833] OLG Jena BeckRS 2017, 135313 Rn. 16.
[834] Zu § 64 StGB. oben → Kap. 5 Rn. 61 ff.
[835] BGH NStZ 2009, 441.
[836] OLG Karlsruhe NStZ-RR 2012, 250 f.
[837] → Kap. 6 Rn 8.

gen, die nach § 35 BtMG anerkannte Therapien anbieten, können private, kirchliche oder sonstige Personen oder Organisationen sein. In diesen Einrichtungen werden auch Personen behandelt, die sich ohne Druck eines Strafverfahrens zu einer Behandlung entschlossen haben.

Bei betäubungsmittelabhängigen Straftätern dürfte sich nach unseren Erfahrungen vielfach der Eindruck festgesetzt haben, dass der Aufenthalt in einer solchen Einrichtung wesentlich „angenehmer" ist und deswegen der Wunsch nach einer Maßnahme nach §§ 35 f. BtMG statt einer Unterbringung geäußert wird.

Beachte: Zeiten der Unterbringung, die vor der Strafe vollzogen, werden auf die Strafe angerechnet (§ 67 Abs. 4 StGB). Eine Aussetzung des Strafrestes zur Bewährung ist dann bereits nach Erledigung der Hälfte der Freiheitsstrafe möglich (§ 67 Abs. 5 StGB). In Fällen längerer Freiheitsstrafen (ab 4 Jahren) kann unter dem Gesichtspunkt eines möglichst kurzfristigen Freiheitsentzuges für den Angeklagten eine Unterbringung nach § 64 StGB interessanter sein.

H. Üblicher Ablauf einer Drogentherapie

28 Eine Drogentherapie verläuft üblicherweise nach dem folgenden Schema. Die Begrifflichkeit folgt den Vereinbarungen der Deutschen Rentenversicherung und den Trägern der gesetzlichen Krankenversicherung vom 4.5.2001 (kurz: Vereinbarung Abhängigkeitserkrankungen):

Beratungs- und Orientierungsphase: Kontaktaufnahme mit einem Arzt oder einer psychosozialen Beratungs- und Behandlungsstelle (psBB).

Körperlicher Entzug/Entgiftung zur Beseitigung der körperlichen Abhängigkeit mit anschließender Erholung (Entzugsbehandlung).

Die **psychische Entwöhnung** erfolgt in einer für Suchtkrankheiten spezialisierten Klinik. Das ist die eigentliche Therapie. Sie wird auch als Stammphase oder Entwöhnungsbehandlung bezeichnet.

Adaptionsphase. Diese hat primär die Wiedereingliederung des Patienten in den Arbeitsmarkt und die Gesellschaft zum Ziel (Arbeitsstelle, Arbeitserprobungen, Praktika usw. und eigene Wohnung).

Nachbetreuung/Nachsorge nach Wiedereingliederung einzeln oder in Gruppen bei einem Arzt oder einer Beratungsstelle.

29 Die Phasen werden nicht durchweg in einer Einrichtung durchgeführt. Teilweise verlangen die spezialisierten Fachkliniken bereits einen vorausgegangenen Entzug. Auch sind Adaptionsphase und Nachbetreuung nicht obligatorisch. Vor und zwischen den einzelnen Schritten können auch ggf. Aufenthalte in Übergangseinrichtungen kommen. Grds. erlauben alle Behandlungsphasen eine Zurückstellung der Strafvollstreckung.[838] Voraussetzung ist aber stets, dass eine Behandlung stattfindet.

---

[838] KG NStZ 1991, 244, BeckRS 9998, 34533.

Kapitel 7. Prozessuale Fragen

In diesem Kapitel sollen typische strafprozessuale Fragen angesprochen werden, die sich immer wieder bei der Sachbearbeitung und in der Hauptverhandlung in Betäubungsmittelverfahren stellen. 1

A. Tatort

Der Tatort begründet neben dem Wohn- und Ergreifungsort zwar nur einen von mehreren gleichrangig nebeneinander stehenden **Gerichtsständen** (§§ 7 ff. StPO). Ihm kommt aber deshalb die größte Bedeutung zu, weil die Staatsanwaltschaft grundsätzlich beim Tatortgericht Anklage erheben soll.[839] Die Zuständigkeit der Staatsanwaltschaft bestimmt sich wiederum nach der örtlichen Zuständigkeit des Gerichts (§ 143 Abs. 1 GVG). Die Frage, welche Staatsanwaltschaft bzw. welches Gericht für die Strafverfolgung zuständig ist, stellt sich insbesondere bei **Transitdelikten**. 2

Fall 74: A aus dem Raum Saarbrücken führt aus den Niederlanden 5 kg Amphetamin ein. Ziel der Kurierfahrt ist Mannheim. Die Transportroute führt ihn über Belgien in den Zuständigkeitsbereich der Staatsanwaltschaften Trier, Saarbrücken, Zweibrücken und Landau, wo A kontrolliert und das Rauschgift gefunden wird. Er wird von der Staatsanwaltschaft Trier angeklagt, nachdem das Verfahren nach dort abgegeben worden war, weil bereits beim Polizeipräsidium Trier gegen ihn wegen einer anderen Lieferung an einen Trierer Abnehmer ermittelt wurde. Dieses Verfahren musste aber mangels hinreichenden Tatverdachts eingestellt werden. A rügt die Tatortzuständigkeit.

Der Tatort bestimmt sich nach § 9 StGB. Tatort ist bei Transitdelikten, in denen das Rauschgift durch mehrere Zuständigkeitsbereiche führt, jeder Ort auf der Transportroute.[840] Beim Transport entfaltet der Täter nämlich auf dem gesamten Weg eine auf die Tatbestandsverwirklichung gerichtete Tätigkeit (Handlungsort). Die Staatsanwaltschaft Trier ist damit für die Strafverfolgung zuständig. Da zum Tatort nach § 9 Abs. 1 Alt. 3 StGB auch der Ort gehört, an dem der tatbestandliche Erfolg eintreten sollte (hier Mannheim), ließe sich ebenfalls eine Zuständigkeit der Staatsanwaltschaft Mannheim begründen.[841]

1. Abwandlung: Die Staatsanwaltschaft Trier leitet auch ein Verfahren gegen den niederländischen Rauschgiftlieferanten Y ein, der aufgrund eines Haftbefehls ausgeschrieben und später verhaftet wird.

Auch hier ist die Staatsanwaltschaft Trier zuständig. Das deutsche Strafrecht ist nämlich in Fällen des unerlaubten Vertriebes von Betäubungsmitteln nach § 6 Nr. 5 StGB (**Weltrechtsprinzip**) anwendbar. Der Bezug zur Staatsanwaltschaft Trier ergibt sich aus deren Zuständigkeit für die Verfolgung des A.

---

[839] Nr. 2 Abs. 1 RiStBV.
[840] BGH NStZ 2007, 287.
[841] Vgl. BGH NStZ 1997, 286.

2. Abwandung: In einem weiteren Ermittlungsverfahren wird das Telefon von A in Trier überwacht. Er ruft seinen Lieferanten B in Koblenz an. Für das Verfahren gegen B ist neben der Staatsanwaltschaft Trier auch die Staatsanwaltschaft Koblenz zuständig. Das Handeltreiben mit Betäubungsmitteln ist nämlich ein **Tätigkeitsdelikt.**[842] Bei einem Telefongespräch zwischen dem Lieferanten A in Koblenz und seinem Abnehmer B in Trier wird sowohl in Koblenz als auch in Trier gehandelt.

B. Tatverdacht

3 Staatsanwaltschaft (§ 152 Abs. 2 StPO) und Polizei (§ 163 Abs. 1 StPO) sind verpflichtet, ein Ermittlungsverfahren einzuleiten, wenn ein **Anfangsverdacht** besteht. Das verlangt konkrete, auf Tatsachen beruhende Anhaltspunkte, die es nach den kriminalistischen Erfahrungen als möglich erscheinen lassen, dass eine Person eine verfolgbare Straftat begangen oder sich hieran beteiligt hat.[843]

Fall 75: Die Polizei erhält einen Hinweis, dass A, der eine Motorradwerkstatt betreibt, auch mit Amphetamin im Kilogrammbereich handelt. Er ist bereits einschlägig in Erscheinung getreten und auch sonst kein unbescholtener Bürger. Zuletzt wurde er wegen Betruges zum Nachteil der Bundesagentur für Arbeit verurteilt. Der Hinweisgeber I, dem das Amphetamin angeboten wurde, ist jedoch aus Angst nicht bereit, die Angaben offen als Zeuge zu machen. Seine Furcht vor Racheakten ist durchaus berechtigt. Er möchte daher anonym bleiben. Die Strafverfolgungsbehörden hatten bisher keine anderen Hinweise auf solche Straftaten von A.

Es besteht der Verdacht, dass A den Tatbestand von § 29a BtMG verwirklicht hat. Problematisch erweist sich aber, dass Hinweisgeber I als Zeuge nicht zur Verfügung steht, da niemand verpflichtet ist, begangene Straftaten anzuzeigen. § 158 StPO begründet nämlich nur das Recht, nicht jedoch die Pflicht, eine Strafanzeige zu erstatten.

4 Auch anonyme Anzeigen begründen nur den Anfangsverdacht, wenn sie eine beträchtliche sachliche Qualität haben oder gleichzeitig schlüssiges Tatsachenmaterial vorgelegt wird. Das ist notwendig, um Denunzianten nicht zu fördern und die Unschuldsvermutung zu wahren.[844]

C. Der Umgang mit „vertraulichen Hinweisen" und Einsatz von Vertrauenspersonen

5 Der Fall Nr. 75 offenbart ein großes Dilemma gerade in der Bekämpfung der Rauschgiftkriminalität: Strafanzeigen „normaler" Bürger sind selten ebenso

[842] BGH Beschl. v. 14.7.2011 – 4 StR 139/11, BeckRS 2011, 20144.
[843] BGH NJW 1989, 96 f.
[844] BVerfG NJW 2020, 384, Rn. 24 mwN.

Zufallsaufgriffe nach Kontrollen. Um Verfahren einzuleiten, ist die Polizei daher auch auf vertrauliche Hinweise angewiesen.[845]

Regelungen zum Umgang finden sich in Anlage D zur RiStBV.[846] Diese 6
Richtlinie enthält in Nr. 2 wichtige Begriffsbestimmungen: **Informant** ist eine Person, die im Einzelfall bereit ist, der Strafverfolgungsbehörde gegen **Zusicherung der Vertraulichkeit** Informationen zu geben (I Nr. 2.1. Anlage D zur RiStBV). Eine **Vertrauensperson (VP)** ist eine Person, die, ohne einer Strafverfolgungsbehörde anzugehören, bereit ist, diese bei der Aufklärung von Straftaten auf längere Zeit vertraulich zu unterstützen und deren Identität grundsätzlich geheim gehalten wird (I Nr. 2.2 Anlage D zur RiStBV). Gemeinsam ist beiden Personen, dass sie im Gegensatz zu den noch anzusprechenden Verdeckten Ermittlern **keine Polizeibeamten** sind. Informant und Vertrauensperson unterscheiden sich nach dieser Definition darin, dass die Vertrauensperson sich nicht auf das einmalige Hinweisgeben beschränkt, sondern dauerhaft Kontakt mit dem Beschuldigten sucht.

Vertrauenspersonen werden nach § 1 VerpflichtungsG auf die gewissen- 6a
hafte Erfüllung ihrer Obliegenheiten förmlich verpflichtet. Mit der Verpflichtung erhält die V-Person die Stellung eines für den öffentlichen Dienst besonders Verpflichteten (§ 11 Abs. 1 Nr. 4 StGB) und steht damit in straf- und strafverfahrensrechtlicher Hinsicht einem Amtsträger gleich. Ihnen ist nicht gestattet, Straftaten zu begehen.[847]

Fall 76: Der Hinweisgeber auf A im Fall Nr. 75 ist I, ein Jugendlicher, der von Motorrädern begeistert ist und leider auch schon mit Betäubungsmitteln Erfahrung hat. Sein ebenfalls minderjähriger Kumpel V ist bereit, mit der Polizei zusammenzuarbeiten und bei A auch Amphetamin zu erwerben (sog. **Vertrauenskäufe**). Das Rauschgift soll jeweils nach Erwerb direkt der Polizei übergeben werden.

V darf als **Minderjähriger** nicht als Vertrauensperson eingesetzt werden (I Nr. 3.4 Anlage D zur RiStBV). Dem Hinweis des Minderjährigen I dürfte aber nachgegangen werden. Die Vertrauensperson macht sich nicht strafbar, weil der Erweb nicht auf den Umsatz des Stoffes abzielt, sondern darauf, die Ware der Polizei in die Hände zu spielen und aus dem Verkehr zu ziehen.[848] Außerdem kann sich die VP auf die Anwendung von § 4 Abs. 2 BtMG (Erlaubnisfreiheit für den Umgang mit Betäubungsmitteln) berufen.[849]

---

[845] Die für den Verdeckten Ermittler geltenden Vorschriften §§ 110a ff. StPO sind nicht – auch nicht analog – anwendbar. Das gilt auch dann, wenn sich deren Einsatz gegen einen bestimmten Beschuldigten richtet (BGHSt 41, 42 mwN = NStZ 1995, 513). Zum Verdeckten Ermittler → Kap. 7 Rn. 18 ff.

[846] Gemeinsame Richtlinie der Justizminister/-senatoren und der Innenminister/-senatoren der Länder über die Inanspruchnahme von Informanten sowie über den Einsatz von Vertrauenspersonen (V-Personen) und Verdeckten Ermittlern im Rahmen der Strafverfolgung (abgedruckt zB bei Meyer-Goßner/Schmitt StPO Anh. 12, Anlage D). Die Anlage D wurde von den Bundesländern jeweils durch eigene Verwaltungsvorschriften in Kraft gesetzt.

[847] BGH NStZ-RR 2021, 175 f.

[848] BGH NStZ 1996, 338 f.

[849] BeckOK BtMG/Weinzierl BtMG § 4 Rn. 51.

Beachte: Im Hinblick auf die klare Begrifflichkeit der Anlage D besteht kein Anlass, Begriffe wie **Lockspitzel oder agent provocateur** zu verwenden.[850] Die Frage, wie auf den Fall zu reagieren ist, wenn im Einzelfall doch eine Tatprovokation vorliegen sollte, wurde bereits bei der Strafzumessung angesprochen.[851]

7 Ob der Einsatz von Vertrauenspersonen bzw. Informanten in § 163 StPO eine ausreichende gesetzliche Grundlage hat, soll hier nicht untersucht werden. Der Ruf nach einer gesetzlichen Grundlage für den Einsatz von Vertrauenspersonen wird immer wieder erhoben.[852] Die **Notwendigkeit** und **Berechtigung** der Inanspruchnahme vertraulicher Hinweise wird nämlich weder vom *BVerfG* noch dem *Europäischen Gerichtshof für Menschenrechte* infrage gestellt.[853] Auch nach der Rechtsprechung des *BGH* dürfen Vertrauenspersonen und verdeckt ermittelnde Polizeibeamte eingesetzt werden.[854] Der Gesetzgeber hat sich mit dieser Frage auch ausdrücklich im Gesetzgebungsverfahren zum OrgKG,[855] durch den der Einsatz von Verdeckten Ermittlern gesetzlich geregelt wurde, befasst. Der Gesetzesbegründung ist zu entnehmen, dass die Nichtregelung der Inanspruchnahme von Informanten und Vertrauenspersonen nicht den Schluss erlaubt, dass deren Heranziehung unzulässig wäre.[856] Gleichwohl lässt sich nicht leugnen, dass der Einsatz von Vertrauenspersonen und Informanten auch verfassungsrechtliche Fragen im Hinblick auf das **faire Verfahren** aufwirft.[857] Kritisch zu prüfen ist auch, ob eine **Tatprovokation** vorliegt, die sich strafmildernd auswirkt.[858]

8 Der Polizei kommt beim Einsatz von Vertrauenspersonen eine besondere Bedeutung zu. Sie ist verpflichtet, eine von ihr beauftragte Vertrauensperson bestmöglich zu überwachen. Sie muss verhindern, dass die VP den ihr staatlicherseits erteilten Auftrag missbraucht. Solche Kontrollpflichten entfallen nicht, weil sich die VP in der Vergangenheit als zuverlässig erwiesen hat. Ihre Angaben sind bereits von der Polizei kritisch zu hinterfragen und anhand objektivierbarer Daten zu überprüfen.[859]

9 Die Kontakte der VP mit dem Tatverdächtigen sind nach dem Grundsatz der **Aktenwahrheit und -vollständigkeit** vollständig in den Akten zu vermerken. Es steht nicht im Belieben der Ermittlungsbehörden, ob sie strafprozessuale

---

[850] Vgl. Nachweise bei Malek BtMStrafR 7. Kap. Rn. 10 ff. Auch Malek, der dies als überflüssige Sprachverwirrung bezeichnet (Malek BtMStrafR 7. Kap. Rn. 12), geht auf die Anlage D zur RiStBV nicht ein.

[851] → Kap. 5 Rn. 32 ff.

[852] Jüngst Entschließungsantrag der FDP BT-Drs. 19/25248.

[853] BVerfG NStZ 1995, 600; EGMR NStZ 1999, 45 f. Auf die in der Rechtswissenschaft geäußerten Zweifel soll hier nicht eingegangen werden, vgl. dazu zB Malek BtMStrafR 7. Kap. Rn. 22 ff.

[854] Vgl. nur BGH NStZ 1995, 513 f. = BGHSt 41, 42 ff. mwN.

[855] Gesetz zur Bekämpfung des illegalen Rauschgifthandels und anderer Erscheinungsformen der Organisierten Kriminalität vom 15.7.1992.

[856] BT-Drs. 12/989, 41.

[857] ZB Malek BtMStrafR 7. Kap. Rn. 4 ff.

[858] S. ausführlich oben → Kap. 5 Rn. 32 ff.

[859] BGH NStZ 2014, 277 (280 f.).

Ermittlungsmaßnahmen in den Akten niederlegen und zu welchem Zeitpunkt sie dies tun. Das Tatgericht muss vielmehr den Gang des Verfahrens ohne Abstriche anhand der Akten nachvollziehen können. Dies ist kein Selbstzweck, sondern soll die ordnungsgemäße Vorbereitung der Hauptverhandlung durch das Gericht und die übrigen Verfahrensbeteiligten gewährleisten. Dazu gehört auch, ob und in welcher Höhe die VP eine **Prämie/Honorar** für ihre Tätigkeit erhalten hat.[860]

I. Voraussetzungen für die Inanspruchnahme

1. Nicht bei Bagatellkriminalität

Den verfassungsrechtlichen Bedenken gegen den Einsatz von Informanten und Vertrauenspersonen im Hinblick auf das rechtsstaatlich faire Verfahren trägt die Verwaltungsvorschrift (Anlage D zur RiStBV) selbst Rechnung.[861] So ist die Zusicherung von Vertraulichkeit nicht generell, sondern nur im Einzelfall möglich. Sie kommt grundsätzlich im Bereich der **Bagatellkriminalität** nicht in Betracht; das gewerbsmäßige Handeln mit Betäubungsmitteln, aber auch der sonstige Umgang mit Betäubungsmitteln in nicht geringer Menge gehören jedoch in der Regel zur Schwerkriminalität, so dass hier eine Vertraulichkeitszusage normalerweise unproblematisch ist.[862] **10**

2. Tatverdacht

Tatverdacht muss in der oben beschriebenen Form des Anfangsverdachtes vorliegen. Auch bloße Hinweise sind daher ausreichend. **11**

3. Grundsatz der Subsidiarität

Weiter darf von solch vertraulichen Hinweisen nur Gebrauch gemacht werden, wenn die Aufklärung sonst aussichtslos oder wesentlich erschwert wäre **(Subsidiarität)**.[863] **12**

Fall 77 (Weiterführung von Fall 76): In Fall 75 sind Abnehmer, die als Zeugen gegen A aussagen könnten, nicht bekannt. Die Polizei erwägt daher, eine VP „Steve" einzusetzen. „Steve" erhält den Auftrag, A auch auf die Lieferung von Drogen anzusprechen.

Gegen den Einsatz der VP „Steve" bestehen keine Bedenken. Gezielte Maßnahmen, wie etwa eine Durchsuchung, versprechen keinen Erfolg. Das Auffinden von Betäubungsmitteln wäre ein reiner Glücksfall. Die Erwartung, dass A als Beschuldigter mit dem Vorwurf konfrontiert, die Tat gestehen würde, ist mehr als unwahrscheinlich. Allenfalls kommen weitere heimliche Maßnahmen, wie etwa eine Telefonüberwachung und der Einsatz eines VE, in Betracht. Inso-

[860] BGH NStZ 2014, 277 (281).
[861] I Nr. 3.1 Anlage D zur RiStBV.
[862] I Nr. 3.1 Anlage D zur RiStBV.
[863] I Nr. 3.2 S. 1 Anlage D zur RiStBV.

weit haben die Ermittlungsbehörden indes ein Ermessen. Auch der kumulative Einsatz dieser Maßnahmen ist zulässig.[864]

13 **Beachte:** Das Erfordernis der Subsidiarität prägt den gesamten Bereich der heimlichen Ermittlungsmaßnahmen.

II. Eingeschränkter Beweiswert

14 Ein weiterer, üblicherweise aber erst im gerichtlichen Hauptverfahren zur Sprache kommender Aspekt der Inanspruchnahme von Informanten und Vertrauenspersonen betrifft den Beweiswert der Aussage. Auf diese Probleme, die sich in der Hauptverhandlung stellen, wird ausführlich noch in diesem Kap. (→ Rn. 126 ff.) eingegangen werden. Informant und Vertrauensperson sind verfahrensrechtlich Zeugen. Sie bekunden über ihre persönlichen Wahrnehmungen von in der Vergangenheit liegenden Vorgängen. Das Gericht kann ihre Aussagen aber wegen der Zusage der vertraulichen Behandlung nicht persönlich entgegennehmen. Ihre Auskünfte werden nur **mittelbar** durch Vernehmung des Polizeibeamten (des sog. **Führungsbeamten**), der sie zu ihren Beobachtungen vernommen hat, in die Hauptverhandlung eingeführt. Da sich das Gericht aber kein eigenes Bild von dem Informanten bzw. der Vertrauensperson machen kann, kann eine Verurteilung **nur** auf der Grundlage einer solchen vertraulichen Aussage **nicht erfolgen**. Erforderlich ist vielmehr, dass die Angaben durch andere wichtige Beweisanzeichen bestätigt werden.[865]

15 **Beachte:** Der eingeschränkte Beweiswert ist auch den Verfassern der Anlage D zur RiStBV bewusst:[866] Ziel der Inanspruchnahme ist das *„Beschaffen von Beweismitteln, die den strafprozessualen Erfordernissen der Unmittelbarkeit der Beweisaufnahme entsprechen und einen Rückgriff auf diese Personen erübrigen"*.[867] Lassen sich solche Beweismittel nicht gewinnen, besteht, auch wenn die Tat nach Tatzeit, Tatort und Tathandlung hinreichend konkret ist, mangels Verurteilungswahrscheinlichkeit kein hinreichender Tatverdacht im Sinne von §§ 170 Abs. 1, 203 StPO. Ein Verfahren muss eingestellt werden. Das sichert de facto Beschuldigtenrechte,[868] so dass die Kritik an der Inanspruchnahme von Informanten bzw. Vertrauenspersonen umso weniger berechtigt ist.

[864] BGH NStZ 1995, 510 f.; das ergibt sich auch aus dem neuen § 101 Abs. 6 S. 4 StPO. Dieser spricht nämlich gerade den Fall an, dass mehrere heimliche Maßnahmen in engem Zusammenhang durchgeführt worden sind, vgl. Gesetzesbegründung, BT-Drs. 16/5846, 61.

[865] StRspr; BGH NStZ-RR 2002, 176 mwN; NStZ 1994, 502; ferner: BVerfG NStZ 1995, 600 f.

[866] I Nr. 3.1 S. 1 Anlage D zur RiStBV.

[867] I Nr. 3.2 S. 2 Anlage D zur RiStBV.

[868] Vgl. BVerfG NStZ 1995, 600, Safferling NStZ 2006, 75 (81).

III. Verfahren der Zusicherung der Vertraulichkeit

Die Inanspruchnahme eines Informanten bzw. einer Vertrauensperson birgt die Gefahr einer **Außensteuerung der Justiz** durch die Polizei.[869] Die Gefahr besteht insbesondere deswegen, weil auch der Staatsanwaltschaft grundsätzlich die Identität des Informanten und der Vertrauensperson nicht bekannt ist.[870] Deswegen ist die Justiz in das Verfahren über die Zusicherung der Vertraulichkeit eingebunden (I Nr. 5 Anlage D zur RiStBV). Nach I Nr. 5.1 und I 5.2 Anlage D zur RiStBV entscheidet über die Zusicherung der vertraulichen Behandlung eines Hinweises die Polizei. Sie hat aber grundsätzlich **vorher** die Einwilligung der Staatsanwaltschaft einzuholen. Entsprechendes gilt nach I Nr. 5.3 Anlage D zur RiStBV für den Einsatz einer Vertrauensperson. 16

I Nr. 5.6 Anlage D zur RiStBV verpflichtet Polizei und Staatsanwaltschaft zur vertraulichen Behandlung des **Zusicherungsverfahrens**. Über das Einvernehmen mit der Polizei wird bei der Staatsanwaltschaft ein Vermerk zu den Generalakten gefertigt. Dieser wird **nie** zu den Ermittlungsakten genommen. Gegebenenfalls ist eine **Sperrerklärung** nach § 96 StPO (analog)[871] einzuholen. Wird die Vertraulichkeit zugesichert, ist nach § 152 Abs. 2 StPO wegen der bekannt gewordenen Straftaten ein Ermittlungsverfahren einzuleiten. Auch dieses ist gegebenenfalls nach § 96 StPO (analog) zu sperren, wenn sich daraus Hinweise auf die Identität des Informanten ergeben. 17

D. Einsatz eines Verdeckten Ermittlers (§§ 110a ff. StPO)

Im Gegensatz zu Informanten und Vertrauenspersonen sind Verdeckte Ermittler (VE) im Sinne von § 110a Abs. 1 S. 1 StPO **Polizeibeamte**, die unter einer auf Dauer angelegten, veränderten Identität **(Legende)** ermitteln. **Ausländische Polizeibeamte** können keine Verdeckten Ermittler sein, sondern sind als Vertrauenspersonen zu behandeln.[872] Das Merkmal „auf Dauer angelegte Legende“ dient der Abgrenzung des Verdeckten Ermittlers zum nicht öffentlich ermittelnden Polizeibeamten (NOEP). Das ist ein Polizeibeamter, der gegenüber dem Verdächtigen seine Funktion als Polizeibeamter nicht offenlegt.[873] In den Verwaltungsvorschriften wird klargestellt, dass sie keine Straftaten begehen dürfen.[874] 18

---

[869] BGH NStZ 1997, 249.

[870] I Nr. 5.4 Anlage D zur RiStBV sieht nur in Ausnahmefällen eine Unterrichtung der Staatanwaltschaft über die Identität vor.

[871] BGH StV 2012, 5, Meyer-Goßner/Schmitt/Köhler StPO § 96 Rn. 12.

[872] BGH NStZ 2007, 713 f.

[873] Gesetzesbegründung zum OrgKG, BT-Drs. 12/989, 42; KK-StPO/Bruns § 110a Rn. 6. Zum NOEP → Kap. 7 Rn. 24 ff.

[874] II Nr. 2.2 S. 1 Anlage D zur RiStBV, BGH NStZ-RR 2021, 175 f.

Beachte: Auch wenn verdeckte Ermittler keine Straftaten begehen dürfen, können sie sich gleichwohl auch nach geltendem Recht halbwegs adäquat im kriminellen Milieu bewegen. So sind sie nach § 4 Abs. 2 BtMG als Angehörige von Bundes- oder Landespolizeibehörden im Hinblick des dienstlichen Umgangs mit Betäubungsmitteln von der Erlaubnispflicht des § 3 BtMG befreit.

19 Kennzeichnend für den Verdeckten Ermittler ist, dass seine Identität auch nach Beendigung des Einsatzes geheim gehalten werden kann (§ 110b Abs. 3 StPO). Das ist einmal aus Gründen des Schutzes der Person zulässig, dient aber auch dazu, den Verdeckten Ermittler künftig in weiteren Verfahren einsetzen zu können. Verdeckte Ermittler sind besonders ausgebildet. Sie sollen wiederholt eingesetzt werden. Ihre Ausbildung, die Schaffung der erforderlichen Legende und das – nicht ohne weiteres reproduzierbare – Heranführen und Einschleusen eines Verdeckten Ermittlers sind mit einem ganz erheblichen zeitlichen, organisatorischen und finanziellen Aufwand verbunden.[875] Auch kann aus diesen Gründen ganz von einer Benachrichtigung nach dem Einsatz abgesehen werden (§ 101 Abs. 5 StPO).

I. Voraussetzungen

20 Nach § 110a Abs. 1 S. 1 Nr. 1 StPO darf ein Verdeckter Ermittler bei zureichenden tatsächlichen Anhaltspunkten zur Aufklärung von Straftaten auf dem **Gebiet des Betäubungsmittelverkehrs** eingesetzt werden. Der Einsatz steht ebenfalls unter dem Vorbehalt der **Subsidiarität** (§ 110a Abs. 1 S. 3 StPO).

Fall 78: Die Polizei erwägt, in dem Betäubungsmittelverfahren gegen A auch einen VE einzusetzen. Dieser soll versuchen, von A eine größere Menge Amphetamin zu erwerben. Die VP „Steve" stellt daher den VE „Chris" als den eigentlichen Hintermann vor. A will ihm 4 kg Amphetamin liefern und wird bei der Übergabe verhaftet.

Der Einsatz des VE ist zulässig. Mangels offener Zeugenaussagen ist eine Tataufklärung auf andere Weise aussichtslos oder wesentlich erschwert (Subsidiarität). Ob dagegen möglicherweise eine Telefonüberwachung geschaltet werden kann, unterliegt einem Wahlrecht der Ermittlungsbehörden. Der kumulative Einsatz beider Ermittlungsmittel ist zulässig.

II. Verfahrensrechtliche Fragen zum VE-Einsatz

1. Zustimmungserfordernis der Staatsanwaltschaft

21 Der Einsatz eines Verdeckten Ermittlers ist immer erst nach **Zustimmung** der Staatsanwaltschaft zulässig (§ 110b Abs. 1 S. 1 StPO). Sollte, was angesichts der ständigen Erreichbarkeit der Staatsanwaltschaft aber selten der Fall sein dürfte, eine Zustimmung nicht eingeholt werden können, so hat zwar die

[875] BT-Drs. 16/5846, 60.

Polizei die Kompetenz, den Einsatz wegen Gefahr im Verzug selbst anzuordnen; die Zustimmung der Staatsanwaltschaft muss aber unverzüglich nachgeholt werden (§ 110b Abs. 1 S. 2). Die Anordnung der Maßnahme ist zunächst auf höchstens 3 Monate zu befristen. Eine generelle Höchstfrist ist jedoch nicht vorgesehen, weil die Maßnahme verlängert werden kann, wenn die Voraussetzungen weiter vorliegen (§ 110b Abs. 1 S. 3 und 4 StPO). Die Zustimmung zum VE-Einsatz ist nicht Aufgabe des mit dem Ermittlungsverfahren betrauten Dezernenten, sondern des Behördenleiters, der dies allerdings auf einen besonders bezeichneten Staatsanwalt delegieren kann. Auch bei der Polizei wird über den Einsatz eines Verdeckten Ermittlers nicht auf der Sachbearbeiterebene entschieden.[876]

2. Zustimmungserfordernis des Gerichts

Die Zustimmung des Gerichts ist dann erforderlich, wenn die Maßnahme sich gegen einen **bestimmten Beschuldigten** richtet oder eine **Wohnung** betreten werden soll, die nicht allgemein zugänglich ist (§ 110b Abs. 2 Nr. 1 und Nr. 2 StPO). 22

Fall 79: Das Polizeipräsidium erhält Hinweise auf einen „Toni", der mit Haschisch handeln soll. Der Hinweis stammt von einem Informanten. Die Personalien von „Toni" sind nicht bekannt.

Ein Verfahren richtet sich schon dann gegen einen bestimmten Beschuldigten, wenn er identifizierbar ist. Der Beschuldigte muss aber nicht namentlich mit vollständigen Personalien bekannt sein.[877] Soll daher der Einsatz eines Verdeckten Ermittlers erwogen werden, ist die Zustimmung des Gerichts einzuholen. Bei Gefahr im Verzug reicht die Zustimmung der Staatsanwaltschaft (§ 110b Abs. 2 S. 2, 3 StPO).

3. Besondere Verfahrensvorschriften

Weiter sind die in § 101 StPO normierten besonderen Verfahrensvorschriften hinsichtlich der Aktenführung und Benachrichtigung zu beachten. 23

E. Der nicht öffentlich ermittelnde Polizeibeamte (NOEP)

Neben Verdeckten Ermittlern wirken gelegentlich auch normale Polizeibeamte als **Scheinaufkäufer** an Einsätzen im Rauschgiftmilieu mit. Sie nehmen nicht unter einer Legende am Rechtsverkehr teil. Ihre Tätigkeit ist einzelfallbezogen. Ihre Identität ist im nachfolgenden Strafverfahren nur ausnahmsweise geheim zu halten.[878] Vielmehr zielt die Maßnahme in der Regel darauf ab, dass der Polizeibeamte in dem Verfahren als Zeuge offen auftritt. 24

[876] II Nr. 2.4 Anlage D zur RiStBV.
[877] Meyer-Goßner/Schmitt/Köhler StPO § 110b Rn. 3.
[878] II Nr. 2.9 Anlage D zur RiStBV.

25 Im Hinblick auf die Restriktionen, denen der VE-Einsatz unterliegt, ist zu betonen, dass der Einsatz eines NOEP nicht dazu führen darf, die **besonderen Voraussetzungen** für den VE-Einsatz zu umgehen.[879] Ob ein Polizeibeamter NOEP oder VE ist, richtet sich nach den Umständen des Einzelfalles.[880] Nicht entscheidend ist, ob er funktionell im Polizeiapparat als VE tätig ist.

Fall 80: Kriminalbeamter P des Polizeipräsidiums Trier nimmt Kontakt mit A auf, der ihm 20 g Haschisch verkauft. P fragt ihn nach der Übergabe, ob er auch eine größere Menge liefern kann. A erwidert, dass eine schnelle Lieferung von bis zu 1 kg Haschisch kein Problem sei. Er zückt sein Telefon und sagt nach kurzem Gespräch die Lieferung für den nächsten Abend zu. Sie verabreden sich in der Wohnung des A, zu der sich P am nächsten Abend auch begibt. Die Anregung, sich außerhalb zu treffen, lehnt A strikt ab.

P ist kein Verdeckter Ermittler, weil ihm keine Legende verliehen wurde, unter der er am Rechtsverkehr teilnimmt. Der Umstand, dass T so schnell liefern kann, erlaubt aber keine weiterführenden Ermittlungen, sondern erfordert ein unverzügliches Handeln zur Sicherstellung des Rauschgifts.

Hier ist aber fraglich, ob P die Wohnung betreten darf. Das ist nach § 110c StPO nur einem VE gestattet. Der *BGH* hat die Frage, ob und unter welchen Voraussetzungen einem NOEP das Betreten der Wohnung gestattet ist, noch nicht abschließend beantwortet.[881] Zu berücksichtigen ist aber, dass nicht über ein Betretungsrecht, sondern nur über die Identität getäuscht wird. Das Betreten erfolgt im Einverständnis mit dem Beschuldigten, der Irrtum über die Eigenschaft „Polizeibeamter" ist ein unbeachtlicher Motivirrtum.[882]

26 **Beachte:** Besteht in einem konkreten Fall Handlungsbedarf, sollte die Polizei zur Vermeidung von Beweisverwertungsproblemen die Staatsanwaltschaft sofort telefonisch unterrichten. Die Staatsanwaltschaft kann dem Einsatz wie bei dem eines Verdeckten Ermittlers nach § 110b Abs. 1 S. 1 StPO zustimmen. Der Staatsanwalt sollte dabei versuchen, die richterliche Zustimmung zum Betreten der Wohnung zu erhalten (§ 110b Abs. 2 Nr. 2 StPO). Vorgeschrieben ist die Zustimmung der Staatsanwaltschaft jedenfalls dann, wenn die Identität des NOEP im Einzelfall geheim gehalten werden muss.[883]

---

[879] So ausdrücklich der Hinweis in der rheinland-pfälzischen Verwaltungsvorschrift „Verdeckte Ermittlungen im Rahmen der Strafverfolgung (Informanten, Vertrauenspersonen, Verdeckte Ermittler und sonstige nicht offen ermittelnde Polizeibeamte)" des Ministeriums der Justiz und des Ministeriums des Inneren und für Sport vom 31.3.1994, JBl. 1994, 147 zu II Nr. 2.9 Anlage D zur RiStBV.

[880] BGH NStZ 1995, 516 f.

[881] BGH NStZ 1997, 448.

[882] Weisser NZWiSt 2018, 59 (62); allgemein: Meyer-Goßner/Schmitt/Köhler StPO § 110c Rn. 2.

[883] II Nr. 2.9 S. 2 Anlage D zur RiStBV.

F. Überwachung der Telekommunikation

Kaum ein größeres Betäubungsmittelverfahren kommt ohne die Überwachung der Telekommunitation aus. Seit Erfindung der elektrischen Übertragung von Nachrichten im 19. Jahrhundert mithilfe von Morsezeichen hat sich die Technik immer schneller entwickelt. In jüngster Zeit hat die Weiterverbreitung der Mobiltelefonie und die fast flächendeckende Verbreitung des Internet mit all seinen Diensten (WhatsApp, Telegram) weitere Schübe in der Entwicklung gebracht. Deutlich wird dies auch an den Geräten: Handys werden kaum noch genutzt, stattdessen finden Smartphones Verwendung. Telekommunikation umfasst daher heute nicht mehr allein den herkömmlichen Draht- und Funkfernmeldeverkehr, sondern **alle technischen Vorgänge des Aussendens, Übermittelns und Empfangens von Nachrichten jeglicher Art in der Form von Signalen** mittels Telekommunikationsanlagen. Gebräuchlich ist aber immer noch die Bezeichnung **Telefonüberwachung** für die Überwachung der Telekommunikation. 27

Die moderne Telekommunikation ist heute auch geprägt durch eine **Verschlüsselung der Kommunikation vor der Übertragung**, die in der Vergangenheit nicht gebräuchlich war. Die Ausleitung der Gespräche über die Telekommunikationsgesellschaften (Provider) an die Ermittlungsbehörden zum Mithören reicht, anders als noch in der jüngsten Vergangenheit, nicht mehr aus, Gespräche zu überwachen. Dort kommen in diesen Fällen nur noch kryptierte Daten an. Durch das Gesetz zur effektiveren und praxistauglicheren Ausgestaltung des Strafverfahrens vom 17.8.2017 wurden die Vorschriften der Strafprozessordnung den technischen Entwicklungen angepasst und weitere Streitfälle gesetzlich geregelt.[884] Zu beachten ist, dass die Regelungen teilweise in anderen Paragrafen als früher zu finden sind. 28

Die Überwachung der Telekommunikation stellt einen schweren Eingriff in die durch **Art. 10 GG (Schutz des Brief-, Post- und Fernmeldegeheimnisses)** geschützte Privatsphäre des Beschuldigten dar. Daneben kann aufgrund der technischen Mittel zur Überwachung auch das **Grundrecht auf Gewährleistung der Vertraulichkeit und Integrität informationstechnischer Systeme** betroffen sein, wenn für die Ermöglichung der Überwachung eine Software auf dem Rechner installliert werden muss.[885] 29

I. Formen von Telekommunikation

Zur Zeit werden folgende Formen der Telekommunikation unterschieden, wobei die Abgrenzungen nicht trennscharf sind. 30

1. traditionelle Telefondienste über Festnetz und Mobilfunk, einschließlich Telefax
2. Kommunikation über SMS (Short Message Service) und MMS (Multimedia Messaging Service)

---

[884] BGBl. 2017 I 3202.
[885] BVerfG Urt. v. 27.2.2008 – 1BvR 370/07 Rn. 201, BeckRS 2008, 139534.

3. Kommunikation über Chat-Dienste, insbes. WhatsApp
4. Kommunikation über E-Mail
5. Internet-Telefonie (Voice over IP)
6. Skype
7. Kommunikation in Internetforen, insbes. Facebook

Diese Einteilung ist keine rechtliche Einteilung, sondern beschreibt das Verhalten der Nutzer mit nicht Anwesenden zu kommunizieren. Eine Sonderstellung nimmt im Hinblick auf die Überwachung der Kommunikation die **E-Mail** ein.

1. Rechtsgrundlage für die Überwachung unverschlüsselter Kommunikation

31 Rechtsgrundlage für die Überwachung der unverschlüsselten, herkömmlichen Telekommunikation ist § 100a Abs. 1 S. 1 StPO. Dadurch wird der Dienstleister verpflichtet, die Telekommunikation den Strafverfolgungsbehörden zur Verfügung zu stellen (§ 100a Abs. 4 StPO = § 100b Abs. 3 StPO aF) („auszuleiten“). Die **Durchführung** der Maßnahme obliegt alleine den Ermittlungsbehörden. Das gilt auch für die Filterung von IP-Adressen nach den Merkmalen „Browserversion“ und „Sub-URL“, sie kann also nicht dem Dienstleister aufgegeben werden.[886] Ob eine Überwachung unter Mitwirkung des Anbieters möglich ist, hängt im Ergebnis davon ab, ob der Dienstanbieter Telekommunikationsdienstleistungen im Sinne von § 3 Nr. 24 TKG erbringt. Dabei ist entscheidend, ob der Dienst ganz oder überwiegend in der Übertragung von Signalen besteht.[887] Zur Zusammenarbeit mit den Behörden kann letztlich nur der Dienstleister verpflichtet werden, der solche Telekommunikationsdienstleistungen erbringt. Weitere relevante Vorschriften enthält die TKÜV,[888] insbesondere in §§ 5 ff. TKÜV. Die TKÜV regelt die grundlegenden technischen Anforderungen und organisatorischen Eckpunkte für die Umsetzung der Überwachungsmaßnahmen.

32 **Beachte:** Gegen den Betreiber, der sich entgegen der gesetzlichen Verpflichtung weigert, die vorgeschriebenen Daten zu übermitteln, kann daher ein Ordnungsgeld auf der Grundlage von § 70 Abs. 1 StPO verhängt werden.[889]

2. Rechtsgrundlage für die Überwachung verschlüsselter Kommunikation (Quellen-TKÜ)

33 Soweit die Kommunikation mit einer **Verschlüsselung** versehen ist, was bei den meisten Voice over IP und Messenger-Diensten der Fall ist, ist die Anordnung auf § 100a Abs. 1 S. 2 StPO zu stützen. Damit können Telekommunika-

[886] BGH NStZ-RR 2015, 345 f.
[887] EuGH Urt. v. 13.6.2019 – C-193/18, BeckRS 2019, 11104 Rn. 26 ff.
[888] Verordnung über die technische und organisatorische Umsetzung von Maßnahmen zur Überwachung der Telekommunikation.
[889] Vgl. BVerfG NStZ-RR 2019, 89 (92).

tionsinhalte auch auf dem Endgerät des Betroffenen **(an der Quelle)** überwacht und aufgezeichnet werden. Ausdrücklich ist damit der Einsatz einer Überwachungssoftware auf dem Rechner des Betroffenen zulässig. Ergänzend erlaubt § 100a Abs. 1 S. 3 StPO den Zugriff auf bereits beendete Inhalte von Kommunikation, die auf dem Rechner gespeichert sind. Das ist bei vielen Messengerdiensten der Fall. Da diese Dienste lediglich die Infrastruktur des Internets nutzen, übertragen sie nicht selbst Signale und sind die Anbieter solcher Dienste daher keine Telekommunikationsunternehmen im Sinne von § 3 Nr. 24 TKG.[890] Für beide Maßnahmen der Überwachung sind **zusätzliche Anforderungen in § 100a Abs. 5 StPO** an die eingesetzte Technik, insbesondere die Software normiert. Damit soll erreicht werden, dass die Überwachung an der Quelle einer herkömmlichen Telefonüberwachung entspricht **(sog. funktionale Äquivalenz)**. Auf ältere Nachrichten, die **vor** der richterlichen Anordnung versandt wurden, kann aber nicht auf der Grundlage von § 100a StPO zurückgegriffen werden.[891] Rechtsgrundlage für den Zugriff ist insoweit die Online-Durchsuchung nach § 100b StPO.[892]

3. Beschlagnahme von digital gespeicherten Infomationen, insbesondere E-Mail

Kommunikation im Sinne von Austausch von Informationen erfolgt nicht **34**
nur in Gesprächen, sondern auch über Chats (WhatsApp), soziale Netzwerke, E-Mail usw. Diese Daten liegen in der Regel bei einer unverdächtigen dritten Person (Provider). Bei diesen Daten handelt es sich um beschlagnahmefähige und der Herausgabepflicht des § 95 StPO unterliegende Gegenstände im Sinne des § 94 Absatz 1 StPO.[893]

Hinsichtlich der Überwachung der Kommunikation mittels **E-Mail** fehlt **34a**
nach wie vor eine ausdrückliche gesetzliche Regelung. E-Mails liegen häufig noch beim E-Mail Provider vor, bei dem der Nutzer sein E-Mail-Postfach hat. Die Beantwortung der Frage aufgrund welcher Rechtsgrundlage auf E-Mails zugegriffen werden kann, hängt davon ab, in welcher technischen Phase des Versendens auf eine E-Mail zugriffen werden soll.

a) Technische Phasen der E-Mail-Versendung

Technisch lässt sich die Kommunikation mittels E-Mail in sieben Phasen **35**
unterteilen.[894]

1. **Verfassen** der E-Mail auf dem Rechner des Absenders,
2. **Versenden** der E-Mail,
3. **Ankunft** der E-Mail beim E-Mail-Provider des Absenders, **Überprüfung** des Accounts vor einer Weiterleitung („ruhende E-Mails"),
4. **Versenden** der E-Mail zum E-Mail-Provider des Empfängers,

---

[890] EuGH Urt. v. 13.6.2019 – C-193/18, BeckRS 2019, 11104 Rn. 36 ff.

[891] BT-Drs. 18/12785, 52.

[892] Auf die Online-Durchsuchung soll einstweilen wegen noch fehlender Erfahrung nicht eingegangen werden.

[893] BVerfG NJW 2009, 2431 (2434) Rn. 59 ff.

[894] BeckOK StPO/Graf StPO § 100a Rn. 55.

5. **Ankunft** beim E-Mail-Provider des Empfängers, **Überprüfung** des zugehörigen Accounts, **Zwischenspeicherung** bis zum Abruf („ruhende E-Mails")
6. **Abholen** der E-Mail vom Empfänger bzw. **Lesezugriff** auf die E-Mail und
7. **Speichern** auf dem Rechner des Empfängers zur weiteren Verarbeitung oder **Verbleib der E-Mail auf dem Speicher des E-Mail-Providers** bei webbasiertem E-Mail-Account (für webbasierten E-Mail-Dienst)

b) Rechtsgrundlagen für die Beschlagnahme

36 In den Phasen des Versendens (2, 4 und 6) findet Telekommunikation statt. Diese steht unter dem Schutz des Fernmeldegeheimnisses, so dass der Zugriff nur aufgrund von § 100a StPO zulässig ist.[895]

Das Erstellen und Speichern (1 und 7) einer E-Mail ist **keine Telekommunikation**. In den Phasen, in der die E-Mails im Speichersystem des Providers ruhen (Phasen 3 und 5) findet nach der Rechtsprechung des BGH ebenfalls Telekommunikation statt, so dass insoweit auch die Voraussetzungen des § 100a StPO vorliegen müssen.[896]. Dem kann nach Ansicht des BGH nicht entgegengehalten werden, dass auch eine Beschlagnahme nach § 94 StPO beim Provider möglich wäre. § 94 StPO und § 100a StPO verdrängen sich nicht, sondern ergänzen sich vielmehr.[897]

Beachte: Die praktische Bedeutung im Bereich der Rauschgiftkriminalität scheint aber nunmehr angesichts neurer Telekommunikationsformen eher gering.

c) Zurückstellung der Benachrichtigung

37 Problematisch ist, dass die Beschlagnahme als offene Ermittlungsmaßnahme den Betroffenen und den Verfahrensbeteiligten bekannt zu machen ist (§ 35 Abs. 2 StPO).[898] Das begründet die Gefahr der Aufdeckung oder der Vereitelung des Ermittlungserfolges, wenn etwa zeitgleich durchgeführte heimliche Ermittlungsmaßnahmen ihren Sinn verlieren würden. Vor diesem Hintergrund erlaubt § 95a StPO, die Bekanntgabe einer Beschlagnahme in bestimmten Konstellationen und unter Beachtung des Verhältnismäßigkeitsgebots zurückzustellen. Wird auf E-Mails nach § 100a StPO zugegriffen, gelten die Regelungen des § 101 StPO.[899]

---

[895] BVerfG NStZ-RR 2019, 89 f.; BeckOK StPO/Graf StPO § 100a Rn. 55.
[896] BGH Beschl. v. 14.10.2020 – 5 StR 229/19, BeckRS 2020, 36910 Rn. 15.
[897] BGH Beschl. v. 14.10.2020 – 5 StR 229/19, BeckRS 2020, 36910 Rn. 20 f.
[898] BGH Beschl. v. 4.8.2015 – 3 StR 162/15, BeckRS 2015, 16311.
[899] → Kap. 7 Rn. 69 ff.

II. Materielle Voraussetzungen für die Anordnung der Überwachung der Telekommunikation

1. Katalogtaten, Einzelfallprüfung der Schwere der Tat, Subsidiarität

§ 100a StPO erlaubt nicht generell in einem Ermittlungsverfahren die Überwachung der Telekommunikation, sondern nur bei den in § 100a Abs. 2 StPO aufgezählten Straftaten (sog. **Katalogtaten**). Die Überwachung ist dann zulässig, wenn bestimmte Tatsachen, also Umstände vorhanden sind, die nach der Lebenserfahrung darauf hindeuten, dass eine Katalogtat begangen wurde. Vage Anhaltspunkte und bloße Vermutungen reichen nicht; erforderlich ist eine ausreichende Tatsachenbasis.[900] Ferner steht die Anordnung unter dem Vorbehalt, dass die Tat auch **im Einzelfall schwer wiegen** muss (§ 100a Abs. 1 S. 1 Nr. 2 StPO). Das Vorliegen einer Katalogtat rechtfertigt damit nicht alleine die Telefonüberwachung. Sie indiziert die Zulässigkeit der Maßnahme nicht, sondern ist nur eine der Voraussetzungen für die Anordnung. Weiter steht auch diese Maßnahme unter dem Vorbehalt der **Subsidiarität**, dh, dass die Erforschung des Sachverhaltes auf andere Weise entweder wesentlich erschwert oder aussichtslos sein muss. 38

Fall 81: A steht aufgrund vertraulicher Hinweise in Verdacht, mit Amphetamin im Kilogrammbereich Handel zu treiben. Das zuständige Rauschgiftkommissariat wendet sich mit der Anregung an die Staatsanwaltschaft, die Telekommunikation des A zu überwachen. Es sollen der registrierte Festnetzanschluss und der registrierte Mobilfunkanschluss des A abgehört werden.

Hier eröffnet § 100a Abs. 2 Nr. 7b StPO die Möglichkeit einer Telefonüberwachung, weil A eines Verbrechens nach § 29a Abs. 1 Nr. 2 BtMG verdächtig ist. Grundsätzlich besteht eine Anordnungsmöglichkeit im Bereich der Verbrechen nach dem BtMG.[901] Aber auch wenn (nur) der Verdacht eines gewerbsmäßigen Handeltreibens mit Betäubungsmitteln bestehen würde, könnte die Anordnung ergehen (§ 100a Abs. 2 Nr. 7a StPO).

Die Tat wiegt auch im Einzelfall schwer. Wann sie im Bereich des Handeltreibens mit Betäubungsmitteln im Einzelfall einmal nicht schwer wiegen sollte, ist nicht vorstellbar. Die Gesetzesbegründung enthält keine Beispiele, insbesondere sollen minder schwere Fälle nicht per se ausgeschlossen sein.[902]

Auch der Grundsatz der Subsidiarität ist gewahrt: Weitere Zeugen sind nicht vorhanden. Eine Durchsuchung erscheint nicht Erfolg versprechend, weil keine Hinweise vorliegen, dass die Betäubungsmittel zu Hause gelagert werden.

---

[900] BGH NStZ 2010 711.

[901] Ausnahme § 30 Abs. 1 Nr. 3 BtMG: leichtfertige Verursachung des Todes durch Verabreichen von Betäubungsmitteln.

[902] BT-Drs. 16/5846, 40.

2. Schutz des Kernbereichs privater Lebensführung

39 Eine weitere Einschränkung, die zum Verbot einer Überwachung der Telekommunikation führt, besteht dann, wenn tatsächliche Anhaltspunkte für die Annahme vorliegen, dass hierdurch **allein** Erkenntnisse aus dem Kernbereich privater Lebensgestaltung (**Kernbereichsschutz**)[903] erlangt werden (§ 100d Abs. 1 S. 1 StPO).

Das Verbot einer Telefonüberwachung in diesem Fall[904] geht auf die Rechtsprechung des *BVerfG* zur **Wohnraumüberwachung** zurück,[905] wonach die Überwachung von Wohnraum zu Zwecken der Strafverfolgung nicht in den absolut geschützten Kernbereich privater Lebensgestaltung eingreifen darf. Der Schutz des Kernbereichs ist auch einer Abwägung mit der Schwere der Straftat nicht zugänglich.[906] Das heißt, dass auch schwerste Straftaten einen Eingriff nicht gestatten.

Was zum Kernbereich gehört, hat das *BVerfG* allgemein wie folgt umschrieben: *„Zum Kernbereich privater Lebensgestaltung gehört die Möglichkeit, innere Vorgänge wie Empfindungen und Gefühle sowie Überlegungen, Ansichten und Erlebnisse höchstpersönlicher Art zum Ausdruck zu bringen. Vom Schutz umfasst sind auch Gefühlsäußerungen, Äußerungen des unbewussten Erlebens sowie Ausdrucksformen der Sexualität. Gespräche über Straftaten (begangene oder geplante) gehören nie zum Kernbereich."*

40 **Beachte:** Dass bei einer Telefonüberwachung aufgrund tatsächlicher Anhaltspunkte **ausschließlich** mit solchen den Kernbereich betreffenden Gesprächsinhalten zu rechnen ist, dürfte selten sein.[907] Der Umstand, dass sich beim Abhören eines privaten Anschlusses das Aufzeichnen von Gesprächen mit kernbereichsrelevanten Inhalten nicht gänzlich ausschließen lässt, genügt nicht, die Anordnung zu verbieten.[908]

41 Deswegen verlangt § 100d Abs. 2 S. 2 StPO das unverzügliche Löschen solcher Inhalte. Die Entscheidung trifft nach der Gesetzesbegründung die mit der Auswertung der Aufzeichnung beauftragte Ermittlungsperson,[909] die das Löschen aktenkundig macht (§ 100d Abs. 2 S. 3 StPO). In Zweifelsfällen sollte diese die Entscheidung durch den Staatsanwalt herbeiführen.[910] Zu unnötigen Verzögerungen darf es dabei nicht kommen. Die mit der Löschung verbundenen Gesprächslücken und Unverständlichkeiten können zu Beweisproblemen führen. Insbesondere könnte der Angeklagte in der Hauptverhand-

---

[903] Dazu BVerfGE 109, 279 (323) = NStZ 2004, 270 f.
[904] Gesetzesbegründung, BT-Drs. 16/5846, 39.
[905] BVerfGE 109, 279 ff. = NJW 2004, 999 ff.
[906] BVerfG NJW 2004, 999 (1002).
[907] Gesetzesbegründung, BT-Drs. 16/5846, 43 f.
[908] Meyer-Goßner/Schmitt/Köhler StPO § 100d Rn. 5; s. dazu aber die Löschungsverpflichtung in § 100d Abs. 2 S. 2 u. 3 StPO; vgl. auch Fall 82 → Rn. 47.
[909] Gesetzesbegründung, BT-Drs. 16/5846, 45.
[910] Meyer-Goßner/Schmitt/Köhler StPO § 100d Rn. 5.

lung einwenden, der gelöschte Gesprächsteil hätte ihn entlastet. Das ist aber im Hinblick auf die gesetzgeberische Entscheidung hinzunehmen.

3. Schutz der Beziehungen zu Berufsgeheimnisträgern und Zeugnisverweigerungsberechtigten

42 Neben dem Kernbereichsschutz enthält das Gesetz auch Regelungen für den Schutz der Kommunikation mit Angehörigen bestimmter Berufe (Seelsorger, neben dem Verteidiger alle Rechtsanwälte, auch ausländische Rechtsanwälte, und Abgeordnete). § 160a Abs. 1 StPO enthält diesbezüglich ein **Beweiserhebungs- und -verwertungsverbot**.[911] Maßnahmen in einem Ermittlungsverfahren gegen einen Tatverdächtigen dürfen sich daher nicht gegen solche Personen richten. Flankiert wird dieses Verbot durch die Verpflichtung, dennoch erlangte Erkenntnisse unverzüglich zu löschen und die Löschung zu dokumentieren (§ 160 Abs. 1 S. 3, 4 StPO). Ist der Berufsgeheimnisträger selbst in die Tat (als Mittäter, Anstifter und Gehilfe oder wegen Begünstigung und Strafvereitelung) verstrickt, gilt das Verbot der Erhebung allerdings nach § 160a Abs. 4 StPO ausdrücklich nicht. Der Schutz des Verteidigungsverhältnisses soll nämlich nicht zur Gründung von Geheimbereichen führen, in denen kriminelles Verhalten einer Aufklärung schlechthin entzogen ist.[912]

43 Im Hinblick auf dieses Verbot ist ausgeschlossen, dass entsprechende Maßnahmen angeordnet werden. Die Frage stellt sich vielmehr gelegentlich, wenn im Rahmen einer Überwachung der Telekommunikation der Tatverdächtige etwa mit seinem Verteidiger telefoniert. In diesem Fall gilt ebenfalls ein Beweisverwertungsverbot (§ 160a Abs. 1 S. 5 StPO) mit der Verpflichtung, die Erkenntnisse unverzüglich zu löschen (§ 160a Abs. 1 S. 3, 4 StPO). Die Überwachung ist abzubrechen. Jegliche inhaltliche Auswertung hat zu unterbleiben.[913]

44 **Beachte:** Der Umstand, dass mit solchen Gesprächen gerechnet werden muss, steht weder einer Anordnung zur Überwachung der Telekommunikation entgegen noch verpflichtet das zu einer Echtzeitüberwachung des Telefonanschlusses.

45 Für andere Berufsgeheimnisträger wie Ärzte und Journalisten sieht das Gesetz nach § 160a Abs. 2 StPO nur ein relatives Erhebungs- und Verwertungsverbot vor. Soweit eine Ermittlungsmaßnahme diese Personen betrifft und dadurch voraussichtlich Erkenntnisse erlangt würden, über die diese Personen das Zeugnis verweigern dürfte, ist dies im Rahmen einer besonderen Verhältnismäßigkeitsprüfung zu berücksichtigen, indem das Strafverfolgungsinteresse dem Schutzbereich dieser Zeugnisverweigerungsverhältnisse gegenüber gestellt wird. Die Verneinung der Verhältnismäßigkeit für Verfahren nicht erheblicher Bedeutung (§ 160a Abs. 2 S. 1 Hs. 2 StPO) spielt im Bereich des illegalen Verkehrs mit Betäubungsmitteln keine Rolle.

---

[911] BeckOK StPO/Sackreuther StPO § 160a Rn. 3 ff.
[912] S. noch ergänzend unten in → Kap. 5 Rn. 50.
[913] BGH NJW 2005, 1668 f.

45a Im Gegensatz zu Berufsgeheimnisträgern begründet § 100d Abs. 5 S. 2 StPO für zeugnisverweigerungsberechtigte Angehörige (§ 52 StPO) lediglich ein eingeschränktes Verwertungsverbot. Die Erkenntnisse dürfen nur verwertet werden, wenn dies unter Berücksichtigung der Bedeutung des zugrunde liegenden Vertrauensverhältnisses nicht außer Verhältnis zum Interesse an der Erforschung des Sachverhalts oder der Ermittlung des Aufenthaltsortes eines Beschuldigten steht. Davon dürfte im Bereich der Bekämpftung der Rauschgiftkriminalität stets auszugehen sein.

III. Überwachung der Anschlüsse nicht verdächtiger Personen (§ 100a Abs. 3 Alt. 2 StPO)

46 § 100a Abs. 3 Alt. 2 StPO erlaubt auch die Überwachung von Anschlüssen nicht tatverdächtiger Personen. Dazu zählen sog. Nachrichtenmittler oder Personen, deren Anschluss der Beschuldigte nutzt.

1. Nachrichtenmittler

47 Nachrichtenmittler sind Personen, von denen anzunehmen ist, dass sie Nachrichten, die für den Beschuldigten bestimmt sind oder von ihm herrühren, entgegennehmen und weiterleiten.

> **Fall 82:** Neben der Überwachung der Telekommunikation ist auch die VP Steve eingesetzt. A bittet Steve, ihn niemals anzurufen. Er gibt ihm die Nummer seiner Lebensgefährtin L, mit der er zwei minderjährige Kinder hat. Dort soll Steve anrufen. Diese werde ihn über den Anruf unterrichten. Er werde sich dann melden.
>
> L ist Nachrichtenmittlerin. Zu beachten ist aber, dass hier durchaus mit Gesprächen zu rechnen ist, die den **Kernbereich privater Lebensgestaltung** tangieren könnten. In diesem Fall ist die Überwachung zwar nicht generell untersagt. Wenn private und intime Dinge besprochen werden, ist die Aufzeichnung solcher Gespräche aber sofort zu löschen (§ 100d Abs. 2 StPO).

48 **Beachte:** Nachrichtenmittler brauchen nicht „bösgläubig" zu sein.

2. Sonstige Anschlüsse, die der Beschuldigte nutzt

49 Neben den Anschlüssen von Nachrichtenmittlern ist auch die Überwachung von **sonstigen Anschlüssen oder informationstechnischen Systemen, die der Beschuldigte nutzt**, möglich, auch wenn der Anschlussinhaber hiervon keine Kenntnis hat.[914] Hier kann der Beschuldigte – im Gegensatz zu den Fällen der Nachrichtenmittlung – selbst auf Telekommunikationseinrichtungen bzw. **informationstechnische Systeme** eines Dritten zugreifen, ohne dass dieser aktiv Nachrichten weiterleitet. Auch hier kommt es nicht auf die Bösgläubigkeit des Dritten an.

[914] Meyer-Goßner/Schmitt/Köhler StPO § 100a Rn. 20.

Beispiele:
- A nutzt für Gespräche auch gelegentlich das Mobilfunktelefon seiner Lebensgefährtin,
- A sucht zur Abwicklung seiner Betäubungsmittelgeschäfte immer die Telefonzellen in der Nähe seiner Wohnung auf,[915]
- A führt Gespräche immer vom Telefon einer Gaststätte.
- A sucht ein Internetcafé auf.
- A nutzt öffentliche oder private WLAN-Hotspots.

Eine **Ausnahme** besteht dann, wenn der Beschuldigte Gespräche vom An- 50
schluss seines Verteidigers führt. Dieser Anschluss darf nicht überwacht werden.[916] Ist der Verteidiger aber in die Tat (als Mittäter, Anstifter und Gehilfe oder wegen Begünstigung und Strafvereitelung) **verstrickt**, steht das einer Anordnung nach § 160a Abs. 4 StPO **nicht** entgegen.[917]

Beachte: Weder ein Fall der Nachrichtenmittlung noch das Nutzen eines An- 51
schlusses einer sonstigen Person liegt vor, wenn der Täter ein auf eine andere Person registriertes Telefon **permanent** gebraucht. Das ist ein Fall des § 100a Abs. 3 Alt. 1 StPO.

Beispiel: Für A ist überhaupt keine Nummer registriert. Er hat jedoch dem Hinweisgeber eine Mobilfunknummer gegeben, über die er erreichbar ist. Diese ist auf eine existente Person in Köln ausgegeben, die offensichtlich nicht in die Geschäfte des A verwickelt ist.

IV. Abgrenzung der Überwachung der Telekommunikation vom Raumgespräch

Gelegentlich stellt sich die Abgrenzungsfrage zwischen Telekommunika- 52
tion (§ 100a StPO) und **Raumgespräch/Hintergrundgespräch** (§ 100c StPO).[918] **Telekommunikation** im Sinne von § 100a StPO erfasst alle Vorgänge des Aussendens, Übermittelns und Empfangens von Nachrichten jeglicher Art.[919] Voraussetzung für eine § 100a StPO unterfallende Überwachung der Telekommunikation ist daher, dass sich eine Person einer Telekommunikationsanlage bedient. Der Tatverdächtige muss also mittels einer solchen Anlage kommunizieren. Dabei sind aber nicht nur unmittelbare „Nachrichten"-Inhalte, sondern auch alle sonstigen mit Aussenden, Übermitteln oder Empfangen verbundenen Vorgänge umfasst.

[915] KK-StPO/Bruns § 100a Rn. 35.
[916] → Kap. 7 Rn. 42 ff.
[917] Meyer-Goßner/Schmitt/Köhler StPO § 100a Rn. 21.
[918] Auf die Wohnraumüberwachung soll hier nicht näher eingegangen werden, weil sie technisch schwer durchführbar ist.
[919] BGH NStZ 2003, 668 f.

Fall 83: A will von seinem überwachten Anschluss B anrufen. Er ist zu Hause. Während er darauf wartet, dass B abhebt, unterhält er sich mit dem im Raum befindlichen C über die letzte Rauschgiftlieferung. B nimmt das Gespräch nicht entgegen. A legt nach etwa 1 Minute genervt auf.

Das wichtige Gespräch ist ein seltener Glücksfall bei einer Telefonüberwachung. Da Telekommunikation nach dem oben Gesagten nicht davon abhängt, dass sich der Vorgang im konkreten Fall **mit aktuellem Willen oder Wissen** der betroffenen Person vollzieht,[920] darf das Gespräch verwendet werden. Technisch beginnt die Aufzeichnung mit dem Abheben des Hörers und der vollständigen Eingabe der Rufnummer. Der Verbindungsaufbau gehört bereits zur Telekommunikation. Entscheidend ist nur, dass A den Telekommunikationsvorgang selbst in Gang setzte. Das Gespräch darf daher verwendet werden.

53 Etwas anderes gilt, wenn die Kommunikationseinrichtung **ohne den Willen** des Betroffenen in Betrieb genommen wird und deshalb ausschließlich die Funktion einer **Abhöranlage** hat.[921] In diesem Fall würde sich die Richtung des Grundrechtseingriffs ändern und nunmehr den engeren Voraussetzungen des § 100c StPO unterliegen.[922]

54 **Beispiel:** Ein Familienangehöriger vergisst nach dem Telefonieren, die Verbindung zu beenden. Die Aufzeichnung läuft daher fort, während A mit B über die letzten Rauschgiftgeschäfte spricht. Hier fehlt das bewusste Ingangsetzen der Telekommunikation.[923]

V. Verwertung in anderen Verfahren

55 Nicht selten bringt die Überwachung der Telekommunikation Erkenntnisse auch zu Straftaten anderer Personen oder aber zu neuen, auch Nicht-Btm-Straftaten des Beschuldigten oder anderer Personen.[924] Hier stellt sich die Frage, ob diese **Zufallserkenntnisse** verwendet werden dürfen.

Fall 84: Im Laufe der Überwachung der Telekommunikation gegen A stellt sich heraus, dass größere Mengen im mehrfachen 10 Grammbereich des von A veräußerten Amphetamins an B gehen. Weitere Ermittlungen ergeben, dass B arbeitslos ist und nur sog. Hartz-IV-Einkünfte hat. Ferner spricht nach den Erkenntnissen der Überwachung der Telekommunikation alles dafür, dass C im Grammbereich Amphetamin zum Eigenkonsum erwirbt.

Es besteht daher der Verdacht, dass B und C ebenfalls gegen das BtMG verstoßen haben. Nach Sachlage ist anzunehmen, dass B, der größere Menge im mehrfachen 10 Grammbereich abgenommen hat, diese seinerseits fortwährend gewinn-

[920] BGH NStZ 2003, 668 f.; NStZ 2008, 473.
[921] BGH NStZ 1983, 518.
[922] BGH NJW 1986, 2261.
[923] LG Landshut NStZ 2011, 479 f.
[924] BGH NStZ 2009, 224.

bringend absetzt (§ 29 Abs. 3 Nr. 1 BtMG).[925] Bei C lässt sich nur der Verdacht des Erwerbs nach § 29 Abs. 1 S. 1 Nr. 1 BtMG begründen.[926]

1. Verwertung in Verfahren, die Katalogtaten betreffen

Regelungen für die Verwertung von **Zufallserkenntnissen** aus einer Überwachung der Telekommunikation enthält § 479 Abs. 2 S. 2 StPO.[927] Danach können die Erkenntnisse nur verwertet werden, wenn sie der Aufklärung einer Tat dienen, aufgrund derer eine solche Maßnahme ebenfalls hätte angeordnet werden dürfen. Dabei kommt es darauf an, dass im Zeitpunkt der Verwertung die Straftat eine Katalogtat ist.[928] Bei B in → Fall 84 besteht der Verdacht, dass er die Drogen gewerbsmäßig veräußert. Dieser Verdacht würde daher auch in einem Verfahren gegen ihn bei Vorliegen der weiteren Voraussetzungen die Anordnung einer Überwachung der Telekommunikation aufgrund von § 100a Abs. 2 Nr. 7a StPO iVm § 29 Abs. 1 S. 1 Nr. 3, Abs. 3 S. 2 Nr. 1 BtMG rechtfertigen. Die zufällig erlangten Erkenntnisse zu B dürfen in einem Verfahren gegen ihn daher verwertet werden. Aus kriminaltaktischen Erwägungen wird sich anbieten, direkt auch eine Maßnahme nach § 100a StPO gegen B zu beantragen. 56

2. Verwertung in anderen Verfahren, die keine Katalogtaten betreffen

Eine Verwertung der Erkenntnisse in dem Verfahren gegen C in → Fall 84 ist dagegen nicht unmittelbar möglich, weil der bloße Erwerb von Betäubungsmitteln zum Eigenkonsum nicht zu den Katalogtaten gehört. Eine Überwachung der Telekommunikation in einem Verfahren gegen C wäre daher nicht möglich (§ 479 Abs. 2 S. 2 StPO iVm § 161 Abs. 3 StPO). Es besteht ein **Verwertungsverbot.**[929] 57

Die Zufallserkenntnisse können aber zur Grundlage weiterer Ermittlungen gegen den Dritten gemacht werden.[930] Auch für Vorhalte bei Vernehmungen dürfen sie nicht verwendet werden,[931] es sei denn, dass der Beschuldigte in dem neuen Verfahren mit der Verwertung einverstanden ist. § 479 Abs. 2 StPO spricht nämlich davon, dass die Verwertung nur „*ohne Einwilligung*" unzulässig ist. Dem lässt sich entnehmen, dass der Betroffene über die Inhalte disponieren kann. Sie dienen dann als Vernehmungsbehelf im Rahmen einer geständigen Einlassung. 58

[925] Zum gewerbsmäßigen Handeltreiben → Kap. 2 Rn. 113.

[926] Zum Erwerb → Kap. 2 Rn. 65.

[927] Bis zum 20.11.2019 waren diese Fragen in § 477 StPO geregelt. Die alte Rechtsprechung zu diesen Fragen ist uneingeschränkt verwendbar.

[928] BGH NStZ 2009, 224 f.

[929] StRspr; vgl. BGHSt 26, 298 (302); OLG Düsseldorf NStZ 2001, 657.

[930] Meyer-Goßner/Schmitt/Schmitt StPO § 479 Rn. 4; Allgayer NStZ 2006, 603 (607).

[931] BGH NStZ 1982, 125; OLG Karlsruhe NJW 2004, 2687; Allgayer NStZ 2006, 603 (607).

59 **Beachte:** Zulässig[932] und kriminaltaktisch auch von nicht zu unterschätzender Bedeutung ist aber die Beantragung einer Durchsuchung der Wohnung des C.

59a **Hinweis:** Für Maßnahmen nach § 100b StPO (Online-Durchsuchung) und § 100c StPO (Akustische Wohnraumüberwachung) gilt das nicht, sondern die strengere Verwendungsbeschränkung des § 100e Abs. 6 StPO.[933]

VI. Die Anordnungskompetenz

60 Maßnahmen nach § 100a StPO dürfen nur vom **Richter** angeordnet werden (§ 100e Abs. 1 S. 1 StPO). Nur bei Gefahr im Verzug kann auch die Staatsanwaltschaft die Überwachung der Telekommunikation anordnen. Sie ist dann innerhalb von drei **Werk**-tagen vom Richter zu bestätigen (§ 100e Abs. 1 S. 3 StPO). Eine Anordnungskompetenz für Polizeibeamte besteht nicht. Die Maßnahme ist auf maximal drei Monate zu befristen und kann jeweils um maximal drei weitere Monate verlängert werden, soweit die Voraussetzungen der Anordnung unter Berücksichtigung der gewonnenen Ermittlungsergebnisse fortbestehen (§ 100e Abs. 1 S. 4 und 5 StPO).

VII. Einführung der Erkenntnisse in die Hauptverhandlung

61 Über die aufgezeichneten Gespräche fertigt der mit der Durchführung der Telefonüberwachung befasste Polizeibeamte eine Niederschrift (TKÜ-Protokoll). Dabei ist es nicht erforderlich, jedes Gespräch wörtlich zu protokollieren. Das ist nur dann geboten, wenn es nach der Bewertung des Beamten auf dieses Gespräch ankommt. Mit diesen Protokollen wird in der Regel gearbeitet. Sie sind in Sonderbänden aufzubewahren, um sicherzustellen, dass diese Daten auch alle gelöscht werden.[934]

1. Überlassen von TKÜ-Datenträgern an den Verteidiger

62 **Fall 85:** Die Staatsanwaltschaft in Trier hat in einem Ermittlungsverfahren zahlreiche Erkenntnisse aus einer Überwachung des Mobilfunkanschlusses des A gewonnen. Sie erhebt Anklage beim Landgericht und benennt als Beweismittel die aufgezeichneten Telefonate. Die Daten sind auf Datenträgern gesichert. Der Verteidiger des A. beantragt, ihm im Wege der Akteneinsicht Kopien der Daten in seine Kanzlei zu übersenden. VRiLG H entspricht dem Antrag und ordnet die Überlassung an. Dagegen wendet sich die Staatsanwaltschaft mit ihrer Beschwerde, die sie mit den Datenschutzinteressen abgehörter Dritter begründet. VRiLG H hilft der Beschwerde nicht ab, sondern legt die Akten dem OLG zur Entscheidung vor.

[932] Meyer-Goßner/Schmitt/Köhler StPO § 479 Rn. 4.
[933] Meyer-Goßner/Schmitt/Köhler StPO § 479 Rn. 4.
[934] Zur Löschung → Kap. 7 Rn. 84 ff.

Ob der Verteidiger einen Anspruch auf Anfertigung von Kopien der Audiodateien hat, ist streitig.[935] Gegen die Überlassung wird angeführt, dass Dateien der aufgezeichneten Gespräche keine Aktenbestandteile, sondern Beweisstücke seien.[936] Letztere dürften nach der ausdrücklichen Regelung des § 147 Abs. 4 S. 1 StPO anders als Akten nicht dem Verteidiger überlassen werden. Insoweit habe der Verteidiger nur ein Besichtigungsrecht auf der Verwahrstelle (§ 147 Abs. 1 StPO).[937] Weiter wird auf die Drittbetroffenheit der weiteren Gesprächsteilnehmer verwiesen. Ihre Grundrechte seien nur hinreichend geschützt, wenn die Daten stets der vollen staatlichen Kontrolle unterlägen.[938]

Der Hinweis darauf, dass die Audiodateien Beweisstücke sind, greift aber **63**
zu kurz. Nur die Originalaufzeichnungen von abgehörten Telefonaten sind als Beweisstücke in Sinne von § 147 Abs. 1 StPO anzusehen. Anders verhält es sich aber, sobald diese Daten auf einen Datenträger kopiert werden. Diese Datenträger sind nicht einmalige Beweisstücke, die nur besichtigt werden dürfen und vor Veränderung geschützt werden müssen. Sie sind daher Aktenbestandteile, die dem Verteidiger grundsätzlich zu treuen Händen überlassen werden können.[939]

Zu Fall 85: Die Beschwerde der Staatsanwaltschaft ist bereits unzulässig, weil Entscheidungen des Vorsitzenden nach der Regelung des § 32f Abs. 3 StPO nicht anfechtbar sind. Die Überlassung der Daten war geboten, um eine effektive Verteidigung zu ermöglichen.

Beachte: Die Überlassung an den Verteidiger sollte aber nicht gänzlich ohne Ein- **64**
schränkung angeordnet werden. Die Kopien der Daten sollten nur gegen eine entsprechende Erklärung herausgegeben werden, dass die zur Verfügung gestellten Datenträger nicht vervielfältigt werden und nach Abschluss des Verfahrens zurückgegeben werden. Es spricht auch nichts dagegen, inhaftierten Beschuldigten auf Antrag die Einbringung eines mit den vollständigen TKÜ-Aufzeichnungen bespielten Notebooks zu gestatten, welches durch die Entfernung bzw. Deaktivierung aller externen Schnittstellen so präpariert ist, dass die aufgespielten Daten nicht vervielfältigt werden können und das Notebook nicht als Kommunikationsmittel genutzt werden kann.[940]

2. Beweisaufnahme über die Erkenntnisse aus der Überwachung der Telekommunikation

Soweit die Notwendigkeit besteht, die durch die Überwachung der Tele- **65**
kommunikation gewonnenen Erkenntnisse in der Hauptverhandlung zu Beweiszwecken zu verwenden, kann dies auf verschiedene Weise geschehen. Die

[935] OLG Nürnberg StraFo 2015, 102; OLG Celle NStZ 2016, 633.
[936] OLG Stuttgart NStZ-RR 2013, 217, BGH NStZ 2014, 347 (350).
[937] OLG Karlsruhe NJW 2012; 2742.
[938] OLG Nürnberg StraFo 2015, 102.
[939] Mosbacher JuS 2017, 127 (128).
[940] Wettley/Nöding NStZ 2016, 633 ff.

§§ 100a ff. StPO regeln nämlich nicht, wie sich das Gericht die Kenntnis vom Inhalt der Telefongespräche verschafft. Maßstab ist insoweit die richterliche Aufklärungspflicht gemäß § 244 Abs. 2 StPO.

66 Das Gericht, das solche Erkenntnisse verwenden will, muss auch prüfen, ob die Voraussetzungen für die Anordnung vorlagen. Die Verwertung ist daher unzulässig, wenn der Verdacht einer Katalogtat nicht bestanden hat und/oder wenn die Anordnung unter Verstoß gegen den Subsidiaritätsgrundsatz ergangen ist.[941] Für den Maßstab gilt Folgendes: Es kommt **nicht** darauf an, wie Tatrichter und Revisionsrichter auf der Grundlage des im Zeitpunkt der Anordnung gegebenen Ermittlungsstandes den Tatverdacht und die Möglichkeiten anderweitiger Erforschung des Sachverhalts beurteilen würden. Als rechtswidrig (mit der Folge eines Verwertungsverbots) stellt sich die angeordnete Überwachung der Telekommunikation nur dann dar, wenn deren Entscheidung **nicht mehr vertretbar** ist. Das ist dann der Fall, wenn die Entscheidung objektiv willkürlich war oder auf einer groben Fehlbeurteilung beruhte.[942] Dazu reicht grundsätzlich die Überprüfung anhand des mit Gründen versehenen ermittlungsrichterlichen Beschlusses aus. Ist der Beschluss unzureichend begründet, führt auch das nicht zum Verwertungsverbot. Vielmehr ist die Verdachts- und Beweislage, die im Zeitpunkt der Anordnung gegeben war, anhand der Akten zu rekonstruieren.[943]

a) Verwertung durch Abspielen der Telefongespräche in der Hauptverhandlung

67 Die **Audioaufzeichnungen** können als Gegenstand richterlichen Augenscheins durch Abspielen in der Hauptverhandlung eingeführt werden.

b) Verwertung durch Verlesung der Niederschriften

68 Die im Ermittlungsverfahren angefertigten Niederschriften können aber auch im Wege des Urkundsbeweises verlesen werden.[944] Dieses Verfahren ist weniger aufwändig als das Abspielen, weswegen davon regelmäßig Gebrauch gemacht wird. Das verstößt nicht gegen § 250 StPO. Die Niederschriften enthalten nämlich keine Wahrnehmungen der mit der Auswertung und Fertigung der Niederschriften befassten Polizeibeamten. Sie geben vielmehr nur das wieder, was zwischen dem Angeklagten und seinem jeweiligen Gesprächspartner gesagt wurde, enthalten also keinen eigenständigen Erkenntnisvorgang. Der Verlesung ist gegenüber der Vernehmung der Überwachungsbeamten als Zeugen der Vorzug zu geben, weil der Beweiswert der Aussage der Beamten als Zeuge vom Hörensagen über das, was gesagt wurde, regelmäßig geringer ist. Auch ist die Unmittelbarkeit der Beweisaufnahme anders als für den Zeugenbeweis für den Anscheinsbeweis nicht vorgeschrieben.[945]

---

[941] BGH NStZ 1995, 510 f.
[942] BGH NStZ 1995, 510 f. und StraFo 2009, 19 f.
[943] BGH NStZ 2003, 215 (217), vgl. auch BGH NStZ 2009, 224.
[944] StRspr; BGH NJW 1977, 1545 f.; NStZ 2002, 493 ff.
[945] Meyer-Goßner/Schmitt/Schmitt StPO § 86 Rn. 3.

Beachte: Das Gericht muss sich nach § 244 Abs. 2 StPO davon vergewissern, dass die Gespräche sorgfältig und zutreffend übertragen wurden. Davon umfasst ist auch, dass im Falle von Gesprächen in fremder Sprache sorgfältig und zutreffend übersetzt wurde.[946] Für das Gericht empfiehlt sich daher unabhängig von Beweisanträgen der Verteidigung, die zentralen Gesprächen, die eingeführt werden sollen, durch einen **anderen Übersetzer** in der Hauptverhandlung übersetzen zu lassen.

G. Besondere Verfahrensregelung bei verdeckten Maßnahmen

Bei der Überwachung der Telekommunikation und anderer verdeckten Maßnahmen im Ermittlungsverfahren treffen die Staatsanwaltschaft Verpflichtungen zur Kennzeichnung, Benachrichtigung und Löschung. Sie gelten grundsätzlich für alle verdeckten und eingriffsintensiven Maßnahmen. Diese dienen im Wesentlichen einem nachträglichen Rechtsschutz. **69**

I. Aktenführung bei bestimmten Maßnahmen (§ 101 Abs. 2 StPO)

Nach § 101 Abs. 2 StPO müssen bei Online-Durchsuchungen, bei akustischen Wohnraumüberwachungen, Überwachung außerhalb von Wohnungen und beim Einsatz Verdeckter Ermittler und technischer Mittel gesonderte Akten („Sonderhefte") geführt werden. Diese sind erst dann zu den Akten zu nehmen, wenn dies ohne Gefährdung des Untersuchungszwecks, des Lebens, der körperlichen Unversehrtheit und der persönlichen Freiheit einer Person und von bedeutenden Vermögenswerten, beim verdeckten Ermittler auch der Möglichkeit der weiteren Verwendung des Verdeckten Ermittlers möglich ist. Sie unterliegen erst dann der Akteneinsicht (§ 147 Abs. 2 S. 1 StPO). **70**

Die Vorschrift gilt ausdrücklich nicht für die Telefonüberwachungsprotokolle. Sie sind aber aus Gründen der Praktikabiliät im Hinblick auf die Kennzeichnung und Löschung auch in Sonderheften zu führen. **71**

II. Kennzeichnungspflicht (§ 101 Abs. 3 StPO)

Im Hinblick auf die Verwendungsbeschränkungen in anderen Verfahren (§ 479 Abs. 2 StPO)[947] muss die Kennzeichnung auch nach Übermittlung an eine andere Stelle aufrechterhalten werden. Die andere Stelle muss die Kennzeichnung aufrechterhalten (§ 101 Abs. 3 S. 2 StPO). **72**

Beachte: Die Kennzeichnungspflicht betrifft nur die urprünglich hergestellen Beweismittel. Werden die Erkenntnisse in Auswertungsvermerken, Zwischen- und **73**

---

[946] BGH NStZ 2002, 493 f.
[947] → Kap. 7 Rn. 55.

Schlussberichten, in der Anklageschrift oder im Urteil mitgeteilt, besteht keine Kennzeichnungspflicht.[948]

III. Unterrichtung des Gerichts

74 Erforderlich ist nicht nur die Mitteilung über die Abschaltung der Überwachung der Telekommunikation, sondern auch eine Unterrichtung des Gerichts über die Ergebnisse der Maßnahme (§ 100e Abs. 5 S. 2 StPO). Damit können nicht einfach Akten übersandt werden, sondern sie müssen einen zusammenfassenden Vermerk über die erlangten Erkenntnisse enthalten. So soll nach dem gesetzgeberischen Willen dem Gericht, das bislang in vielen Fällen keine Rückmeldung erhalten hat, eine Erfolgskontrolle ermöglicht werden, um die daraus resultierenden Erfahrungen bei künftigen Entscheidungen berücksichtigen zu können.[949]

IV. Unterrichtung der Beteiligten

75 Von erheblicher Bedeutung sind ferner die in § 101 Abs. 4 Nr. 3 StPO festgelegten Unterrichtungspflichten der **Beteiligten**.[950] Beteiligt an der Telekommunikation sind neben dem Beschuldigten und ggf. Nachrichtenmittler **jeder Gesprächsteilnehmer.** Der Beschuldigte wird in der Regel im Rahmen von Akteneinsicht und Vernehmung Kenntnis von der Maßnahme erhalten. Der andere Gesprächsteilnehmer ist anzuschreiben.[951]

Beispiel: In dem Verfahren gegen A werden 5000 einzelne Gespräche aufgezeichnet, die A mit insgesamt 200 Gesprächsteilnehmern geführt hat. Diese Gesprächsteilnehmer sind grundsätzlich zu benachrichtigen.

V. Hinweis auf die Möglichkeit nachträglichen Rechtsschutzes

76 Beschuldigte, Nachrichtenmittler und andere Gesprächsteilnehmer sind nicht nur darüber zu benachrichtigen, dass von ihnen geführte Gespräche mit dem Beschuldigten in einem Verfahren gegen ihn aufgezeichnet worden sind. Vielmehr sind sie auch auf die **Möglichkeit nachträglichen Rechtsschutzes** gem. § 101 Abs. 7 StPO hinzuweisen. In diesem Verfahren hat **jeder** Beteiligte die Möglichkeit, die Rechtmäßigkeit der Maßnahme sowie die Art und Weise ihres Vollzuges überprüfen zu lassen (§ 101 Abs. 7 S. 2 StPO). Da das

---

[948] BeckOK StPO/Hegmann StPO § 101 Rn. 7.
[949] BT-Drs. 16/5846, 48.
[950] Ausführlich dazu und zum Folgenden: Bohnen, Die Kriminalpolizei, 2009, Heft 2, 26.
[951] Zu Ausnahmefällen → Kap. 7 Nr. 78 ff.

Gesetz nicht differenziert, ist auch der Hinweis an den Beschuldigten auf die Möglichkeit nachträglichen Rechtsschutzes für den Fall erforderlich, dass Anklage erhoben wird. Das erscheint konsequent, weil die verdeckten Maßnahmen nicht stets zur Beweisführung gebraucht werden.

Gerichtet ist der nachträgliche Rechtsschutz auf die Überprüfung der **Rechtmäßigkeit** der verdeckten Ermittlungsmaßnahme sowie die **Art und Weise** ihres Vollzugs. Zuständig ist entweder der Ermittlungsrichter,[952] wenn es nicht zur Anklage kommt, ansonsten das mit der Sache befasste Gericht in seiner abschließenden Entscheidung (§ 101 Abs. 7 S. 4 StPO). Gegen diese Entscheidung ist die sofortige Beschwerde statthaft (§ 101 Abs. 7 S. 3 StPO). Daneben bleiben auch die allgemeinen Rechtsbehelfe bestehen.[953] **77**

VI. Ausnahmen von der Unterrichtung

Das Gesetz sieht unter bestimmten Voraussetzungen vor, dass eine Benachrichtigung mit Rechtsmittelbelehrung nicht erfolgt (§ 101 Abs. 4 S. 3, 4 StPO). **78**

1. Verbot der Benachrichtigung

Die Benachrichtigung **muss** unterbleiben, wenn ihr überwiegende schutzwürdige Belange einer betroffenen Person entgegenstehen (§ 101 Abs. 4 S. 3 StPO). Dies erfordert nach der Gesetzesbegründung eine Abwägung der widerstreitenden Interessen im Einzelfall. **79**

Beispiel: Täter A (und/oder sein Nachrichtenmittler) führen über den überwachten Anschluss auch Gespräche mit einem an der Straftat unbeteiligten Geschäftspartner. Insbesondere wenn das Verfahren eingestellt wird, ist nachvollziehbar, dass ein Beschuldigter kein Interesse daran hat, wenn überall verbreitet wird, sein Anschluss sei überwacht worden.[954]

Dieses Interesse besteht aber auch, wenn der Beschuldigte erklärt, er möchte nicht, dass die Gesprächsteilnehmer unterrichtet werden.

Verfahrenstipp: Bei der Beschuldigtenvernehmung, bei der dem Beschuldigten eröffnet wird, dass seine Anschlüsse überwacht wurden, sollte dieser auch über die Rechtsschutzmaßnahme belehrt werden. Er kann bei dieser Gelegenheit zudem darauf hingewiesen werden, dass eine Benachrichtigung unterbleibt, wenn er das nicht wünscht. **80**

---

[952] Hier spricht das Gesetz von dem die Anordnung treffenden Gericht. Das kann auch das Gericht sein, bei dem gerade die Hauptverhandlung durchgeführt wird. Dieser Fall ist aber selten.

[953] BT-Drs. 16/5846, 62.

[954] Gesetzesbegründung, BT-Drs. 16/5846, 59.

2. Fakultatives Absehen von der Benachrichtigung

81 Zudem **kann** die Benachrichtigung unterbleiben, wenn die an sich zu benachrichtigenden Personen von der Maßnahme nur unerheblich betroffen wurden und anzunehmen ist, dass sie kein Interesse an einer Benachrichtigung haben (§ 101 Abs. 4 S. 4 StPO).

Beispiel: Telefonate über Alltagsgeschäfte mit Handwerkern,[955] Bestellung einer Pizza.

3. Nachforschungspflicht

82 In vielen Fällen steht nicht fest, wer der Gesprächsteilnehmer ist. Nachforschungen zur Feststellung der Identität eines Gesprächsteilnehmers zum Zwecke der Unterrichtung sind nur notwendig, wenn dies unter Berücksichtigung der Eingriffsintensität der Maßnahme gegenüber dieser Person, des Aufwands für die Feststellung ihrer Identität sowie der daraus für diese oder andere Personen folgenden Beeinträchtigungen geboten ist (§ 101 Abs. 4 S. 5 StPO).

Beispiel: Während einer Überwachung der Telekommunikation werden zahlreiche Gespräche von den Ermittlungsbehörden als belanglos eingestuft. Nachforschungen über die Identität der Gesprächsteilnehmer sind im Hinblick auf das Ermittlungsverfahren nicht erforderlich. In diesem Fall müssen sie **nur** für Benachrichtigungszwecke ebenfalls nicht ausfindig gemacht werden. Das gilt insbesondere dann, wenn der Nutzer und der registrierte Anschlussinhaber eines Mobilfunkgerätes ersichtlich nicht übereinstimmen.

83 **Beachte:** Die Benachrichtigung der Beteiligten obliegt der Justiz. Sie kann nicht auf die Polizei delegiert werden, weil die Benachrichtigung keine Ermittlungsmaßnahme mehr ist (§ 161 Abs. 1 S. 2 StPO). Mit der Anordnung der Überwachung der Telekommunikation sollte aber ein **Sonderband „Benachrichtigungen"** angelegt werden und die Polizei gebeten werden, in dem Sonderband die beteiligten Personen, deren Identität für das Ermittlungsverfahren überprüft wurde, mit Anschrift zu erfassen. Auf diesen Datenbestand kann dann für die Abwicklung der Benachrichtigung zurückgegriffen werden.

4. Zustimmung zur (weiteren) Zurückstellung der Benachrichtigung über verdeckte Ermittlungsmaßnahmen

83a Gem. § 101 Abs. 5 S. 1 kann die Benachrichtigung zurückgestellt werden, solange dadurch der Untersuchungszweck, Leib, Leben oder die persönliche Freiheit von Menschen oder bedeutende Vermögenswerte gefährdet werden können. Dazu ist nach § 101 Abs. 6 S. 1 StPO die gerichtliche Zustimmung

[955] Gesetzesbegründung, BT-Drs. 16/5846, 60.

nötig. Der Antrag auf gerichtliche Zustimmung muss nachvollziehbar und tatsachengestützt begründet werden. Bei der danach gebotenen Abwägung sind neben der Bedeutung und dem Gewicht des Tatvorwurfs, den Belangen der Betroffenen und dem Umfang und der Komplexität des Ermittlungsverfahrens auch die Art und Weise der Verfahrensführung zu berücksichtigen.[956]

VII. Löschung

§ 101 Abs. 8 StPO verlangt die unverzügliche **Löschung** der Daten, wenn diese zur Strafverfolgung und für eine etwaige gerichtliche Überprüfung der Maßnahme nicht mehr benötigt werden. Davon erfasst sind sowohl die Datenträger, auf denen die Gespräche aufgezeichnet wurden, als auch deren Übertragung in Schriftform. Die Verwendung in anderen Verfahren berechtigt die Staatsanwaltschaft, derzeit noch von der Löschung abzusehen.[957] **84**

Beachte: § 101 StPO enthält keine Verpflichtung, dass die Vernichtung unter Aufsicht eines Staatsanwaltes erfolgen muss. Um eine Löschung zu erleichtern, sollte die Überwachung der Telekommunikation in **Sonderbänden** abgeheftet werden. Das erspart nach Abschluss des Verfahrens eine zeitraubende Durchsicht der Akte. Mit der Anlage des Sonderheftes wird auch der gebotenen **Kennzeichnung** nach § 101 Abs. 3 StPO genügt.[958] **85**

H. Erhebung der Verkehrsdaten (§ 100g StPO)

Erfasst die Überwachung der Telekommunikation den Inhalt eines Gespräches, so bezieht sich die Erhebung der **Verkehrsdaten** nach § 100g StPO auf die **äußeren Kommunikationsvorgänge**. Kommunikationsinhalte sind niemals Verkehrsdaten. Verkehrsdaten sind weiter zu trennen von den Vertrags-/Bestands-Daten. **86**

Die Vorschrift enthält drei verschiedene Befugnisse:

- § 100g Abs. 1 StPO regelt den Zugriff auf nach §§ 9 und 12 des Telekommunikation-Telemedien-Datenschutz-Gesetzes (TTDSG) und § 2a des Gesetzes über die Errichtung einer Bundesanstalt für den Digitalfunk der Behörden und Organisationen mit Sicherheitsaufgaben (BDBOSG) gespeicherte Verkehrsdaten und für eine Echtzeiterhebung für die Zukunft,
- § 100g Abs. 2 StPO erfasst die Herausgabe von Verkehrsdaten, die in der Vergangenheit angefallen sind und nach § 176 des Telekommunikationsgesetzes **anlasslos gespeichert** worden sind und
- § 100g Abs. 3 StPO regelt die Voraussetzungen einer **Funkzellenabfrage**.

Die Verkehrsdatenerhebung war zunächst vom Gesetzgeber als verdeckte Maßnahme konzipiert worden. Er hat sie aber dann im Gesetz zur Einführung einer Speicherpflicht und einer Höchstspeicherfrist für Verkehrsdaten vom

[956] BGH Beschl. v. 29.4.2021 – 6 BGs 19/21, BeckRS 2021, 20834.
[957] BGH NStZ 2009, 224 f.
[958] Gesetzesbegründung, BT-Drs. 16/5846, 33.

10.12.2015[959] als grundsätzlich offene Maßnahme angesehen.[960] Die Regelungen für die gerichtlichen Entscheidungen, Benachrichtungsspflichten usw. finden sich daher in § 101a StPO und nicht in § 101 StPO. Der Schutz des Ermittlungsverfahrens wird gewährleistet durch § 33 Abs. 4 StPO, wonach vor der Entscheidung der Betroffene nicht angehört wird und die Benachrichtung erst erfolgen, wenn der Untersuchungszweck nicht mehr gefährdet ist (§ 101a Abs. 6 StPO iVm § 101 Abs. 5 StPO). Insoweit wird im Ermittlungsverfahren ein weitgehender Gleichklang hergestellt.

I. Verkehrsdatenerhebung nach § 100g Abs. 1 StPO

1. Verkehrsdaten („Abrechnungsdaten") nach § 9 TTDSG und § 2a BDBOSG

87 § 100g Abs. 1 StPO erlaubt die umfassende Erhebung aller **Verkehrsdaten**, die das Telekommunikationsunternehmen rechtmäßig im geschäftlichen Verkehr erhebt. Hauptgrund für eine Speicherung ist die Erstellung einer nachvollziehbaren Entgeltabrechnung durch das Telekommunikationsunternehmen. Verkürzt kann von **Abrechnungsdaten** gespochen werden.

88 Verkehrsdaten sind:
- die Rufnummer oder eine andere Kennung der beteiligten Anschlüsse,
- der Beginn und das Ende der Verbindung nach Datum und Uhrzeit unter Angabe der zugrunde liegenden Zeitzone und die übermittelten Datenmengen,

bei Mobilfunktelefonen weiter:
- die internationale Kennung für mobile Teilnehmer für den anrufenden und den angerufenen Anschluss (sog. IMSI[961]),
- die internationale Kennung des anrufenden und des angerufenen Endgerätes (sog. IMEI[962]),
- die Bezeichnung der durch den anrufenden und den angerufenen Anschluss bei Beginn der Verbindung genutzten Funkzellen (Standortdaten[963]),
- im Falle von im Voraus bezahlten anonymen Diensten (sog. Prepaiddienste, insbes. Prepaidkarten) auch die erste Aktivierung des Dienstes nach Datum, Uhrzeit und Bezeichnung der Funkzelle und
- die in Anspruch genommenen Telekommunikationsdienste.

Beachte: Die Regelungen sind **nicht** abschließend, wie § 9 Abs. 1 S. 1 Nr. TTDSG zeigt („sonstige … Verkehrsdaten"). Das lässt die Einbeziehung künftiger technischer Entwicklungen zu.

---

[959] BGBl. 2015 I 2218.

[960] BT-Drs. 18/5088, 334.

[961] **I**nternational **M**obile **S**ubscriber **I**dentity.

[962] **I**nternational **M**obile **E**quipment **I**dentity.

[963] Für Maßnahmen der Standortermittlung über Mobilfunkendgeräte ist aber § 100i StPO zu beachten. →Kap. 7 Rn. 104.

Keine Verkehrsdaten sind: 88a

- Die Bestandsdaten, also die Daten, die die Zuordnung der Verkehrsdaten zu einer Person ermöglichen. Die Verpflichtung zur Auskunft ist Gegenstand der Regelungen von § 100j StPO.[964]
- Die erfassten Mautdaten von LKW. Hier fehlt der Telekommunikationsbezug.[965]

2. Anordnungsvoraussetzung

Bei den Anordnungsvoraussetzungen ist zu differenzieren: Eine Erhebung 89
der in der **Vergangenheit** angefallenen Verkehrsdaten ist nur zur **Erforschung des Sachverhalts** zulässig. Weiter muss eine **Straftat von erheblicher Bedeutung** vorliegen Hier nimmt das Gesetz auf den Katalog von § 100a StPO Bezug. Für die **Feststellung des Aufenhaltes** darf nur auf die künftig anfallenden Verkehrsdaten zurückgegriffen werden. Retrogade Bewegungsmuster aufgrund der nach § 9 TTDSG gespeicherten Abrechnungsdaten können daher nicht erstellt werden.[966] Für diese gelten die engeren Voraussetzungen des § 100g Abs. 2 StPO. Sie beziehen sich auf **besonders schwere Straftaten**. Das stellt nun § 100g Abs. 1 S. 3 nF StPO ausdrücklich klar. § 100g Abs. 2 Nr. 4 StPO erfasst dabei in sprachlich etwas anderer Formulierung die selben Taten wie § 100a Abs. 2 Nr. 7StPO.

Beachte: Mit dem Antrag der Anordnung einer Überwachung der Telekommunikation sollte auch die Übermittlung Verkehrsdaten beantragt werden. Der Beschluss nach § 100a StPO deckt nämlich nicht gleichzeitig die Übermittlung dieser Daten ab. Nur soweit sich diese Daten aus dem Speicher des Telefons herauslesen lassen, ist eine Anordnung nach dieser Vorschrift nicht erforderlich, sondern ggf. ein Beschlagnahmebeschluss nach § 98 StPO, was § 100g Abs. 5 StPO ausdrücklich klarstellt. 90

II. Anlasslos gespeicherte Verkehrsdaten (Vorratsdatenspeicherung)

1. Vorratsdaten

Die **anlasslose und verdachtsunabhängige Speicherung** von Verkehrsda- 91
ten durch einen Telekommunikationsdienstleister ist die sog. Vorratsdatenspeicherung. Sie ist nicht in der Strafprozessordnung, sondern nunmehr in § 176 TKG (früher §§ 113a bis 113g TKG) geregelt. Die Regelungen sind Ausfluss der Entscheidungen des *BVerfG* vom 2.3.2010[967] und des *EuGH* vom 8.4.2014.[968] Das Gesetz verwendet den Begriff „Vorratsdaten" nicht. § 176

[964] → Kap. 7 Rn. 105 ff.
[965] LG Magdeburg NJW 2006, 1073.
[966] BGH NStZ 2018, 47.
[967] NJW 2010, 833 ff.
[968] NJW 2014, 2169 ff.

Abs. 5 TKG stellt klar, dass keine Kommunikationsinhalte gespeichert werden dürfen.

92 Danach sind **für zehn Wochen** zu speichern:

- die Rufnummer, bei mobilen Telefondiensten die internationale Kennung, oder eine andere Kennung des anrufenden und des angerufenen Anschlusses,
- Datum und Uhrzeit von Beginn und Ende der Verbindung,
- Angaben zu dem genutzten Dienst, wenn im Rahmen des Telefondienstes unterschiedliche Dienste genutzt werden können,
- bei Internet-Telefondiensten auch die Internetprotokoll-Adressen des anrufenden und des angerufenen Anschlusses und zugewiesene Benutzerkennungen.

93 Internetprovider haben zu speichern

- die dem Teilnehmer für eine Internetnutzung zugewiesene Internetprotokoll-Adresse,
- eine eindeutige Kennung des Anschlusses, über den die Internetnutzung erfolgt, sowie eine zugewiesene Benutzerkennung,
- Datum und Uhrzeit von Beginn und Ende der Internetnutzung unter der zugewiesenen Internetprotokoll-Adresse unter Angabe der zugrunde liegenden Zeitzone.

94 Für **vier Wochen** sind die Bezeichnungen der **Funkzellen** (§ 176 Abs. 4 TKG) zu speichern, die durch den anrufenden und den angerufenen Anschluss bei Beginn der Verbindung genutzt wurden.

Funkzellendaten gehören nicht zu den Vorratsdaten.[969]

94a **Beachte:** Ob diese Regelung aber nunmehr Bestand vor dem *EuGH* haben wird, ist noch nicht absehbar. Die Entscheidung wird im Laufe des Jahres 2022 erwartet.

2. Anordnungsvoraussetzungen

95 Die Anordnung ist nur bei besonders schweren Straftaten zulässig. Wie bei der Überwachung der Telekommunikation muss der Verdacht einer Katalogtat vorliegen (§ 100g Abs. 2 S. 2 StPO). Sie sind hier identisch.

3. Schutz der Berufsgeheimnisträger

96 Zum Schutz der Berufsgeheimnisträger sind nach § 100g Abs. 4 StPO besondere Erhebungs- und Löschungsvorschriften vorgesehen, die denen bei der Telekommunikitationsüberwachung entsprechen. Auf die obigen Ausführungen wird verwiesen.[970] Ein generelles Speicherverbot nach § 176 TKG für diese Berufsgruppe gibt es nicht.

---

[969] BGH NStZ 2018, 47.

[970] → Kap. 7 Rn. 42.

III. Funkzellenabfrage (§ 100g Abs. 3 StPO)

1. Begriff

Das Gesetz definiert als **Funkzellenabfrage** die Erhebung aller in einer Funkzelle angefallenen Verkehrsdaten. Im Gegensatz zur Erhebung von **Standortdaten** eines konkreten Benutzers, die im Zeitpunkt des Beginns der Verbindung als Verkehrsdaten anfallen, erfasst die Funkzellenabfrage unabhängig von einem Einzelkommunikationsvorgang die **Erhebung der Verkehrsdaten aller Teilnehmer**, die innerhalb eines eng begrenzten Zeitraums in einer bestimmten Funkzelle angefallen sind, um festzustellen, welche Mobilgeräte zu einer bestimmten Zeit der betreffenden konkreten Funkzelle zuzuordnen waren. Dazu wird auf die Infrastrukutur der Mobilfunkunternehmen zurückgegriffen. Diese haben eine Vielzahl von Sendeanlagen mit sehr unterschiedlichen Reichweiten und Empfangsleistungen aufgestellt. Jede solche Sendeanlage ist eine Funkzelle, die durch eine Cell-ID (Zellen-Identifikation) und den Location Area Code (LAC), mit dem mehrere Zellen zusammengefasst werden, identifiziert werden können. Ziel ist es festzustellen, welche Mobilgeräte zu einer bestimmten Zeit der betreffenden konkreten Funkzelle zuzuordnen waren und sich damit innerhalb der Reichweite aufgehalten haben. **97**

2. Anordnungsvoraussetzungen

Für die Anordnung müssen drei Voraussetzungen erfüllt sein: **98**

1. Vorliegen einer Straftat von auch im Einzelfall erheblicher Bedeutung (§ 100g Abs. 1 Nr. 1 StPO),
2. Verhältnismäßigkeit der Erhebung der Daten und der Bedeutung der Sache und
3. Subsidiarität (Aussichtslosigkeit oder wesentliches Erschweren der Erforschung des Sachverhaltes oder des Aufenthaltes).

Nicht notwendig sind tatsächliche Anhaltspunkte dafür, dass bei der Tat (oder davor und danach) ein Mobiltelefon tatsächlich verwendet worden ist, weil nicht auf § 100g Abs. 1 Nr. 2 StPO verwiesen wird.[971]

Der Rückgriff auf Vorratsdaten ist bei der Funkzellenabfrage nur unter den engeren Voraussetzungen des § 100g Abs. 2 StPO zulässig. **99**

IV. Anordnungskompetenz

Hinsichtlich der Anordnungskompetenz für Maßnahmen verweist § 101a Abs. 1 StPO auf § 100e StPO, so dass dieselben Voraussetzungen bei der Überwachung der Telekommunikation vorliegen müssen. **100**

[971] Zum Ganzen: LG Dortmund Beschl. v. 23.2.2016 – 36 Qs 25/15, BeckRS 2016, 117114.

V. Regelung der Benachrichtigungspflicht

100a Die Umgestaltung als grundsätzlich offene Maßnahme bewirkt im Unterschied zur Regelung des § 101 StPO, dass gerichtlichen Anordnungen (früher) erforderlich sind. Das betrifft ein Absehen von einer Benachrichtigung nach § 101 Abs. 4 S. 3 StPO (Entbehrlichkeit der Benachrichtigung bei überwiegend schutzwürdigen Belangen einer betroffenen Person), § 101a Absatz 6 Nr. 1 StPO und die **erstmalige Zurückstellung einer Benachrichtigung** nach § 101 Absatz 5 Satz 1 StPO (§ 101a Absatz 6 Nr. 2 StPO).

VI. Weitere Vorschriften

101 Bei der Erhebung der Verkehrsdaten und Abwicklung der Daten gelten nach § 101a StPO entsprechend die Regelungen für die Anordnung der Überwachung der Telekommunikation auf die verwiesen wird. Die Vorschrift ist geprägt von Rückausnahmen je nachdem, ob auf Abrechnungs- oder Vorratsdaten zurückgegriffen wird. Zu beachten sind Anordnungs- und Begründungsanforderungen, Kennzeichnungspflichten und Benachrichtungspflichten. Einzelheiten zu diesen Regelungen würden den Rahmen der Darstellung hier sprengen.

I. IMSI-Catcher (§ 100i Abs. 1 Nr. 1 StPO)

102 Eine weitere Möglichkeit, die Kommunikationswege zu ermitteln, besteht im Einsatz eines sog. IMSI-Catchers.[972] Dieses Gerät simuliert ein Mobilfunknetzwerk. Der IMSI-Catcher wird vom Mobilfunkgerät als eine Funkzelle (Basisstation) erkannt. Alle Mobilfunkgeräte buchen sich nämlich grundsätzlich in die Funkzelle mit dem stärksten Signal, das ist dann der IMSI-Catcher, ein. Auf diese Art kann – ggf. mit einer Observationsmaßnahme – der Standort, die Rufnummer oder IMEI eines vom Tatverdächtigen benutzten Mobilfunkgeräts ermittelt werden. Ist die Rufnummer der Beschuldigten bekannt, dient diese der Ermittlung des genauen Aufenthaltsorts des Mobilfunktelefons (und der Beschuldigten), zB innerhalb eines Mehrfamilienhauses.

103 Diese Maßnahme erlaubt **keine** Überwachung der Telekommunikation nach § 100a StPO. Sie dient vielmehr ihrer Vorbereitung. Nach dem *BVerfG* ist der Schutzbereich des Art. 10 GG nicht tangiert, sondern nur das Recht auf informationelle Selbstbestimmung und das Grundrecht der allgemeinen Handlungsfreiheit.[973] § 100i Abs. 1 StPO verlangt wie § 100a StPO ebenfalls eine auch im Einzelfall schwerwiegende Straftat von erheblicher Bedeutung. Anders als bei der Überwachung der Telekommunikation wird lediglich an die Erforderlichkeit des Einsatzes zur Erforschung des Sachverhaltes angeknüpft.

[972] **I**nternational **M**obile **S**ubscriber **I**dentitiy-Catcher.
[973] BVerfG NJW 2007, 351.

J. Standortfeststellung (§ 100i Abs. 1 Nr. 2 StPO)

Von Bedeutung ist in vielen Verfahren auch die Kenntnis von Standortdaten der tatverdächtigen Personen, die Rückschlüsse auf die Tatbeteiligung zulassen. Standortdaten können mit Hilfe von stillen SMS gewonnen werden. Bei einer stillen SMS (auch „stealth ping" genannt) wird eine spezielle Kurzmitteilung (SMS) an eine Mobilfunknummer gesandt, die zwar eine Verbindung mit dem angewählten Mobiltelefon erzeugt, jedoch von dessen Nutzer nicht bemerkt werden kann, da sie im Nachrichteneingang nicht angezeigt wird. Der Empfang der SMS bewirkt – wie eine gewöhnliche Telefonverbindung zu einem Mobilfunkgerät – eine Rückmeldung des Mobiltelefons bei der Funkzelle, in der es eingebucht ist, wodurch bei dem jeweiligen Netzbetreiber ein Verkehrsdatensatz erzeugt wird, der auch die Angabe der benutzten Funkzelle beinhaltet. Nach einer Abfrage der Daten bei dem Netzbetreiber kann – abhängig von der Größe der Funkzelle – der ungefähre Standort des Mobiltelefons im Zeitpunkt des Empfangs der stillen SMS bestimmt werden.[974] Stille SMS werden auch als Unterstüzung bei Observationen gebraucht. Die Rechtsgrundlage für die Bestimmung des Standorts mittels stiller SMS ist § 100i Abs. 1 Nr. 2 StPO. Die so generierten Daten können von den Strafverfolgungsbehörden nach § 100g Abs. 1 S. 1 Nr. 1, S. 3 StPO iVm § 96 Abs. 1 S. 1 Nr. 1 und 5 TKG bzw. § 100g Abs. 2 StPO iVm § 113b Abs. 4 TKG erhoben werden.[975] **104**

K. Bestandsdatenauskunft (§ 100j StPO)

Unter der gesetzlichen Überschrift „Bestandsdatenauskunft" werden insgesamt drei Auskunftspflichten der Telekommunikationsunternehmen erfasst. **105**
1. Die eigentliche Bestandsdatenauskunft, § 100j Abs. 1 S. 1 StPO
2. Die Auskunft zu den Zugangssicherungscodes, § 100j Abs. 1 S. 2 StPO
3. Die Auskunft zu den IP-Adressen, § 100j Abs. 2 StPO

I. Auskunft nach § 100j Abs. 1 S. 1 StPO zu Bestandsdaten (Vertragsdaten des Teilnehmers) nach § 3 Nr. 3 TKG

Bestandsdaten sind nach § 3 Nr. 3 TKG die Daten eines Teilnehmers, die für die Begründung, inhaltliche Ausgestaltung, Änderung oder Beendigung eines Vertragsverhältnisses über Telekommunikationsdienste erhoben werden. Die Zuordnung der Verkehrsdaten (§ 3 Nr. 30 TKG), die bei der Telekommunikation zum **jeweiligen Anschlussinhaber** erhoben werden ist unverzichtbar, um die jeweilige Person zu ermitteln. **106**

Bestandsdaten sind:
- Namen, Geburtsdatum und Anschrift des Nutzers,
- die ihm überlassenen Rufnummern,

[974] BGH NStZ 2018, 611 f.
[975] BGH NStZ 2018, 611 (613).

- eine fest zugeteilte **statische IP-Adresse**,[976]
- die Gerätenummer (IMEI) der dem Nutzer überlassenen Mobilfunkendgeräte,
- das Datum des Vertragsbeginns und
- bei Festnetzanschlüssen auch die Anschrift, an welcher dieser Anschluss betrieben wird.

Weiter dazugehören auch die gespeicherten Bankdaten und damit zusammenhängende Informationen.[977] Diese fallen im Gegensatz zu den bei der Nutzung entstehenden Verkehrsdaten bei Vertragsschluss an.

107 **Beachte:** Das Gesetz sieht einen Richtervorbehalt für diese Auskunftserteilung nicht vor (§ 100j Abs. 3 S. 1 StPO). Ein Auskunftsersuchen der Polizei reicht aus.

II. Auskunft zu Zugangssicherungscodes nach § 100j Abs. 1 S. 2 StPO

108 Soweit die Nutzer oder Anbieter den Zugriff auf ihre Geräte (Mobilfunktelefone, Smartphones und Tablets mit Internetzugängen über das Mobilfunknetz) mittels Pass- und Kennwort, Geheimzahl, PIN (Codes) usw. sichern, kann aufgrund von § 100j Abs. 1 S. 2 StPO Auskunft bezüglich **Zugangssicherungscodes** verlangt werden, über die der Anbieter verfügt. Es handelt sich dabei um PIN, Super-PIN und PUK. Nicht erfasst sind demnach die Pass- und Kennwörter für den normalen Computer. Gegenüber den Bestandsdaten unterliegt das Auskunftsverlangen der Einschränkung, dass die Auskunft nur verlangt werden kann, „wenn die gesetzlichen Voraussetzungen für die Nutzung der Daten vorliegen". Damit wird die Erlangung des Zugangscodes vom Zweck der Nutzung abhängig gemacht.[978] So ist die Rechtmäßigkeit der Maßnahme anhand von §§ 100a, 100b StPO in den Fällen zu messen, in denen die Überwachung eines noch nicht abgeschlossenen Telekommunikationsvorgangs ermöglicht werden soll. Sollen nur im Mobilfunktelefon abgelegte Daten gesichtet werden, ist § 110 StPO maßgeblich (Durchsicht von Papieren und elektronischen Speichermedien).

109 **Beachte:** Das Auskunftsverlangen bezüglich der Zugangsdaten steht unter Richtervorbehalt (§ 100j Abs. 3 S. 2 StPO).

---

[976] Internet-Protocol-Adresse. IP-Adressen werden zur eindeutigen Adressierung von Rechnern und Geräten in Internet benötigt. Sie wird vom Internetprovider entweder statisch (wie eine Telefonnummer) oder **dynamisch** bei jedem Aufbau einer Internetverbindung aus dem Adresspool des Internetproviders dem Nutzer zur Verfügung gestellt.

[977] Bär MMR 2013, 700 (702).

[978] BVerfG NJW 2012, 1419, 1430 Rn. 185.

1. Auskunft zu Zugangssicherungscodes zu externen Speichern

Erfasst sind auch die geschützten Datenzugänge zu extern in einer **Cloud** 110
abgespeicherten Daten.[979] Der Zugang zur Cloud erfolgt über das Internet. Er ist weltweit möglich. Bekannte Dienste sind Google Drive, Dropbox, Mircosoft Onedrive.[980] Soweit vom Rechner des Nutzers auf dessen in der Cloud gespeicherte Daten zugegriffen wird, ist das, auch wenn die Daten eventuell auf einem ausländischen Server liegen, von § 110 Abs. 3 StPO gedeckt. Die bloße Möglichkeit, dass sich Daten im Ausland befinden, löst keine Rechtshilfeverpflichtung aus.[981]

2. Richtervorbehalt bei Bekanntgabe von Zugangscodes

Für die Bekanntgabe der Zugangsdaten schreibt das Gesetz anders als für 111
die Daten nach § 100j Abs. 1 S. 1 einen Richtervorbehalt vor (§ 100j Abs. 3 StPO). Bei Gefahr im Verzug genügt auch die Anordnung der Staatsanwaltschaft oder der Ermittlungspersonen. Die richterliche Anordnung ist unverzüglich nachzuholen.

III. Auskunft zu (dynamischen) IP-Adressen nach § 100j Abs. 2 StPO

Dynamische IP-Adressen sind die am häufigsten genutzten IP-Adressen. 112
Sie ändern sich stetig in festen oder unregelmäßigen Zeitabständen. Statische IP-Adressen sind unveränderlich und bereits Bestanddaten, die bei Vertragsbeginn festgelegt werden. Wegen der ständigen Änderung ermöglichen dynamische IP-Adressen ein anoymeres Surfen. Der Auskunftsanspruch der Ermittlungsbehörden bzgl. der verwendeten IP-Adresse gründet auf § 100j Abs. 2 StPO.

Unabhängig davon, ob nun Auskunft zu dynamischen oder statischen IP-Adressen verlangt wird, müssen die Abfragen wegen des erforderlichen Bezugs zu einer strafbaren Handlung einen **konkreten Zeitpunkt** enthalten, zu welchem die betreffende IP-Adresse verwendet wurde.

IV. Benachrichtigungspflicht

Die Benachrichtigungspflicht des Betroffenen über erteilte Auskunft zu den 113
Zugangscodes nach § 100j Abs. 1 S. 2 StPO und den IP-Adressen nach § 100j Abs. 2 StPO richtet sich nach § 100j Abs. 4 StPO. Sie dienen der Ermöglichung nachträglichen Rechtsschutzes. Wegen der Einzelheiten kann auf die Benachrichtungspflichten bei der Telekommunikationsüberwaschung verwiesen werden.

---

[979] KK-StPO/Bruns § 100j Rn. 3.

[980] Eine Anbieterübersicht findet sich bei Wikipedia unter dem Stichwort: Online-Datenspeicherung.

[981] Meyer-Goßner/Schmitt/Schmitt StPO § 110 Rn. 7b.

L. Überblick Verdeckte Maßnahmen

114 In der folgenden Übersicht sind auch hier nicht näher erläuterte Maßnahmen aufgenommen.

Maßnahme	**Straftat**	
Überwachung der Telekommunikation, § 100a Abs. 2 Nr. 7 und Nr. 9a StPO	Gewerbsmäßige Formen von § 29 Abs. 1 S. 1 Nr. 1, 5, 6, 10, 11 oder 13	§ 29a
Online-Durchsuchung, § 100b Abs. 2 Nr. 4 StPO	Gewerbsmäßige Formen von § 29 Abs. 1 S. 1 Nr. 1, 5, 6, 10, 11 oder 13	§ 29a
Akustische Wohnraumüberwachung, § 100c StPO iVm § 100b Abs. 2 Nr. 4 StPO	Gewerbsmäßige Formen von § 29 Abs. 1 S. 1 Nr. 1, 5, 6, 10, 11 oder 13	§ 29a
Akustische Überwachung außerhalb von Wohnraum, § 100f StPO iVm § 100a Abs. 2 StPO	Gewerbsmäßige Formen von § 29 Abs. 1 S. 1 Nr. 1, 5, 6, 10, 11 oder 13	§ 29a
Erhebung von Verkehrsdaten, § 100g Abs. 1 StPO	Jede Straftat von erheblicher Bedeutung im jede Straftat, die mittels Telekommunikation	
Erhebung von retrograden Standortdaten, § 100g Abs. 1 S. 3 StPO	Gewerbsmäßige Formen von § 29 Abs. 1 S. 1 Nr. 1, 5, 6, 10, 11 oder 13	§ 29a
Erhebung von anlasslos gespeicherten Verkehrsdaten (Vorratsdaten), § 100g Abs. 2 StPO	Gewerbsmäßige Formen von § 29 Abs. 1 S. 1 Nr. 1, 5, 6, 10, 11 oder 13	§ 29a
Funkzellenabfrage, § 100g Abs. 3 StPO	Abhängig davon, ob sich die Maßnahme auf	
Bildaufnahmen außerhalb von Wohnraum, § 100h Abs. 1 Nr. 1 StPO	Jede	
Einsatz von technischen Mitteln zur Observation, § 100h Abs. 1 Nr. 2 StPO	Jede	
Einsatz eines verdeckten Ermittlers, §§ 110a ff. StPO	Jede Straftat auf dem Gebiet des	

Straftat			
§ 30 Abs. 1 Nr. 1, 2 und 4	§ 30a	§ 30b	§ 4 Abs. 3 Nr. 1a NpSG
§ 30 Abs. 1 Nr. 1, 2 und 4	§ 30a		
§ 30 Abs. 1 Nr. 1, 2 und 4	§ 30a		
§ 30 Abs. 1 Nr. 1, 2 und 7	§ 30b	§ 30b	§ 4 Abs. 3 Nr. 1a NpSG
§ 30 Abs. 1 Nr. 1, 2 und 4	§ 30a		
§ 30 Abs. 1 Nr. 1, 2 und 4	§ 30a	§ 30b	§ 4 Abs. 3 Nr. 1a NpSG
Daten nach § 100g Abs. 1 oder § 100g Abs. 2 StPO bezieht.			
Straftat			
Straftat			
unerlaubten Betäubungsmittelverkehrs			

114a **Beachte:** Trotz bei Verstößen gegen das BtMG identischen Katalogen bezeichnet das Gesetz die Katalogtaten von § 100a **als schwere Straftaten**. Die Katalogtaten von § 100b, 100c, 100g Abs. 2 StPO als **besonders schwere Straftaten.**

M. Durchsuchung von Wohnungen (§ 102 StPO)

115 Häufig stellt sich im Laufe eines Ermittlungsverfahrens in Betäubungsmittelsachen auch die Frage nach der Erforderlichkeit einer Durchsuchung der Wohnung und anderer Räumlichkeiten eines Tatverdächtigen. Eine dazu erforderliche **Auffindevermutung** von Beweismitteln (Betäubungsmittel, Aufzeichnungen über Betäubungsmittelgeschäfte) besteht immer. Gerade die Durchsuchung einer Wohnung stellt aber einen schwerwiegenden hoheitlichen Eingriff in die geschützte Lebenssphäre des Betroffenen dar. Für eine Durchsuchung einer Wohnung gilt aufgrund der Eingriffsintensität nach § 105 Abs. 1 StPO der Richtervorbehalt, sofern nicht bei Gefahr im Verzug eine Anordnung durch die Staatsanwaltschaft oder deren Ermittlungspersonen erfolgt.

116 **Beachte:** Für Durchsuchungen gilt generell, dass der Wohnungseigentümer in die Durchsuchung einwilligen kann. Einer Anordnung bedarf es in diesem Fall nicht. Das bloße Dulden einer Durchsuchung kann jedoch nicht als konkludente Zustimmung zur Durchsuchung gedeutet werden.

I. Verdachtsgrad

117 Neben der Auffindevermutung muss ein **Anfangsverdacht**[982] einer verfolgbaren Betäubungsmittelstraftat bestehen. Besteht kein Anfangsverdacht, darf die Durchsuchung nicht angeordnet werden. Im Durchsuchungsbeschluss müssen die Tatsachen angebeben werden, auf denen der Anfangsverdacht beruht. Erforderlich ist die Nennung der wesentlichen Verdachtsmomente einschließlich der Indiztatsachen. Der reine Verweis auf die bisherigen Ermittlungen ist hierfür nicht ausreichend.[983]

Beruht der geäußerte Verdacht lediglich auf vagen Angaben eines Belastungszeugen (fehlende konkrete Aussagen hinsichtlich der gehandelten Betäubungsmittel und -mengen) besteht keine hinreichende Wahrscheinlichkeit, dass eine Straftat begangen wurde. Fehlen Angaben im Durchsuchungsbeschluss, ist eine Verhältnismäßigkeitsprüfung unmöglich. Beides macht den Eingriff rechtswidrig. Liegen die Voraussetzungen für eine Durchsuchung gem. §§ 102 ff. StPO nicht vor und wurde der Beschuldigte auch nicht über die Freiwilligkeit der Durchsuchung belehrt, sind die aufgefundenen Beweismittel **nicht** verwertbar.[984] Es besteht ein Beweisverwertungsverbot.

[982] → Kap. 7 Rn. 3 f.
[983] BGH NStZ-RR 2009, 142 f.
[984] LG Berlin Beschl. v. 27.6.2008 – 525 Qs 102/08, StV 2011, 89.

Fall 86: A befindet sich in einem laufenden Bewährungsverfahren. Das dort angeordnete Drogenscreening durch das Gesundheitsamt der Kreisverwaltung Trier-Saarburg am 6.5.2019 hat einen auffälligen Befund für Amphetamin ergeben. Der Befund wird an das Bewährungsgericht gesandt, das das Bewährungsheft an die StA Trier sendet, die daraufhin ein Ermittlungsverfahren wegen unerlaubten Besitzes von Betäubungsmitteln einleitet und am 29.6.2019 die Durchsuchung der Wohnung des A beantragt, weil der Konsum von Betäubungsmitteln den Verdacht des Besitzes begründe und damit eine Auffindevermutung bestehe. Das Amtsgericht Trier erlässt am 1.7.2019 antragsgemäß den Beschluss.

Hier ist zu beachten, dass nur um den 6.5.2019 der Anfangsverdacht eines Verstoßes gegen das BtMG bestand. Zum Zeitpunkt des Beschlusserlasses am 1.7.2019 besteht aber hinsichtlich weiterer, fortlaufender Verstöße gegen § 29 BtMG ohne weitere Anhaltspunkte kein Tatverdacht mehr. Ein solcher Rückschluss auf einen weitergehenden Tatverdacht ist ohne weitere Anhaltspunkte nicht möglich und würde auf einen Generalverdacht hinauslaufen. Auch besteht eine Auffindevermutung für Vorräte, aus denen ein Besitz Anfang Mai 2019 belegt werden könnte, nicht mehr, weil bei dem Vorwurf des Besitzes zum Eigenkonsum davon auszugehen ist, dass die Betäubungsmittel zeitnah konsumiert worden sind.[985]

II. Probleme bei der Anordnungskompetenz aufgrund Gefahr im Verzug

Seit der Entscheidung des *BVerfG* vom 20.2.2001[986] ist der Frage hinsicht- **118**
lich der Anordnungskompetenz für Durchsuchungen der Staatsanwaltschaft und der Polizei aufgrund Gefahr im Verzug nach § 105 Abs. 1 S. 1 Alt. 2 StPO besondere Beachtung zu gewähren. Gerichte und Strafverfolgungsbehörden haben im Rahmen des Möglichen tatsächliche und rechtliche Vorkehrungen zu treffen, damit die in der Verfassung vorgesehene Regelzuständigkeit des Richters auch in der Masse der Alltagsfälle gewahrt bleibt.[987] Das führte zur Schaffung eines erweiterten richterlichen Bereitschaftsdienstes.[988] Die zu Unrecht auf Gefahr im Verzug gestützte Anordnung kann unter Umständen zu einem **Beweisverwertungsverbot** führen. Die Annahme eines Beweisverwertungsverbotes ist bei einer **bewussten Missachtung** oder gleichgewichtig **groben Verkennung der Voraussetzungen** des für Wohnungsdurchsuchungen bestehenden **Richtervorbehalts** geboten.[989] Ein Beweisverwertungsverbot wird daher angenommen, wenn die **fehlende Dringlichkeit offensichtlich** ist.[990]

985 LG Trier Beschl. v. 5.1.2016 – 5 Qs 90/15, BeckRS 2016, 9413.
986 BVerfG NJW 2001, 1121 ff.
987 BVerfG NJW 2001, 1121 (1123).
988 Meyer-Goßner/Schmitt/Schmitt GVG § 22c Rn. 1.
989 BGH NStZ 2007, 601; NStZ 2012, 104 und → Kap. 4 Rn. 38.
990 OLG Koblenz Beschl. v. 4.3.2021 – 1 Ws 53/21, BeckRS 2021, 4437 mAnm Bode NStZ-RR 2021, 144 f.

119 **Für Durchsuchungen gelten folgende Leitlinien:**

- Die Durchsuchung ist bereits dann zu beantragen, wenn sich ihre **Notwendigkeit abzeichnet**.
- Bevor eine Durchsuchungsanordnung aufgrund Gefahr im Verzug durch Polizei oder Staatsanwaltschaft angeordnet wird, ist zu bedenken, dass die Maßnahme in Eilfällen vom Richter auch **telefonisch** angeordnet werden kann. Dies ist im Interesse eines effektiven Rechtsschutzes besser als die Wahrnehmung der Eilkompetenz durch Staatsanwaltschaft oder Polizei mit nur nachträglicher richterlicher Bestätigung.[991] Daran ist auch in den Zeiten zu denken, in denen ein **richterlicher Bereitschaftsdienst** nach § 22c GVG außerhalb der Dienstzeiten eingerichtet ist. Die Aufstellung des Bereitschaftsplans beschließt das Präsidium des Landgerichts (§ 22c Abs. 1 S. 4 GVG).

Eine **ausreichende Dokumentation** der tatsächlichen Umstände, die die Gefahr im Verzug belegen, ist unverzichtbar.[992] Die Dokumentationspflicht kann aber auch durch die Polizei erfüllt werden.[993]

Ein Beweismittelverlust droht auch dann, wenn der Ermittlungsrichter meint, ohne Aktenkenntnis nicht, auch nicht mündlich entscheiden zu können.[994] In diesem Fall besteht eine Anordnungskompetenz von Polizei und Staatsanwaltschaft.

Lehnt der Ermittlungsrichter dagegen den Antrag ab, können die Ermittlungsbehörden die Durchsuchung bei **unveränderter Tatsachengrundlage** nicht aufgrund Gefahr im Verzug anordnen.

Liegen die Voraussetzungen von Gefahr im Verzug vor, besteht nach dem Gesetz eine **gleichrangige Anordnungskompetenz** für Polizei und Staatsanwaltschaft. Ein Vorrang der Anordnungskompetenz durch die Staatsanwaltschaft lässt sich § 105 StPO nicht entnehmen. Gleichwohl sollte im Hinblick auf die Entscheidung des *BVerfG* vom 2.4.2004 von der Polizei stets versucht werden, eine Anordnung des Staatsanwalts zu erreichen.[995]

Fall 87: Gegen A wird bei der Staatsanwaltschaft Trier wegen Handeltreibens mit Haschisch und Amphetamin ermittelt. Unter anderem wird das Mobilfunktelefon überwacht. Am Freitagnachmittag verdichten sich die Hinweise darauf, dass A am Samstag in der Frühe zu einer Beschaffungsfahrt in die Niederlande aufbricht. Weitere Erkenntnisse, insbesondere über den genauen Zeitpunkt des Fahrtbeginns, lassen sich nicht gewinnen, weil A auch über andere nicht überwachte Kommunikationswege verfügt. Von einer Beantragung eines Durchsuchungsbeschlusses wird abgesehen, weil Kriminalbeamter P viel beschäftigt ist. Als er erfährt, dass A am Sonntagmorgen wieder zu Hause ist, entschließt er sich dazu, sofort die Woh-

[991] BGH NStZ 2005, 392 (393).
[992] BGH NStZ 2005, 392 f; NStZ-RR 2007, 242 (243).
[993] BGH NStZ 2005, 392 f.
[994] BGH NStZ 2006, 113 (114).
[995] BVerfG NJW 2005, 1637 (1638). In dem Beschluss heißt es wörtlich: „Die handelnden (Polizei)-Beamten, möglichst der – vorrangig verantwortliche – Staatsanwalt, haben die Bezeichnung des Tatverdachts und der gesuchten Beweismittel und die tatsächlichen Umstände, auf die die Gefahr des Beweismittelverlusts gestützt wird, sowie die Bemühungen, einen Ermittlungsrichter oder bei seiner Unerreichbarkeit einen Staatsanwalt zu erreichen, in einem vor der Durchsuchung oder unverzüglich danach gefertigten Vermerk vollständig zu dokumentieren."

nung aufgrund Gefahr im Verzuge zu durchsuchen. Die Durchsuchung führt zu einer Sicherstellung von 5 kg Amphetamin.

Die Durchsuchungsmaßnahme war rechtswidrig. Die Voraussetzungen für die Anordnung nach § 102 StPO (Tatverdacht und Auffindevermutung) lagen zwar vor. Fehlerhaft war bereits, dass nicht zu dem Zeitpunkt als sich die Notwendigkeit der Maßnahme abzeichnete, der Beschluss beantragt wurde. Zudem hatte er noch nicht einmal den Versuch unternommen, telefonisch **über** die Staatsanwaltschaft eine richterliche Anordnung zu erhalten (§ 162 StPO).

Beachte: Aus einer rechtswidrigen Beweisgewinnung folgt zwar noch nicht zwangsläufig ein Beweisverwertungsverbot. Die Annahme eines solchen liegt im Fall 87 indes nahe.[996] Der Umstand, dass der Ermittlungsrichter, wäre er rechtzeitig kontaktiert worden, den Beschluss erlassen hätte **(sog. „hypothetisch rechtmäßiger Ermittlungsverlauf“**[997]) führt nicht zu einer anderen Bewertung, weil auf diese Weise der Richtervorbehalt stets unterlaufen werden könnte. **120**

N. Legendierte Kontrollen

Legendierte Kontrollen sind die Kontrollen eines Fahrzeuges durch Polizei- oder Zoll, bei der der Anschein erweckt wird, es handele sich um eine allgemeine Verkehrskontrolle oder eine zufällige Zollkontrolle, obwohl tatsächlich durch vorangegangene Überwachungsmaßnahmen bereits ein konkreter Verdacht auf einen Drogenfund besteht. Mit der legendierten Kontrolle soll verhindert werden, dass die Ermittlungen gegen die Tätergruppierung bereits zum Zeitpunkt der Fahrzeugkontrolle offengelegt werden müssen. **121**

Fall 88: Gegen K liegen Hinweise vor, dass er für noch unbekannte Hintermänner immer wieder in die Niederlande fährt und dort Cannabis und Amphetamin in nicht geringen Mengen übernimmt und nach Trier schmuggelt. Aufgrund richterlicher Anordnung wird sein Mobilfunkanschluss überwacht. Langsam erhalten die Ermittler Hinweise auf A, B und C als Auftraggeber, die immerhin zulassen, dass auch deren Anschlüsse überwacht werden. Nunmehr kristallisiert sich heraus, dass K am Freitag wieder mit einer größeren Menge an Drogen für A, B und C zurückkommen wird. Um die weiteren Ermittlungen gegen die Hinterleute nicht zu gefährden, regt das zuständige Rauschgiftkommissariat an, bei der Wiedereinreise K einer verdachtsunabhängigen Zollkontrolle nach § 10 ZollVG[998] zu unterziehen und damit den Eindruck zu erwecken, er habe „halt Pech“ gehabt. Der Plan geht auf. Bei der Durchsuchung des Fahrzeuges nach der Wiedereinreise werden 10 kg Amphetamin sichergestellt. K, der schweigt, wird über die wahren Hintergründe der Durchsuchung im Unklaren gelassen. Nur durch Zufall kommen die Hintergründe in der Hauptverhandlung zur Sprache.

---

[996] BGH NStZ 2012, 104.

[997] BGH Beschl. v. 4.6.2020 – 4 StR 15/20, BeckRS 2020, 13990.

[998] In Betracht kommen für verdachtsunabhängige Kontrollen auch § 36 Abs. 5 StVO und die Durchsuchungsrechte aufgrund der Polizeigesetze der Länder (zB § 18 POG Rheinland-Pfalz).

122 In Hinblick auf den Richtervorbehalt für Durchsuchungen nach § 102 StPO sind Bedenken gegen solche Kontrollen erhoben worden.[999] Diese Ansicht hat der BGH nicht geteilt und geurteilt, dass **kein Vorrang** strafprozessualer Vorschriften gegenüber dem Gefahrenabwehrrecht bestehe. Polizeibehörden könnten daher auch **während eines bereits laufenden Ermittlungsverfahrens** auf Grund präventiver Ermächtigungsgrundlagen zum Zwecke der Gefahrenabwehr tätig werden.[1000] Die aufgrund der gefahrenabwehrrechtlich zulässigen Untersuchung des Fahrzeuges gewonnenen Erkenntnisse dürfen nach § 161 Abs. 2 StPO im Strafverfahren verwendet werden, wenn bei hypothetischer Betrachtung ein entsprechender richterlicher Durchsuchungsbeschluss erlassen worden wäre.[1001]

Hinweise zu Fall 88: Grundsätzlich bestehen daher keine Bedenken gegen die Maßnahme. Allerdings muss der Betroffene im Nachgang über die Hintergründe der polizeilichen Ermittlungen unterrichtet werden. Das Verschweigen ist ein Verstoß gegen das **faire Verfahren.**[1002] Treten die mit der legendierten Kontrolle befassten Beamten in der Hauptverhandlung als Zeugen auf, unterliegen sie der Wahrheitspflicht und müssen die tatsächlichen Hintergründe schildern, soweit ihre Aussagegenehmigung reicht.

O. Beschlagnahme von Briefsendungen durch die Zollverwaltung

123 Zunehmend nutzen Betäubungsmittelkonsumenten auch die Möglichkeit, Betäubungsmittel bei einem Händler, vornehmlich im Ausland, zu bestellen und sich per Brief oder Paket bequem nach Hause zusenden zu lassen.

Fall 89: A ist Cannabiskonsument und bestellt über eine Internetplattform 10g Marihuana guter Qualität. Die Sendung wird an ihn von einer unbekannt gebliebenen Person in Spanien aufgegeben und gelangt in das Briefverteilzentrum der Deutschen Post AG im Hafen von Trier. Beamte des Hauptzollamtes Koblenz führen dort an diesem Tag eine verdachtsunabhängige Kontrolle durch und gehen mit Rauschgiftspürhunden durch die Hallen. An dem für A adressierten Brief schlägt der Hund an. Die Zollbeamten lassen sich den Brief aushändigen. Nach dem Öffnen wird der Inhalt entdeckt und die Akte der Staatsanwaltschaft Trier mit einer Anzeige wegen unerlaubter Einfuhr gegen den Empfänger vorgelegt.

124 Gegen den Besteller von Drogen im Ausland besteht der **Verdacht der versuchten Einfuhr von Betäubungsmitteln**.[1003] Mit der Änderung des ZollVG vom 10.3.2017[1004] wurde der Zollverwaltung nach § 10 Abs. 4 und Abs. 4a ZollVG die Möglichkeit eröffnet, Kontrollen oder strichprobenweise Überprüfungen in den Geschäftsräumen oder auf den Grundstücken der Postdienstleis-

999 Müller/Römer NStZ 2012, 543.
1000 BGH NStZ 2017, 651; ausführlich dazu Patzak/Volkmer/Fabricius/Patzak BtMG § 29 Rn. 640.
1001 BGH NStZ-RR 2018, 84.
1002 BGH NStZ 2010, 294; NStZ-RR 2018, 146.
1003 → Kap. 2 Rn. 72.
1004 BGBl. 2017 I 425.

ter durchzuführen. Nunmehr haben Zollbedienstete eine umfassende Befugnis zum Betreten der Betriebs- und Geschäftsräume des Postdienstleisters, um dort unerlaubten Versendungen von Betäubungsmitteln nachzugehen.[1005] Der Postdienstleister muss dann auf Verlangen den Zollbediensteten die Briefsendung vorlegen, damit diese geöffnet werden kann. Die Öffnungsbefugnis ergibt sich aus § 10 Abs. 4a S. 3 ZollVG.

Da die Briefsendung aufgrund verwaltungsrechtlicher Befugnisse nach § 10 **125**
ZollVG geöffnet und ihr Inhalt sichergestellt wurde, ist sie nach §§ 94, 98 StPO für das Strafverfahren zu beschlagnahmen.

P. Der Pflichtverteidiger der ersten Stunde

Fall 90: A ist seit längerem im Rauschgifthandel tätig. Er bezieht seine Drogen vor **125a**
allem aus den Niederlanden, den Transport führt er in der Regel selbst durch. Sein Treiben ist den Ermittlungsbehörden bisher nicht bekannt gewesen. Zufällig gerät er nach Rückkehr einer Beschaffungsfahrt in eine Kontrolle des Zoll, bei der 10 kg Marihuana sichergestellt werden. Der Bereitschaftsstaatsanwalt der StA Trier ordnet an, ihn am nächsten Tag dem Haftrichter (§ 125 StPO) vorzuführen, weil er den Antrag auf Erlass eines Haftbefehls (§ 112 StPO) stellen möchte. A ist von der vorläufigen Festnahme (§ 127 StPO) sichtlich beeindruckt. Er will sein Gewissen erleichtern und eine Lebensbeichte ablegen und alle vorherigen Taten offenbaren.

A ist dringend eines Verbrechens der unerlaubten Einfuhr und des Handels mit Betäubungsmitteln (§ 30 Abs. 1 Nr. 4, 29a Abs. 1 Nr. 2 BtMG) verdächtig. Er hat Anspruch auf einen Pflichtverteidiger, weil ein Fall der notwendigen Verteidigung nach § 140 Abs. 1 Nr. 2 StPO wegen des Verbrechensvorwurf vorliegt. Das **Zweite Gesetz zur Stärkung der Verfahrensrechte von Beschuldigten im Strafverfahren und zur Änderung des Schöffenrechts vom 27.8.2017**[1006] hat zu einer erheblichen Auswertung der Beschuldigtenrechte bereits im Ermittlungsverfahren geführt. So ist dem Beschuldigten nunmehr zwingend von Amts wegen, ohne dass er das beantragen muss, der Pflichtverteidiger beizuordnen, wenn „er einem Gericht zur Entscheidung über Haft … vorgeführt werden soll" (§ 141 Abs. 2 Nr. 1 StPO). Das Gesetz verbietet nunmehr eine Vernehmung **ohne Beiordnung des Pflichtverteidigers** (§ 141a StPO) in den Konstellationen von § 141 Abs. 2 StPO. Die Diskussion zu den damit verbundenen Fragen wird unter dem Schlagwort des „Pflichtverteidigers der ersten Stunde" geführt.

Beachte: In der Praxis sind vor allem die Einordnung von Fällen der Pflichtverteidigung nach § 140 Abs. 2 StPO (der Schwere der Tat, der Schwere der zu erwartenden Rechtsfolge oder wegen der Schwierigkeit der Sach- oder Rechtslage) stark vom Einzelfall geprägt. Hier empfiehlt sich eine enge Abstimmung von Ermittlungspersonen und Staatsanwaltschaft.

[1005] BT-Drs. 18/9987, 26.
[1006] BGBl. 2017 I 3295.

125b Vor **nunmehr jeder**[1007] Vernehmung ist ein Beschuldiger auch von den Ermittlungspersonen darüber zu belehren und ihm eine Verteidigerkonsultation zu ermöglichen (§ 163a Abs. 4 StPO). Erfahrungsgemäß wird ein Verteidiger raten, zunächst keine Angaben zu machen und erst nach Prüfung, insbesondere Einsicht in die Ermittlungsakte zu entscheiden, ob und in welchem Umfange der Beschuldigte Aussagen macht. Der Beschuldigten soll vor übereilten Aussagen geschützt werden und in Ruhe seine Verteidigungsstrategie vorbereiten. Ein späteres Schweigen nützte ihm nichts mehr, weil Angaben durch die Vernehmung der Vernehmungsbeamten **als Zeugen vom Hörensagen** eingeführt werden könnten.[1008]

125c Die Ermittlungspersonen müssen daher folgendes beachten:

Sie müssen dem Beschuldigten eröffnen, welche Tat ihm zur Last gelegt wird (die Nennung von Strafvorschriften ist dabei nicht erforderlich).

Hinsichtlich des Inhalts der Belehrung verweist das Gesetz auf die richterliche Vernehmung nach § 136 Abs. 1 S. 2 bis 6 StPO. Sie müssen ihn belehren,

- dass es ihm freisteht, sich zu der Beschuldigung zu äußern oder nicht zur Sache auszusagen,
- dass er jederzeit – auch schon vor seiner Vernehmung – einen Verteidiger befragen kann,
- dass ihm nach Maßgabe des § 141 Abs. 2 StPO ein Pflichtverteidiger beizuordnen ist, wobei er auf die Kostenfolge des § 465 StPO hinzuweisen ist (§ 136 Abs. 1 S. 5 StPO),
- dass er zu seiner Entlastung einzelne Beweiserhebungen beantragen kann und
- bei Beschuldigten, die der deutschen Sprache nicht mächtig sind oder die hör- oder sprachbehindert sind, dass sie einen Anspruch auf unentgeltliche Hinzuziehung eines Dolmetschers oder Übersetzers haben.

125d **Beachte**: Diese Rechte sind üblicherweise in den Belehrungsvordrucken enthalten. Sie sollten unterschrieben werden. Weigert sich der Beschuldigte sollte der Vernehmungsbeamte einen Vermerk darüber fertigen, dass er belehrt hat.

Beachte: In Verfahren gegen Jugendliche und Heranwachsende ist weiter § 109 Abs. 2 S. 1 JGG, § 70c Abs. 4 JGG zu beachten. Danach sind Vernehmungen nur in Gegenwart des Verteidigers zulässig. Davon kann nur abgesehen werden, wenn der Verteidiger ausdrücklich darauf verzichtet hat (§ 70c Abs. 4 S. 2 JGG).

125e Die Frage der Folgen von Verstößen ist noch nicht eindeutig entschieden. Die Rechtsprechung tendiert wohl dazu, kein Verwertungsverbot anzunehmen, sondern den Verfahrensverstoß mit dem staatlichen Verfolgungs- und Aufklärungsinteresse abzuwägen.[1009] Diese sind im Bereich des illegalen Betäubungsmittelhandels besonders hoch, so dass seine Lebensbeichte trotz Ver-

[1007] **Achtung neue Regelung:** Durch das Gesetz zur Fortentwicklung der Strafprozessordnung und zur Änderung weiterer Vorschriften v. 25.6.2021 (BGBl. 2021 I 2099) wurde das Wort „erste“ gestrichen.

[1008] Zum Zeugen vom Hörensagen → Kap. 7 Rn. 126 ff.

[1009] BGH Beschl. v. 6.2.2018 – 2 StR 163/17, BeckRS 2018, 7658.

stößen gegen die Belehrungspflicht Grundlage für eine Anklage und Verurteilung wären. Diese Rechtsprechung stößt aber auch auf Widerspruch.[1010]

Q. Besondere Probleme in der Hauptverhandlung

I. Einführung der Angaben von Informanten, Vertrauenspersonen und Verdeckten Ermittlern

1. Zeugen vom Hörensagen

Die StPO unterscheidet nicht zwischen nahen und fernen Zeugen. Dement- **126**
sprechend muss nicht immer der Zeuge gehört werden, der das Tatgeschehen unmittelbar miterlebt hat. Vielmehr kann auch der Zeuge vernommen werden, der von einer anderen Person eine Tatschilderung erhalten hat. Das ist der sog. **Zeuge vom Hörensagen**. Hierzu zählen die Polizeibeamten, die als Führungsbeamte Informanten, Vertrauenspersonen und Verdeckte Ermittler vernommen haben. Das verstößt weder gegen § 250 StPO noch als solches gegen den Grundsatz des fairen Verfahrens.[1011]

2. Eingeschränkter Beweiswert

Nach der Rechtsprechung haben die Angaben eines Zeugen vom Hörensa- **127**
gen generell einen **geringeren** Beweiswert als die Angaben eines unmittelbaren Zeugen. Die Rechtsprechung stellt daher besondere Anforderungen an die **Beweiswürdigung**. Der Beweiswert von Bekundungen, die auf einen nicht näher bekannten Gewährsmann zurückgehen, ist besonders kritisch zu überprüfen.[1012] Hier ist in Rechnung zu stellen, dass VPen häufig aus dem kriminellen Mileu stammen und ein finanzielles Eigeninteresse an der Überführung haben.[1013] In einem solchen Fall muss die Richtigkeit der Angaben regelmäßig durch andere wichtige Beweisanzeichen bestätigt werden.[1014] Das sind insbesondere geständige Angaben von Mittätern und Zeugenaussagen. Aber auch weitere Indizien, die sonst keine Bedeutung haben, können hier Gewicht gewinnen.

Beispiele für solche Indizien:
- Die Betäubungsmittel werden nach einem Vertrauenskauf durch die VP von dem Führungsbeamten sichergestellt.
- Verschiedene Vertrauenspersonen und insbesondere ein eingesetzter VE machen übereinstimmende Angaben.
- Bei einer Durchsuchung zeigt ein Rauschgiftspürhund an den Stellen an, die die VP als Rauschgiftdepot bezeichnete.
- Auch einschlägige Vorstrafen können herangezogen werden.

[1010] Siehe nur BeckOK StPO/Krawczyk StPO § 141 Rn. 24, 25.
[1011] BVerfG NStZ 1991, 445 f.
[1012] BGH NStZ-RR 2002, 176.
[1013] BGH NStZ 2014, 277 (280).
[1014] BGH NStZ 1994, 502 mwN.

128 **Beachte:** Generell ist bei Angaben eines Verdeckten Ermittlers zu berücksichtigen, dass dieser Polizeibeamter ist. An die Bestätigung seiner Aussage dürfen daher nicht dieselben Anforderungen gestellt werden, wie an die Bestätigung der Aussage einer Vertrauensperson, die kein Beamter ist.

3. Richterliche Aufklärungspflicht

129 Der Grundsatz der richterlichen **Aufklärungspflicht** nach § 244 Abs. 2 StPO ist aber unter Umständen verletzt, wenn das Gericht nur den mittelbaren Zeugen vernimmt, obwohl die Vernehmung des unmittelbaren Zeugen möglich wäre.[1015] Aus der Möglichkeit der „**Sperrung**" der Identität von Informant, Vertrauensperson und Verdecktem Ermittler ist aber noch nichts darüber gesagt, inwiefern das Gericht die behördliche Sperrerklärung überprüfen kann und ob nicht Möglichkeiten existieren, dem **Geheimhaltungsinteresse** des Staates auf andere Weise Rechnung zu tragen. Für das gerichtliche Verfahren hat die Zusicherung der Vertraulichkeit keine Bedeutung. Sie bindet nur Staatsanwaltschaft und Polizei, nicht aber die Gerichte.[1016] Die StPO enthält weiter selbst verschiedene Stufen der Einschränkung von Zeugendaten: Verschweigen des Wohnortes (§ 68 Abs. 2 StPO), Ausschluss der Öffentlichkeit (§ 172 Nr. 1a GVG) und Videosimultanübertragung (§ 247a S. 1 StPO).[1017] Das Gericht muss daher nach § 244 Abs. 2 StPO, **ohne dass dies beantragt werden muss**, grundsätzlich um Bekanntgabe der Identität dieser Zeugen bitten und anfragen, ob dem Geheimhaltungsinteresse anders Genüge getan werden kann. Die ablehnende Entscheidung **(Sperrerklärung)** muss die sperrende Behörde begründen. Erscheint die Begründung nicht ausreichend, muss das Gericht eine **Gegenvorstellung** erheben. Erst wenn alle Bemühungen des Gerichts scheitern, die Identität dieser Zeugen zu ermitteln, ist das Beweismittel unerreichbar. Dann darf auf den Zeugen vom Hörensagen zurückgegriffen werden. Beweisanträge auf Vernehmung der gesperrten Personen sind nach § 244 Abs. 3 S. 2 StPO wegen **Unerreichbarkeit des Beweismittels** abzulehnen.

II. § 55 StPO

1. Anwendungsbereich

130 § 55 StPO schützt nach gefestigter Rechtsprechung des *BVerfG* die Menschenwürde eines Zeugen. Damit wäre es unvereinbar, wenn er zu einer Aussage gezwungen würde, durch die er die Voraussetzungen für seine eigene strafrechtliche Verurteilung oder eine solche von nahen Angehörigen liefern müsste.[1018] Dabei reicht nicht aus, wenn sich der Zeuge erst durch die Beant-

---

[1015] BGHSt 32, 115 (123) = NStZ 1984, 36 f.

[1016] BGH StV 2012, 5.

[1017] Vgl. dazu BGH NStZ 2003, 274 ff.; NStZ 2005, 43 ff.

[1018] BVerfG NJW 2002, 1411.

wortung der an ihn gerichteten Frage strafbar machen kann.[1019] Die Straftat muss vielmehr bereits **vor** der Zeugenaussage begangen worden sein.[1020] Der Zeuge hat dann das Recht, die Auskunft auf **einzelne** Fragen zu verweigern, die diese Gefahr begründen würden. Ein **umfassendes** Aussageverweigerungsrecht lässt sich dem Wortlaut aber nicht entnehmen. Das ist einhellige Ansicht.[1021] Nur **ausnahmsweise** kann der Zeuge vollständig Angaben verweigern. Das ist dann der Fall, wenn seine gesamte in Betracht kommende Aussage mit einem möglicherweise strafbaren Verhalten in so engem Zusammenhang steht, dass nichts übrig bleibt, was er ohne die Gefahr der Verfolgung wegen einer Straftat aussagen könnte. Das kommt regelmäßig bei Tatbeteiligten in Betracht.[1022] Wegen Art. 101 GG (**ne bis in idem**) beseitigt aber grundsätzlich die eigene Verurteilung die **Belastungsgefahr**.[1023]

Die Frage, ob und in welchem Umfang ein Auskunftsverweigerungsrecht **131**
besteht, sollen die folgenden Fälle zeigen:

Fall 91: A wird wegen Handeltreibens mit Betäubungsmitteln in nicht geringer Menge in sieben Fällen verurteilt. Er wurde durch seinen Abnehmer B, die durchgeführte Überwachung seines Telefonanschlusses und Sicherstellungen belastet. A räumt die Taten auch ein. Über den eigenen Tatbeitrag hinaus macht er keine Angaben, sondern schweigt. Er soll nun im Ermittlungsverfahren gegen seinen unbekannten Lieferanten als Zeuge vernommen werden und verweigert unter Berufung auf § 55 StPO die Aussage.

A scheint aussagen zu müssen, weil er bereits rechtskräftig verurteilt wurde. **132**
Auch der Umstand, dass der Lebenssachverhalt der Taten (im Sinne von § 264 StPO) insoweit nicht vollständig festgestellt wurde, spricht nicht dagegen. Selbst wenn A nunmehr richtigerweise angeben müsste, er habe statt der abgeurteilten jeweils 5 kg Betäubungsmittel 10 kg erworben und diese nicht in der Bundesrepublik Deutschland, sondern in den Niederlanden gekauft, würde das nicht zur Wiederaufnahme führen.[1024] Zu berücksichtigen ist aber, dass in der Regel auch bei geständigen Straftätern nicht alle Betäubungsmittelgeschäfte des Angeklagten bekannt und abgeurteilt werden, sondern (fast immer) weitere Betäubungsmittelgeschäfte im Raum stehen. Diese Geschäfte sind aber **nicht** vom Strafklageverbrauch erfasst. Mit der Benennung seiner (oder seines) Betäubungsmittellieferanten liefert A aber möglicherweise zugleich **Ermittlungsansätze** für die nicht vom Strafklageverbrauch umfassten Straftaten. Das gilt insbesondere dann, wenn die schon abgeurteilten Drogengeschäfte jedenfalls zum Teil mit demselben Dealer abgewickelt wurden. Insbesondere müsste er aber damit rechnen, dass von ihm benannte Betäubungsmittellieferanten ihrerseits gegenüber den Ermittlungsbehörden Angaben über weitere mit ihm abgeschlossene Drogengeschäfte machen. Diese Gefahr besteht ins-

[1019] BGH NJW 2006, 785.

[1020] BVerfG NStZ 1985, 277, Pfälzisches Oberlandesgericht NJW 1995, 1301 f.

[1021] Vgl. nur Meyer-Goßner/Schmitt/Schmitt StPO § 55 Rn. 2 mwN.

[1022] BGH NJW 1998, 1728 (1729); Thomas NStZ 1982, 489 (493).

[1023] BGH NStZ 2006, 509.

[1024] → Kap. 2 Rn. 149.

besondere im Bereich der Betäubungsmitteldelikte, weil § 31 S. 1 Nr. 1 BtMG dem Täter für eine über seinen eigenen Tatbeitrag hinausgehende Aufklärung der Straftat eine Strafmilderung verspricht.[1025] Diese Vorschrift schafft so einen besonderen Anreiz für belastende Aussagen gegen Tatbeteiligte. Nach unseren Erfahrungen ist eine solche Behauptung des Zeugen durchaus glaubhaft und nicht nur eine zur **Selbstentlastung** erfundene Geschichte. Für diese Rechtsprechung hat sich die Bezeichnung **Mosaiktheorie** eingebürgert, weil die Auskünfte „Teilstücke in einem mosaikartig zusammengesetzten Beweisgebäude" sein können.[1026]

Lösung Fall 91: A steht hinsichtlich seines den Ermittlungsbehörden unbekannten Lieferanten ein Auskunftsverweigerungsrecht zu.

133 Anders stellt sich das aber in folgendem Fall dar:

Abwandlung von Fall 91: A hat in dem gegen ihn gerichteten Ermittlungsverfahren umfassend Angaben zu Lieferanten und Abnehmern gemacht. Er wird wegen Handeltreibens mit Betäubungsmitteln in nicht geringer Menge zu einer hohen Gesamtfreiheitsstrafe verurteilt. Das Urteil wird rechtskräftig. Nunmehr wird er in dem Verfahren gegen einen seiner Großabnehmer G als Zeuge geladen. Er verweigert unter Berufung auf § 55 StPO vollständig seine Aussage. Er begründet das damit, er müsse damit rechnen, dass G nun seinerseits Angaben machen werde, um sich für die gegen ihn gemachten Angaben zu rächen.

134 Vom Ausgangsfall unterscheidet sich die **Fallabwandlung** grundlegend. Hier wurde der Lieferant benannt. A hat sich seine Strafmilderung verdient. Die Gefahr, dass der von ihm benannte Lieferant sich nunmehr dazu entschließt, Angaben zu weiteren, von A bisher nicht gestandenen Taten zu machen, erlaubt es nicht, A unter Berufung auf § 55 StPO ein umfassendes Auskunftsverweigerungsrecht zuzubilligen. Das liegt nach der Rechtsprechung des *BVerfG* außerhalb des Schutzzwecks verfassungsrechtlich verbürgter Selbstbelastungsfreiheit.[1027] A braucht aber Fragen nach solchen Geschäften (= Taten) nicht zu beantworten, die nicht Gegenstand seines rechtskräftig abgeschlossenen Verfahrens waren.

135 **Hinweise für die Hauptverhandlung:** Gegen den grundlos die Aussage verweigernden Zeugen ist ein **Ordnungsgeld** nach § 70 Abs. 1 StPO anzuordnen. Daneben muss das Gericht versuchen (Aufklärungspflicht nach § 244 Abs. 2 StPO[1028]), die Aussage des Zeugen mit den Zwangsmitteln der **Beugehaft** nach § 70 Abs. 2 StPO herbeizuführen, die gleichzeitig mit oder nach der Festsetzung der Ordnungs-

[1025] → Kap. 3 Rn. 34 ff.
[1026] BGH NJW 1999, 1413, KG NStZ-RR 2010, 16 f.
[1027] BVerfG NJW 2003, 3045; BGH NStZ 2007, 278 (279).
[1028] BGH NJW 2006, 786.

haft angeordnet werden kann.[1029] Eine vorherige Vollstreckung des Ordnungsgelds ist nicht erforderlich.[1030] Dem Zeugen ist es nämlich unbenommen, jederzeit die Aufhebung der Beugehaft selbst herbeizuführen, indem er seiner Zeugenpflicht nachkommt. Eine Beschwerde des Zeugen gegen die Beugehaft ist möglich (§§ 304 f. StPO). Sie hat aber nach § 307 Abs. 1 StPO keine aufschiebende Wirkung. Gerade in Haftsachen, in denen das *BVerfG* eine zügig durchgeführte Beweisaufnahme fordert, kann nicht damit zugewartet werden, bis das Beschwerdegericht über die Beschwerde entschieden hat.

2. Grenzen der Vernehmung tatverdächtiger Zeugen

Bei tatverdächtigen Zeugen ist aber immer zu prüfen, ob sie nicht möglicherweise als Beschuldigte zu behandeln sind. **135a**

Fall 92: Gegen A wird wegen Handeltreibens mit Betäubungsmitteln in nicht geringer Menge ein umfangreiches Ermittlungsverfahren geführt. Einer seiner Abnehmer ist mutmaßlich B, der deswegen von der Kriminalpolizei als Zeuge geladen wird. Bisher ist zu konkreten Geschäften aber nichts bekannt, wohl aber, dass B auch Rauschgiftkonsument ist. Vor seiner Vernehmung erhält B die Belehrung nach § 55 Abs. 2, § 163 Abs. 3 S. 2 StPO, dass er keine Angaben dazu machen müsse, mit denen er sich selbst belasten könnte. B beginnt aber nun umfassend, sein bisheriges Leben auszubreiten und macht Angaben, zu Erwerbsgeschäften größerer Mengen von Drogen von A und weiteren Personen. Seine umfassende Lebensbeichte wird protokolliert und von B gegengezeichnet. Unverzüglich leitet die Kriminalpolizei auf dieser Grundlage ein neues Ermittlungsverfahren gegen B ein und regt bei der zuständigen Staatsanwaltschaft den Erlass eines Haftbefehls an, weil sie befürchtet, dass sich B ins Ausland absetzen wird.

Besteht dringender Tatverdacht, aufgrund dessen der Erlass eines Haftbefehls zulässig wäre?

Folgt die Beschuldigteneigenschaft nicht aus einem Willensakt der Strafverfolgungsbehörde, kann abhängig von der objektiven Stärke des Tatverdachts unter dem Gesichtspunkt der Umgehung der Beschuldigtenrechte ein Verstoß gegen die Belehrungspflicht nach § 136 Abs. 1 S. 2 StPO vorliegen. Entsteht daher im Verlauf einer polizeilichen Zeugenvernehmung eine Verdachtslage gegen den Zeugen, die eine Beschuldigtenbelehrung erforderlich macht, sind die Vernehmungsbeamten verpflichtet, von der Zeugen- zur Beschuldigtenvernehmung überzugehen. Sie müssen daher den Zeugen nunmehr als Beschuldigten gemäß § 136 Abs. 1 S. 2 iVm § 163a Abs. 4 StPO belehren.[1031] Die Weitervernehmung als Zeuge ist daher willkürlich, was ein Be-

[1029] BVerfG NJW 1988, 897 (899); Meyer-Goßner/Schmitt/Schmitt StPO § 70 Rn. 12.

[1030] Einschränkend KG Beschl. v. 20.12.1996 – 1 AR 1583/96, BeckRS 1996 12806 Rn. 14. Die gleichzeitige Anordnung der Beugehaft ist zulässig, wenn nach der bisherigen Unbelehrbarkeit des Zeugen nicht damit zu rechnen ist, dass die Festsetzung des Ordnungsgeldes allein eine Änderung seines Standpunktes herbeiführen könnte.

[1031] BGH NStZ 2019, 539, 542 mit Praxiskommentar Kulhanek 544.

weisverwertungsverbot begründet. Das muss der Ermittlungsrichter von Amts wegen beachten[1032]. Die Staatsanwaltschaft wird daher hier keinen Antrag gestellen, weil ein Beweisverwertungsverbot vorliegt.

III. Verfahrensabsprachen

1. Absprachen in der Hauptverhandlung

136 In zahlreichen Verfahren wegen Verstößen gegen das Betäubungsmittelrecht suchen Gerichte, Verteidigung und Staatsanwaltschaft eine **Verständigung**. Diese Verständigung, die häufig als Deal bezeichnet wird, ist seit langem Prozessalltag. Dreh- und Angelpunkt ist das Geständnis des Angeklagten gegen die Zusage einer bestimmten Strafober- und Untergrenze. Die Verständigung hat in § 257c StPO eine gesetzliche Grundlage. Ausdrücklich untersagt ist die Vereinbarung eines Rechtsmittelverzichtes (§ 302 Abs. 1 S. 2 StPO).[1033]

Das *BVerfG* hat die Verfassungsmäßigkeit der Vorschrift bestätigt. Auch der BGH hat sich in zahlreichen Verfahren mit dieser Vorschrift beschäftigt.

a) Zu beachtende Maximen

137 Bei der Anwendung der Vorschrift sind nunmehr nach der höchstrichterlichen Rechtsprechung folgende Maximen zu beachten:[1034]

1. Informelle Absprachen außerhalb des gesetzlichen Regelungskonzeptes und „Gentlemen's Agreements" sind unzulässig.[1035]

> **Beachte:** An einer Absprache zwischen Staatsanwaltschaft und Verteidigung kann sich das Gericht auch konkludent beteiligen. Das ist dann der Fall, wenn es übereinstimmenden Anträgen ohne Beweisaufnahme folgt.[1036]

2. **Nicht zur Disposition**, also nicht „verhandelbar" ist die **rechtliche Würdigung** eines Sachverhaltes.[1037] Der Schuldspruch und Maßregeln der Besserung und Sicherung können daher nicht Gegenstand der Verständigung sein (§ 257c Abs. 2 S. 3 StPO). Allerdings ist die Frage der Aussetzung zur Bewährung nach dem Wortlaut des Gesetzes ausdrücklich verhandelbar, wobei die Frage von Bewährungsauflagen mit zu klären ist.[1038]
3. Auch andere zwingend vorgeschriebene Entscheidungen, die nicht im Ermessen des Gerichts stehen, sind einer Verständigung entzogen. Relevant ist das vor allem für Maßnahmen der Vermögensabschöpfung.[1039]

[1032] BGH NStZ 2019, 539 (541).

[1033] Weiter relevant: **§ 267 Abs. 3 S. 5 StPO** Mitteilung in den Urteilsgründen, siehe auch die Checkliste bei → Kap. 7 Rn. 139.

[1034] BVerfG Urt. v. 19.3.2013 – 2 BvR 2628/10, BVerfGE 133, 168 = NJW 2013, 1058 ff.

[1035] BVerfG NJW 2013, 1064 Rn. 76.

[1036] BGH NStZ 2014, 113.

[1037] BVerfG NJW 2013, 1063 Rn. 73.

[1038] OLG Saarbrücken NJW 2014, 238.

[1039] BGH NStZ 2018, 366.

4. Eine Strafrahmenverschiebung darf nicht Gegenstand einer Verständigung sein.[1040]
5. Die Verständigung auf eine bestimmte Strafe (**Punktstrafe**) ist unzulässig.[1041]
6. Die Verständigung kann sich nur auf angeklagte Taten beziehen. **Gesamtlösungen** unter Einbeziehung anderer Verfahren sind unzulässig, weil andere Taten nicht der Verfahrensherrschaft des Gerichts unterliegen.[1042]

> **Beachte:** Damit ist allerdings nicht ausgeschlossen, dass die Staatsanwaltschaft im Rahmen ihrer gesetzlichen Befugnisse (s. § 160b StPO) Zusagen zur Sachbehandlung in anderen bei ihr gegen den Angeklagten anhängigen Ermittlungsverfahren auch zu § 154 StPO macht. Jedoch ist der Angeklagte vor seiner Zustimmung zur Verständigung auf die fehlende Bindungswirkung im Sinne von § 257c Abs. 2 bis 4 StPO hinzuweisen. Es empfiehlt sich, dies und die Erklärung der Staatsanwaltschaft dazu zu protokollieren.

7. Es darf keinen **„Handel mit der Gerechtigkeit“** geben. Zwischen der Straferwartung für den Fall einer Verständigung und der Straferwartung für den Fall der Verurteilung nach streitiger Hauptverhandlung darf keine unangemessene Sanktionsschere bestehen.[1043]
8. Das abgegebene Geständnis ist auf seinen Wahrheitsgehalt zu überprüfen. Die **Pflicht zur Aufklärung des Sachverhalts** durch das Gericht bleibt unberührt.[1044] Selbstverständlich kann daher die Feststellung der Betäubungsmittelabhängigkeit nicht Gegenstand einer Verständigung sein.[1045]
9. Die Verständigung hat zwingend in der Hauptverhandlung stattzufinden. Soweit Erörterungen außerhalb der Hauptverhandlung stattgefunden haben, ist der wesentliche Inhalt mitzuteilen.[1046] Mitzuteilen ist gem. § 243 Abs. 4 StPO auch, dass keine Gespräche stattgefunden haben (sog. **Negativmittteilung**[1047]).
10. Die nach § 257c Abs. 5 StPO vorgeschriebene Belehrung muss zwingend **vor** dem Zustandekommen der Verständigung erfolgen.[1048]
11. Zwingt die weitere Beweisaufnahme zu Änderungen hinsichtlich der Taten, insbesondere der Anzahl der Taten, ist die Geschäftsgrundlage für die bisherige Verständigung entfallen. Formal ist eine neue Verständigung erforderlich. Das gilt auch dann, wenn die weitere Beweisaufnahme eine Teileinstellung nach § 154 Abs. 2 StPO nahe legt.

[1040] BVerfG NJW 2013, 1071 Rn. 129.
[1041] BGH NStZ 2011, 231 f.
[1042] BVerfG NJW 2013, 1064 Rn. 79.
[1043] BVerfG NJW 2013, 1071 Rn. 130.
[1044] BVerfG NJW 2013, 1069 Rn. 110.
[1045] Körner/Patzak/Volkmer/Patzak BtMG § 35 Rn. 55; Weber BtMG § 35 Rn. 4.
[1046] BVerfG NJW 2013, 1062 Rn. 67.
[1047] BVerfG NStZ 2014, 592.
[1048] BVerfG Beschl. v. 25.8.2014 – 2 BvR 2048/13 Rn. 21.

b) Pflichten der Staatsanwaltschaft

138 Die Staatsanwaltschaft ist verpflichtet, auf die Einhaltung der Transparenz des Verständigungsverfahrens zu achten. Damit wird insbesondere die Aufgabe der Staatsanwaltschaft als „Wächterin des Gesetzes“ unterstrichen.

Die Staatsanwaltschaft muss
- ihre Zustimmung zu einer gesetzes**widrigen** Verständigung versagen,
- auf die ordungsgemäße Protokollierung, insbesondere auch von außerhalb der Hauptverhandlung erfolgten Gesprächen, hinwirken,
- gegebenfalls durch Anträge darauf hinwirken, dass das Gericht seiner Pflicht zur Amtsaufklärung genügt und sich nicht auf einen bloßen Abgleich mit der Aktenlage beschränkt,
- im Falle von Relativierungen des Geständnisses in der weiteren Hauptverhandlung (zB beim letzten Wort) auf das Scheitern der Verständigung hinweisen und weitere Beweisanträge stellen und
- gegen Urteile, die auf solchen Verständigungen beruhen, Rechtsmittel einlegen.[1049]

139 **Checkliste** für den Sitzungsvertreter der Staatsanwaltschaft:
1. Ist spätestens vor Beginn der Vernehmung zur Sache die Mitteilung/Negativmitteilung nach § 243 Abs. 4 StPO erfolgt?
2. Ist nach einer Unterbrechung, in der ein erneutes oder erstmaliges Rechtsgespräch mit dem Ziel einer Verständigung geführt worden ist, eine (erneute) Mitteilung nach § 243 Abs. 4 erfolgt?
3. Ist zutreffend protokolliert worden? Es ist auch mitzuteilen, ob und ggf. mit welchem Inhalt vor der Hauptverhandlung Gespräche geführt wurden. Wer hat das Gespräch initiiert? Wer hat teilgenommen? Wer hat welche Positionen vertreten? Welches Ergebnis wurde erzielt?
4. Hat das Gericht die Verständigung in der Hauptverhandlung mitgeteilt?
5. Hat das Gericht im Anschluss an die Bekanntgabe des Verständigungsvorschlages **vor** der Zustimmung über den Wegfall der Bindungswirkung belehrt?
6. Hat sich das Gericht durch eine Beweisaufnahme von der Richtigkeit des Geständnisses überzeugt?
7. Hat das Gericht über § 35a S. 3 StPO belehrt?

2. Absprachen im Ermittlungsverfahren

140 Für das Ermittlungsverfahren begründet § 160b StPO die Verpflichtung, Absprachen zwischen der Staatsanwaltschaft und den Verfahrensbeteiligten aktenkundig zu machen. Ein Anspruch der Verfahrensbeteiligten auf Erörterungen mit der Staatsanwaltschaft begründet die Vorschrift aber nicht; es liegt vielmehr in deren Ermessen („kann“), ob sie zu Gesprächen bereit ist.[1050] Der Gegenstand der Erörterungen ist dabei nicht auf bloße Sachstandsmitteilungen beschränkt, sondern kann auch den weiteren Fortgang des Verfahrens beinhal-

[1049] BVerfG NJW 2013, 1063 Rn. 69.
[1050] BeckOK StPO/Sackreuther StPO § 160b Rn. 4.

ten, etwa um eine Verfahrensbeendigung nach § 153a StPO, Erledigungen im Strafbefehlsverfahren, aber auch Beschränkungen der Strafverfolgung gem. §§ 154, 154a StPO zu erreichen.[1051] Die Staatsanwaltschaft kann auch zusagen, die Anwendung von § 31 BtMG zu beantragen. Sie muss aber deutlich machen, dass die Festlegung der Strafe Sache des Gerichts ist. Die Gespräche dienen meistens der Vorbereitung einer Verständigung in der Hauptverhandlung. Auch die Behandlung weiterer Verfahren kann Gegenstand der Erörterung sein.

Beachte: An entsprechende Zusagen ist die Staatsanwaltschaft gebunden, es sei denn der Beschuldigte hält seine versprochene Gegenleistung (etwa ein Geständnis in der Hauptverhandlung abzulegen) nicht ein, zB es bleibt das zugesagte Geständnis in der Hauptverhandlung aus.[1052]

[1051] BeckOK StPO/Sackreuther StPO § 160b Rn. 3.
[1052] Meyer-Goßner/Schmitt/Schmitt StPO § 160b Rn. 9 f.

Anhang

A. BtMG (Auszug)

§ 1 Betäubungsmittel

(1) Betäubungsmittel im Sinne dieses Gesetzes sind die in den Anlagen **I** bis **III** aufgeführten Stoffe und Zubereitungen.

(2) [1]Die Bundesregierung wird ermächtigt, nach Anhörung von Sachverständigen durch Rechtsverordnung mit Zustimmung des Bundesrates die Anlagen **I** bis **III** zu ändern oder zu ergänzen, wenn dies

1. nach wissenschaftlicher Erkenntnis wegen der Wirkungsweise eines Stoffes, vor allem im Hinblick auf das Hervorrufen einer Abhängigkeit,
2. wegen der Möglichkeit, aus einem Stoff oder unter Verwendung eines Stoffes Betäubungsmittel herstellen zu können, oder
3. zur Sicherheit oder zur Kontrolle des Verkehrs mit Betäubungsmitteln oder anderen Stoffen oder Zubereitungen wegen des Ausmaßes der mißbräuchlichen Verwendung und wegen der unmittelbaren oder mittelbaren Gefährdung der Gesundheit

erforderlich ist. [2]In der Rechtsverordnung nach Satz 1 können einzelne Stoffe oder Zubereitungen ganz oder teilweise von der Anwendung dieses Gesetzes oder einer auf Grund dieses Gesetzes erlassenen Rechtsverordnung ausgenommen werden, soweit die Sicherheit und die Kontrolle des Betäubungsmittelverkehrs gewährleistet bleiben.

(3) [1]Das Bundesministerium für Gesundheit wird ermächtigt, in dringenden Fällen zur Sicherheit oder zur Kontrolle des Betäubungsmittelverkehrs durch Rechtsverordnung ohne Zustimmung des Bundesrates Stoffe und Zubereitungen, die nicht Arzneimittel oder Tierarzneimittel sind, in die Anlagen **I** bis **III** aufzunehmen, wenn dies wegen des Ausmaßes der mißbräuchlichen Verwendung und wegen der unmittelbaren oder mittelbaren Gefährdung der Gesundheit erforderlich ist. [2]Eine auf der Grundlage dieser Vorschrift erlassene Verordnung tritt nach Ablauf eines Jahres außer Kraft.

(4) Das Bundesministerium für Gesundheit (Bundesministerium) wird ermächtigt, durch Rechtsverordnung ohne Zustimmung des Bundesrates die Anlagen **I** bis **III** oder die auf Grund dieses Gesetzes erlassenen Rechtsverordnungen zu ändern, soweit das auf Grund von Änderungen der Anhänge zu dem Einheits-Übereinkommen von 1961 über Suchtstoffe in der Fassung der Bekanntmachung vom 4. Februar 1977 (BGBl. II S. 111) und dem Übereinkommen von 1971 über psychotrope Stoffe (BGBl. 1976 II S. 1477) (Internationale Suchtstoffübereinkommen) in ihrer jeweils für die Bundesrepublik Deutschland verbindlichen Fassung oder auf Grund von Änderungen des **Anhangs** des Rahmenbeschlusses 2004/757/JI des Rates vom 25. Oktober 2004 zur Festlegung von Mindestvorschriften über die Tatbestandsmerkmale straf-

barer Handlungen und die Strafen im Bereich des illegalen Drogenhandels (ABl. L 335 vom 11.11.2004, S. 8), der durch die Richtlinie (EU) 2017/2103 (ABl. L 305 vom 21.11.2017, S. 12) geändert worden ist, erforderlich ist.

§ 2 Sonstige Begriffe

(1) Im Sinne dieses Gesetzes ist

1. Stoff:
   a) chemische Elemente und chemische Verbindungen sowie deren natürlich vorkommende Gemische und Lösungen,
   b) Pflanzen, Algen, Pilze und Flechten sowie deren Teile und Bestandteile in bearbeitetem oder unbearbeitetem Zustand,
   c) Tierkörper, auch lebender Tiere, sowie Körperteile, -bestandteile und Stoffwechselprodukte von Mensch und Tier in bearbeitetem oder unbearbeitetem Zustand,
   d) Mikroorganismen einschließlich Viren sowie deren Bestandteile oder Stoffwechselprodukte;
2. Zubereitung:
   ohne Rücksicht auf ihren Aggregatzustand ein Stoffgemisch oder die Lösung eines oder mehrerer Stoffe außer den natürlich vorkommenden Gemischen und Lösungen;
3. ausgenommene Zubereitung:
   eine in den Anlagen **I** bis **III** bezeichnete Zubereitung, die von den betäubungsmittelrechtlichen Vorschriften ganz oder teilweise ausgenommen ist;
4. Herstellen:
   das Gewinnen, Anfertigen, Zubereiten, Be- oder Verarbeiten, Reinigen und Umwandeln.

(2) Der Einfuhr oder Ausfuhr eines Betäubungsmittels steht jedes sonstige Verbringen in den oder aus dem Geltungsbereich dieses Gesetzes gleich.

§ 3 Erlaubnis zum Verkehr mit Betäubungsmitteln

(1) Einer Erlaubnis des Bundesinstitutes für Arzneimittel und Medizinprodukte bedarf, wer

1. Betäubungsmittel anbauen, herstellen, mit ihnen Handel treiben, sie, ohne mit ihnen Handel zu treiben, einführen, ausführen, abgeben, veräußern, sonst in den Verkehr bringen, erwerben oder
2. ausgenommene Zubereitungen (§ 2 Abs. 1 Nr. 3) herstellen

will.

(2) Eine Erlaubnis für die in Anlage I bezeichneten Betäubungsmittel kann das Bundesinstitut für Arzneimittel und Medizinprodukte nur ausnahmsweise zu wissenschaftlichen oder anderen im öffentlichen Interesse liegenden Zwecken erteilen.

§ 4 Ausnahmen von der Erlaubnispflicht

(1) Einer Erlaubnis nach § 3 bedarf nicht, wer

1. im Rahmen des Betriebs einer öffentlichen Apotheke oder einer Krankenhausapotheke (Apotheke)
   a) in Anlage II oder III bezeichnete Betäubungsmittel oder dort ausgenommene Zubereitungen herstellt,
   b) in Anlage II oder III bezeichnete Betäubungsmittel erwirbt,
   c) in Anlage III bezeichnete Betäubungsmittel auf Grund ärztlicher, zahnärztlicher oder tierärztlicher Verschreibung abgibt,
   d) in Anlage II oder III bezeichnete Betäubungsmittel an Inhaber einer Erlaubnis zum Erwerb dieser Betäubungsmittel zurückgibt oder an den Nachfolger im Betrieb der Apotheke abgibt,
   e) in Anlage I, II oder III bezeichnete Betäubungsmittel zur Untersuchung, zur Weiterleitung an eine zur Untersuchung von Betäubungsmitteln berechtigte Stelle oder zur Vernichtung entgegennimmt oder
   f) in Anlage III bezeichnete Opioide in Form von Fertigarzneimitteln in transdermaler oder in transmucosaler Darreichungsform an eine Apotheke zur Deckung des nicht aufschiebbaren Betäubungsmittelbedarfs eines ambulant versorgten Palliativpatienten abgibt, wenn die empfangende Apotheke die Betäubungsmittel nicht vorrätig hat,
2. im Rahmen des Betriebs einer tierärztlichen Hausapotheke in Anlage III bezeichnete Betäubungsmittel in Form von Tierarzneimitteln
   a) für ein von ihm behandeltes Tier miteinander, mit anderen Tierarzneimitteln oder arzneilich nicht wirksamen Bestandteilen zum Zwecke der Anwendung durch ihn oder für die Immobilisation eines von ihm behandelten Zoo-, Wild- und Gehegetieres mischt,
   b) erwirbt,
   c) für ein von ihm behandeltes Tier oder Mischungen nach Buchstabe a für die Immobilisation eines von ihm behandelten Zoo-, Wild- und Gehegetieres abgibt oder
   d) an Inhaber der Erlaubnis zum Erwerb dieser Betäubungsmittel zurückgibt oder an den Nachfolger im Betrieb der tierärztlichen Hausapotheke abgibt,
3. in Anlage III bezeichnete Betäubungsmittel
   a) auf Grund ärztlicher, zahnärztlicher oder tierärztlicher Verschreibung,
   b) zur Anwendung an einem Tier von einer Person, die dieses Tier behandelt und eine tierärztliche Hausapotheke betreibt, oder
   c) von einem Arzt nach § 13 Absatz 1a Satz 1

   erwirbt,
4. in Anlage III bezeichnete Betäubungsmittel
   a) als Arzt, Zahnarzt oder Tierarzt im Rahmen des grenzüberschreitenden Dienstleistungsverkehrs oder
   b) auf Grund ärztlicher, zahnärztlicher oder tierärztlicher Verschreibung erworben hat und sie als Reisebedarf

   ausführt oder einführt,
5. gewerbsmäßig

a) an der Beförderung von Betäubungsmitteln zwischen befugten Teilnehmern am Betäubungsmittelverkehr beteiligt ist oder die Lagerung und Aufbewahrung von Betäubungsmitteln im Zusammenhang mit einer solchen Beförderung oder für einen befugten Teilnehmer am Betäubungsmittelverkehr übernimmt oder
b) die Versendung von Betäubungsmitteln zwischen befugten Teilnehmern am Betäubungsmittelverkehr durch andere besorgt oder vermittelt oder

6. in Anlage I, II oder III bezeichnete Betäubungsmittel als Proband oder Patient im Rahmen einer klinischen Prüfung oder in Härtefällen nach § 21 Absatz 2 Nummer 3 des Arzneimittelgesetzes in Verbindung mit Artikel 83 der Verordnung (EG) Nr. 726/2004 des Europäischen Parlaments und des Rates vom 31. März 2004 zur Festlegung der Verfahren der Union für die Genehmigung und Überwachung von Humanarzneimitteln und zur Errichtung einer Europäischen Arzneimittel-Agentur (ABl. L 136 vom 30.4.2004, S. 1), die zuletzt durch die Verordnung (EU) 2019/5 (ABl. L 4 vom 7.1.2019, S. 24) geändert worden ist, erwirbt.

(2) Einer Erlaubnis nach § 3 bedürfen nicht Bundes- und Landesbehörden für den Bereich ihrer dienstlichen Tätigkeit sowie die von ihnen mit der Untersuchung von Betäubungsmitteln beauftragten Behörden.

(3) [1]Wer nach Absatz 1 Nr. 1 und 2 keiner Erlaubnis bedarf und am Betäubungsmittelverkehr teilnehmen will, hat dies dem Bundesinstitut für Arzneimittel und Medizinprodukte zuvor anzuzeigen. [2]Die Anzeige muß enthalten:

1. den Namen und die Anschriften des Anzeigenden sowie der Apotheke oder der tierärztlichen Hausapotheke,
2. das Ausstellungsdatum und die ausstellende Behörde der apothekenrechtlichen Erlaubnis oder der Approbation als Tierarzt und
3. das Datum des Beginns der Teilnahme am Betäubungsmittelverkehr.

[3]Das Bundesinstitut für Arzneimittel und Medizinprodukte unterrichtet die zuständige oberste Landesbehörde unverzüglich über den Inhalt der Anzeigen, soweit sie tierärztliche Hausapotheken betreffen.

§ 13 Verschreibung und Abgabe auf Verschreibung

(1) [1]Die in Anlage III bezeichneten Betäubungsmittel dürfen nur von Ärzten, Zahnärzten und Tierärzten und nur dann verschrieben oder im Rahmen einer ärztlichen, zahnärztlichen oder tierärztlichen Behandlung einschließlich der ärztlichen Behandlung einer Betäubungsmittelabhängigkeit verabreicht oder einem anderen zum unmittelbaren Verbrauch oder nach Absatz 1a Satz 1 überlassen werden, wenn ihre Anwendung am oder im menschlichen oder tierischen Körper begründet ist. [2]Die Anwendung ist insbesondere dann nicht begründet, wenn der beabsichtigte Zweck auf andere Weise erreicht werden kann. [3]Die in Anlagen I und II bezeichneten Betäubungsmittel dürfen nicht verschrieben, verabreicht oder einem anderen zum unmittelbaren Verbrauch oder nach Absatz 1a Satz 1 überlassen werden.

(1a) [1]Zur Deckung des nicht aufschiebbaren Betäubungsmittelbedarfs eines ambulant versorgten Palliativpatienten darf der Arzt diesem die hierfür erforderlichen, in Anlage III bezeichneten Betäubungsmittel in Form von Fertigarzneimitteln nur dann überlassen, soweit und solange der Bedarf des Patienten durch eine Verschreibung nicht rechtzeitig gedeckt werden kann; die Höchstüberlassungsmenge darf den Dreitagesbedarf nicht überschreiten. [2]Der Bedarf des Patienten kann durch eine Verschreibung nicht rechtzeitig gedeckt werden, wenn das erforderliche Betäubungsmittel

1. bei einer dienstbereiten Apotheke innerhalb desselben Kreises oder derselben kreisfreien Stadt oder in einander benachbarten Kreisen oder kreisfreien Städten nicht vorrätig ist oder nicht rechtzeitig zur Abgabe bereitsteht oder
2. obwohl es in einer Apotheke nach Nummer 1 vorrätig ist oder rechtzeitig zur Abgabe bereitstünde, von dem Patienten oder den Patienten versorgenden Personen nicht rechtzeitig beschafft werden kann, weil
   a) diese Personen den Patienten vor Ort versorgen müssen oder auf Grund ihrer eingeschränkten Leistungsfähigkeit nicht in der Lage sind, das Betäubungsmittel zu beschaffen, oder
   b) der Patient auf Grund der Art und des Ausmaßes seiner Erkrankung dazu nicht selbst in der Lage ist und keine Personen vorhanden sind, die den Patienten versorgen.

[3]Der Arzt muss unter Hinweis darauf, dass eine Situation nach Satz 1 vorliegt, bei einer dienstbereiten Apotheke nach Satz 2 Nummer 1 vor Überlassung anfragen, ob das erforderliche Betäubungsmittel dort vorrätig ist oder bis wann es zur Abgabe bereitsteht. [4]Über das Vorliegen der Voraussetzungen nach den Sätzen 1 und 2 und die Anfrage nach Satz 3 muss der Arzt mindestens folgende Aufzeichnungen führen und diese drei Jahre, vom Überlassen der Betäubungsmittel an gerechnet, aufbewahren:

1. den Namen des Patienten sowie den Ort, das Datum und die Uhrzeit der Behandlung,
2. den Namen der Apotheke und des kontaktierten Apothekers oder der zu seiner Vertretung berechtigten Person,
3. die Bezeichnung des angefragten Betäubungsmittels,
4. die Angabe der Apotheke, ob das Betäubungsmittel zum Zeitpunkt der Anfrage vorrätig ist oder bis wann es zur Abgabe bereitsteht,
5. die Angaben über diejenigen Tatsachen, aus denen sich das Vorliegen der Voraussetzungen nach den Sätzen 1 und 2 ergibt.

[5]Über die Anfrage eines nach Satz 1 behandelnden Arztes, ob ein bestimmtes Betäubungsmittel vorrätig ist oder bis wann es zur Abgabe bereitsteht, muss der Apotheker oder die zu seiner Vertretung berechtigte Person mindestens folgende Aufzeichnungen führen und diese drei Jahre, vom Tag der Anfrage an gerechnet, aufbewahren:

1. das Datum und die Uhrzeit der Anfrage,
2. den Namen des Arztes,
3. die Bezeichnung des angefragten Betäubungsmittels,
4. die Angabe gegenüber dem Arzt, ob das Betäubungsmittel zum Zeitpunkt der Anfrage vorrätig ist oder bis wann es zur Abgabe bereitsteht.

[6]Im Falle des Überlassens nach Satz 1 hat der Arzt den ambulant versorgten Palliativpatienten oder zu dessen Pflege anwesende Dritte über die ordnungsgemäße Anwendung der überlassenen Betäubungsmittel aufzuklären und eine schriftliche Gebrauchsanweisung mit Angaben zur Einzel- und Tagesgabe auszuhändigen.

(2) [1]Die nach Absatz 1 verschriebenen Betäubungsmittel dürfen nur im Rahmen des Betriebs einer Apotheke und gegen Vorlage der Verschreibung abgegeben werden. [2]Diamorphin darf nur vom pharmazeutischen Unternehmer und nur an anerkannte Einrichtungen nach Absatz 3 Satz 2 Nummer 2a gegen Vorlage der Verschreibung abgegeben werden. [3]Im Rahmen des Betriebs einer tierärztlichen Hausapotheke dürfen nur die in Anlage III bezeichneten Betäubungsmittel und nur zur Anwendung bei einem vom Betreiber der Hausapotheke behandelten Tier abgegeben werden.

(3) [1]Die Bundesregierung wird ermächtigt, durch Rechtsverordnung[2] mit Zustimmung des Bundesrates das Verschreiben von den in Anlage III bezeichneten Betäubungsmitteln, ihre Abgabe auf Grund einer Verschreibung und das Aufzeichnen ihres Verbleibs und des Bestandes bei Ärzten, Zahnärzten, Tierärzten, in Apotheken, tierärztlichen Hausapotheken, Krankenhäusern, Tierkliniken, Alten- und Pflegeheimen, Hospizen, Einrichtungen der spezialisierten ambulanten Palliativversorgung, Einrichtungen der Rettungsdienste, Einrichtungen, in denen eine Behandlung mit dem Substitutionsmittel Diamorphin stattfindet, und auf Kauffahrteischiffen zu regeln, soweit es zur Sicherheit oder Kontrolle des Betäubungsmittelverkehrs erforderlich ist. [2]Insbesondere können

1. das Verschreiben auf bestimmte Zubereitungen, Bestimmungszwecke oder Mengen beschränkt,
2. das Verschreiben von Substitutionsmitteln für Drogenabhängige von der Erfüllung von Mindestanforderungen an die Qualifikation der verschreibenden Ärzte abhängig gemacht und die Festlegung der Mindestanforderungen den Ärztekammern übertragen,

2a. das Verschreiben von Diamorphin nur in Einrichtungen, denen eine Erlaubnis von der zuständigen Landesbehörde erteilt wurde, zugelassen,

2b. die Mindestanforderungen an die Ausstattung der Einrichtungen, in denen die Behandlung mit dem Substitutionsmittel Diamorphin stattfindet, festgelegt,

3. Meldungen
   a) der verschreibenden Ärzte an das Bundesinstitut für Arzneimittel und Medizinprodukte über das Verschreiben eines Substitutionsmittels für einen Patienten in anonymisierter Form,
   b) der Ärztekammern an das Bundesinstitut für Arzneimittel und Medizinprodukte über die Ärzte, die die Mindestanforderungen nach Nummer 2 erfüllen und

   Mitteilungen
   c) des Bundesinstituts für Arzneimittel und Medizinprodukte an die zuständigen Überwachungsbehörden und an die verschreibenden Ärzte über die Patienten, denen bereits ein anderer Arzt ein Substitutionsmittel verschrieben hat, in anonymisierter Form,

d) des Bundesinstituts für Arzneimittel und Medizinprodukte an die zuständigen Überwachungsbehörden der Länder über die Ärzte, die die Mindestanforderungen nach Nummer 2 erfüllen,
e) des Bundesinstituts für Arzneimittel und Medizinprodukte an die obersten Landesgesundheitsbehörden über die Anzahl der Patienten, denen ein Substitutionsmittel verschrieben wurde, die Anzahl der Ärzte, die zum Verschreiben eines Substitutionsmittels berechtigt sind, die Anzahl der Ärzte, die ein Substitutionsmittel verschrieben haben, die verschriebenen Substitutionsmittel und die Art der Verschreibung

sowie Art der Anonymisierung, Form und Inhalt der Meldungen und Mitteilungen vorgeschrieben,

4. Form, Inhalt, Anfertigung, Ausgabe, Aufbewahrung und Rückgabe des zu verwendenden amtlichen Formblattes für die Verschreibung, das Verfahren für die Verschreibung in elektronischer Form sowie Form und Inhalt der Aufzeichnungen über den Verbleib und den Bestand der Betäubungsmittel festgelegt und
5. Ausnahmen von § 4 Abs. 1 Nr. 1 Buchstabe c für die Ausrüstung von Kauffahrteischiffen erlassen werden.

[3]Für das Verfahren zur Erteilung einer Erlaubnis nach Satz 2 Nummer 2a gelten § 7 Satz 2 Nummer 1 bis 4, § 8 Absatz 1 Satz 1, Absatz 2 und 3 Satz 1 bis 3, § 9 Absatz 2 und § 10 entsprechend. [4]Dabei tritt an die Stelle des Bundesinstitutes für Arzneimittel und Medizinprodukte jeweils die zuständige Landesbehörde, an die Stelle der zuständigen obersten Landesbehörde jeweils das Bundesinstitut für Arzneimittel und Medizinprodukte. [5]Die Empfänger nach Satz 2 Nr. 3 dürfen die übermittelten Daten nicht für einen anderen als den in Satz 1 genannten Zweck verwenden. [6]Das Bundesinstitut für Arzneimittel und Medizinprodukte handelt bei der Wahrnehmung der ihm durch Rechtsverordnung nach Satz 2 zugewiesenen Aufgaben als vom Bund entliehenes Organ des jeweils zuständigen Landes; Einzelheiten einschließlich der Kostenerstattung an den Bund werden durch Vereinbarung geregelt.

§ 29 Straftaten

(1) [1]Mit Freiheitsstrafe bis zu fünf Jahren oder mit Geldstrafe wird bestraft, wer

1. Betäubungsmittel unerlaubt anbaut, herstellt, mit ihnen Handel treibt, sie, ohne Handel zu treiben, einführt, ausführt, veräußert, abgibt, sonst in den Verkehr bringt, erwirbt oder sich in sonstiger Weise verschafft,
2. eine ausgenommene Zubereitung (§ 2 Abs. 1 Nr. 3) ohne Erlaubnis nach § 3 Abs. 1 Nr. 2 herstellt,
3. Betäubungsmittel besitzt, ohne zugleich im Besitz einer schriftlichen Erlaubnis für den Erwerb zu sein,
4. (weggefallen)
5. entgegen § 11 Abs. 1 Satz 2 Betäubungsmittel durchführt,
6. entgegen § 13 Abs. 1 Betäubungsmittel

a) verschreibt,
b) verabreicht oder zum unmittelbaren Verbrauch überläßt,

6a. entgegen § 13 Absatz 1a Satz 1 und 2 ein dort genanntes Betäubungsmittel überlässt,
7. entgegen § 13 Absatz 2
   a) Betäubungsmittel in einer Apotheke oder tierärztlichen Hausapotheke,
   b) Diamorphin als pharmazeutischer Unternehmer

   abgibt,
8. entgegen § 14 Abs. 5 für Betäubungsmittel wirbt,
9. unrichtige oder unvollständige Angaben macht, um für sich oder einen anderen oder für ein Tier die Verschreibung eines Betäubungsmittels zu erlangen,
10. einem anderen eine Gelegenheit zum unbefugten Erwerb oder zur unbefugten Abgabe von Betäubungsmitteln verschafft oder gewährt, eine solche Gelegenheit öffentlich oder eigennützig mitteilt oder einen anderen zum unbefugten Verbrauch von Betäubungsmitteln verleitet,
11. ohne Erlaubnis nach § 10a einem anderen eine Gelegenheit zum unbefugten Verbrauch von Betäubungsmitteln verschafft oder gewährt, oder wer eine außerhalb einer Einrichtung nach § 10a bestehende Gelegenheit zu einem solchen Verbrauch eigennützig oder öffentlich mitteilt,
12. öffentlich, in einer Versammlung oder durch Verbreiten eines Inhalts (§ 11 Absatz 3 des Strafgesetzbuches) dazu auffordert, Betäubungsmittel zu verbrauchen, die nicht zulässigerweise verschrieben worden sind,
13. Geldmittel oder andere Vermögensgegenstände einem anderen für eine rechtswidrige Tat nach Nummern 1, 5, 6, 7, 10, 11 oder 12 bereitstellt,
14. einer Rechtsverordnung nach § 11 Abs. 2 Satz 2 Nr. 1 oder § 13 Abs. 3 Satz 2 Nr. 1, 2a oder 5 zuwiderhandelt, soweit sie für einen bestimmten Tatbestand auf diese Strafvorschrift verweist.

[2]Die Abgabe von sterilen Einmalspritzen an Betäubungsmittelabhängige und die öffentliche Information darüber sind kein Verschaffen und kein öffentliches Mitteilen einer Gelegenheit zum Verbrauch nach Satz 1 Nr. 11.

(2) In den Fällen des Absatzes 1 Satz 1 Nr. 1, 2, 5 oder 6 Buchstabe b ist der Versuch strafbar.

(3) [1]In besonders schweren Fällen ist die Strafe Freiheitsstrafe nicht unter einem Jahr. [2]Ein besonders schwerer Fall liegt in der Regel vor, wenn der Täter

1. in den Fällen des Absatzes 1 Satz 1 Nr. 1, 5, 6, 10, 11 oder 13 gewerbsmäßig handelt,
2. durch eine der in Absatz 1 Satz 1 Nr. 1, 6 oder 7 bezeichneten Handlungen die Gesundheit mehrerer Menschen gefährdet.

(4) Handelt der Täter in den Fällen des Absatzes 1 Satz 1 Nr. 1, 2, 5, 6 Buchstabe b, Nr. 10 oder 11 fahrlässig, so ist die Strafe Freiheitsstrafe bis zu einem Jahr oder Geldstrafe.

(5) Das Gericht kann von einer Bestrafung nach den Absätzen 1, 2 und 4 absehen, wenn der Täter die Betäubungsmittel lediglich zum Eigenverbrauch in geringer Menge anbaut, herstellt, einführt, ausführt, durchführt, erwirbt, sich in sonstiger Weise verschafft oder besitzt.

(6) Die Vorschriften des Absatzes 1 Satz 1 Nr. 1 sind, soweit sie das Handeltreiben, Abgeben oder Veräußern betreffen, auch anzuwenden, wenn sich die Handlung auf Stoffe oder Zubereitungen bezieht, die nicht Betäubungsmittel sind, aber als solche ausgegeben werden.

§ 29a Straftaten

(1) Mit Freiheitsstrafe nicht unter einem Jahr wird bestraft, wer

1. als Person über 21 Jahre Betäubungsmittel unerlaubt an eine Person unter 18 Jahren abgibt oder sie ihr entgegen § 13 Abs. 1 verabreicht oder zum unmittelbaren Verbrauch überläßt oder
2. mit Betäubungsmitteln in nicht geringer Menge unerlaubt Handel treibt, sie in nicht geringer Menge herstellt oder abgibt oder sie besitzt, ohne sie auf Grund einer Erlaubnis nach § 3 Abs. 1 erlangt zu haben.

(2) In minder schweren Fällen ist die Strafe Freiheitsstrafe von drei Monaten bis zu fünf Jahren.

§ 30 Straftaten

(1) Mit Freiheitsstrafe nicht unter zwei Jahren wird bestraft, wer

1. Betäubungsmittel unerlaubt anbaut, herstellt oder mit ihnen Handel treibt (§ 29 Abs. 1 Satz 1 Nr. 1) und dabei als Mitglied einer Bande handelt, die sich zur fortgesetzten Begehung solcher Taten verbunden hat,
2. im Falle des § 29a Abs. 1 Nr. 1 gewerbsmäßig handelt,
3. Betäubungsmittel abgibt, einem anderen verabreicht oder zum unmittelbaren Verbrauch überläßt und dadurch leichtfertig dessen Tod verursacht oder
4. Betäubungsmittel in nicht geringer Menge unerlaubt einführt.

(2) In minder schweren Fällen ist die Strafe Freiheitsstrafe von drei Monaten bis zu fünf Jahren.

§ 30a Straftaten

(1) Mit Freiheitsstrafe nicht unter fünf Jahren wird bestraft, wer Betäubungsmittel in nicht geringer Menge unerlaubt anbaut, herstellt, mit ihnen Handel treibt, sie ein- oder ausführt (§ 29 Abs. 1 Satz 1 Nr. 1) und dabei als Mitglied einer Bande handelt, die sich zur fortgesetzten Begehung solcher Taten verbunden hat.

(2) Ebenso wird bestraft, wer

1. als Person über 21 Jahre eine Person unter 18 Jahren bestimmt, mit Betäubungsmitteln unerlaubt Handel zu treiben, sie, ohne Handel zu treiben, einzuführen, auszuführen, zu veräußern, abzugeben oder sonst in den Verkehr zu bringen oder eine dieser Handlungen zu fördern, oder
2. mit Betäubungsmitteln in nicht geringer Menge unerlaubt Handel treibt oder sie, ohne Handel zu treiben, einführt, ausführt oder sich verschafft und

dabei eine Schußwaffe oder sonstige Gegenstände mit sich führt, die ihrer Art nach zur Verletzung von Personen geeignet und bestimmt sind.

(3) In minder schweren Fällen ist die Strafe Freiheitsstrafe von sechs Monaten bis zu zehn Jahren.

§ 30b Straftaten

§ 129 des Strafgesetzbuches gilt auch dann, wenn eine Vereinigung, deren Zwecke oder deren Tätigkeit auf den unbefugten Vertrieb von Betäubungsmitteln im Sinne des § 6 Nr. 5 des Strafgesetzbuches gerichtet sind, nicht oder nicht nur im Inland besteht.

§ 31 Strafmilderung oder Absehen von Strafe

[1]Das Gericht kann die Strafe nach § 49 Abs. 1 des Strafgesetzbuches mildern oder, wenn der Täter keine Freiheitsstrafe von mehr als drei Jahren verwirkt hat, von Strafe absehen, wenn der Täter

1. durch freiwilliges Offenbaren seines Wissens wesentlich dazu beigetragen hat, daß eine Straftat nach den §§ 29 bis 30a, die mit seiner Tat im Zusammenhang steht, aufgedeckt werden konnte, oder
2. freiwillig sein Wissen so rechtzeitig einer Dienststelle offenbart, daß eine Straftat nach § 29 Abs. 3, § 29a Abs. 1, § 30 Abs. 1, § 30a Abs. 1, die mit seiner Tat im Zusammenhang steht und von deren Planung er weiß, noch verhindert werden kann.

[2]War der Täter an der Tat beteiligt, muss sich sein Beitrag zur Aufklärung nach S. 1 Nummer 1 über den eigenen Tatbeitrag hinaus erstrecken. [3]§ 46b Abs. 2 und 3 des Strafgesetzbuches gilt entsprechend.

§ 31a Absehen von der Verfolgung

(1) [1]Hat das Verfahren ein Vergehen nach § 29 Abs. 1, 2 oder 4 zum Gegenstand, so kann die Staatsanwaltschaft von der Verfolgung absehen, wenn die Schuld des Täters als gering anzusehen wäre, kein öffentliches Interesse an der Strafverfolgung besteht und der Täter die Betäubungsmittel lediglich zum Eigenverbrauch in geringer Menge anbaut, herstellt, einführt, ausführt, durchführt, erwirbt, sich in sonstiger Weise verschafft oder besitzt. [2]Von der Verfolgung soll abgesehen werden, wenn der Täter in einem Drogenkonsumraum Betäubungsmittel lediglich zum Eigenverbrauch, der nach § 10a geduldet werden kann, in geringer Menge besitzt, ohne zugleich im Besitz einer schriftlichen Erlaubnis für den Erwerb zu sein.

(2) [1]Ist die Klage bereits erhoben, so kann das Gericht in jeder Lage des Verfahrens unter den Voraussetzungen des Absatzes 1 mit Zustimmung der Staatsanwaltschaft und des Angeschuldigten das Verfahren einstellen. [2]Der Zustimmung des Angeschuldigten bedarf es nicht, wenn die Hauptverhand-

lung aus den in § 205 der Strafprozeßordnung angeführten Gründen nicht durchgeführt werden kann oder in den Fällen des § 231 Abs. 2 der Strafprozeßordnung und der §§ 232 und 233 der Strafprozeßordnung in seiner Abwesenheit durchgeführt wird. [3]Die Entscheidung ergeht durch Beschluß. [4]Der Beschluß ist nicht anfechtbar.

§ 33 Einziehung

[1]Gegenstände, auf die sich eine Straftat nach den §§ 29 bis 30a oder eine Ordnungswidrigkeit nach § 32 bezieht, können eingezogen werden. [2]§ 74a des Strafgesetzbuches und § 23 des Gesetzes über Ordnungswidrigkeiten sind anzuwenden.

§ 35 Zurückstellung der Strafvollstreckung

(1) [1]Ist jemand wegen einer Straftat zu einer Freiheitsstrafe von nicht mehr als zwei Jahren verurteilt worden und ergibt sich aus den Urteilsgründen oder steht sonst fest, daß er die Tat auf Grund einer Betäubungsmittelabhängigkeit begangen hat, so kann die Vollstreckungsbehörde mit Zustimmung des Gerichts des ersten Rechtszuges die Vollstreckung der Strafe, eines Strafrestes oder der Maßregel der Unterbringung in einer Entziehungsanstalt für längstens zwei Jahre zurückstellen, wenn der Verurteilte sich wegen seiner Abhängigkeit in einer seiner Rehabilitation dienenden Behandlung befindet oder zusagt, sich einer solchen zu unterziehen, und deren Beginn gewährleistet ist. [2]Als Behandlung gilt auch der Aufenthalt in einer staatlich anerkannten Einrichtung, die dazu dient, die Abhängigkeit zu beheben oder einer erneuten Abhängigkeit entgegenzuwirken.

(2) [1]Gegen die Verweigerung der Zustimmung durch das Gericht des ersten Rechtszuges steht der Vollstreckungsbehörde die Beschwerde nach dem Zweiten Abschnitt des Dritten Buches der Strafprozeßordnung zu. [2]Der Verurteilte kann die Verweigerung dieser Zustimmung nur zusammen mit der Ablehnung der Zurückstellung durch die Vollstreckungsbehörde nach den §§ 23 bis 30 des Einführungsgesetzes zum Gerichtsverfassungsgesetz anfechten. [3]Das Oberlandesgericht entscheidet in diesem Falle auch über die Verweigerung der Zustimmung; es kann die Zustimmung selbst erteilen.

(3) Absatz 1 gilt entsprechend, wenn

1. auf eine Gesamtfreiheitsstrafe von nicht mehr als zwei Jahren erkannt worden ist oder
2. auf eine Freiheitsstrafe oder Gesamtfreiheitsstrafe von mehr als zwei Jahren erkannt worden ist und ein zu vollstreckender Rest der Freiheitsstrafe oder der Gesamtfreiheitsstrafe zwei Jahre nicht übersteigt

und im übrigen die Voraussetzungen des Absatzes 1 für den ihrer Bedeutung nach überwiegenden Teil der abgeurteilten Straftaten erfüllt sind.

(4) Der Verurteilte ist verpflichtet, zu Zeitpunkten, die die Vollstreckungsbehörde festsetzt, den Nachweis über die Aufnahme und über die Fortführung

der Behandlung zu erbringen; die behandelnden Personen oder Einrichtungen teilen der Vollstreckungsbehörde einen Abbruch der Behandlung mit.

(5) [1]Die Vollstreckungsbehörde widerruft die Zurückstellung der Vollstreckung, wenn die Behandlung nicht begonnen oder nicht fortgeführt wird und nicht zu erwarten ist, daß der Verurteilte eine Behandlung derselben Art alsbald beginnt oder wieder aufnimmt, oder wenn der Verurteilte den nach Absatz 4 geforderten Nachweis nicht erbringt. [2]Von dem Widerruf kann abgesehen werden, wenn der Verurteilte nachträglich nachweist, daß er sich in Behandlung befindet. [3]Ein Widerruf nach Satz 1 steht einer erneuten Zurückstellung der Vollstreckung nicht entgegen.

(6) Die Zurückstellung der Vollstreckung wird auch widerrufen, wenn

1. bei nachträglicher Bildung einer Gesamtstrafe nicht auch deren Vollstreckung nach Absatz 1 in Verbindung mit Absatz 3 zurückgestellt wird oder
2. eine weitere gegen den Verurteilten erkannte Freiheitsstrafe oder freiheitsentziehende Maßregel der Besserung und Sicherung zu vollstrecken ist.

(7) [1]Hat die Vollstreckungsbehörde die Zurückstellung widerrufen, so ist sie befugt, zur Vollstreckung der Freiheitsstrafe oder der Unterbringung in einer Entziehungsanstalt einen Haftbefehl zu erlassen. [2]Gegen den Widerruf kann die Entscheidung des Gerichts des ersten Rechtszuges herbeigeführt werden. [3]Der Fortgang der Vollstreckung wird durch die Anrufung des Gerichts nicht gehemmt. [4]§ 462 der Strafprozeßordnung gilt entsprechend.

§ 36 Anrechnung und Strafaussetzung zur Bewährung

(1) [1]Ist die Vollstreckung zurückgestellt worden und hat sich der Verurteilte in einer staatlich anerkannten Einrichtung behandeln lassen, so wird die vom Verurteilten nachgewiesene Zeit seines Aufenthaltes in dieser Einrichtung auf die Strafe angerechnet, bis infolge der Anrechnung zwei Drittel der Strafe erledigt sind. [2]Die Entscheidung über die Anrechnungsfähigkeit trifft das Gericht zugleich mit der Zustimmung nach § 35 Abs. 1. [3]Sind durch die Anrechnung zwei Drittel der Strafe erledigt oder ist eine Behandlung in der Einrichtung zu einem früheren Zeitpunkt nicht mehr erforderlich, so setzt das Gericht die Vollstreckung des Restes der Strafe zur Bewährung aus, sobald dies unter Berücksichtigung des Sicherheitsinteresses der Allgemeinheit verantwortet werden kann.

(2) Ist die Vollstreckung zurückgestellt worden und hat sich der Verurteilte einer anderen als der in Abs. 1 bezeichneten Behandlung seiner Abhängigkeit unterzogen, so setzt das Gericht die Vollstreckung der Freiheitsstrafe oder des Strafrestes zur Bewährung aus, sobald dies unter Berücksichtigung des Sicherheitsinteresses der Allgemeinheit verantwortet werden kann.

(3) Hat sich der Verurteilte nach der Tat einer Behandlung seiner Abhängigkeit unterzogen, so kann das Gericht, wenn die Voraussetzungen des Absatzes 1 Satz 1 nicht vorliegen, anordnen, daß die Zeit der Behandlung ganz oder zum Teil auf die Strafe angerechnet wird, wenn dies unter Berücksichtigung der Anforderungen, welche die Behandlung an den Verurteilten gestellt hat, angezeigt ist.

(4) Die §§ 56a bis 56g und 57 Abs. 5 Satz 2 des Strafgesetzbuches gelten entsprechend.

(5) [1]Die Entscheidungen nach den Absätzen 1 bis 3 trifft das Gericht des ersten Rechtszuges ohne mündliche Verhandlung durch Beschluß. [2]Die Vollstreckungsbehörde, der Verurteilte und die behandelnden Personen oder Einrichtungen sind zu hören. [3]Gegen die Entscheidungen ist sofortige Beschwerde möglich. [4]Für die Entscheidungen nach Absatz 1 Satz 3 und nach Absatz 2 gilt § 454 Abs. 4 der Strafprozeßordnung entsprechend; die Belehrung über die Aussetzung des Strafrestes erteilt das Gericht.

B. Anlagen I bis III zu § 1 Abs. 1 BtMG (Auszug)

I. Anlage I (nicht verkehrsfähige Betäubungsmittel)

Cannabis (Marihuana, Pflanzen und Pflanzenteile der zur Gattung Cannabis gehörenden Pflanzen)

– ausgenommen
  a) deren Samen, sofern er nicht zum unerlaubten Anbau bestimmt ist,
  b) wenn sie aus dem Anbau in Ländern der Europäischen Union mit zertifiziertem Saatgut von Sorten stammen, die am 15. März des Anbaujahres in dem in Artikel 9 der Delegierten Verordnung (EU) Nr. 639/2014 der Kommission vom 11. März 2014 zur Ergänzung der Verordnung (EU) Nr. 1307/2013 des Europäischen Parlaments und des Rates mit Vorschriften über Direktzahlungen an Inhaber landwirtschaftlicher Betriebe im Rahmen von Stützungsregelungen der Gemeinsamen Agrarpolitik und zur Änderung des Anhangs X der genannten Verordnung (ABl. L 181 vom 20.6.2014, S. 1) in der jeweils geltenden Fassung genannten gemeinsamen Sortenkatalog für landwirtschaftliche Pflanzenarten aufgeführt sind, oder ihr Gehalt an Tetrahydrocannabinol 0,2 Prozent nicht übersteigt und der Verkehr mit ihnen (ausgenommen der Anbau) ausschließlich gewerblichen oder wissenschaftlichen Zwecken dient, die einen Missbrauch zu Rauschzwecken ausschließen,
  c) wenn sie als Schutzstreifen bei der Rübenzüchtung gepflanzt und vor der Blüte vernichtet werden,
  d) wenn sie von Unternehmen der Landwirtschaft angebaut werden, die die Voraussetzungen des § 1 Absatz 4 des Gesetzes über die Alterssicherung der Landwirte erfüllen, mit Ausnahme von Unternehmen der Forstwirtschaft, des Garten- und Weinbaus, der Fischzucht, der Teichwirtschaft, der Imkerei, der Binnenfischerei und der Wanderschäferei, oder die für eine Beihilfegewährung nach der Verordnung (EU) Nr. 1307/2013 des Europäischen Parlaments und des Rates vom 17. Dezember 2013 mit Vorschriften über Direktzahlungen an Inhaber landwirtschaftlicher Betriebe im Rahmen von Stützungsregelungen der Gemeinsamen Agrarpolitik und zur Aufhebung der Verordnung (EG) Nr. 637/2008 des Rates und der Verordnung (EG) Nr. 73/2009 des Rates (ABl. L 347 vom 20.12.2013, S. 608) in der jeweils geltenden Fassung in Betracht kommen und der Anbau ausschließlich aus zertifiziertem Saatgut von Sorten

erfolgt, die am 15. März des Anbaujahres in dem in Artikel 9 der Delegierten Verordnung (EU) Nr. 639/2014 genannten gemeinsamen Sortenkatalog für landwirtschaftliche Pflanzenarten aufgeführt sind (Nutzhanf) oder

e) zu den in Anlage III bezeichneten Zwecken –

Cannabisharz (Haschisch, das abgesonderte Harz der zur Gattung Cannabis gehörenden Pflanzen)

Heroin (Diacetylmorphin, Diamorphin) – ausgenommen Diamorphin zu den in den Anlagen II und III bezeichneten Zwecken –

Lysergid *N,N*-Diethyl-D-lysergamid (**LSD**, LSD-25)

Methylendioxyethylamfetamin (*N*-Ethyl-MDA, MDE, MDEA)

Methylendioxymetamfetamin (MDMA)

Psilocybin

- die Ester, Ether und Molekülverbindungen der in dieser Anlage aufgeführten Stoffe, wenn sie nicht in einer anderen Anlage verzeichnet sind und das Bestehen solcher Ester, Ether und Molekülverbindungen möglich ist;
- die Salze der in dieser Anlage aufgeführten Stoffe, wenn das Bestehen solcher Salze möglich ist;
- die Zubereitungen der in dieser Anlage aufgeführten Stoffe, wenn sie nicht
  a) ohne am oder im menschlichen oder tierischen Körper angewendet zu werden, ausschließlich diagnostischen oder analytischen Zwecken dienen und ihr Gehalt an einem oder mehreren Betäubungsmitteln jeweils 0,001 vom Hundert nicht übersteigt oder die Stoffe in den Zubereitungen isotopenmodifiziert oder
  b) besonders ausgenommen sind;
- die Stereoisomere der in dieser oder einer anderen Anlage aufgeführten Stoffe, wenn sie als Betäubungsmittel missbräuchlich verwendet werden sollen;
- Stoffe nach § 2 Absatz 1 Nummer 1 Buchstabe b bis d mit in dieser oder einer anderen Anlage aufgeführten Stoffen sowie die zur Reproduktion oder Gewinnung von Stoffen nach § 2 Absatz 1 Nummer 1 Buchstabe b bis d geeigneten biologischen Materialien, wenn ein Missbrauch zu Rauschzwecken vorgesehen ist.

II. Anlage II (verkehrsfähige, aber nicht verschreibungsfähige Betäubungsmittel)

Diamorphin – sofern es zur Herstellung von Zubereitungen zu medizinischen Zwecken bestimmt ist –

Erythroxylum coca (Pflanzen und Pflanzenteile der zur Art Erythroxylum coca – einschließlich der Varietäten bolivianum, spruceanum und novogranatense – gehörenden Pflanzen)

Methamphetamin

Δ **9-Tetrahydrocannabinol** (Δ 9-THC)

III. Anlage III (verkehrsfähige und verschreibungsfähige Betäubungsmittel)

Amphetamin

Buprenorphin

Cannabis (Marihuana, Pflanzen und Pflanzenteile der zur Gattung Cannabis gehörenden Pflanzen) – nur aus einem Anbau, der zu medizinischen Zwecken unter staatlicher Kontrolle gemäß den Artikeln 23 und 28 Absatz 1 des Einheits-Übereinkommens von 1961 über Suchtstoffe erfolgt, sowie in Zubereitungen, die als Fertigarzneimittel zugelassen sind –

Cocain (Benzoylecgoninmethylester)

Diamorphin – nur in Zubereitungen, die zur Substitutionsbehandlung zugelassen sind

Diazepam – ausgenommen in Zubereitungen, die ohne einen weiteren Stoff der Anlagen I bis III bis zu 1 vom Hundert als Sirup oder Tropflösung, jedoch nicht mehr als 250 mg je Packungseinheit, oder je abgeteilte Form bis zu 10 mg Diazepam enthalten –

Fentanyl

Methylphenidat

Papaver somniferum (Pflanzen und Pflanzenteile, ausgenommen die Samen, der zur Art Papaver somniferum (einschließlich der Unterart setigerum) gehörenden Pflanzen)

– die Zubereitungen der in dieser Anlage aufgeführten Stoffe, wenn sie nicht
  a) ohne am oder im menschlichen oder tierischen Körper angewendet zu werden, ausschließlich diagnostischen oder analytischen Zwecken dienen und ihr Gehalt an einem oder mehreren Betäubungsmitteln, bei Lyophilisaten und entsprechend zu verwendenden Stoffgemischen in der gebrauchsfertigen Lösung, jeweils 0,01 vom Hundert nicht übersteigt oder die Stoffe in den Zubereitungen isotopenmodifiziert oder
  b) besonders ausgenommen sind. Für ausgenommene Zubereitungen – außer solchen mit Codein oder Dihydrocodein – gelten jedoch die betäubungsmittelrechtlichen Vorschriften über die Einfuhr, Ausfuhr und Durchfuhr. Nach Buchstabe b der Position Barbital ausgenommene Zubereitungen können jedoch ohne Genehmigung nach § 11 des Betäubungsmittelgesetzes ein-, aus- oder durchgeführt werden, wenn nach den Umständen eine missbräuchliche Verwendung nicht zu befürchten ist.

C. Anlage 4 zu den §§ 11, 13 und 14 FeV (Auszug)

Krankheit, Mängel		Eignung oder bedingte Eignung		Beschränkungen/ Auflagen bei bedingter Eignung	
		Kl. A, A1, B, BE, AM, L, T	Kl. C, C1, CE, C1E, D, D1, DE, D1E, FzF	Kl. A, A1, B, BE, AM, L, T	Kl. C, C1, CE, C1E, D, D1, DE, D1E, FzF
9.	Betäubungsmittel, andere psychoaktiv wirkende Stoffe und Arzneimittel				
9.1	Einnahme von Betäubungsmitteln im Sinne des Betäubungsmittelgesetzes (ausgenommen Cannabis)	nein	nein	–	–
9.2	Einnahme von Cannabis			–	–
9.2.1	Regelmäßige Einnahme von Cannabis	nein	nein	–	–
9.2.2	Gelegentliche Einnahme von Cannabis	ja, wenn Trennung von Konsum und Fahren und kein zusätzlicher Gebrauch von Alkohol oder anderen psychoaktiv wirkenden Stoffen, keine Störung der Persönlichkeit, kein Kontrollverlust	ja, wenn Trennung von Konsum und Fahren und kein zusätzlicher Gebrauch von Alkohol oder anderen psychoaktiv wirkenden Stoffen, keine Störung der Persönlichkeit, kein Kontrollverlust	–	–
9.3	Abhängigkeit von Betäubungsmitteln im Sinne des Betäubungsmittelgesetzes oder von anderen psychoaktiv wirkenden Stoffen	nein	nein	–	–

Krankheit, Mängel		**Eignung oder bedingte Eignung**		**Beschränkungen/ Auflagen bei bedingter Eignung**	
		Kl. A, A1, B, BE, AM, L, T	Kl. C, C1, CE, C1E, D, D1, DE, D1E, FzF	Kl. A, A1, B, BE, AM, L, T	Kl. C, C1, CE, C1E, D, D1, DE, D1E, FzF
9.4	missbräuchliche Einnahme (regelmäßig übermäßiger Gebrauch) von psychoaktiv wirkenden Arzneimitteln und anderen psychoaktiv wirkenden Stoffen	nein	nein	–	–
9.5	nach Entgiftung und Entwöhnung	ja, nach einjähriger Abstinenz	ja, nach einjähriger Abstinenz	regelmäßige Kontrollen	regelmäßige Kontrollen
9.6	Dauerbehandlung mit Arzneimitteln				
9.6.1	Vergiftung	nein	nein	–	–
9.6.2	Beeinträchtigung der Leistungsfähigkeit zum Führen von Kraftfahrzeugen unter das erforderliche Maß	nein	nein	–	–

D. NpSG (Auszug)

§ 1 Anwendungsbereich

(1) Dieses Gesetz ist anzuwenden auf neue psychoaktive Stoffe im Sinne des § 2 Nummer 1.

(2) Dieses Gesetz ist nicht anzuwenden auf

1. Betäubungsmittel im Sinne des § 1 Absatz 1 des Betäubungsmittelgesetzes,
2. Arzneimittel im Sinne des § 2 Absatz 1, 2, 3a und 4 Satz 1 des Arzneimittelgesetzes sowie
3. Tierarzneimittel im Sinne des Artikels 4 Nummer 1 der Verordnung (EU) 2019/6 des Europäischen Parlaments und des Rates vom 11. Dezember 2018 über Tierarzneimittel und zur Aufhebung der Richtlinie 2001/82/EG (ABl. L 4 vom 7.1.2019, S. 43; L 163 vom 20.6.2019, S. 112; L 326 vom 8.10.2020, S. 15; L 241 vom 8.7.2021, S. 17).

§ 2 Begriffsbestimmungen

Im Sinne dieses Gesetzes ist

1. neuer psychoaktiver Stoff ein Stoff oder eine Zubereitung eines Stoffes aus einer der in der Anlage genannten Stoffgruppen;
2. Zubereitung ohne Rücksicht auf den Aggregatzustand ein Stoffgemisch oder die Lösung eines Stoffes oder mehrerer Stoffe außer den natürlich vorkommenden Gemischen und Lösungen;
3. Herstellen das Gewinnen, das Anfertigen, das Zubereiten, das Be- oder Verarbeiten, das Reinigen, das Umwandeln, das Abpacken und das Umfüllen einschließlich Abfüllen;
4. Inverkehrbringen das Vorrätighalten zum Verkauf oder zu sonstiger Abgabe sowie das Feilhalten, das Feilbieten, die Abgabe und das Überlassen zum unmittelbaren Verbrauch an andere.

§ 3 Unerlaubter Umgang mit neuen psychoaktiven Stoffen

(1) Es ist verboten, mit einem neuen psychoaktiven Stoff Handel zu treiben, ihn in den Verkehr zu bringen, ihn herzustellen, ihn in den, aus dem oder durch den Geltungsbereich dieses Gesetzes zu verbringen, ihn zu erwerben, ihn zu besitzen oder ihn einem anderen zu verabreichen.

(2) Vom Verbot ausgenommen sind

1. nach dem jeweiligen Stand von Wissenschaft und Technik anerkannte Verwendungen eines neuen psychoaktiven Stoffes zu gewerblichen, industriellen oder wissenschaftlichen Zwecken und
2. Verwendungen eines neuen psychoaktiven Stoffes durch Bundes- oder Landesbehörden für den Bereich ihrer dienstlichen Tätigkeit sowie durch die von ihnen mit der Untersuchung von neuen psychoaktiven Stoffen beauftragten Behörden.

(3) In den Fällen des Absatzes 1 erfolgen die Sicherstellung, die Verwahrung und die Vernichtung von neuen psychoaktiven Stoffen nach den §§ 47 bis 50 des Bundespolizeigesetzes und den Vorschriften der Polizeigesetze der Länder.

(4) [1]Unbeschadet des Absatzes 3 können die Zollbehörden im Rahmen ihrer Aufgabenwahrnehmung nach § 1 Absatz 3 des Zollverwaltungsgesetzes Waren, bei denen Grund zu der Annahme besteht, dass es sich um neue psychoaktive Stoffe handelt, die entgegen Absatz 1 in den, aus dem oder durch den Geltungsbereich dieses Gesetzes verbracht worden sind oder verbracht werden sollen, sicherstellen. [2]Die §§ 48 bis 50 des Bundespolizeigesetzes gelten entsprechend. [3]Kosten, die den Zollbehörden durch die Sicherstellung und Verwahrung entstehen, sind vom Verantwortlichen zu tragen; die §§ 17 und 18 des Bundespolizeigesetzes gelten entsprechend. [4]Mehrere Verantwortliche haften als Gesamtschuldner. [5]Die Kosten können im Verwaltungsvollstreckungsverfahren beigetrieben werden.

§ 4 Strafvorschriften

(1) Mit Freiheitsstrafe bis zu drei Jahren oder mit Geldstrafe wird bestraft, wer entgegen § 3 Absatz 1

1. mit einem neuen psychoaktiven Stoff Handel treibt, ihn in den Verkehr bringt oder ihn einem anderen verabreicht oder
2. einen neuen psychoaktiven Stoff zum Zweck des Inverkehrbringens
   a) herstellt oder
   b) in den Geltungsbereich dieses Gesetzes verbringt.

(2) Der Versuch ist strafbar.

(3) Mit Freiheitsstrafe von einem Jahr bis zu zehn Jahren wird bestraft, wer

1. in den Fällen
   a) des Absatzes 1 gewerbsmäßig oder als Mitglied einer Bande handelt, die sich zur fortgesetzten Begehung solcher Taten verbunden hat, oder
   b) des Absatzes 1 Nummer 1 als Person über 21 Jahre einen neuen psychoaktiven Stoff an eine Person unter 18 Jahren abgibt oder ihn ihr verabreicht oder zum unmittelbaren Verbrauch überlässt oder
2. durch eine in Absatz 1 genannte Handlung
   a) die Gesundheit einer großen Zahl von Menschen gefährdet oder
   b) einen anderen der Gefahr des Todes oder einer schweren Schädigung an Körper oder Gesundheit aussetzt.

(4) In minder schweren Fällen des Absatzes 3 ist die Strafe Freiheitsstrafe von drei Monaten bis zu fünf Jahren.

(5) Handelt der Täter in den Fällen des Absatzes 3 Nummer 1 Buchstabe b oder Nummer 2 in Verbindung mit Absatz 1 Nummer 1 fahrlässig, ist die Strafe Freiheitsstrafe bis zu drei Jahren oder Geldstrafe.

(6) Handelt der Täter in den Fällen des Absatzes 1 Nummer 1 fahrlässig, ist die Strafe Freiheitsstrafe bis zu einem Jahr oder Geldstrafe.

§ 5 Einziehung

[1]Gegenstände, auf die sich eine Straftat nach § 4 bezieht, können eingezogen werden. [2]§ 74a des Strafgesetzbuches ist anzuwenden.

E. Auszug aus dem Bundeszentralregistergesetz (BZRG)

§ 32 Inhalt des Führungszeugnisses

(1) [1]In das Führungszeugnis werden die in den §§ 4 bis 16 bezeichneten Eintragungen aufgenommen. [2]Soweit in Absatz 2 Nr. 3 bis 9 hiervon Ausnahmen zugelassen werden, gelten diese nicht bei Verurteilungen wegen einer Straftat nach den §§ 174 bis 180 oder 182 des Strafgesetzbuches.

(2) Nicht aufgenommen werden

1. die Verwarnung mit Strafvorbehalt nach § 59 des Strafgesetzbuchs,

2. der Schuldspruch nach § 27 des Jugendgerichtsgesetzes,
3. Verurteilungen, durch die auf Jugendstrafe von nicht mehr als zwei Jahren erkannt worden ist, wenn die Vollstreckung der Strafe oder eines Strafrestes gerichtlich oder im Gnadenwege zur Bewährung ausgesetzt oder nach § 35 des Betäubungsmittelgesetzes zurückgestellt und diese Entscheidung nicht widerrufen worden ist,
4. Verurteilungen, durch die auf Jugendstrafe erkannt worden ist, wenn der Strafmakel gerichtlich oder im Gnadenwege als beseitigt erklärt und die Beseitigung nicht widerrufen worden ist,
5. Verurteilungen, durch die auf
   a) Geldstrafe von nicht mehr als neunzig Tagessätzen,
   b) Freiheitsstrafe oder Strafarrest von nicht mehr als drei Monaten

   erkannt worden ist, wenn im Register keine weitere Strafe eingetragen ist,
6. Verurteilungen, durch die auf Freiheitsstrafe von nicht mehr als zwei Jahren erkannt worden ist, wenn die Vollstreckung der Strafe oder eines Strafrestes
   a) nach § 35 oder § 36 des Betäubungsmittelgesetzes zurückgestellt oder zur Bewährung ausgesetzt oder
   b) nach § 56 oder § 57 des Strafgesetzbuchs zur Bewährung ausgesetzt worden ist und sich aus dem Register ergibt, daß der Verurteilte die Tat oder bei Gesamtstrafen alle oder den ihrer Bedeutung nach überwiegenden Teil der Taten auf Grund einer Betäubungsmittelabhängigkeit begangen hat,

   diese Entscheidungen nicht widerrufen worden sind und im Register keine weitere Strafe eingetragen ist,
7. Verurteilungen, durch die neben Jugendstrafe oder Freiheitsstrafe von nicht mehr als zwei Jahren die Unterbringung in einer Entziehungsanstalt angeordnet worden ist, wenn die Vollstreckung der Strafe, des Strafrestes oder der Maßregel nach § 35 des Betäubungsmittelgesetzes zurückgestellt worden ist und im übrigen die Voraussetzungen der Nummer 3 oder 6 erfüllt sind,
8. Verurteilungen, durch die Maßregeln der Besserung und Sicherung, Nebenstrafen oder Nebenfolgen allein oder in Verbindung miteinander oder in Verbindung mit Erziehungsmaßregeln oder Zuchtmitteln angeordnet worden sind,
9. Verurteilungen, bei denen die Wiederaufnahme des gesamten Verfahrens vermerkt ist; ist die Wiederaufnahme nur eines Teils des Verfahrens angeordnet, so ist im Führungszeugnis darauf hinzuweisen,
10. abweichende Personendaten gemäß § 5 Abs. 1 Nr. 1,
11. Eintragungen nach den §§ 10 und 11,
12. die vorbehaltene Sicherungsverwahrung, falls von der Anordnung der Sicherungsverwahrung rechtskräftig abgesehen worden ist.

(3) In ein Führungszeugnis für Behörden (§ 30 Abs. 5, § 31) sind entgegen Absatz 2 auch aufzunehmen

1. Verurteilungen, durch die eine freiheitsentziehende Maßregel der Besserung und Sicherung angeordnet worden ist,
2. Eintragungen nach § 10, wenn die Entscheidung oder der Verzicht nicht länger als zehn Jahre zurückliegt,

3. Eintragungen nach § 11, wenn die Entscheidung oder Verfügung nicht länger als fünf Jahre zurückliegt,
4. abweichende Personendaten gemäß § 5 Abs. 1 Nr. 1, sofern unter diesen Daten Eintragungen erfolgt sind, die in ein Führungszeugnis für Behörden aufzunehmen sind.

(4) In ein Führungszeugnis für Behörden (§ 30 Abs. 5, § 31) sind ferner die in Absatz 2 Nr. 5 bis 9 bezeichneten Verurteilungen wegen Straftaten aufzunehmen, die

1. bei oder in Zusammenhang mit der Ausübung eines Gewerbes oder dem Betrieb einer sonstigen wirtschaftlichen Unternehmung oder
2. bei der Tätigkeit in einem Gewerbe oder einer sonstigen wirtschaftlichen Unternehmung
   a) von einem Vertreter oder Beauftragten im Sinne des § 14 des Strafgesetzbuchs oder
   b) von einer Person, die in einer Rechtsvorschrift ausdrücklich als verantwortlich bezeichnet ist,

   begangen worden sind, wenn das Führungszeugnis für die in § 149 Abs. 2 Satz 1 Nr. 1 der Gewerbeordnung bezeichneten Entscheidungen bestimmt ist.

(5) Soweit in Absatz 2 Nummer 3 bis 9 Ausnahmen für die Aufnahme von Eintragungen zugelassen werden, gelten diese nicht bei einer Verurteilung wegen einer Straftat nach den §§ 171, 180a, 181a, 183 bis 184g, 184i bis 184k, 201a Absatz 3, den §§ 225, 232 bis 233a, 234, 235 oder § 236 des Strafgesetzbuchs, wenn ein erweitertes Führungszeugnis nach § 30a oder § 31 Absatz 2 erteilt wird.

F. Lernkontrollfragen

1. Zur Betäubungsmitteleigenschaft:

- Wann stellt ein Stoff ein Betäubungsmittel iSd BtMG dar? (→ Kap. 2 Rn. 12 ff.)
- Setzt die Betäubungsmitteleigenschaft voraus, dass ein Stoff eine konkrete Berauschungsqualität oder Konsumfähigkeit besitzt? (→ Kap. 2 Rn. 63 und Rn. 108)
- Wie unterscheiden sich die Anlagen I bis III? (→ Kap. 2 Rn. 15 ff.)
- Unter welchen Voraussetzungen kann das BtMG in Bezug auf die unterstellten Betäubungsmittel geändert werden? (→ Kap. 2 Rn. 19)
- Sind Cannabissamen Betäubungsmittel iSd BtMG? (→ Kap. 2 Rn. 21)
- Kann der Verkauf von Nutzhanf mit einem Wirkstoffgehalt von nicht mehr als 0,2% THC, zB Hanfblütentee, an Konsumenten strafbar sein? (→ Kap. 2 Rn. 21a)
- Was versteht man unter „ausgenommene Zubereitungen“? (→ Kap. 2 Rn. 21c)
- Warum können auch Pilze und Kröten Betäubungsmittel sein, obwohl sie selbst nicht in den Anlagen I bis III aufgeführt sind? (→ Kap. 2 Rn. 22)
- Wie ist im BtMG der Verkauf von sog. „Pseudodrogen“ geregelt? (→ Kap. 2 Rn. 23)

2. Zur Erlaubnispflicht:
- Wer darf mit Betäubungsmitteln iSd BtMG legal umgehen? (→ Kap. 2 Rn. 24 ff.)
- Unter welchen Voraussetzungen kann ein Betäubungsmittel ärztlich verordnet werden? (→ Kap. 2 Rn. 33 ff.)
- Kann ein Arzt Kokain verschreiben? (→ Kap. 2 Rn. 37)
- Darf ein Arzt von ihm verschriebene Betäubungsmittel an seine Patienten zur Mitnahme aushändigen? (→ Kap. 2 Rn. 33)
- Kann man bedenkenlos ausgenommene Zubereitungen mit ins Ausland nehmen? (→ Kap. 2 Rn. 29 f.)
- Brauchen Bedienstete von Strafverfolgungsbehörden eine Erlaubnis zum Umgang mit sichergestellten Betäubungsmitteln? (→ Kap. 2 Rn. 32)

3. Zu den Mengenbegriffen:
- Was ist der Unterschied zwischen geringer, normaler und nicht geringer Menge? (→ Kap. 2 Rn. 54 ff.)
- Wie wird der Wirkstoffgehalt eines Betäubungsmittels in einem Verfahren festgestellt? (→ Kap. 2 Rn. 55 ff.)

4. Zu den einzelnen Strafvorschriften:
- Welchen Fall des straflosen Konsums kennen Sie und warum scheiden hier Besitz/Erwerb aus? (→ Kap. 2 Rn. 102 ff.)
- Wann wird die Grenze von der straflosen Vorbereitungshandlung zum Versuch überschritten, wenn der Täter Betäubungsmittel im Online-Handel bestellt, die ihm per Post zugesandt werden sollen? (→ Kap. 2 Rn. 71a f.)
- Ist der Erwerb von 5 g Cannabis durch einen Deutschen n den Niederlanden nach deutschem Strafrecht strafbar? (→ Kap. 2 Rn. 73)
- Wodurch unterscheiden sich Abgabe und Veräußerung? (→ Kap. 2 Rn. 78 f.)
- Was ist unter Überlassen zum unmittelbaren Verbrauch gem. § 29 Abs. 1 S. 1 Nr. 6b BtMG zu verstehen? (→ Kap. 2 Rn. 109)
- Wie sind sog. Cannabisraucherrunden mit mindestens drei Mitkonsumenten strafrechtlich zu beurteilen? (→ Kap. 2 Rn. 111 ff.)
- Kann jemand wegen fahrlässiger Tötung belangt werden, wenn er einem anderen ein Betäubungsmittel zur Verfügung stellt, das beim Konsum zum Tod des anderen führt? (→ Kap. 2 Rn. 138)
- Wie unterschieden sich Einfuhr, Ausfuhr und Durchfuhr? (→ Kap. 2 Rn. 72 ff.)
- Wann beginnt bei der Einfuhr das Versuchsstadium? (→ Kap. 2 Rn. 73)
- Kann sich auch der im Inland aufhältige Empfänger von Betäubungsmitteln der Einfuhr strafbar machen, wenn er sich Betäubungsmittel aus dem Ausland überbringen lässt? (→ Kap. 2 Rn. 72)
- Kann es einen Versuch des Handeltreibens geben? (→ Kap. 2 Rn. 85)
- Wann beginnt bei Verkaufsgesprächen zwischen einem Erwerber und einem potentiellen Verkäufer das vollendete Handeltreiben? (→ Kap. 2 Rn. 89)
- Welches ungeschriebene Merkmal des subjektiven Tatbestands muss erfüllt sein, damit ein Handeltreiben mit Betäubungsmitteln anzunehmen ist. (→ Kap. 2 Rn. 93)

- Wann liegt bei einem Rauschgiftkurier Täterschaft und wann Teilnahme zum Handeltreiben vor? (→ Kap. 2 Rn. 95 ff.)
- Kann ein Tatbeteiligter, der nicht selbst Bandenmitglied ist, wegen der Beteiligung am bandenmäßigen Handeltreiben mit Betäubungsmitteln nach § 30 Abs. 1 Nr. 1 oder § 30a Abs. 1 BtMG bestraft werden? (→ Kap. 2 Rn. 133)
- Was bedeutet Mitsichführen iSd § 30a Abs. 2 Nr. 2 BtMG? (→ Kap. 2 Rn. 146)
- Wann muss der Täter die Waffe oder den sonstigen Gegenstand gem. § 30a Abs. 2 Nr. 2 BtMG beim bewaffneten Handeltreiben mit sich führen? (→ Kap. 2 Rn. 146)
- Unter welchen Umständen kann jemandem, der beim Handeltreiben mit Betäubungsmitteln in nicht geringer Menge selbst nicht bewaffnet ist, die unmittelbare Zugriffsmöglichkeit eines anderen auf einen sonstigen Gegenstand gem. § 30a Abs. 2 Nr. 2 BtMG, der für sich die erforderliche Zweckbestimmung vorgenommen hat, zugerechnet werden? (→ Kap. 2 Rn. 147)

5. Zu den Konkurrenzen:

- In welchem Konkurrenzverhältnis stehen Erwerb von Betäubungsmitteln gem. § 29 Abs. 1 S. 1 Nr. 1 BtMG und Besitz gem. § 29 Abs. 1 S. 1 Nr. 3 BtMG? (→ Kap. 2 Rn. 100)
- Was versteht man unter Bewertungseinheit? (→ Kap. 2 Rn. 149 ff.)
- Wie unterscheidet sich die Bewertungseinheit von der Tateinheit durch Teilidentität der Ausführungshandlung? (→ Kap. 2 Rn. 162 ff.)
- Welche Auswirkungen hat es für die Zusammenrechnung der Wirkstoffgehalte von verschiedenen Betäubungsmittelmengen, ob man eine Bewertungseinheit oder Tateinheit durch Teilidentität der Ausführungshandlungen annimmt? (→ Kap. 2 Rn. 168)
- Was ist beim Umgang mit Betäubungsmitteln, welche zum Teil gewinnbringend weiterverkauft und zum Teil selbst konsumiert werden sollen, konkurrenzrechtlich zu beachten? (→ Kap. 2 Rn. 173)

6. Zu den Rechtsfolgen nach dem BtMG:

- Wie unterscheiden sich die Rechtsfolgen beim Umgang mit einer geringen Menge zum Zwecke des Eigenkonsums nach § 31a BtMG und nach § 29 Abs. 5 StGB? (→ Kap. 2 Rn. 187)
- Wie wird die geringe Menge bei § 31a BtMG und bei § 29 Abs. 5 StGB bestimmt? (→ Kap. 2 Rn. 189 u. 196)
- Was ist bei der Strafzumessung zu beachten? (→ Kap. 5 Rn. 5 ff.)?
- Wie wirken sich die unterschiedlichen Drogen bei der Strafzumessung aus? (→ Kap. 5 Rn. 16 ff.)
- Wie kann ein Täter für Angaben zu anderen Betäubungsmittelgeschäften „belohnt“ werden? (→ Kap. 5 Rn. 37 ff.)
- Welche Folgen hat eine Betäubungsmittelabhängigkeit? (→ Kap. 5 Rn. 61 ff.)
- Kann auf die Erlöse aus Drogengeschäften zurückgegriffen werden? (→ Kap. 5 Rn. 79 ff.)
- Welche Entscheidungen sind hinsichtlich sichergestellter Drogen und sonstiger Tatmittel erforderlich? (→ Kap. 5 Rn. 92 ff.)

- Welche Folgen hat eine Verurteilung wegen Betäubungsmitteldelikten noch? (→ Kap. 5 Rn. 102 ff.)
- Welche Rechtsfolge sieht das BtMG vor, um abhängigen Tätern eine Therapie zu ermöglichen? (→ Kap. 6 Rn. 1 ff.)
- Wie ist das Verhältnis von § 64 StGB und § 35 BtMG? (→ Kap. 6 Rn. 25 ff.)

7. Zum NpSG:
- Was ist die Besonderheit des NpSG in Bezug auf die unterstellten Stoffe? (→ Kap. 3 Rn. 1)
- Welche Tathandlungen sind im Unterschied zum BtMG im NpSG nicht unter Strafe gestellt? (→ Kap. 3 Rn. 2)
- Das NpSG kennt verschiedene Einziehungsmöglichkeiten. Welche sind das? (→ Kap. 3 Rn. 23 f.)

8. Zu prozessualen Fragen
- Wie ist mit vertraulichen Hinweisen umzugehen? (→ Kap. 7 Rn. 5 ff.)
- Welche Taten erlauben den Einsatz einer Überwachung der Telekommunikation? (→ Kap. 7 Rn. 38 ff.)
- Welcher Maßnahmen sind zum Schutz der Teilnehmer an der Telekommunikation zu ergreifen (→ Kap. 7 Rn. 39 ffPflicht, 69 ff.)
- Wie werden die Erkenntnisse aus der Überwachung der Telekommunikation in die Hauptverhandlung eingeführt? (→ Kap. 7 Rn. 61 ff.)
- Kann nur der Richter eine Durchsuchung anordnungen? (→ Kap. 7 Rn. 118 ff.)
- Welche speziellen Rechte des Beschuldigten sind vor Vernehmungen zu beachten? (→ Kap. 7 Rn. 125a ff.)

G. ABC des Drogen-Jargons[1052]

A – Amphetamin
AAA – hochwertiges Heroin aus Südostasien
abchecken – die Lage in der Szene überprüfen
abdrücken – injizieren
Abdul- Nasser – besonders starke Haschischsorte
abfahren – die Wirkung einer Droge genießen
abflippen – schlechtes Gefühl während des Rauschzustands
Abflug machen – nach Drogenkonsum sterben
Abfucken – ein Drogengeschäft vermasseln
Abgang machen – nach Drogenkonsum sterben
abgebrannt – kein Geld mehr haben
abgefuckt – heruntergekommen sein
abgewrackt – zusammengebrochen nach Drogenexzess
abgruften – nach Drogenkonsum sterben
ablinken – beim Drogengeschäft betrogen werden
abschießen – injizieren
absetzen – Drogenkonsum einstellen
abziehen – einen Dealer ausrauben
Abstraktum – LSD-Papiertrips
Acapulco-gold – hochwertiges Marihuana aus Mexiko
ace – LSD
Aceton – Flüssigkeit, die als Rauschmittelersatz verwendet wird
Acetyl-alpha-methylfentanyl – Designerdroge mit heroinähnlicher Wirkung
acht – Heroin
Achter – Heroininjektion
Acid – LSD oder andere Halluzinogene
Acid head – LSD-Konsument
Acid party – Zusammenkunft von LSD-Konsumenten
ack-ack – Konsum von Heroin durch Zigaretten
A.D. – Süchtiger
Adam – Designerdroge auf Amphetaminbasis
addic – Abhängiger
Ätsch – Heroin
Affe – Entzugserscheinungen
Afghane – Haschischsorte aus Afghanistan
African black – Haschisch guter Qualität
After-Image – Halluzinogenwirkung
Aftersafe – im After versteckte Drogen (zumeist in Kondom)
Age – Heroin
Agent – Drogenfahnder bei Polizei oder Zoll
amies, aimies – Ampehtamine
alpha-Methyl-thiofentanyl – Designerdroge mit heroinähnlicher Wirkung
Alphabet – LSD-Papiertrips
Ameisenhandel – Verkauf von Drogen in kleinen Mengen
AMF – Designerdroge mit heroinähnlicher Wirkung
Amphetamin – Kurzform für alpha-Methylphenetylamin
amphets – Amphetamin-Tabletten
Analbombe – im After versteckte Drogen (zumeist in Kondom)
Andenschnee – Kokain
an der Nadel hängen – Heroinabhängig sein
anfixen – die erste Spritze injizieren; zur ersten Spritze verleiten
anmachen – jemanden auffordern, zB einen Deal zu machen
angel dust – PCP
angetörnt – unter Drogeneinfluss stehen
Angola black – Marihuana guter Qualität aus Angola
anschaffen gehen – Geld durch Prostitution verdienen
antesten – Betäubungsmittel auf Qualität prüfen

[1052] Harfst/Katzung/Sahihi Rauschgift-Szene-Jargon; Kotz/Rahlf BtMStrafR Kap. 1 Rn. 545.

antifreeze – Heroin
anturnen/antörnen – mit einer Droge in Rauschzustand versetzen
Anzug nähen – Heroin zum Konsum vorbereiten
Apo machen – in Apotheke einbrechen
Apotheken-O – pharmazeutisches Opium
Arsenal – im After versteckte Drogen (zumeist in Kondom)
Artillerie – Utensilien für eine Heroininjektion
artillery man – jemand, der Heroin spritzt
A's – Amphetamine
Asco – Ascorbinsäure
ashes – Marihuana
ass cache – im After versteckte Drogen (zumeist in Kondom)
Astral – Zustandsform im LSD-Rausch
Atombombe – Joint mit Opium
Atze – Aceton
auf dem Affen sein – unter Entzugserscheinungen leiden
auf Junk sein – heroinabhängig sein
auflängen – Stoff strecken
auf Trebe gehen – von zu Hause ausreißen
auf Turkey sein – Entzugserscheinungen haben
Aunt Emma – Morphin
Aunt Hazel – Heroin
Aunt Mary – Marihuana
ausflippen – Zustand schlechter Gefühle unter Drogeneinwirkung
auspacken – Geständnis ablegen
ausschleichen – durch kleine Dosen von der Sucht befreien

B – Barbiturate
Babystrich – Örtlichkeit, an der sich junge Mädchen prostituieren
backtrack – Zurückziehen von Blut in der Spritze
bad harry – Heroin
badge – Drogenfahnder
bagmann – Drogenhändler
bad trip – unangenehmer Rauschzustand
Bahn – aneinandergereihte Injektionsstellen
Bale – größere Menge Marihuana (etwa 500 g)
ballons base – Kokain
bam – Amphetamine
bambalacha – Marihuana
bambinos – Amphetaminpillen
bammies – Marihuana schlechter Qualität
banbalacha – Cannabis
bandje – Bezeichnung für Cannabis in arabischen Ländern
bang, to – Drogen injizieren
bangal – Cannabis
bangster – Drogenkonsument, der injiziert
bangui – Bezeichnung für Cannabis
barbs – Barbiturate
base – Morphin- oder Kokainbase
baseball – Crack oder Kokainbase
bash – Marihuana
bashed, to be – im Rauschzustand unansprechbar sein
basteln – eine Falle stellen, festnehmen
bat – Marihuana
Bau – Gefängnis
Bazille – Informant
beans – Amphetamin
bear – LSD-Papiertrips
beat pad – Ort, an dem man Drogen kaufen kann
beauties – Amphetamin
bee – geringe Menge Marihuana
bekiffen – sich mit Cannabis berauschen
bell – LSD-Papiertrips
bennies – Amphetaminpillen
Berliner Tinke – Morphium-Mixtur (auch O [Opium]-Tinktur)
Bernies – Kokain
Besteck – Injektionsutensilien (Spritze, Nadel, Löffel, Binde , Watte)
bhang – Haschisch
BHO – Cannabisextrakt
big C – Kokain
big chief – Meskalin, LSD
big D – LSD
big H, big Harry – Heroin
big M – Morphin
big man – Drogengroßhändler
big O – Opium
big O.D. – Tod durch Überdosis
Billie Hoke – Kokain
bing – kleines Päckchen Haschisch, Marihuana oder Opium
bingler – Drogenlieferant

bingo – injizieren
Biskuit – Crack
BKA – Bundeskriminalamt
black – Haschisch guter Qualität
black birds – Amphetamin
black beauty – Amphetamin
Black Bombers – Amphetamin
black brownies – Haschisch in Plätzchen gebacken
black gold – Haschisch guter Qualität
black oil – Haschischöl
black out – Kreislaufzusammenbruch
black prince – schwarze Haschischsorte aus Afghanistan
black shit – Haschisch guter Qualität
blaue Tränen – blauer LSD-Trip
Bleichgesicht – Fixer
Blitz – LSD-Trip
Blond – Haschisch aus dem Libanon
blonder Marokkaner – Haschisch aus Marokko
Blubber – Rauchgeräte für Cannabis
blue birds – Barbiturate
blue cheer – LSD in Kapseln
blue velvet – Drogenmixtur (Barbiturate + Pyribenzamin)
boil – Rauschgerät für Haschisch oder Opium
bombay blue – „Spice"-Nachfolgeprodukt
bombed – durch Drogeneinwirkung hervorgerufene Lethargie
bombido – Amphetamin
bombita – Metamphetamin
bombs – Barbiturate
Bong – Rauchgeräte für Cannabis
boo – Marihuana
boot up, to – sich Drogen hingeben
boy – Heroin
Brief – rechteckiges Papier oder Stanioltütchen mit Rauschgift in Pulverform
brock – gepresstes Haschisch (1 kg)
Brösel – Haschisch
brown – Marihuana mittlerer Qualität
brown stuff – braunes, minderwertiges Heroin
brown sugar – braun-grau-körniges Heroin (Heroin Nr. 3)
browns – Amphetamin
Bruch – Einbruch
bum Trip – schlecht verlaufender LSD-Rausch
bunkern – verstecken
Burese – Kokain
Busch – Marihuana
business-man's-special – DMT
butter flower – Marihuana
button – Meskalin
BZ – psychotroper Kampfstoff (Halluzinogen)

C – Kokain
Caballo – Heroin
ca-ca – Heroin, Marihuana
cactus – Meskalin
Cadillac – Kokain oder Ecstasy
calico – Kokain
came – Kokain
Canape – Bezeichnung für Cannabis in Italien
cannon ball – Injektion von Heroin und Kokain
cappies – Amphetamin
Captas – Captagon
Carrie – Kokain
cart wheels – Amphetamin
C.D. – Kokaindealer
cee – Kokain
chandoo – Rauchopium
charas – Bezeichnung für Cannabis in verschiedenen afrikanischen Ländern
Charley – Kokain
cherry dome – LSD
Chicago black – Haschisch
Chicago green – Marihuana
chief – LSD
chillum – Haschischpfeife
chinese heroin – Heroin
chiva – Heroin
chocolate – Haschisch
cholly – Kokain
Christmas Tree – Amphetamin
churus – Bezeichnung für Cannabis in verschiedenen afrikanischen Ländern
C.K. – Kokain
clay – Cannabis
clean – drogenfrei sein
clear up – von Drogen Abstand nehmen
coast – Euphorie nach Drogenkonsum, Amphetamin
cocaine blues – Depression nach Kokainkonsum
coke – Kokain
coke head, cokey – Kokainabhängiger

cold turkey – Entzug von Heroin ohne medikamentöse Unterstützung
Congo brown – Haschisch
co-pilots – Amphetamin
coquero – Kokablattkauer
corine – Kokain
cotics – harte Drogen
Crystal (speed) – Methamphetamin
cube head – Zuckerwürfel mit LSD
cuca – Kokablatt
cut, to – strecken von Drogen durch andere Substanzen
CZ 74 – LSD ähnliche Droge (Halluzinogen)

D – LSD
DA – Drogenabhängiger
Dab – Cannabisextrakt
Dabbing – Erhitzen von Cannabisöl und Einatmen der Dämpfe
dache – Heroin
dama blanca – Kokain
daun coca – Kokablätter
DD – Designer-Drogen
Dealer – Drogenhändler
Deck – kleine Prise Kokain oder Heroin
Deep Purple – früher Begriff für LSD – heute Marihuana-Sorte
delphins – LSD-Papiertrips
deuce – Heroin
dexies – Amphetamin
dinky dows – Marihuana-Joint
djomba – Bezeichnung für Cannabis in Südafrika
D-man – LSD-Konsument
DTM – Dimethyltryptamin
doe – Methamphetamine
dollies – Methadon
Dolly's M – eine Dosis Morphium oder Heroin
DOM – 4-Methyl-2,5-dimethoxyamphetamin
dome – LSD
doo jee – Heroin
dope – Bezeichnung für Cannabis oder Heroin in den USA
dope peddler – Drogenhändler
downers – Beruhigungsmittel
down trips – Depression nach Drogenkonsum
drauf sein – süchtig nach Opiaten sein
dreamer – Morphin
drop a cap, to – LSD-Kapseln schlucken
drauf sein – abhängig sein
Druck – Injektion
duige – Heroin
dunkelbrauner Pakistani – intensiv wirkendes Cannabis aus Pakistan

E – Ecstasy
auf „E" sein – Entzugserscheinungen haben
eagle-earth – Heroin
Echo – Halluzination
Echo-Effekt – Nachrausch
Ecstasy – Designerdroge mit den Wirkstoffen MDMA, MDA, MDE
eight – Heroin
Eimer – selbstgebautes Rauchgerät für Cannabis
eins – Amphetamin
einwerfen – Droge schlucken
Eis – Mischung aus Heroin und Crack
Eisenkur – trockener Entzug im Gefängnis
elf – Kokain
Engelsstaub – PCP
Entzug – Entziehungserscheinungen
erva de norte – Cannabis
essence – Ecstasy
Esrar – Bezeichnung für Cannabis in der Türkei
Eve – Ecstasy
Extra Extra – Haschischsorte minderer Qualität aus dem Nahen Osten
Ex-User – ehemaliger Drogenkonsument
eye opener – Amphetamin

F – Fixer
Fahrkarte – LSD oder andere Halluzinogene auf Würfelzucker
fair dust – PCP
Fallschirm – Mischung aus Heroin und Crack
fat jay – besonders dicker, langer Joint
feeling – Gefühl des Wohlseins nach Drogenkonsum
Fentanyl – synthetisches Opioid
ferry dust – Heroin
Finger – mit Rauschgift gefülltes Kondom zum Einführen in den After
Fingers – Cannabis
Fininha – Cannabis

Fink – Spitzel, Informant
Fiscolate – Übergang von einer Droge zur nächst stärkeren
Fix, a – Injektion von Heroin
Fixe – Injektionsspritze
Fixen – injizieren
Fixer – Drogenabhängiger, der injiziert
flake – Kokain oder Kokain
flash – das nach der Injektion einsetzende Rauscherlebnis
flashback – Wiederauftreten der Drogenwirkung ohne erneuten Konsum
fleur de printemps – minderwertige Haschischsorte aus dem Nahen Osten
flip – psychotisch werden
flip – Spritze
flipping out – psychotisch werden
footballs – Amphetamin
forty five minutes psychosis (45) – DMT
freak – langjähriger Drogenkonsument
freebase – Crack oder Kokain
freshman – neuer Abhängiger
Frisco speedballs – Mischung aus Heroin, Kokain und LSD
Fuffy – Haschisch im Wert von früher 50,– DM, heute 25,– EUR

gage – eine Portion Haschisch oder Marihuana
Gainesville green – Marihuana aus Florida
Ganja – hochwertiges Marihuana
Garfield – LSD-Papiertrip
gate – cannabishaltige Zigarette
George Smack – Heroin
German blue – Amphetamin
Ghana – Marihuana
giggles smoke – Marihuana
Gilb – Hepatitis
gin – Kokain
gipsy – mit Opium versetztes Haschisch
girl – Kokain
Glocke – LSD-Papiertrip
Glückspillen – Tranquilizer
gold – Cannabis
gold dust – Kokain
golden – Haschischsorte
golden triangle – Anbaugebiet für Heroin (Thailand-Burma-Laos)
gone, to be – Zustand des Rauschgefühls
goon crystal – PCP
gooseflesh – Gänsehaut als Entzugssymptom
Go-Pill – Amphetamin
Gras – Marihuana
great H – Heroin
green stuff – Cannabis
greenies – Amphetamin
greffa (griffo) – Bezeichnung für Cannabis in Spanien
griffs – Marihuana
große Tüte – kegelförmiger Joint
grüner Marokkaner – Haschisch aus Marokko
grüner Türke – Haschisch aus der Türkei
guage – Marihuana
guaza – Bezeichnung für Cannabis in Indien
guide – erfahrener Drogenfreund, der zB einen LSD-Trip leitet
guitama – gute Haschischsorte
gum ball – mexikanisches Heroin
gun – Injektionsbesteck
gutter – Vene in der Ellenbeuge, in die Heroin injiziert wird

H – Heroin
H1 – Morphinbase
H2 – Heroinbase
H3 – Heroin-Hydrochlorid („Hongkong-Rocks")
H4 – Heroin-Hydrochlorid („Türkischer Honig")
haircut – Heroin
half moon – Meskalin
Hammer – Spritze
H and C – Mischung aus Heroin und Kokain
happy dust – Kokain
happy pills – Ecstasy
happy sugar – Heroin oder Kokain
hard stuff – Opium, Opiate
hard use – häufiger Gebrauch harter Drogen
Harpune – Injektionsbesteck
Harry – Heroin
hash – Haschisch
hash pipe – Pfeife zum Rauchen von Haschisch oder Marihuana
hawk, the – LSD

hay – Marihuana minderer Qualität (Heu)
haze – Marihuna gutter Qualität
hazel – Heroin
H-Dealer – Heroindealer
he – Heroin
head – Abhängiger
hearts – Amphetamin
heaven dust – Kokain
heavenly blue – LSD
heavy – Heroin
heller Türke – milde Haschischsorte
hemp – Marihuana
Henry – Heroin
Herb – Marihuana
Heu – Marihuana
high – euphorischer Zustand nach Drogenkonsum
hikori, hikuli – Meskalin
Hippi-Hepatitis – Geldsucht, ausgelöst durch Spritzen von Drogen
Hit – Konsumportion (meist Heroin)
hit the pipe, to – Opium rauchen
ho – Marihuana
Hochdruckreifen – Haschisch bester Qualität
hocus – Morphin
hombre – Heroin
Hongkong-Rocks – Heroin Nr. 4 (Heroin-Hydrochlorid)
honey oil – Haschischöl
hook – Abhängigkeit
hop – Dosis Morphium oder Heroin
horror trip – Drogenrausch, der mit Angst- und Panikgefühl endet
horse – Heroin
hot H – Heroin guter Qualität
hot hay – Marihuana
hot stick – Joint
HRN – Heroin
huatari – Meskalin
hyperspeed – Methamphetamin
hypo – Injektion

I – Marihuana
iboga – Amphetamin
ice pack – hochwertiges Marihuana
ill – Entzugserscheinungen
impfen – Haschisch mit Opium versetzen
indian hay – Marihuana
indian oil – Haschischöl
Indian rope – Marihuana
Indian weed – Marihuana
Indisde–outer – PCP
instant zen – LSD

J – Joint, Marihuana
jab a vein – sich eine Droge injizieren
jab-off – intravenöse Injektion
jahooby – Marihuana
Jane – Marihuana
Java – Koffein (Streckmittel)
jee gee – Heroin
jellie babe – Amphetamin
jelly – Kokain
Jersey green – minderwertiges Marihuana
Jet fuel – PCP
Jim Jones – Entzugserscheinungen
Jimmy – Injektion
jingo – Marihuana
jive – Marihuana
jive doojee – Heroin
joint – mit Haschisch oder Marihuna gefüllte Zigarette
jolly beans – Amphetamin
joy powder – Heroin oder Kokain
joy weed – Marihuana
junk – Herointinktur, auch jede Form von härteren Drogen zum Injizieren
Junkie – Person, die regelmäßig Drogen injiziert

kabayo – Heroin
kajees – Marihuana
Kakao – Kokain
Kabak – Bezeichnung **für Cannabis in** der Türkei
Kamugo – Bezeichnung für Cannabis im Sudan
Kanal – Vene
Karamello – Haschisch aus Marokko
Karellagras – Marihuana
keif – hochwertiges Marihuana
Kenigras – hochwertiges Marihuana
Kentucky blue – Marihuana
khif – Bezeichnung für Cannabis in Algerien und Marokko
Kick – euphorischer Zustand nach Drogenkonsum, vornehmlich bei Heroin
Kief – Haschischkonzentrat
Kiffer – Cannabisraucher, auch Drogenkonsument allgemein
kleif – Cannabis

k-man – Großabnehmer von Rauschgift
Koks – Kokain
kona gold – hochwertiges Marihuana
Kongo–Gras – starkes Marihuana
Kristalle – Amphetamin in kristalliner Form
K-two – LSD

L – LSD
lady snow – Kokain
Lady Jane – Marihuana
L.A. turnabouts – Amphetamin
Lady Mary Jane – Marihuana
LDJ – LSD
leaf – Kokain, Marihuana, Haschisch
Legal Highs – Umgangssprache für Neue psychoaktive Substanzen
Libanese – Haschisch
lid popper – Amphetamin
lift pill – Amphetamin
line – Kokainportion zum Schnupfen
Linie einstreichen – Prise Kokain schnupfen
L.L. – Marihuana
load – Drogendosis
loco weed – Marihuana
lords – Morphin
love weed – Marihuana
LSD – Lysergsäurediäthylamid

M – Morphin, Marihuana
mach – Marihuana
Macke – Zustand bei Drogenmangel
Madelaine – Haschisch
maggie – Haschisch
magic mushroom – psilocybinhaltiger Pilz
mainline – Armvene
mainliner – Drogenabhängiger, der injiziert
Majueme – Haschisch
Makhlif – Bezeichnung für Cannabis in Nordafrika
Manali – sehr starkes Haschisch aus Nepal
M and C – Morphin-Kokain-Gemisch
manque – depressiver Zustand aufgrund Drogenmangels
manzoun – Cannabis
Maria Johanna – Marihuana
Marokkaner – Cannabissorte
Mary Jane – Marihuana
Mary Warner – Marihuana
mazer sharif – Haschisch aus Afganistan
MC – Morphin- und Kokaingemisch
Mehl – Heroin oder Kokain
melter – Morphium
merry – Marihuana
Mescalero – Meskalin-Trip
Meskalin – Alkaloid des Peyotekaktus
Meth, methamp – Methamphetamin
mexican brown – Heroin, Marihuana
mexican horse – braunes Heroin aus Mexiko
Mickey Mouse – LSD-Papiertrip
micro dots – LSD-Trips
Miss Emma – Morphium
M-monkey – Kokain
Mohasky – Marihuana
monkey dust – PCP
monkey H – Heroin
monkie – Morphium
moon – Meskalin
mother's little helpers – Schlaf- und Beruhigungstabletten, Amphetamin
mouners – Joints
M-Pillen – Mandrax
Mu – Marihuana
muggies – Marihuana
Müll – gestrecktes Rauschgift
Mushrooms – psilocybinhaltige Pilze
Mussolini – starkes Haschisch
muzzle – Heroin

N – Spritze
nadeln – injizieren
Nagel – Nadel
Neger – dunkles Haschisch
neues Heroin – Designer-Droge auf Fentanyl-Basis
neun – Marihuana
neunzehn – Heroin
nederweet – Marihuana besonders guter Qualität
noise – Heroin
nose candy – Kokain
ntsangu – Cannabis
number eight – Heroin
number eighteen – Joint
number eleven – Kokain
number five – Entzugserscheinungen
number four – LSD
number nine – Marihuana
number one – Amphetamin

O – Opium, Marihuana
oaxacan – hochwertiges Marihuana aus Mexiko
O.D. – Überdosis
O-fix – Opiuminjektion
Ohio bag – Päckchen mit 100 g Marihuanan
Oil – Haschischöl
O.J. – Joint mit Opium
OK – Heroin
Öl – Haschischöl
one – Amphetamin
orange – Amphetamin
orange cubes – LSD
O-Tinke, O-Tinktur – gelöstes Rohopium
Ott – Marihuana
out of sight – Hochgefühl nach Drogenkonsum
overdose – Überdosis
Ozzie's Stoff – LSD

P – Meskalin
Pack – Heroinpackung (0,3 bis 0,5 g)
packl black – Haschisch
panama red – Marihuana
paper acid – LSD
papers – LSD-Papiertrip
paradise – Kokain
Patchouli – Parfum mit Haschischgeruch
PCP – Phencyclidin
peace – Haschisch, LSD
peach – Amphetamin
peanuts – Bezeichnung von Barbituraten
pearly gates – LSD
pee-tea – Urintest
pep – Amphetamin, Methamphetamin
pep pills (peps) – Amphetamin
pepper uppers – Amphetamin
Peruvian lady – Kokain
Peyote – Meskalinkaktus
Pfannkuchen – Crack
phennies – Barbiturate
piece – Konsumportion Haschisch
pikern – injizieren
Pink floyd – LSD
pink-ladies – Barbiturate
pink Jesus – LSD
pin-shot – Drogeninjektion
Platten – Haschischplatten
Po – Polamidon
Pollinat– Haschischkonzentrat
pot – Marihuana
pot head – Marihuanakonsument
Psilocybin – mexikanischer, psilocybinhaltiger Pilz
Pumpe – Spritze
pure – Heroin bester Qualität
pure love – LSD
purple haze – LSD in Kapselform
purple hearts – Mischung aus barbiturathaltigen Schlafmitteln u. Amphetamin
Putzbrocken – Crack

Q-queen – Kokain
quacks – Mandrax
queen – Kokain
quicksilver – LSD
quinine – Kokain

R – Joint
Race Horse Charlie – Heroin
ragweed – minderwertiges Marihuana
Rakete – länglicher dicker Joint
Raketenbrennstoff – PCP
Raketenflugkörper – LSD-Papiertrip
rane – Heroin, Kokain
red Lenanese – hochwertiges Haschisch aus dem Libanon
red oil – Haschischöl
red rock – Heroin
reefer, reffer – Joint
re-entry – Rückkehr in den Normalzustand nach einem LSD-Rausch
rehab – stationärer Drogenentzug
reindeer dust – Heroin, Kokain
resin – Haschisch
Ritas – Ritalin
road dope – Amphetamin
rocks – Heroin, Kokain, Crack
root – Amphetamin
rosa – Marihuana
rose – Amphetamin
Rosenspeed – Pervitin
roter Libanese – milde Cannabissorte
Roxanne – Crack, Kokain
royal blue – LSD
rush – erstes Hochgefühl nach der Injektion

S – LSD
sack – Heroin
Säure – LSD
sagebrush – Marihuana

Sahara Nr. 1 – Haschischsorte minderer Qualität
salt – Heroin
Sandoz's – LSD-Tabletten
Santa Maria gold – hochwertiges Marihuana aus Kolumbien
sate – Marihuana-Stäbchen
sativa – Cannabis
scag – Heroin
scharia – Cannabis
schießen – sich Drogen injizieren
Schießleiste – zerstochene Vene
Schimmelafghane – gute Cannabisqualität aus Afghanistan
schira – Cannabis
Schmeck – Heroin
Schnee – Kokain
schoolboy – Kodein
Schuss – Drogeninjektion
schwarzer Afghane – intensiv wirkendes Haschisch aus Afghanistan
schwarzer Kiesel – Cannabis in Kugelform
Szene – feste Gruppe von Drogenkonsumenten
scot – Heroin
scuffle – PCP
sea – Kokain
seni – Meskalin
shake – Entzugserscheinungen
Shillum – trichterförmige Haschischpfeife
shit – Haschisch
Shit-Öl – Haschischöl
shotgun – Haschischkonsum mittels Pfeife
sidhi – Cannabis
single A – Amphetamin
Sinsemilla – hochwertiges Marihuana-Sorte
Sinsemilla-Züchtung – bes. Methode zur Aufzucht von Cannabispflanzen
skag – Heroin
Skuff – Haschischkonzentrat
slepper – Heroin
smak – Heroin
smoke – Marihuana
snow – jede Droge, die als weißes Pulver angeboten wird, insbesondere Kokain
spaced – Rauschzustand
speed – Amphetamin, Methamphetamin
speed balls – Heroin-Kokain-Mixtur
speed freaks – Konsument von Amphe-tamin
speedies – Amphetamin
Spice – mit synthetischen Cannabinoiden versetzte Kräutermischung
splash – Methamphetamin
splim – Marihuana
star dust – Kokain
Stereo-Schuss – gleichzeitige Injektionen von verschiedenen Rauschmitteln
Stick – Cannabis-Joint
stimmus – Amphetamin
Stoff – Rauschmittel
stoned sein – im Rauschzustand befinden
STP – DOM
straw – Marihuana
stuff – Heroin, Kokain
sugar (lump) – LSD
sugar (brown) – Heroin
sulti – Rauchutensil, etwas größer als Shillum
sweet Lucy – Marihuana

T – Marihuana
tac – PCP
take – inhalierender Zug von einer Cannabis-Zigarette
takrouri – Cannabis
tee, tea – Cannabis
ten – Marihuana
Texas tea – Marihuana
Thay weed – Marihuana aus Thailand
Thay wet – Marihuana-Stäbchen
three – Kokain
ticket – LSD-Trip
Tinke – Opium bzw. Herointinktur
TNT – Heroin
ton – Cannabis
toot – Kokain
top – Meskalin
trap – Drogenversteck
Trebe – entweichen
Treeber – Gammler
treep weed – Marihuana
Trip – high sein
Trip werfen – LSD schlucken
truck driver – Amphetamin
Türkenpulver – Haschischsorte (in Pulverform)
Turkey – Entzugserscheinung

Tüte – Joint
turtle – LSD
twenty-five (25) – LSD

ÜD – Überdosis
ups – Amphetamin
user – Drogenkonsument

V – Valoron
vegetable – Marihuana
vier – LSD
Vino Blanco – weißes Rauschgift
vipers weed – Marihuana

W – Weckamine
wack – PCP
wacky weed – Marihuana
Waffeln – LSD
wake ups – Amphetamin
warm gun – Spritze mit Nadel
water – Amphetamin, Methamphetamin
wedding bells – LSD
weed – Marihuana
weed head – Marihuana-Raucher
weed M – schwaches Marihuana
weißer Nepalese – Haschisch
Weißes – Heroin, Amphetamin
werfen – Drogen schlucken
West Coast turnaround – Amphetamin
white – Heroin, Amphetamin
white girl – Kokain, Heroin, LSD
white powder – Kokain
white stuff – Kokain, Heroin, Morphium
whities – Amphetamin
wilde Tiger – Heroin
wodka acid – Wodka mit LSD
wokowi – Meskalin

X – Marihuana
XTC – Ecstasy

Y – Opium
yamby – Cannabis
yedo – Marihuana
yellow football – Meskalin
yen – Opium
Ying Yang – LSD-Papiertrip

Z – high
zacateas purple – Marihuana
zamba – Marihuana
Zauberpilz – psilocybinhaltiger Pilz
zero zero – Haschisch sehr guter Qualität
Zitralshit – gute Haschischqualität
Zoom – Marihuana mit PCP-Zusatz, Methamphetamin
Zwieback – Crack

Stichwortverzeichnis

– Zahlen beziehen sich auf Seitenzahlen –